CRIANÇAS DE ASPERGER

EDITH SHEFFER

CRIANÇAS DE ASPERGER

AS ORIGENS DO AUTISMO NA VIENA NAZISTA

Tradução de
ALESSANDRA BONRRUQUER

2ª edição

EDITORA RECORD
RIO DE JANEIRO • SÃO PAULO
2023

CIP-BRASIL. CATALOGAÇÃO NA PUBLICAÇÃO
SINDICATO NACIONAL DOS EDITORES DE LIVROS, RJ

S546c
2ª ed.

Sheffer, Edith
    Crianças de Asperger: as origens do autismo na Viena nazista / Edith Sheffer; tradução de Alessandra Bonrruquer. – 2ª ed. – Rio de Janeiro: Record, 2023.

    Tradução de: Asperger's children
    Inclui índice
    Lista de abreviaturas
    ISBN 978-85-01-11629-1

    1. Asperger, Hans, 1906-1980. 2. Asperger, Síndrome – História. 3. Transtorno do espectro do autismo – História. 4. Psiquiatria infantil – História. 5. Crianças autistas – História. 6. Nazismo – História. 7. Segunda Guerra Mundial, 1939-1945. 8. Alemanha – História. I. Bonrruquer, Alessandra. II. Título.

19-56142

CDD: 618.92858832
CDU: 616.896-053.2

Leandra Felix da Cruz – Bibliotecária – CRB-7/6135

Copyright © Edith Sheffer, 2018

Título original em inglês: Asperger's children

Todos os direitos reservados. Proibida a reprodução, armazenamento ou transmissão de partes deste livro, através de quaisquer meios, sem prévia autorização por escrito.

Texto revisado segundo o novo Acordo Ortográfico da Língua Portuguesa.

Direitos exclusivos de publicação em língua portuguesa para o Brasil adquiridos pela
EDITORA RECORD LTDA.
Rua Argentina, 171 – 20921-380 – Rio de Janeiro, RJ – Tel.: (21) 2585-2000, que se reserva a propriedade literária desta tradução.

Impresso no Brasil

ISBN 978-85-01-11629-1

Seja um leitor preferencial Record.
Cadastre-se em www.record.com.br e receba informações sobre nossos lançamentos e nossas promoções.

EDITORA AFILIADA

Atendimento e venda direta ao leitor:
sac@record.com.br

Para meu filho Eric

Sumário

Introdução — 9

1. Entram os especialistas — 23
2. O diagnóstico da clínica — 45
3. Psiquiatria nazista e espírito social — 57
4. Indexando vidas — 81
5. Teorias fatais — 93
6. Asperger e o sistema de assassinatos — 119
7. Meninas e meninos — 139
8. A vida cotidiana da morte — 169
9. A serviço do *Volk* — 195
10. Acerto de contas — 209

Epílogo — 225
Agradecimentos — 237
Abreviaturas — 241
Notas — 243
Índice — 303

Introdução

Qual é a diferença entre uma borboleta e uma mosca? "A borboleta não cresce no quarto como a mosca", respondeu Harro. Era seu teste de inteligência. Harro escolheu falar sobre a mosca:

> Ela tem um desenvolvimento completamente diferente! A mosca-mãe deposita muitos ovos em uma fresta no assoalho e então, alguns dias depois, as larvas rastejam para fora. Certa vez, li um livro no qual o chão falava — morro de rir quando penso nisso — "O que está espiando dessa banheirinha? Uma cabeça gigante com um corpo minúsculo e uma tromba de elefante?" E então, alguns dias depois, elas se encasulam e, subitamente, há mosquinhas adoráveis caminhando para fora.[1]

Harro e outras crianças também cresciam em um quarto, encasuladas na Clínica Hans Asperger de Educação Curativa do Hospital Infantil da Universidade de Viena. Assim como as larvas de formato curioso, elas se destacavam. Diferenças como as suas haviam se tornado mais censuráveis durante o Terceiro Reich, e os médicos e as enfermeiras da ala trabalhavam para seu desenvolvimento. Asperger defendia que com "entendimento, amor e orientação adequados", elas podiam encontrar "seu lugar no organismo da comunidade social".[2]

Asperger dizia valorizar o caráter único das crianças que tratava, adaptando sua abordagem a suas necessidades individuais. Ele tinha uma abordagem holística. As crianças no aberto e elegante Pavilhão Widerhofer participavam de várias atividades, incluindo esportes, teatro e música. Asperger se sentava a seu lado, com o corpo alto encurvado para se conectar com elas em seu próprio nível. Com seu olhar atento, incluiu todos os domínios de seu comportamento em sua tese de pós-doutorado. Harro era um dos estudos de caso para seu novo diagnóstico: a psicopatia autista.

A escola o encaminhara para avaliação na Clínica de Educação Curativa de Asperger. O relatório escolar declarava que o menino de 8 anos e meio raramente fazia o que mandavam. Ele retrucava, não fazia o dever de casa e reclamava que as aulas eram "estúpidas demais". Era ridicularizado pelos colegas e batia e machucava outros meninos por questões insignificantes. Dizia-se até mesmo que teria se arrastado de quatro durante as aulas e cometido "atos homossexuais".[3] Seus professores acreditavam que podia se sair bem "se quisesse". Mas ele havia sido reprovado em todas as matérias e estava repetindo o ano.

Harro era difícil de testar, frequentemente pouco cooperativo e malsucedido em tarefas convencionais. Em certas áreas, demonstrava habilidades superiores à sua idade. Em matemática, por exemplo, chegava às soluções à sua própria maneira. Quanto é 47 menos 15? 32. "Some 3 e depois some 3 ao que deve ser subtraído, ou primeiro subtraia 7 e depois 8." Asperger via essa "excepcional originalidade" como prova das "habilidades especiais" de muitos meninos.[4]

O problema, como Asperger o via, era que Harro não tinha sentimentos sociais. Asperger disse que ele seguia seu próprio caminho no interior do grupo e "nunca se tornou caloroso, confiante ou animado" na ala. Resistia aos "importantes hábitos sociais da vida cotidiana". Não brincava com as outras crianças, passando grande parte do tempo lendo em um canto, indiferente. Quando provocado, não demonstrava "qualquer senso de humor". Tinha um "olhar perdido" e "poucas expressões faciais e gestos".[5]

Asperger decidiu que Harro apresentava sintomas de psicopatia autista. Mas, em função de sua inteligência, estava na ponta "favorável" do "espectro" autista. Isso significava que podia ser reabilitado e se unir à comunidade. Crianças como Harro podiam aprender "integração social" e ter "valor social" em profissões técnicas especializadas.[6] O que essas crianças promissoras precisavam, escreveu Asperger, era de cuidado individualizado para estimular seu crescimento cognitivo e emocional. Ele simpatizava com seus desafios, defendia seu potencial e celebrava sua singularidade.

Essa é a imagem benevolente de Asperger hoje. Mas representa apenas um lado de seu trabalho. Ele realmente apoiava as crianças que acreditava serem capazes de aprender, defendendo suas características; no entanto, ignorava aquelas que acreditava serem mais deficientes. Declarações depreciativas podiam ser uma sentença de morte no Terceiro Reich. E, de fato, alguns dos pareceres de Asperger foram sentenças de morte.

Embora Harro tenha passado no teste, o rótulo de psicopatia autista ainda o subestimava. Asperger defendia que crianças autistas "não se encaixam realmente neste mundo" e pareciam ter "acabado de cair do céu", mas Harro não caíra de verdade. Como a mosca, estava simplesmente seguindo seu próprio caminho. Harro explicou: "A mosca é muito mais habilidosa e pode andar no vidro liso e subir pelas paredes [...] ainda ontem, vi que ela tem garras pequeninas nos pés e, nas pontas, ganchinhos minúsculos; quando sente que vai escorregar, ela se segura com os ganchos."[7]

Mas esta história não é sobre um menino. Nem sobre as crianças na ponta favorável do espectro autista de Asperger. Esta história é sobre todas as crianças que enfrentaram o regime diagnóstico do Terceiro Reich e sobre como os psiquiatras nazistas julgavam suas mentes e determinavam seus destinos. Os diagnósticos refletem os valores, as preocupações e as esperanças de uma sociedade. Conforme revela o contexto horripilante da criação do autismo, este livro mostra como o que hoje parece uma ideia singular foi obra da comunidade que a criou. O diagnóstico de psicopatia autista de Asperger emergiu dos valores e das instituições do Terceiro Reich.

O termo *autismo* foi introduzido em 1911 por Eugen Bleuler, um psiquiatra suíço que o usava para descrever pacientes esquizofrênicos que pareciam desconectados do mundo externo. Hans Asperger e seu colega austríaco Leo Kanner foram os primeiros médicos a introduzir o termo *autismo* como diagnóstico independente que descrevia certas características do distanciamento social; outros haviam descrito crianças similares, mas se referiam a elas como esquizoides. Ao longo dos anos, alguns psiquiatras foram cativados por essas crianças que pareciam se isolar dos outros e do mundo à sua volta, e desenvolveram diferentes termos para descrevê-las.[8]

Kanner, na época trabalhando no Johns Hopkins, nos Estados Unidos (onde seria visto como "pai" da psiquiatria infantil americana), publicou sua obra sobre autismo, "Distúrbios autísticos do contato afetivo", em 1943.[9] No mesmo ano, em Viena, Asperger apresentou sua tese de pós-doutorado, "A 'psicopatia autista' na infância", que foi publicada em 1944. Kanner descrevia crianças que considerava serem relativamente similares umas às outras. Ele as via como social e emocionalmente distantes e preocupadas com objetos e rituais, com comportamento repetitivo, pouca ou nenhuma fala e severas deficiências cognitivas. Esse agora é chamado de autismo "clássico" ou tipo Kanner. Durante décadas, os profissionais de saúde americanos seguiram essa definição mais limitada. O autismo era um diagnóstico relativamente raro: 1 em 5 mil crianças em 1975.

A definição de psicopatia autista de Asperger era muito mais ampla e incluía aqueles que, em sua opinião, enfrentavam desafios muito mais brandos; as crianças poderiam, por exemplo, falar com fluência e ser capazes de frequentar uma escola regular. O diagnóstico de Asperger permaneceu pouco conhecido durante décadas, até que a proeminente psiquiatra britânica Lorna Wing descobriu a tese de 1944 e, em 1981, divulgou o diagnóstico de "síndrome de Asperger". A ideia pegou nos círculos psiquiátricos e, em 1994, a Associação Americana de Psiquiatria incluiu a síndrome de Asperger como diagnóstico na quarta edição do *Manual Diagnóstico e Estatístico de Transtornos Mentais* (*DSM-IV*). Como o transtorno passou a ser cada vez mais entendido como autismo "altamente funcional", a Associação Americana de Psiquiatria o removeu do *DSM-V* em 2013 e o incluiu sob o diagnóstico geral de transtorno do espectro autista. Mas, internacionalmente, a síndrome de Asperger permanece um diagnóstico distinto no padrão predominante da Organização Mundial de Saúde, a *Classificação Internacional de Doenças, Décima Revisão* (*CID-10*).[10]

A introdução da obra de Asperger modificou a face do autismo na década de 1990. Os psiquiatras passaram a vê-lo como um transtorno de espectro que incluía crianças com características variadas. O diagnóstico se expandiu da ideia de Kanner, de indivíduos que via como bastante deficientes, limitados na fala e na habilidade de interagir com os outros, para uma descrição da personalidade que pode incluir gênios matemáticos que se sentem socialmente desconfortáveis.

As taxas de diagnóstico de espectro autista dispararam. Embora as causas médicas, genéticas e ambientais específicas por trás desse aumento sejam muito discutidas, a maioria concorda que ao menos parte dele se deve à ampliação dos critérios diagnósticos. De acordo com os Centros de Controle e Prevenção de Doenças dos Estados Unidos (CDC), o número de crianças classificadas com transtorno do espectro autista subiu de 1 em 2.500 em 1985 para 1 em 500 em 1995. Conforme a obra de Asperger se tornava mais conhecida, as taxas de diagnóstico continuaram a subir, de 1 em 150 crianças em 2002 para 1 em 68 em 2016.[11] Os especialistas atribuem esse crescimento à maior sensibilidade em reconhecer os desafios enfrentados por essas crianças, assim como ao aumento objetivo dos sintomas.

Os critérios da Associação Americana de Psiquiatria para o transtorno do espectro autista, embora sejam uma composição do trabalho realizado por centenas de psiquiatras, ainda retêm fortes ecos das ideias e mesmo da linguagem de várias décadas atrás. Asperger escreveu em 1944 que "o transtorno fundamental dos indivíduos autistas é a limitação dos relacionamentos sociais"; um critério-chave do *DSM-V* para o autismo são "déficits persistentes na comunicação e na interação social". Asperger também definiu a psicopatia autista como "restrição do self e estreitamento das relações com o ambiente"; outro critério-chave do *DSM-V* são "padrões restritos e repetitivos de comportamento, interesses ou atividades".[12]

Como a obra de Asperger acabou ampliando as ideias sobre o espectro autista, muitos o louvam por reconhecer e celebrar as diferenças em crianças. Ele é frequentemente retratado como defensor da neurodiversidade. Embora a maneira como Lorna Wing reintroduziu sua tese de 1944 de fato tenha levado a discussão pública na direção do respeito pela singularidade individual, está na hora de analisar mais profundamente o que Asperger realmente escreveu e fez, como produtos da psiquiatria nazista e do mundo no qual ele vivia.

O objetivo desta história não é acusar nenhuma figura particular nem minar a discussão positiva sobre neurodiversidade inspirada pela obra de Asperger. É antes uma advertência a serviço da neurodiversidade, revelando a extensão na qual diagnósticos podem ser modelados por forças sociais e políticas e quão difíceis de perceber e combater essas forças podem ser.

Asperger frequentemente é descrito como compassivo e progressista, absorvido em sua pesquisa durante o Terceiro Reich e oposto ao nazismo. Era católico devoto e jamais se filiou ao Partido Nazista. Também tinha a reputação de defender as crianças deficientes da perseguição nazista. Muitos acreditam que enfatizava as habilidades especiais dessas crianças e seu valor potencial para o Estado em profissões técnicas a fim de protegê-las da morte no programa nazista de "eutanásia". Nessa visão, ele usava o diagnóstico de autismo como uma lista de Schindler psiquiátrica.[13] Após a queda do Terceiro Reich, o próprio Asperger disse que resistira ao regime e arriscara a vida para resgatar crianças do extermínio nazista.[14]

Mas os arquivos sugerem uma história diferente. Os documentos revelam que ele participou do sistema de assassinato infantil em múltiplos níveis. Era colega próximo dos líderes do sistema de eutanásia infantil em Viena e, nas numerosas posições que ocupou no Estado nazista, enviou dezenas de crianças para a instituição infantil de Spiegelgrund, onde eram mortas.[15]

É difícil conciliar seu papel no programa de eutanásia infantil com seu conhecido apoio às crianças com deficiências. Ambos constam dos registros documentais. Analisar sua obra expõe a natureza dual de suas ações. Ele fazia distinção entre jovens que acreditava serem reabilitáveis e tinham potencial para a "integração social" e jovens que acreditava serem irremediáveis. Embora oferecesse cuidados intensivos e individualizados para as crianças que via como promissoras, prescrevia a dura institucionalização e mesmo a transferência para Spiegelgrund para as que julgava apresentarem deficiências maiores. E não estava sozinho. Seus mais importantes colegas na medicina nazista também defendiam o cuidado compassivo e de primeira linha para crianças que pudessem ser remidas para o Reich e a excisão daquelas que acreditavam serem irremissíveis.

O caráter dual de suas ações destaca o caráter dual do nazismo como um todo. O projeto do Reich para transformar a humanidade envolvia tanto tratamento quanto eliminação. Dependendo de seus defeitos, alguns indivíduos podiam ser treinados para atender aos padrões nazistas, ao passo que outros deviam ser erradicados.

Não demorou muito para se definirem novos grupos para perseguição e morte, uma vez que os habitantes do Reich criavam e implementavam rótulos mutáveis, em vez de um conjunto fixo e impessoal de regras, e categorias elásticas evoluem com o tempo. Nesse regime diagnóstico, algumas pessoas rotuladas como defeituosas eram transformadas para se adequarem aos padrões nazistas, em vez de erradicadas. Embora os judeus puros fossem eliminados, algumas pessoas com antecedentes eslavos podiam ser germanizadas e os "avessos ao trabalho" podiam ser ensinados a trabalhar. Similarmente, para Asperger, aqueles no lado "favorável" do autismo podiam aprender "integração social" e mesmo ser reconhecidos por suas "habilidades especiais".[16]

Os esforços do Terceiro Reich para criar uma comunidade nacional homogênea significavam a inclusão de algumas pessoas, multiplicando e unificando as que o regime considerava desejáveis, e a exclusão de outras. Os esforços para limpar o corpo político levaram ao Holocausto — o assassinato de mais de 6 milhões de judeus no maior genocídio da história —, assim como a numerosos outros programas de eliminação sistemática. O Reich matou mais de 200 mil pessoas consideradas portadoras de deficiências, 220 mil "ciganos" (roma e sinti) e grandes segmentos das populações da Europa Oriental e da União Soviética, incluindo 3,3 milhões de prisioneiros de guerra soviéticos.

Os oficiais nazistas categorizavam as pessoas para remoção de acordo com princípios supostamente científicos de higiene racial, atribuindo traços problemáticos à hereditariedade e à fisiologia inferiores. Como o regime biologizava categorias de pertencimento e não pertencimento, os historiadores chamaram o Terceiro Reich de "Estado racial".[17] A raça certamente foi um princípio organizador do regime nazista. Mas o termo também pode sugerir que os rótulos e programas nazistas eram mais definidos do que realmente eram.

Na realidade, expulsar os indesejáveis era um processo de tentativa e erro. As definições eram elásticas e as políticas eram inconsistentes, mudando com o tempo, o lugar e os atores. Mesmo o judaísmo, que poderia ser visto como categoria clara, tinha critérios convolutos nas Leis de Nuremberg de 1935 e, mais tarde, nos debates sobre o destino dos *Mischlinge* ou meio-judeus. Os oficiais também não tinham certeza sobre o número de indivíduos biologicamente inferiores: as estimativas iam de 1 milhão a 13 milhões, chegando a um em cada cinco alemães.[18] A identificação e a perseguição daqueles que não podiam ser considerados arianos saudáveis também eram desordenadas, incluindo "antissociais" e "avessos ao trabalho" (criminosos, desempregados, sem-teto, alcoólatras, prostitutas), homossexuais do sexo masculino, oponentes políticos (especialmente comunistas e socialistas) e dissidentes religiosos (como as Testemunhas de Jeová). As decisões para prender, deportar e matar podiam caber a indivíduos e agências fazendo classificações individuais.

Este livro sugere uma nova lente para o Terceiro Reich: a de regime diagnóstico. O Estado ficou obcecado pela separação da população em categorias, catalogando as pessoas por raça, política, religião, sexualidade, criminalidade, hereditariedade e defeitos biológicos. Em seguida, esses rótulos se tornaram a base para a perseguição e o extermínio de indivíduos. Assim, embora o nacional-socialismo seja tipicamente visto em termos de seus resultados violentos, percorrer a cadeia causal revela como esses resultados dependiam do ato inicial de diagnóstico. A eugenia nazista foi chamada a redefinir e catalogar a condição humana. E a crescente categorização dos defeitos então impulsionou a perseguição e o assassinato por parte do Estado.[19]

A mente recebeu especial escrutínio durante o Terceiro Reich. Os médicos que viveram durante a era nazista nomearam ao menos trinta diagnósticos neurológicos e psiquiátricos epônimos ainda usados atualmente.[20] Como a saúde mental depende de múltiplos fatores relacionados a genética, saúde, status familiar, classe e gênero, a mente estava na encruzilhada da eugenia nazista. Os neuropsiquiatras também desempenharam um papel mais significativo que o de qualquer outro grupo profissional na limpeza médica da sociedade, no desenvolvimento da esterilização forçada, nos experimentos com seres humanos e no assassinato dos considerados deficientes.[21]

A psiquiatria nazista se tornou uma abordagem totalizante na observação e no tratamento de crianças. Para examinar todo o caráter, e não apenas sintomas individuais, o psiquiatra precisava conhecer integralmente o comportamento e a personalidade das crianças. Isso significava dar ainda mais atenção às nuances, observando as menores variações e ampliando o escopo para novos diagnósticos.

O que, exatamente, estava sendo diagnosticado? Nos círculos de Asperger, raça e fisiologia adequadas eram necessárias para se unir à comunidade nacional, ou *Volksgemeinschaft*. Mas espírito comunitário também era necessário. Era preciso acreditar e se comportar em uníssono com o grupo. A vitalidade do *Volk*, ou povo, alemão dependia da habilidade dos indivíduos de apresentarem esse espírito. A fascinação pela coesão social destaca a importância do fascismo no coração do nazismo.[22]

Quando o comprometimento com a comunidade nacional se tornou uma prioridade do Terceiro Reich, as emoções coletivas passaram a fazer parte da eugenia nazista. A sociabilidade se transformou em categoria de perseguição, juntamente com raça, política, religião, sexualidade, criminalidade e fisiologia. Asperger e seus principais colegas desenvolveram o termo *Gemüt* para capturar o conceito. *Gemüt* era um termo que originalmente significava "alma" no século XVIII e, na psiquiatria infantil nazista, passou a significar a capacidade metafísica de formar laços sociais. O *Gemüt* era essencial para a conexão dos indivíduos com o coletivo, um ingrediente-chave para o sentimento fascista. Os psiquiatras nazistas começaram a diagnosticar crianças que, segundo eles, tinham *Gemüt* deficiente, que forjavam laços sociais mais fracos e não correspondiam às expectativas coletivistas. Eles criaram vários diagnósticos parecidos com o autismo, como *"gemütsarm"* [falta de *Gemüt*], muito antes de Asperger descrever a psicopatia autista em 1944 — que também definiu como um defeito de *Gemüt*.[23]

A história da obra de Asperger mostra as maneiras individuais e elásticas pelas quais novas categorias de defeitos foram definidas no interior do, e por causa do, regime diagnóstico do Terceiro Reich. O paradigma de um regime diagnóstico nos leva a olhar para o Estado nazista de uma lente mais estreita de extermínio para uma lente mais ampla de perfectibilidade. Em sua essência, o Terceiro Reich estava relacionado à contínua avaliação e reconstrução da humanidade. Para além dos ideais raciais e físicos, o nazismo se importava com a maneira como as pessoas pensavam e se sentiam. Ele impunha normas mentais e emocionais, na direção de uma personalidade-modelo.

Embora a medicina e a psiquiatria em outras partes do mundo partilhassem características durante essa era, o regime diagnóstico do Reich operava sob a sombra da morte, incluindo-a como opção de tratamento. A proliferação de diagnósticos se transformou no assassinato dos considerados inadequados para o *Volk*, "vidas indignas de serem vividas". Isso era chamado de eutanásia, apesar de o termo ser inexato; a vasta maioria dos indivíduos mortos pelo programa era fisicamente saudável, sem estar em estágio terminal ou experimentando sofrimento físico. Eles eram vistos como deficientes. Muitas crianças foram selecionadas em função de preocupações comportamentais ou sociais, especialmente em Spiegelgrund, em Viena, para onde Asperger e seus colegas as encaminhavam. Na psiquiatria nazista, uma criança precisava demonstrar conformidade, "educabilidade" e "habilidade para o trabalho" para ter competência comunitária [*Gemeinschaftsfähigkeit*]. Família e fatores de classe também desempenhavam um papel. As chances de morte eram maiores se a criança tivesse nascido fora do matrimônio, tivesse pai ausente ou mãe suspeita de ser incapaz de lidar com a situação, tendo outras crianças em casa. Em outras palavras, o programa de eutanásia infantil passou a medicalizar o pertencimento social, incorporando preocupações sociais como critérios eugênicos.

A morte de crianças foi o primeiro sistema de assassinato em massa do Reich. Ela ocorreu na transição entre as medidas de higiene racial, como a esterilização dos "hereditariamente doentes", e o extermínio em massa. A eutanásia infantil foi concebida como característica legal e permanente da assistência médica do Reich, ao contrário de outras formas de extermínio nazista. A eutanásia adulta, por exemplo, realizada até 1941 sob o programa T4 (nomeado em função do endereço de sua sede, Tiergartenstrasse, n. 4, em Berlim) e extraoficialmente depois disso, foi um processo muito mais indiscriminado que matou mais de 200 mil pessoas. Em contraste, a eutanásia infantil envolvia prolongada observação e deliberação sobre casos individuais. O programa era menor: matou entre 5 mil e 10 mil crianças, incluindo 789 em Spiegelgrund, a segunda maior instalação de assassinato infantil do Reich.

O programa de eutanásia infantil revela uma dimensão íntima do extermínio. Os médicos examinavam pessoalmente as crianças que condenavam. As enfermeiras trocavam lençóis e alimentavam pessoalmente as crianças que matavam. Conheciam seus nomes, vozes, rostos e personalidades. Os assassinatos tipicamente eram realizados na própria cama da criança. A morte chegava lenta e dolorosamente, com a privação de alimentos ou recebendo overdoses de barbitúricos até ficarem doentes e morrerem, usualmente de pneumonia. Embora o extermínio nazista frequentemente seja narrado em histórias separadas sobre como os nazistas matavam *versus* como as vítimas sofriam, na eutanásia infantil não houve experiências paralelas, mas interações, que afetaram o modo como os assassinatos se desdobraram e se expandiram.

Onde se pode traçar a linha da cumplicidade para pessoas comuns em um Estado criminoso? De maneiras marginais e importantes, conscientes e inconscientes, as pessoas se enredaram nos sistemas de chacina. Asperger não foi nem zeloso apoiador nem oponente do regime. Foi um exemplo desse deslocamento para a cumplicidade, fez parte da confusa maioria da população que alternadamente se conformou, concordou, temeu, normalizou, minimizou, reprimiu e se reconciliou com o governo nazista. Dadas essas inconsistências, é ainda mais impressionante que as ações acumuladas de milhões de pessoas, agindo por razões individuais em circunstâncias individuais, tenham resultado em um regime tão completamente monstruoso.

É difícil separar os aspectos homicidas e não homicidas do Estado nazista. A cumplicidade com as 37 alas de eutanásia infantil do Reich se estende para muito além dos profissionais da medicina. Funcionários, equipes de manutenção, cozinheiros e faxineiros tornaram os centros de morte possíveis; contadores, agentes de seguro, fabricantes de medicamentos e oficiais municipais os facilitaram; motoristas de caminhão, trabalhadores ferroviários, fornecedores locais e vendedores de alimentos os sustentaram. Essas pessoas tinham famílias e vizinhos com quem discutiam o que estava acontecendo. Pais cujas crianças eram mantidas em instituições também podiam saber sobre o programa. Alguns resgataram os filhos das alas da morte; outros os entregaram a elas.

Como a eutanásia de crianças e adultos ocorreu no interior do Reich, muitos cidadãos comuns sabiam o que estava acontecendo. As pessoas, em suas vidas cotidianas, podiam sentir o fedor das cinzas humanas dos crematórios das instituições de assassinato. Centenas de milhares souberam da morte de amigos e entes queridos em circunstâncias suspeitas; indivíduos saudáveis que morriam de causas supostamente naturais semanas após a admissão.

O conhecimento público disseminado da eutanásia levou ao protesto público — especialmente sob a liderança do bispo von Galen, de Münster —, a ponto de Hitler encerrar oficialmente o programa T4 de eutanásia adulta em agosto de 1941.[24] O T4 foi o único programa de assassinato em massa contra o qual os cidadãos do Reich protestaram amplamente durante o período nazista. Embora corajosa, a discordância pública também teve implicações perturbadoras. Afinal, as pessoas estavam protestando contra a morte de membros do Reich, não contra o extermínio daqueles presumidamente fora da comunidade nacional. Além disso, o encerramento oficial do T4 por Hitler sugere que protestos populares contra outras iniciativas nazistas poderiam ter tido o mesmo efeito. Ainda assim, os assassinatos descentralizados de adultos considerados deficientes prosseguiram com mais discrição, ceifando centenas de milhares de vidas.

Outras formas de assassinato sistemático permeavam o Reich. Os campos nazistas de indesejáveis se espalhavam pela Europa ocupada pela Alemanha: mais de 42 mil no total. Havia 980 campos de concentração, 1.150 guetos judaicos, 500 bordéis forçados, 1.000 campos para prisioneiros de guerra e 30 mil campos de trabalho. Isso em adição a milhares de centros desconhecidos de detenção e transporte.[25] A matemática é assombrosa. Se apenas cem pessoas estivessem envolvidas na operação e no apoio a cada um desses 42 mil campos (uma estimativa implausivelmente baixa), isso envolveria mais de 4 milhões de pessoas. Este livro mostra a infiltração do pensamento e das práticas assassinas na medicina e na sociedade. Ao seguir Asperger e seus associados, a cascata de micropassos expõe como ocorreu a história.

Asperger, tal qual outros no Terceiro Reich, improvisava suas decisões: ele podia defender incondicionalmente os jovens que acreditava serem capazes de se unir à comunidade nacional, mesmo enquanto transferia para Spiegelgrund aqueles que considerava estarem na outra ponta do espectro. O elo entre auxiliar e ferir torna mais inteligíveis os aparentemente contraditórios papéis e intenções das pessoas comuns e fala do poder do diagnóstico ao se decidir o destino de alguém no Estado nazista.

Este livro rastreia como os valores e os eventos do Terceiro Reich modelaram o conceito de psicopatia autista de Asperger. Ele examina a longa linhagem do diagnóstico, ligando os pensamentos e ações de Asperger ao mundo mais amplo no qual vivia. Reconhecê-lo no interior desse redemoinho de eventos é expor as origens tanto da psiquiatria nazista quanto do extermínio em massa no programa de eutanásia infantil. Essa história perturba a aura de inevitabilidade e mistério em torno do autismo, desestabilizando seu poder sobre nossa imaginação. O diagnóstico não surgiu totalmente formado, *sui generis*, mas emergiu pouco a pouco, modelado pelos valores e pelas interações entre psiquiatria, Estado e sociedade.

Compreender essas conexões pode lançar uma nova luz sobre a ideia de autismo e nos ajudar a refletir sobre suas ramificações culturais no século XXI.

1

Entram os especialistas

Hans Asperger acreditava ter um entendimento único da mente infantil, assim como vocação para modelar seu caráter. Ele tentava definir o que chamava de "essência mais íntima" das crianças.[1] Sua filha disse que ele frequentemente se comparava a Linceu, o vigia da torre no *Fausto* de Johann Wolfgang von Goethe, que canta sozinho durante a noite, enquanto observa todos à sua volta:

> *Nascido para ver,*
> *ordenado a vigiar,*
> *jurado a esta torre,*
> *eu contemplo o mundo.*

Como o vigia, Asperger avaliava o mundo de sua Clínica de Educação Curativa no Hospital Infantil da Universidade de Viena. Conhecido por falar através de citações, frequentemente mencionava a literatura alemã e os clássicos em grego e latim, assim como seus próprios provérbios. Falava de maneira ponderada e formal e se referia a si mesmo na terceira pessoa, pelo nome.[2] Era um homem certo de si que compreendia a sabedoria de Linceu e era capaz de penetrar o "cosmos" ao seu redor.

Asperger nasceu em 18 de fevereiro de 1906, no coração da Monarquia de Habsburgo. A 80 quilômetros de Viena, o vilarejo agrícola de Hausbrunn ocupava um pequeno vale perto do rio Morava, um tributário do Danúbio que, mais tarde, marcaria a fronteira leste da Áustria. Asperger era o mais velho de três irmãos. Seu irmão do meio morrera logo após o parto e seu irmão Karl, quatro anos mais novo, seria morto na União Soviética durante a Segunda Guerra Mundial.

Asperger disse ter sido criado "com muito amor e mesmo sacrifício por minha mãe e grande rigor por meu pai". Seu pai, Johann Asperger, era de uma longa linhagem de fazendeiros e fora para Viena receber treinamento vocacional, mas, como guarda-livros, ficara desapontado por não poder prosseguir com sua educação. Asperger sentia que o pai exigia notas e comportamento impecáveis porque queria que o filho realizasse seus próprios sonhos frustrados. Embora Asperger tenha correspondido a suas elevadas expectativas, mais tarde desaprovaria essa criação excessivamente severa. "Não fui assim com meus filhos nem com qualquer um de meus pacientes", refletiu ele.[3]

Com uma abordagem da vida mais romântica que a do pai, Asperger se descreveu como "leitor voraz" durante a infância, com talento para línguas, literatura, textos clássicos, história e arte. Quando adulto, disse ter uma coleção de 10 mil livros em sua biblioteca doméstica. A leitura o levou "à progressiva maturidade espiritual". Com o tempo, a linguagem "radiantemente revela seu significado; também poderíamos dizer que ela nos alcança ou nós a alcançamos".[4]

O Movimento da Juventude Alemã, que tirou Asperger da austeridade de casa e da escola e o levou para a camaradagem ao ar livre dos grupos de meninos, também exerceu certa influência espiritual. Ele gostava de fazer caminhadas e escalar montanhas com os Estudantes Errantes de Bund Neuland, uma organização de jovens católicos e politicamente conservadores que apoiaria durante toda a vida. Essas experiências de intenso companheirismo modelaram suas ideias posteriores sobre a infância e os laços sociais. Como lembrou mais tarde: "Fui moldado pelo espírito do Movimento da Juventude Alemã, que foi uma das mais nobres manifestações do espírito alemão." Em 1959, também elogiou a Juventude Hitlerista como "amplamente fecunda, formativa".[5]

Ele manteve o amor pelas excursões ao ar livre. E fez caminhadas durante toda a vida: em viagens curtas e longas, subindo o Matterhorn e como guia das tropas de meninos, frequentemente registrando seus pensamentos em notas breves. Enquanto escalava, conheceu a esposa, Hanna Kalmon, com quem teve cinco filhos.[6]

Mas, em ambientes fechados, relata-se que era socialmente desajeitado, frio e distante. Hoje, as pessoas debatem se tinha Asperger, ou seja, se apresentava traços da síndrome que mais tarde levaria seu nome. Como ficará claro, é problemático avaliar qualquer um pelos critérios que Asperger estabeleceu em sua definição de 1944 da psicopatia autista, ainda mais retroativamente. Isso dito, parece altamente improvável que se definisse por seu próprio diagnóstico, dadas as duras críticas que continha. Mas de fato sugeriu que poderia partilhar ao menos uma de suas características: segundo ele, o sucesso nas ciências requereria um "toque de autismo".[7]

Asperger afirmou que descobrira sua vocação científica muito cedo. E descreveu, em terceira pessoa, a experiência de dissecar o fígado de um rato na escola:

> Havia um montinho branco na superfície. O pupilo o cortou e, para seu grande assombro, um parasita de 2 centímetros, parecido com um verme, deslizou para fora. Aquilo fascinou o pupilo, que era eu [...] como havia vida vivendo em outra vida, como ambas coexistiam em uma relação mutuamente próxima. Como não seguir esse caminho? [...] E, naquele momento, ficou claro que era preciso continuar estudando, seguir em frente. Isso era muito incomum na época, alguém no segundo ano do ginásio que sabia que estudaria medicina.[8]

Foi, portanto, com grandes ambições que deixou a cidadezinha de Hausbrunn aos 19 anos, em 1925, para estudar medicina na Universidade de Viena. Jovem alto e magricela, de rosto anguloso e óculos com armação de metal, ele usava o cabelo ondulado no topo e bem curto nas laterais. Vivendo em Viena, experimentaria — e seria moldado por — uma metrópole que passava por mudanças extraordinárias. Após a derrota na Primeira Guerra Mundial, a cidade se tornara um caldeirão de agitação social, contenda política e catástrofe econômica. A abordagem do desenvolvimento infantil adotada por ele foi forjada nesse ambiente tumultuado, e sua história começa com a transformação de Viena.

Viena era a capital cultural da Europa na virada do século XX, o berço do modernismo, onde cafés, salões e escolas uniam arte, sociedade e ciência como em nenhum outro lugar. Suas maiores realizações, ironicamente, surgiram do profundo pessimismo cultural, com figuras como Sigmund Freud, Gustav Klimt, Egon Schiele e Arthur Schnitzler respondendo aos medos disseminados da deterioração moral, das devastações do industrialismo e do colapso do Estado.[9]

Todos esses medos então se tornaram realidade na Viena do entreguerras. A cidade conheceu a ruína econômica, política e social. Viena sofreu muito durante a Primeira Guerra Mundial. Embora não tenha sofrido uma ameaça militar direta, a população enfrentou fome em massa, tumultos por causa da falta de comida e inquietação generalizada. Quando a guerra acabou, centenas de milhares de refugiados e ex-soldados invadiram a cidade, vindos de toda a Monarquia de Habsburgo, muitos deles feridos, doentes e desnutridos. Esse influxo agravou a já severa escassez de alimentos e moradias. As doenças dispararam, especialmente a tuberculose e a gripe espanhola.

O instável governo austríaco não tinha condições de lidar com a crise. Quando a Monarquia de Habsburgo caiu, em 11 de novembro de 1918, a Assembleia Nacional declarou a Áustria uma república democrática. O novo Estado enfrentava desafios assustadores e sequer estava claro se seria viável. Os acordos de guerra reduziram o país a um oitavo do tamanho que possuía no império; ele ficou limitado a sua porção falante de alemão, com 6,5 milhões de pessoas, e foi proibido de se unir à Alemanha.[10]

Além disso, a esquerdista e cosmopolita Viena, com um terço da população da Áustria, estava separada do restante do país, rural e conservador. Nas primeiras eleições municipais, em maio de 1919, os eleitores levaram os social-democratas ao poder em uma vitória esmagadora e com maioria absoluta, tornando Viena a única cidade europeia com mais de 1 milhão de habitantes a eleger um governo socialista e fazendo com que ganhasse o apelido de "Viena Vermelha". O credo austromarxista dos social-democratas era democrático e buscava construir o socialismo e remodelar a população por meio do governo estável, e não da revolução violenta. Contudo, a capital progressista e o interior conservador seguiram em direções políticas opostas. Nenhum deles queria a interferência do outro, e Viena se tornou sua própria província federal. Isso deu ao governo socialista da cidade o poder de dirigi-la como Estado no interior do Estado.

A despeito da sólida maioria social-democrata e do objetivo fixo de forjar uma sociedade democrática, a Viena Vermelha conheceu cada vez mais contendas. O colapso econômico e a hiperinflação consumiram as economias individuais e fizeram com que muitos mergulhassem na pobreza. O valor da moeda austríaca caiu de 6 coroas por dólar em 1919 para 83 mil coroas por dólar em 1922; as coisas eram ainda piores na Alemanha, onde a moeda caiu de 8,2 marcos por dólar em 1919 para 4,2 trilhões de marcos por dólar em 1923. A política também era turbulenta. Para além do conflito contínuo com o Partido Social Cristão, havia uma zangada "Viena Negra" que buscava destruir a república. Representando uma virulenta forma de clericalismo reacionário e autoritário, seus proponentes eram antidemocráticos, antissocialistas e antissemitas.[11] Partidos políticos da oposição criaram grupos paramilitares formados por veteranos de guerra descontentes e começaram a estocar armas. Marchas, manifestações e conflitos deixaram as ruas de Viena ensanguentadas.

Os habitantes se preocupavam com a viabilidade política da nova república e com sua própria viabilidade física. Uma população enfraquecida e dizimada pela guerra não parecia ter muitas chances de superar a crise e a desintegração, com mulheres macilentas nas filas de comida e crianças de rua sofrendo de raquitismo. Construir uma nação saudável e vigorosa requeria cidadãos saudáveis e vigorosos.

Para nutrir os cidadãos da nova sociedade socialista, o governo municipal de Viena iniciou um vasto e ousado experimento de bem-estar público.[12] Julius Tandler, o principal conselheiro da cidade e diretor da Secretaria de Bem-Estar Público, falou em forjar um "novo povo". Em sua visão, um ambiente ordeiro e higiênico melhoraria a constituição física das pessoas, de modo que o Estado poderia promover o fortalecimento da nação por meio da melhoria das condições de vida e do cuidado com seu povo.

O "sistema de Viena" foi admirado na Europa e nos Estados Unidos como um dos mais progressistas programas de bem-estar social da época. Tandler foi aclamado internacionalmente e viajou por muitos países para disseminar as teorias e práticas vienenses. Assim, embora a democracia tivesse chegado a Viena nas piores circunstâncias imagináveis, seus programas — contra todas as probabilidades — se tornaram renomados.

A abordagem vienense de bem-estar social se baseava na eugenia, vista como abordagem científica do gerenciamento populacional e comum em muitos países daquela época. A eugenia tinha apoio em todo o espectro político, incluindo esquerdistas, conservadores, clericalistas e feministas. O próprio Tandler era socialista e judeu. A eugenia prometia que a desarticulação da sociedade moderna podia ser impedida por meio de programas e planejamentos racionais e era a base dos incipientes programas de bem-estar social na Europa e nos Estados Unidos. Esses esforços incluíam eugenia "positiva" e "negativa". A primeira significava promover a saúde e a reprodução dos segmentos desejáveis da população; a segunda, reduzir o número de pessoas indesejáveis, desencorajando sua reprodução, retirando seu acesso aos serviços sociais ou adotando medidas mais extremas. Ambos os impulsos estavam presentes em Viena na década de 1920.

Para a eugenia positiva, os líderes de vienenses buscaram regenerar a população em múltiplas frentes. O governo ofereceu aos cidadãos melhorias higiênicas e materiais, como habitações públicas salubres para pessoas da classe operária que viviam em condições insalubres e de superlotação. Foram construídos cerca de 380 complexos residenciais entre 1923 e 1934, abrigando 220 mil pessoas, um décimo da população de Viena. "Superblocos" gigantescos ofereciam encanamentos modernos, cozinhas asseadas, ampla iluminação e pátios arborizados. Os aluguéis giravam em torno de 4% da renda da classe operária. A cidade também combateu a disseminação desenfreada de doenças por meio de clínicas e exames médicos gratuitos em pré-escolas e escolas. Como a tuberculose e o raquitismo eram especialmente comuns, os oficiais proporcionaram às crianças luz do sol e ar fresco em novos parquinhos, instalações esportivas, mais de vinte piscinas públicas externas e campos de verão no interior. Para educar as crianças e mantê-las fora das ruas, criaram creches e programas após a escola, além de mais que dobrar o número de pré-escolas, que passaram a 55 em toda a cidade. As aspirações governamentais eram de tirar o fôlego. Embora a implementação tenha se provado mais complicada que os objetivos utópicos, o governo municipal atingiu muitos deles.

Mas correntes mais sombrias corriam paralelamente a esses esforços. A eugenia austríaca frequentemente é vista como mais positiva que muitos outros movimentos europeus, em parte por causa dos eleitores católicos que se opuseram a medidas como a esterilização forçada. E a Viena Vermelha é vista separadamente das medidas autoritárias que chegariam com o fascismo austríaco em meados da década de 1930 e, finalmente, com o Terceiro Reich. Mas os arquitetos desses diferentes sistemas partilhavam muitos dos mesmos objetivos sociais, e há continuidade em seus modelos eugenistas.[13]

Julius Tandler, por exemplo, contemplou a esterilização forçada dos que chamava de "inferiores", incluindo pessoas que supostamente tinham doenças hereditárias e deficiências fisiológicas ou mentais e alguns criminosos. Tandler também falava sobre o "extermínio" das "vidas indignas de serem vividas" como ideia a ser considerada, usando o vocabulário que o Terceiro Reich invocaria para o assassinato de adultos e crianças tidos como incapazes.[14] Em outras palavras, ideias eliminacionistas estavam em circulação entre os líderes municipais muito antes de os nazistas chegarem ao poder.

A disseminação dos esforços eugenistas de bem-estar social na década de 1920 medicalizou as ansiedades sociais. Viena, uma metrópole incomumente grande em um país incomumente rural, expôs o que as pessoas mais temiam sobre a sociedade moderna. O bem-estar social tentou retificar os males da urbanização — pobreza, casas apertadas, ruas sujas e falta de disciplina — ao regular famílias, corpos e comportamentos.[15] As iniciativas públicas trataram a classe operária como patologia a ser curada. O Estado criou e impôs novas normas de vida de acordo com os padrões da classe média. E passou a interferir cada vez mais na vida privada de seus cidadãos.

O empreendimento mais radical e eugenista da Viena Vermelha foi possivelmente a assistência social, com oficiais do Estado cada vez mais envolvidos na supervisão e na educação das crianças. O bem-estar social foi além de fornecer apoio físico e material e entrou no domínio da criação e do caráter. A abordagem de Asperger emergiu dessas ambições de longo alcance, das quais também surgiu uma rede de clínicas, escolas especiais, reformatórios e orfanatos para supervisionar o desenvolvimento infantil. Certamente, nem todos concordavam com essas abordagens e ideologias. Mas a maioria dos oficiais governamentais, educadores, médicos, psicanalistas e psiquiatras aceitava que o bem-estar social moderno era intervencionista e contava com várias vertentes.

Antes da Primeira Guerra Mundial, as abordagens da assistência social eram fragmentadas. O auxílio aos pobres fornecido por organizações da Igreja católica e instituições privadas focava na melhoria das condições de vida, ao passo que oficiais do governo e tribunais removiam as crianças supostamente problemáticas da sociedade, colocando-as em prisões e hospícios. Os esforços posteriores de bem-estar social foram além dessas contramedidas e ações disciplinares e se transformaram em um cuidado mais preventivo.[16] Com um novo exército de assistentes sociais especialmente treinados e certificados, o bem-estar social deveria apoiar toda a vida da criança, em um sistema coeso no qual ninguém seria ignorado.

O envolvimento do Estado na reprodução e na criação dos filhos começava já no primeiro dia. Após o nascimento, assistentes sociais visitavam a casa para oferecer conselhos sobre alimentação e cuidados e inspecionar as condições de vida. Como os bebês menos afortunados frequentemente eram enrolados em jornal, os assistentes davam a todas as mães um enxoval de roupas e fraldas limpas. Elas também recebiam benefícios-maternidade, acompanhamento e consultas médicas, em casa e nas clínicas.

Os assistentes sociais rastreavam as relações familiares. Crianças nascidas fora do matrimônio e mães que trabalhavam fora eram causas especiais de preocupação. Além disso, se um assistente social distrital ouvisse que a família podia ser negligente ou descobrisse, por meio dos boletins escolares da Secretaria da Juventude, que a criança tinha problemas, oficiais da cidade realizavam repetidas visitas e inspeções na casa. Se algo fosse considerado inadequado, as crianças podiam ser retiradas das famílias, colocadas em lares adotivos, institucionalizadas em orfanatos ou aprisionadas. A assistência social era um sistema em expansão, com efeitos em expansão.

Erwin Lazar, um pediatra idealista de 34 anos do Hospital Infantil da Universidade de Viena, ficou preocupado com a pressa dos procedimentos governamentais. Ele sentia que os oficiais municipais e os juízes eram arbitrários demais em suas decisões sobre o destino das crianças, fazendo recomendações sem compreender inteiramente seu comportamento. Lazar queria que os oficiais consultassem especialistas em desenvolvimento infantil antes de institucionalizar ou encarcerar os jovens. Ele pretendia integrar esses especialistas na ampla burocracia de Viena, a fim de fornecer base científica às decisões sobre o bem-estar infantil. E trabalhou para criar uma clínica no Hospital Infantil da Universidade de Viena — que Asperger herdaria — para emitir esses pareceres especializados.

Lazar era ousado. Pretendia fundar um novo campo de desenvolvimento infantil: a *Heilpädagogik* ou educação curativa. Segundo ele, a educação curativa integraria numerosas disciplinas, criando "uma novidade, cujo estabelecimento representaria o há muito buscado objetivo de [combinar] pedagogia, psicologia e medicina científica em medidas iguais".[17] Essa abordagem consideraria todos os aspectos da saúde, da psique e das circunstâncias familiares da criança, oferecendo avaliações abrangentes. Embora Lazar a chamasse de educação curativa, ela diferia da *Heilpädagogik* estabelecida, que era uma abordagem pedagógica da educação especial na Alemanha, na Suíça e na Áustria datada de meados dos anos 1800.[18] O médico Georg Frankl, que fazia parte da equipe de Lazar, desdenhava dessa tradição, liderada na Áustria por Theodor Heller, alegando que "a educação curativa como ciência não era muito mais que conceito e nome".[19] Lazar queria afastar a abordagem da educação especial e transformá-la em algo mais parecido com uma psiquiatria clínica e holística.

Sua visão da *Heilpädagogik* é mais difícil de traduzir. Há várias possibilidades: ortopedagogia, pedagogia terapêutica, educação corretiva ou educação especial. Para Lazar e, mais tarde, para Asperger e seus associados, "educação curativa" talvez seja o melhor termo, expressando suas ambições totalizantes. A palavra *curativa* leva o prefixo *Heil* a sério. Sua abordagem era mais biológica que as outras mencionadas. E *cura* também expressa suas implicações espirituais, que a distinguiam da higiene mental ou dos movimentos de orientação infantil nos Estados Unidos. De fato, os colegas de Asperger descreviam sua missão como "cuidado das almas".[20]

Para estabelecer sua visão da educação curativa, Lazar buscou apoio em um visionário, Clemens von Pirquet. Aclamado internacionalmente por suas descobertas no campo da imunologia, Pirquet dirigiu o Hospital Infantil da Universidade de Viena de 1911 a 1929 e o transformou na principal instituição infantil do mundo. Um colega disse que suas rondas "exerciam a atração de um espetáculo" e eram acompanhadas por tantos visitantes estrangeiros que o hospital pensou em contratar um guia poliglota.[21] Pirquet também era um líder das causas sociais. Após a Primeira Guerra Mundial, com as crianças de Viena sofrendo com a fome e a desnutrição, ele liderou o inaudito programa alimentar austríaco, com ajuda da American Relief Administration, que fornecia mais de 400 mil refeições por dia. Muitos na época pensaram nele para presidente da Áustria.[22] Pirquet era progressista, aberto à colaboração internacional e à promoção de mulheres e judeus. Também gostava de experimentos: transformou o telhado de seu hospital, por exemplo, em um "Departamento ao Ar Livre" no qual as crianças podiam brincar e se fortalecer graças à exposição aos elementos, fossem chuva, neve ou sol. Assim, quando Lazar o procurou em 1911 com sua ideia incomum sobre uma Clínica de Educação Curativa, Pirquet foi receptivo.[23]

A educação curativa se encaixava muito bem na abordagem multidisciplinar adotada em Viena e se tornaria parte central de sua assistência social. A ala de Lazar se transformou em uma das três maiores clínicas de diagnóstico da cidade, juntamente com o Serviço Psicológico da Secretaria Municipal da Juventude e o Serviço Pedagógico da Autoridade Municipal de Educação. Escolas, secretarias de bem-estar social e tribunais encaminhavam crianças problemáticas à clínica e a equipe fornecia recomendações para seu tratamento, institucionalização ou detenção. Embora a Clínica de Educação Curativa ficasse dentro do Hospital Infantil, Lazar recebia fundos estatais por meio da seção de escolas elementares do Ministério Imperial da Educação. E a clínica fazia propaganda de seus serviços nos jornais escolares. Era um conceito ambicioso: criar uma rede no interior das instituições estatais, com médicos especializados no centro.[24]

Lazar trabalhou incansavelmente para integrar a educação curativa às estruturas estatais. Sua clínica oferecia cursos para assistentes sociais, professores e médicos. Ela também se tornou um modelo no interior do sistema de bem-estar social de Viena, que incorporou "alas de educação curativa" a outras instituições que temporariamente abrigavam, observavam e diagnosticavam crianças.[25] Empregado por várias secretarias municipais, Lazar reorganizou os orfanatos, esboçou a legislação criminal juvenil e foi consultor da Secretaria da Saúde do novo Ministério de Saúde Pública entre 1918 e 1925. Ele fez campanha para pôr fim ao castigo corporal nas instituições infantis do Estado, na época uma prática comum.[26]

A educação curativa se encaixava no principal objetivo dos esforços de bem-estar social, que era a socialização das crianças. As abordagens variavam, mas a maioria buscava estimular sua "competência comunitária" [*Gemeinschaftsfähigkeit*]. Isso significava prevenir o abandono e a criminalidade, assegurando que levariam vidas economicamente produtivas e dentro da lei. Também significava instilar nelas um senso de obrigação, normas e integridade — um projeto emocional, educacional e comportamental.

Lazar estava particularmente interessado nos jovens "associais" que tinham problemas com a lei. Ele sentia que era importante diferenciar o que chamava de causas endógenas e exógenas, ou seja, entre crianças cuja associabilidade provinha de fatores internos (físicos ou psiquiátricos) ou externos (doenças ou ambiente). Nos casos endógenos, Lazar afirmava que sua Clínica de Educação Curativa era "a primeira tentativa" de distinguir entre "os defeitos mentais e físicos dos rebeldes e criminosos".[27] Comprometido com os detalhes fisiológicos, ele examinava os genitais da criança "imediatamente" e enviava os meninos cujos testículos não haviam descido para um cirurgião.[28]

De acordo com um dos médicos da clínica, Josef Feldner, Lazar tinha uma habilidade excepcional para "ver as pessoas" instantaneamente, em sua inteireza, compreendendo sua "vida do princípio ao fim". Com "surpreendente certeza", disse Feldner, Lazar avaliou "tantas crianças quanto humanamente possível" em sua clínica: milhares delas em mais de duas décadas. E, todavia, alguns oficiais dos sistemas de bem-estar social e dos tribunais juvenis se preocupavam com a acuidade de seus "diagnósticos de estalo", que prejulgavam "a essência, o comportamento potencial e o futuro" dessas crianças.[29] Durante sua diretoria, a Clínica de Educação Curativa diagnosticou cerca de um terço das crianças avaliadas com "associabilidade", um quinto com "transtornos de aprendizado e realizações" e cerca de 30% com "transtornos disciplinares". Apesar de todo seu pretenso idealismo, Lazar podia ser condenatório em seus julgamentos. Como disseram seus colegas, "ele não era sentimental" e podia afirmar que crianças eram "moralmente" prejudicadas, "degeneradas" ou mesmo "lixo".[30]

A Clínica de Educação Curativa continha elementos tanto liberais quanto autoritários. Lazar buscava melhorar o cuidado infantil, mas, ao fazer isso, involuntariamente expandiu um sistema que, com o tempo, passaria a controlar e condenar as crianças "associais".

Sua terminologia seguia a tendência da abordagem entreguerras do desenvolvimento infantil que fundia julgamentos sociais e médicos. A eugenia oferecia uma lente biológica para observar a organização social e permeou as práticas vienenses de bem-estar social de muitas formas, dos testes psicológicos à esterilização.[31] Quanto mais os assistentes sociais consultavam supostos especialistas em crianças, mais as prescrições desses especialistas patologizavam os desvios comportamentais. A terminologia confusa ajudava a borrar a distinção entre preocupações sociais e médicas. Rótulos como "negligência", "exposição ao risco", "associabilidade" e "dificuldades de aprendizado" incluíam várias questões. A criança podia estar doente, ter pais ruins, ser malcomportada, cognitivamente deficiente ou simplesmente pobre. Não apresentar "competência comunitária" se tornou uma condição sociomédica. Esses rótulos também tiveram sérias consequências práticas. Os assistentes sociais os empregavam nas linhas de título e nos formulários quadriculados de seus relatórios, formalizando-os em históricos e diagnósticos médicos.[32]

Depois disso, essas declarações seguiam a criança por testes especializados e avaliações em clínicas e centros infantis. A consequência mais significativa era a remoção de casa, o que se tornou cada vez mais comum. Em 1936, uma média de 21 crianças por dia eram retiradas de suas famílias e levadas ao Serviço de Acolhimento Familiar de Viena, a Secretaria de Admissão de Crianças (*Kinderübernahmestelle* ou KÜST).[33] Dependendo da avaliação, os jovens iam para lares adotivos ou enfrentavam a institucionalização em um dos muitos orfanatos, escolas corretivas ou instalações de detenção da cidade. Embora muitos funcionários dos serviços de desenvolvimento infantil fossem bem-intencionados, os orfanatos estatais ofereciam condições lúgubres e frequentemente abusivas. Mesmo que não sofressem violência na mão de seus cuidadores ou de outras crianças, elas sofriam com a fome e a negligência. E elas e suas famílias descobriam que as novas pessoas nas novas profissões agora tinham um poder assombroso para modelar suas vidas.

A política do serviço de desenvolvimento infantil era convoluta, misturando os direitos da criança, a família e o bem percebido da sociedade. Mas a criação supervisionada pelo Estado tinha apoio em todo o espectro político. Profissionais com vários backgrounds experimentavam métodos que incluíam práticas tanto liberais quanto autoritárias e eugenia tanto positiva quanto negativa. Muitos progressistas e socialistas viam a educação das crianças pelo Estado como essencial para a construção de uma sociedade estável e democrática; muitos moralistas da classe média buscavam instilar normas burguesas entre os pobres; e muitos profissionais católicos e conservadores focavam em promover os ideais religiosos tradicionais de reprodução e família.[34] Viena se tornara um caldeirão de ideias, no qual muitos educadores, pediatras, psiquiatras e psicanalistas lançavam diferentes teorias a serem aplicadas em escolas, tribunais, clínicas e um florescente sistema de bem-estar social.

Quaisquer que fossem os objetivos políticos, está claro que a intervenção estatal tinha o potencial tanto de ajudar as crianças quanto, conforme a Áustria deslizava para o fascismo e o Terceiro Reich, causar danos catastróficos.

Uma área proeminente do trabalho de desenvolvimento infantil nesse período era a psicanálise vienense. A cidade tinha uma abundância de psicanalistas pioneiros, ávidos para ajudar as crianças necessitadas, como August Aichhorn, Charlotte Bühler, Helene Deutsch, Anna Freud, Hermine Hug-Hellmuth e Melanie Klein. Como explicou Anna Freud: "Naquela época em Viena, estávamos todos excitados e cheios de energia; era como se um novo continente estivesse sendo explorado, e nós éramos os exploradores e tínhamos a chance de mudar as coisas."[35]

O próprio Sigmund Freud soou o chamado para a ação social. Em seu discurso durante o Quinto Congresso Psicanalítico Internacional de 1918, ele proclamou: "O homem pobre deveria ter o mesmo direito à assistência mental que agora tem ao auxílio salvador oferecido pela cirurgia."[36] Instigados por ele, psicanalistas abriram doze clínicas gratuitas nas décadas de 1920 e 1930 em toda a Europa, em cidades que iam de Berlim e Zagreb a Londres.

Embora a psicanálise possa conjurar imagens de indivíduos privilegiados reclinados em sofás, seus praticantes desenvolveram uma forte missão social para ajudar os desguarnecidos de Viena. O Ambulatório de Viena, fundado em 1922, oferecia serviços gratuitos e um programa de treinamento. Os psicanalistas afiliados doavam um quinto de seu tempo ao ambulatório, com o objetivo de transformar a sociedade por meio da restauração do bem-estar mental dos indivíduos. Algumas das principais figuras que passaram por lá foram Alfred Adler, Bruno Bettelheim, Helene Deutsch, Erik Erikson, Anna Freud, Erich Fromm, Carl Jung e Melanie Klein.[37] Também houve numerosas outras iniciativas. August Aichhorn, por exemplo, trabalhava com jovens delinquentes e problemáticos e, em 1918, criou para eles um orfanato financiado pelo Estado em Oberhollabrunn, onde se sobrepunha a Lazar. Alfred Adler fundou clínicas de orientação infantil em toda Viena, não apenas ajudando as crianças, mas também aconselhando seus professores e suas famílias.[38]

Essa fermentação experimental encorajou as trocas entre psicanalistas e psiquiatras vienenses. As disciplinas certamente tinham abordagens teóricas diferentes: os psicanalistas tendiam a focar na vida interior dos indivíduos e no relacionamento entre consciente e inconsciente, ao passo que os psiquiatras seguiam as ciências fisiológicas, particularmente a neurologia.[39] Mesmo assim, as intrincadas instituições vienenses permitiam consideráveis interações, formais e informais. As pessoas entravam e saíam regularmente das escolas, clínicas e organizações umas das outras e se encontravam durante seu trabalho para as instituições de bem-estar da cidade. Com o tempo, os psicanalistas formaram redes sociais mais unidas e atraíram mais profissionais judeus; alguns chegaram a chamar a psicanálise de "ciência judaica". Mas é impossível imaginar a evolução da psiquiatria ou da psicanálise sem interação entre as duas.[40]

Um grande local de trocas entre a psiquiatria e a psicanálise vienenses era a Clínica Psiquiátrica e Neurológica da Universidade de Viena, dirigida pelo ganhador do prêmio Nobel Julius Wagner-Jauregg.[41] Embora fosse um psiquiatra que desaprovava a psicanálise, Wagner-Jauregg estimulou a criação de um ambiente vibrante e inclusivo. Quando os psiquiatras passavam por seu hospital no início de suas carreiras, eram expostos à psicanálise, à psicologia do desenvolvimento e à pedagogia, além da psiquiatria e da neurologia. Inspirados, vários deixaram a psiquiatria para seguir o caminho mais na moda da psicanálise. O fluxo regular de psiquiatras para a psicanálise manteve o diálogo entre os dois campos.[42]

Erwin Lazar treinara na clínica de Wagner-Jauregg e, durante um breve período, fizera parte dessa mistura. Quando fundou sua própria Clínica de Educação Curativa, teve o patrocínio de Otto Pötzl, o proeminente sucessor de Wagner-Jauregg como diretor da Clínica Psiquiátrica e Neurológica. Pötzl foi um dos três signatários que afiançaram a clínica de Lazar para a Faculdade de Medicina da Universidade de Viena.[43]

Mas a prática da educação curativa como conduzida por Lazar convivia de maneira desconfortável com a psicanálise vienense. A despeito da alegação de que seu trabalho se engajava intensivamente com as teorias de Freud e Adler, muitos psicanalistas viam pouca semelhança e o desprezavam. O médico Georg Frankl, da equipe de Lazar, escreveu vários artigos defendendo a ala contra as acusações dos psicanalistas, que diziam que a educação curativa era "sem método" e "pouco original", um mero "mosaico formado por incontáveis pedaços de outras ciências".[44]

Helene Deutsch, uma psicanalista eminente, só tinha coisas negativas a dizer sobre o tempo que passara na clínica de Lazar no início da carreira. Ela se queixava de que a abordagem de fluxo livre de Lazar para a avaliação de crianças era uma "mixórdia de testes confusos" em um "clima anárquico" no qual as "coisas são feitas a toque de caixa". Deutsch também disse que "a atmosfera fede" e que "Lazar é uma caricatura ridícula".[45]

Não obstante sua tensa ligação com os principais círculos de psicanálise e psiquiatria de Viena, Lazar e sua clínica interagiam com eles. Durante a diretoria de Asperger, a Clínica de Educação Curativa ficaria mais isolada das figuras proeminentes da cidade e operaria longe das redes pelas quais Viena era renomada. A divergência começou quando o Hospital Infantil da Universidade de Viena se afastou do idealismo progressista da década de 1920 e começou a se mover na direção do autoritarismo.

A transformação do Hospital Infantil começou em 1929, quando Clemens von Pirquet, amplamente aclamado por transformá-lo em uma instalação de primeira linha, foi encontrado deitado na cama e abraçado àquela que fora sua esposa durante 25 anos, ambos mortos por cianeto de potássio. O duplo suicídio foi um choque: Pirquet lutava com a depressão, mas, aos 54 anos, estava no auge da carreira.

Dada sua fama como estadista e potencial sucessor do presidente austríaco Michael Hainisch, sua morte inesperada levou a uma batalha pela liderança do Hospital Infantil. O comitê encarregado de substituí-lo era problemático. Supervisionado pela Universidade de Viena, tomada por conflitos políticos que podiam se tornar violentos, seus membros iam de Otto Pötzl, membro da (amplamente judaica) Sociedade Psicanalítica de Viena, ao extremista de direita e antissemita Franz Chvostek, cuja clínica na universidade era conhecida como "clínica da suástica".[46]

Vários candidatos estelares foram considerados, incluindo os próprios alunos de Pirquet. Chvostek apoiava o menos conhecido pediatra Franz Hamburger, que partilhava suas visões políticas. Aos 54 anos, Hamburger ajudara a fundar a sociedade de higiene racial de Graz em 1924 e estudara na Universidade de Graz, uma incubadora de radicalismo de direita.[47] Chvostek, explorando as divisões entre os membros do comitê, conseguiu levar seu nome à segunda posição na lista de candidatos. A administração da universidade rejeitara sua inclusão em razão de seu "caráter pessoal" e da ausência de realizações científicas. Mas o ministro da Educação intercedera e o colocara como segunda escolha. Assim, quando o primeiro escolhido, Meinhard Pfandler, recusou o cargo, Hamburger se tornou diretor do Hospital Infantil.

Sua seleção gerou surpresa e raiva. Ele não chegava nem perto da estatura médica de Pirquet e já tivera ásperas discordâncias sobre pesquisa imunológica com ele, que era líder nesse campo. O jornal *A Noite* afirmou que a nomeação de Hamburger, "100% reacionário", era "um grave insulto ao falecido".[48]

A liderança de Hamburger teve profundas consequências para o Hospital Infantil. Seguindo a ideologia nazista, ele promoveu a visão eugenista de mulheres como reprodutoras e crianças como espécimes. Acreditava na superioridade biológica do *Volk* alemão, embora seu filho mais tarde tenha dito que, quando era médico de um navio, ainda jovem, ele gostara de conhecer os cantos "aborígenes e exóticos" do mundo, "especialmente Índia, China e Japão". Seu filho também disse que Hamburger, com seu olhar intenso e semblante firme, era "um pai severo, mas compassivo, um modelo de persistência".[49]

Notório entre seus críticos por sua "atitude anticientífica", Hamburger cortou laços com a pesquisa internacional e com os acadêmicos visitantes, afastou o Hospital Infantil da pesquisa biológica de ponta que realizara sob Pirquet e o aproximou de uma medicina voltada para a utilidade social. Hamburger queria que seus médicos fornecessem cuidados mais primários, e não que buscassem especialização. Ele supostamente tornava suas aulas "fáceis de entender, com lógicas simples, para as atividades práticas do médico".[50] Os médicos do hospital deveriam servir à saúde pública por meio de rotações na educação curativa e no aconselhamento materno. Também deveriam fornecer cura espiritual. Hamburger proclamou: "A tarefa cotidiana mais importante do profissional médico é o cuidado das almas."[51] Na verdade, ele estava desprofissionalizando uma das melhores instituições pediátricas do mundo.

Do mesmo modo, acumulava poder em função de sua posição no Hospital Infantil, organizando e manipulando as associações profissionais de Viena, como a Sociedade de Pediatria, na direção da extrema direita. Hamburger gostava de autoridade, lealdade e grandiosidade. A imagem de uma cerimônia memorial em 1931 o mostra sob um raio de sol conspícuo, rodeado de crianças e enfermeiras, com as meninas usando laços festivos no cabelo.[52]

Com sua crescente dominância, Hamburger transformou a equipe do Hospital Infantil. Ele purgou muitos judeus e médicos liberais e pressionou outros a pedirem demissão. Após 1930, praticamente todos os colegas judeus de Pirquet haviam deixado o hospital. Erwin Lazar permaneceu, mas morreu em 1932.[53] Hamburger instalou seus próprios apoiadores e alunos no lugar deles.

Ao contratar, Hamburger priorizava a avaliação de caráter acima da qualificação intelectual; a ideologia era e se tornaria cada vez mais crucial. Sua equipe tendia a não ter o background científico rigoroso da equipe de Pirquet e a ser de direita. Muitos de seus protegidos certamente passaram a ser entusiastas e líderes nazistas no programa de eutanásia.

Uma das primeiras contratações de Hamburger foi Hans Asperger, de 25 anos, que acabara de se formar, em 26 de março de 1931, na Clínica Médica

Universitária III, sob Franz Chvostek, o homem que manobrara para colocar Hamburger no poder no ano anterior. Chvostek era conhecido por treinar médicos nacional-socialistas e impedir que as mulheres assistissem a suas aulas, algo que na época era contra a lei.

Asperger ficou maravilhado ao conhecer Hamburger, dizendo que parecia "destino". A entrevista, de acordo com ele, foi "não um teste rigoroso, mas uma conversa quase confidencial entre um homem mais velho e um mais jovem, muito divertida para mim e, obviamente, também para o professor Hamburger".[54] Deliciado com o salário mensal de 120 xelins austríacos, uma vez que o pai ganhava somente 50, Asperger passou a ser aluno de pós-doutorado de Hamburger em 1º de maio de 1931. Ele estava entusiasmado com a visão de Hamburger para o Hospital Infantil, ávido para contribuir para a "azáfama de construção e reconstrução do hospital" e para a "retificação dos erros" da liderança de Pirquet.[55]

Como um dos mais estimados alunos de Hamburger, Asperger passou a reverenciá-lo. Ele repetidamente louvava seu mentor por ter modelado sua visão da medicina e permaneceu leal a ele durante o período do pós-guerra, mesmo depois que Hamburger foi desacreditado. Em 1962, Asperger explicou que trabalhar com Hamburger na Clínica de Educação Curativa "cumpriu com sucesso" o que o Movimento da Juventude Alemã "instilou em meus anos de adolescência": seu "interesse passional pelas pessoas" e "a tentativa de ajudar e tratar". Em 1977, Asperger ainda falava de Hamburger em termos adulatórios: "Ele englobava todo o conhecimento pediátrico de uma só vez. Era um professor de grande carisma. A maior parte do que aprendi com ele ainda se aplica."[56]

Logo depois que Asperger começou a trabalhar no Hospital Infantil, em maio de 1931, Hamburger o colocou na Clínica de Educação Curativa, no outono de 1932. Um ano e meio depois, a despeito da relativa juventude de Asperger e de sua inexperiência em meio a uma equipe madura, Hamburger o nomeou diretor da clínica.[57]

Hamburger também aceitou Erwin Jekelius como um de seus alunos de pós-doutorado no Hospital Infantil. E nomeou o médico de 26 anos para a Clínica de Educação Curativa em 1931, onde Jekelius trabalhou até 1936. Durante os cinco anos em que ele e Asperger trabalharam juntos, com Asperger como diretor nos dois últimos, Jekelius foi um entusiasta nazista. Ele se filiou em junho de 1933, quando o partido ainda era essencialmente uma organização terrorista na Áustria, e até se inscreveu na unidade paramilitar nazista, a SA (Stormtroopers).[58] Sob o Terceiro Reich, Jekelius se tornaria a mais proeminente figura da eutanásia infantil e adulta em Viena, dirigindo os centros de morte de Spiegelgrund e Steinhof.

Na década de 1930, Jekelius era visto por seus associados como entusiasmado e industrioso, recebendo avaliações positivas nas residências de 1933 e 1934. O médico Emil Mattauschek escreveu que "demonstrava grande zelo, devoção, habilidade e persistência em seu trabalho". Heiman Schlesinger disse que era "muito esforçado e um médico muito consciencioso [...] Seu comportamento carismático e humano garante o afeto de médicos e pacientes". Ele certamente era atraente: alto e com o cabelo negro penteado para trás, revelando o rosto anguloso. Suas maneiras supostamente gentis com os pacientes certamente são irônicas, dadas suas convicções letais sobre higiene racial e seu papel posterior coordenando as mortes nos leitos.[59]

As alianças políticas se tornaram mais importantes em Viena durante a década de 1930. A Áustria, como outros lugares da Europa Central e Oriental, movia-se na direção do autoritarismo. A depressão deixara a nação em crise, levando a taxas de desemprego superiores a 25% em 1932. Os conflitos entre grupos paramilitares socialistas, comunistas, nazistas e socialistas cristãos aumentaram. Unidades uniformizadas e armadas marchavam regularmente por Viena, intimidando a população e provocando brigas às vezes fatais.[60]

Em 1933, quando Hitler e os nacional-socialistas consolidaram seu poder na Alemanha, um novo governo nacional, liderado por Engelbert Dollfuss, de 39 anos, e pelo Partido Social Cristão, consolidou seu poder na Áustria. Dollfuss proibiu todas as manifestações, com exceção das realizadas pela conservadora organização paramilitar do partido, a *Heimwehr* (Guarda Nacional). Mas isso não acalmou a situação; os nazistas, proibidos de mostrar sua camisa marrom nas ruas, simplesmente andavam sem camisa, usando chapéus de seda.[61] O Parlamento se tornou incontrolável. Em seguida a um grande confronto, Dollfuss, encorajado por Benito Mussolini, suspendeu o Parlamento em 4 de março de 1933 e começou a governar por decretos emergenciais.

Os nazistas austríacos lançaram mão de táticas terroristas, buscando enfraquecer o governo nacional por meio da violência. Após um ataque com granadas em junho de 1933, Dollfuss baniu o Partido Nazista. Os nacional-socialistas austríacos fugiram para a Baváriae fundaram a Legião Austríaca, uma força paramilitar de cerca de 10 mil homens. Baseados em campos nas fronteiras alemãs, os nazistas faziam incursões constantes à Áustria, atacando cafés, lojas e ruas com gás lacrimogêneo, dinamite e bombas caseiras. Houve cerca de 140 ataques somente nas primeiras semanas de janeiro de 1934.[62]

Franz Hamburger se filiou ao Partido Nazista naquele ano. Essa era uma posição marginal na Áustria, especialmente porque o partido era ilegal, e 1934 foi um ano extraordinariamente tumultuado. Em fevereiro, a assim chamada guerra civil teve início quando o governo Dollfuss reprimiu os social-democratas. O conflito entre esquerda e direita durou apenas quatro dias, mas a violência se espalhou por todo o país. Ao menos 1.500 pessoas morreram e 5 mil ficaram feridas. Depois que o governo derrotou a esquerda, ele baniu o Partido Social-Democrata, aprisionou e executou oponentes em massa e, em 1º de maio de 1934, aprovou uma nova Constituição que efetivamente transformou Dollfuss em ditador. A Áustria se tornou um Estado com um único partido, a Frente Patriótica, o sucessor nacionalista, clerical, corporativista e autoritário do Partido Social Cristão que era apoiado por Mussolini.[63]

Nove dias depois, em 10 de maio de 1934, Asperger se filiou à Frente Patriótica e passou a apoiar o novo regime austrofascista.[64] O governo austrofascista partilhava elementos ideológicos com o nazismo, mas, comprometido com a independência austríaca, opunha-se à tomada pela Alemanha e permanecia preso em uma batalha com os nacional-socialistas austríacos. Os insurrecionistas tentaram dar um golpe em julho de 1934 e, embora o exército austríaco os tenha derrotado com facilidade, Dollfuss foi ferido e morreu logo depois. A despeito da continuada ilegalidade do Partido Nacional-Socialista sob o chanceler Kurt Schuschnigg, os nazistas se tornaram mais vocais e visíveis. Eles mudaram suas táticas para minar o governo e, em vez de lançarem mão do terrorismo, conseguiram se infiltrar em posições estatais e na polícia.

Asperger tinha sólidas credenciais de extrema direita e era membro de várias organizações antiliberais, antissocialistas, antimodernistas e antissemitas. Além da Frente Patriótica, em 1934 ele se filiou à Associação de Médicos Alemães na Áustria, que promovia os objetivos nacionalistas alemães. Para reduzir o papel dos judeus na medicina, por exemplo, a associação tentou impor cotas para estudantes judeus e compilou listas de médicos supostamente não arianos que, mais tarde, foram usadas para as purgas judaicas sob o governo nazista.[65]

Além disso, Asperger era membro devotado do Bund Neuland, uma associação católica de jovens extremamente nacionalista e com tendências antissemitas. Também era secretário da Guilda de São Lucas, uma organização de oitenta membros que promovia a eugenia católica por meio de palestras e cursos no interior da comunidade médica vienense. Como muitos médicos na época, Asperger era um autoproclamado eugenista. A variante católica comum na Áustria focava mais no lado "positivo" que no "negativo", pois buscava encorajar a reprodução entre as pessoas consideradas desejáveis e desencorajá-la entre os indesejáveis por meio da abstinência voluntária, e não pela contracepção, esterilização forçada ou pelo aborto. Mas a Guilda de São Lucas estava aberta às atitudes nazistas, pois aceitou membros nacional-socialistas em meados da década de 1930, quando o partido ainda era ilegal e estava envolvido em atos terroristas.[66]

Embora a filiação de Asperger à Frente Patriótica e à Associação de Médicos Alemães na Áustria pudesse ser comum para um médico ambicioso em Viena na década de 1930, sua dedicação à Guilda de São Lucas e ao Bund Neuland sugere genuíno comprometimento com as posições da extrema direita.[67]

Entrementes, Asperger parece praticamente não ter tido qualquer conexão com o ambiente vienense convencional de psiquiatria e psicanálise, confinando seus círculos profissionais na cidade a Hamburger e seus associados na Clínica de Educação Curativa. Ele poderia ter buscado redes mais amplas, mas não o fez. Fez um estágio de três meses, no verão de 1934, com Otto Pötzl, que, como chefe da Clínica Psiquiátrica e Neurológica entre 1928 e 1945, era provavelmente a figura mais bem conectada da psiquiatria e da psicanálise vienenses. Pötzl treinava tanto neurologistas quanto freudianos, e seu trabalho ia da afasia e dos transtornos óticos agnósticos à análise de sonhos. Ele até mesmo se filiou à Sociedade Psicanalítica de Viena em 1917, na época uma decisão incomum para um neurologista e psiquiatra de sua estatura, uma vez que a psicanálise ainda era vista como campo controverso e pouco convencional pela academia tradicional. E, mesmo assim, Asperger não parece ter valorizado seu tempo na clínica de Pötzl nem ter sido influenciado por seu trabalho. Ele não dá créditos ou cita Pötzl em suas publicações subsequentes, embora faça muitos elogios a outras figuras. Na verdade, usou palavras duras para descrever a prática de Pötzl, chamando-o de "examinador medonho" cujo método de "questões estereotipadas" e "agendas prescritas" para os pacientes era "uma abominação".[68]

• • •

Enquanto Asperger e seus colegas se distanciavam das proeminentes redes vienenses de psiquiatria e psicanálise, o sistema de Viena, renomado durante a década de 1920, transformava-se em instrumento de autoritarismo em meados da década de 1930. As tendências intervencionistas e eugenistas que sempre haviam sido subjacentes aos esforços de desenvolvimento infantil vieram à tona. Nesse novo contexto político, o regime diagnóstico do Terceiro Reich não seria simplesmente imposto pelos oficiais do nacional-socialismo, mas uma colaboração com apoiadores preexistentes em Viena.[69] E seria dessas fundações da psiquiatria infantil nazista na cidade que a definição de psicopatia autista de Asperger iria emergir.

2

O diagnóstico da clínica

Erwin Lazar fora um homem ocupado, dividindo seu tempo entre o trabalho para a cidade e para a sua Clínica de Educação Curativa. Em grande medida, as enfermeiras e os médicos de sua ala forjaram o novo campo de educação curativa em sua ausência. Eles formavam uma comunidade unida, ocupando o grandioso Pavilhão Widerhofer do Hospital Infantil, com quartos espaçosos e de teto alto, pisos quadriculados de branco e preto e enfeites cênicos nas paredes. O departamento não se parecia com as outras clínicas de sua era, pois suas terapias diárias eram incomumente flexíveis, empáticas e lúdicas. Unida e colaborativa, a equipe se reunia semanalmente para jantar e participar de "mesas-redondas" na casa uns dos outros, a fim de trocar ideias.[1] Tudo isso continuou enquanto Hamburger, seu chefe, conduzia o Hospital Infantil da Universidade de Viena na direção do nazismo.

Asperger chamou a equipe de "grupo pequeno e seleto" cujas discussões foram formativas. "Os maravilhosos debates do Departamento de Educação Curativa são parte inextrincável do meu ser", lembrou ele em 1958, e "decidiram meu destino científico e pessoal."[2] De fato, os médicos e as enfermeiras da clínica eram dedicados à visão progressista de Lazar e desenvolviam conceitos por meio do diálogo, incluindo aquele que se tornaria a psicopatia autista de Asperger.

A ala era relativamente igualitária, com mulheres em papéis proeminentes. Fotografias da clínica mostram enfermeiras em posições de liderança, à cabeceira de mesas ocupadas por crianças atentas e bem-comportadas. O departamento girava em torno de uma mulher em particular: a enfermeira e diretora educacional Viktorine Zak. Ela coordenou a vida diária da clínica durante trinta anos e gerou muitas de suas teorias e técnicas. Conhecida por sua abordagem compassiva e acessível, Zak desenvolveu intervenções baseadas em jogos que ainda usamos hoje em dia.

Ela resumiu sua filosofia no artigo "O desenvolvimento da Clínica de Educação Curativa em Viena", que publicou no *International Council of Nurses* de 1928. O artigo contém uma fotografia sua sentada à escrivaninha ao lado de um menino, observando enquanto ele trabalha. Zak urgia os cuidadores a reconhecerem a singularidade de todas as crianças por meio da avaliação de seu "caráter". Como "a personalidade se mostra em pequenas coisas", a equipe devia focar em observações e "diagnósticos minuciosos". Em vez de emitir rótulos abrangentes para o comportamento, os profissionais deviam descrever as crianças como indivíduos, prestando atenção a seus atos inconscientes quando brincavam, comiam, caminhavam e falavam. Zak chamava isso de "psicologia dos não essenciais".[3]

Em seu artigo de 1932, "O Departamento de Educação Curativa sob Lazar", Zak mostrou como as crianças da Clínica de Educação Curativa viviam sem "limitações superficiais". Após 1926, a ala deixara de manter as crianças na cama durante todo o dia — uma prática comum na época —, de modo que lá permaneciam "como em casa, usualmente mais pacificamente que em casa". Assim, esperava Zak, a ala se tornaria seu verdadeiro "lar".[4] Além disso, ela enfatizou a inclusividade da clínica, afirmando que a equipe não quantificava nem patologizava as crianças e "jamais falava, cheia de orgulho, em cura". Eles não usavam "nenhum equipamento, estatísticas, métodos [...] jargões ou fórmulas". O objetivo era "experimentar empaticamente os processos de pensamento das crianças".[5]

Asperger chamou Zak de "a tradição, a consciência viva do departamento" e "alma da ala". Embora médicos e enfermeiras discordassem sobre a forma assumida pela educação curativa, mantendo "debates e batalhas", Asperger explicou que "só permanecia o que a enfermeira Zak sentia ser certo".[6] Ela engajava os jovens na forma única de terapia lúdica da clínica, por meio de contos de fadas, histórias de aventura, danças, músicas e peças teatrais. Tinha uma "influência mágica sobre as crianças" e "as mantinha sob seu encanto".

Podia atraí-las "com um olhar, uma palavra, uma batida do pandeiro". Zak criava atividades no calor do momento, como uma "floresta encantada com aventuras surpreendentes, divertidas e assustadoras" ou peças improvisadas com "túnicas fantásticas e adornos de capa e espada".[7] Asperger também falou entusiasticamente sobre sua "juventude", "espírito feminino", "olhos brilhantes e agilidade física". E afirmou que, por meio de seus "poderes completamente femininos", ela ajudava a "guiar os intelectos masculinos".[8] Além disso, "maternal" em relação às crianças, não poupava esforços durante o Natal e outras celebrações, transformando a clínica em um "verdadeiro lar" [Heimat].

Segundo ele, Zak tinha uma abordagem empática em relação às crianças. "O objetivo jamais foi simplesmente quebrar a resistência, 'resolver a situação' com a criança, mas levá-la a obedecer, a integrar-se adequadamente, porque se alegrava em fazer o que lhe era pedido." Asperger lembrou que, quando um "menino psicótico furioso" ameaçou as outras crianças com uma grande faca de cozinha, foi rapidamente "dominado por seu olhar, suas palavras calmas e ponderadas, de modo que ele baixou a faca por iniciativa própria e se deixou conduzir para fora da sala".[9]

A equipe da clínica manteve essa filosofia compassiva depois que Lazar faleceu, em 1932, de falha cardíaca após uma cirurgia na vesícula biliar. A dra. Valerie Bruck dirigiu a ala durante dois anos após sua morte. Asperger minimizou o papel de Bruck em suas publicações posteriores, sugerindo continuidade entre sua própria diretoria e a de Lazar.[10] Mas Bruck tinha autoridade no hospital, tendo publicado artigos com Pirquet sobre a profilaxia do raquitismo, e era uma grande apoiadora da abordagem de Lazar, admirando a maneira como "captava todo o caráter de uma pessoa" e tratava as crianças com "auxílio e recuperação", não "expiação e punição". Bruck enfatizou que Lazar jamais sentiu "desdém arrogante pelos 'inferiores'".[11] Outro médico da ala, Georg Frankl, também enfatizou a tradição de inclusividade da clínica. Em seu artigo de 1932, "A esfera da educação curativa médica", ele defendeu "as crianças que são rotuladas e então deixadas de lado" porque as pessoas as consideram "imbecis, criminosas, maliciosas ou loucas". E afirmou: "Quando as conhecemos melhor, elas se provam seres humanos com sentimentos, desejos, esperanças e dores. [...] O que parece malícia frequentemente não é mais que fraqueza."[12]

Franz Hamburger instalou seu aluno Asperger como chefe da Clínica de Educação Curativa em maio de 1934, passando por cima de médicos mais antigos. Aos 28 anos, ele só trabalhava na clínica há um ano e meio. Publicara não sobre educação curativa, mas artigos biomédicos sobre irradiação ultravioleta, enurese, leucina e tirosina na urina em tubérculos pulmonares e reações da melanina na urina humana após exposição à luz solar.[13]

O próprio Asperger reconheceu sua inexperiência no campo. Após a guerra, ele deu crédito aos muitos anos de serviço de Georg Frankl e ao médico Josef Felder — que já trabalhava na clínica havia quatorze anos quando ele assumiu — por ter desempenhado "papel especial como meu professor".[14] Mas, presumivelmente, Hamburger se sentia mais confortável com Asperger como chefe do departamento que com os veteranos de Lazar. Além disso, Georg Frankl era judeu.

Inicialmente, a nomeação de Asperger parece ter tido pouco efeito sobre as operações cotidianas da ala. Ele até mesmo parece ter sido uma figura nula. As publicações da equipe na década de 1930 não se referem a ele, embora fosse diretor da clínica, continuando a prestar tributos a Lazar. E não se tratava apenas de política departamental. Quando, em 1935, o psiquiatra de Boston Joseph Michaels escreveu um extenso artigo para o *American Journal of Orthopsychiatry* detalhando as operações da Clínica de Educação Curativa — dos horários da higiene matinal à ginástica —, ele reconheceu a importância do "regime Lazar" e de Viktorine Zak no texto e de Georg Frankl e da psicóloga Anni Weiss nas referências, mas não mencionou Asperger, o diretor titular.[15]

Em seu artigo, Michaels descreveu o trabalho do departamento de maneira muito parecida com a empregada por Zak em 1928, sete anos antes. Ele ficou surpreso ao descobrir que a educação curativa era "mais arte que ciência". Como, durante esse período, as crianças tipicamente enfrentavam testes padronizados e exames invasivos, Michaels se maravilhou com o fato de a Clínica de Educação Curativa estar "relativamente separada" daquela "era de tecnocracia, com sua ênfase excessiva nos procedimentos técnicos".[16]

Michaels ficou admirado com as observações flexíveis do Departamento de Consultas a Pacientes Externos, que avaliava cerca de sessenta jovens por semana, encaminhados por escolas, tribunais juvenis e orfanatos. E ainda mais admirado com o cuidado aos pacientes internados. A clínica tinha leitos para 21 crianças, que usualmente permaneciam entre quatro e seis semanas e iam de bebês aprendendo a andar a adolescentes. A equipe, relatou Michaels, tentava recriar a vida "natural", e os jovens viviam "no hospital como se estivessem em casa e frequentando a escola".[17] Eles tinham agendas organizadas: acordavam cedo, tomavam café às 8 horas, praticavam exercícios das 9 às 10, tinham aulas das 10h30 às 12 horas (matemática às segundas-feiras, leitura às terças, ortografia ou composição às quartas, geografia ou história às quintas, natureza às sextas e trabalhos manuais ou desenho aos sábados), almoçavam ao meio-dia e tinham a tarde livre.[18]

Embora ele não tenha incluído as vozes das crianças no artigo, enfatizou a individualidade das observações da equipe. Por exemplo, enquanto uma criança estava escrevendo, a equipe observava "as contorções e contrações dos músculos ao redor da boca". E, como informou Zak, "os movimentos podem ocorrer até mesmo nos dedos dos pés".[19] O pessoal da clínica prestava especial atenção às interações sociais, detalhando as respostas dos jovens às atividades em grupo. Uma criança podia "se comportar como um total estranho" ou se unir aos grupos de "maneira intelectual, mas sem espírito genuíno"; outras podiam brincar "passionalmente, abandonando-se e perdendo o autocontrole".[20]

Dadas essas idiossincrasias, Michaels enfatizou que a Clínica de Educação Curativa rejeitava diagnósticos padronizados em favor de avaliações individuais. Ela evitava as "classificações da medicina, neurologia, psicologia e psiquiatria". Michaels também ressaltou que a equipe rejeitava ideias de "normal e anormal" por serem "pouco claras e sem grande importância".[21]

Com sua atenção à socialização, a equipe da Clínica de Educação Curativa parecia ter criado uma definição coletiva de características autistas. As enfermeiras e os médicos do departamento haviam usado o termo "autístico" na década de 1930, mas não o consideravam uma patologia e usavam linguagem não normativa para descrevê-lo. O próprio Asperger mencionou seu uso coloquial. Em uma carta ao departamento enviada da Alemanha, ele descreveu como "expressamos conceitos em um jargão que um outsider não entenderia (pense em 'autístico'!)".[22]

Michaels também sugere o uso casual e partilhado do termo "autístico" em seu artigo de 1935. Ele descreveu o conceito de "crianças artísticas" criado pela equipe. Assumindo que "artísticas" foi uma má tradução para o inglês do termo "autísticas" — uma vez que não há nenhuma menção a arte perto dessa referência —, Michaels descreve como "as crianças artísticas podem exigir orientação pessoal especial", porque apresentam dificuldades para se unir ao "grupo", uma vez que "frequentemente sua atenção e seus sentimentos estão em outra parte".[23]

Dois membros da Clínica de Educação Curativa, o médico Georg Frankl e a psicóloga Anni Weiss, publicaram artigos sobre crianças com tais características autísticas. Em 1934, Frankl descreveu aquelas que, "cercadas por um grupo de outras crianças [...], não sentem a atmosfera e, portanto, não conseguem se adaptar". Ele acreditava que isso se devia à "pobre compreensão do conteúdo emocional do mundo falado". E insistiu que era preciso perdoar as falhas dessas crianças. Contrariamente às opiniões posteriores de Asperger, Frankl dizia que não se devia ver "malícia" nas crianças com dificuldades sociais, uma vez que os desafios que enfrentavam não tinham nenhuma relação com "caráter ou moral".[24]

Em um artigo de 1937, Frankl enfatizou que o distanciamento e a desobediência dos jovens não representavam as verdadeiras emoções por trás de seus "rostos parecidos com máscaras", que podiam "frequentemente levar a sérios mal-entendidos". E argumentou que essas características não representavam uma patologia: "Nenhuma doença foi descrita aqui, antes uma disfunção que pode ocorrer em várias doenças e ser acompanhada de várias outras disfunções." Ele distinguiu as crianças que descrevia daquelas que via como muito mais deficientes, que tinham "extremo *autismo*" (*Autismus*; ênfase no original) ou estavam "autisticamente presas".[25] Frankl listou várias condições que podiam levar a idiossincrasias sociais mais amenas, mas ressaltou que, entre as dez crianças que estudara, metade dos casos tinha causas pouco claras, com as características tendo se desenvolvido no início da infância e permanecido estáveis.

Em 1935, Anni Weiss devotou um longo artigo às crianças com desafios sociais. Ela fez as mesmas observações que Asperger faria três anos mais tarde, embora com muito mais compaixão. Weiss focou no caso de Gottfried

K., de 9 anos, cuja avó o levara à Clínica de Educação Curativa por causa de "seu extremo nervosismo e seu comportamento estranho e incorrigível no trato com outras crianças". De acordo com a avó, o menino tinha medo de numerosos aspectos da vida cotidiana, de cachorros e barulhos altos a escuridão e nuvens.[26] Gottfried era bem-sucedido na escola, mas "as outras crianças riam dele e o chamavam de 'bobo'".[27]

Weiss descreveu Gottfried como alto, "frágil" e "desajeitado". Ele tinha "belos olhos escuros" e "uma maneira de falar excessivamente enfática e monótona", com um "tom cantado". Embora Weiss tenha declarado no início do artigo que o rosto de Gottfried demonstrava "extrema frouxidão e falta de expressão", ela enfatizou repetidamente sua alegria em agradar os adultos, com sua "aparência angelical" e "face radiante". O menino às vezes olhava fixamente para o vazio, mas podia ficar "alegremente excitado" e começar a "pular de felicidade de um lado para o outro". E, apesar de não ter se ligado "especialmente a nenhuma pessoa no instituto" durante as semanas que permaneceu por lá, Weiss afirmou que ele gostava de conversar com a equipe da clínica e se mostrava ávido para atender seus pedidos.[28]

O engajamento de Gottfried ficou claro durante os testes, quando foi submetido aos sistemas de avaliação de Lazar, que incluíam copiar padrões criados com palitos, ritmos, números e sílabas, além de aritmética, livre associação de palavras, recontar histórias e criar narrativas a partir de imagens. Gottfried demonstrou algumas peculiaridades, como iniciar todas as respostas a uma comparação entre objetos com "Bom, minha nossa". Ao relatar a diferença entre uma criança e um "anão", por exemplo, respondeu: "Bom, minha nossa, o anão tem barba comprida e um gorro. Um dia vi um anão e ele era menor que uma criança de 3 anos." Weiss relatou que, embora inicialmente a equipe tenha ficado "confusa" com suas respostas "descuidadas e meio desrespeitosas", eles concluíram que o menino "não queria ser rude". Em vez disso, suas irregularidades sociais derivavam de uma "ingênua falta de consciência" e "ninguém poderia levar isso a mal".[29]

Weiss o retratou com simpatia. "Ele é bom", concluiu ela. "Jamais teve maldade ou sentiu ódio ou ciúmes de alguém. Tem perfeita confiança na humanidade." Gottfried simplesmente "não consegue compreender o que está acontecendo em torno dele com qualquer nuance mais elaborada de sentimentos" e "aquilo que outros realizam naturalmente no maquinário social — perceber, entender e agir — não funciona nele como deveria". Como Frankl, Weiss enfatizou a integridade inerente do menino. Gottfried era "uma pessoa pura e inocente, sem nenhuma dúvida", sem "dureza de coração ou brutalidade". Ela até mesmo se expressou com ternura: "Ele é como um bebê, que se sente confortável ou desconfortável sem saber a causa exata."[30]

Perto do fim do artigo, Weiss mencionou que jovens como Gottfried podiam apresentar habilidades incomuns. "Nesse tipo de criança, pode ser encontrado algum talento especial que, embora limitado em extensão, frequentemente ultrapassa a capacidade do homem médio." Ela sugeriu esses traços no contexto de ajudar a criança a, mais tarde, sentir-se bem-sucedida na vida. E deu às crianças com interesses estritos — "especialistas em calendários, malabaristas de números, artistas mnemônicos" — o crédito por sua "assiduidade e confiabilidade", assim como por sua "capacidade para a ordem e a classificação".[31]

O elogio de Weiss seguiu a tradição do eminente psiquiatra suíço Moritz Tramer, cujo artigo de 1924, "Imbecis unilateralmente talentosos e dotados", chamava pessoas com habilidades matemáticas e de calendário de "artistas da memória". Tramer admirava aqueles cuja habilidade de se distanciarem do ambiente "liberava" suas mentes para áreas de grandeza.[32] Asperger, todavia, apresentaria as observações de Weiss e Tramer em termos de valor social, dizendo, em 1944, que "habilidades especiais" úteis tornavam algumas crianças autistas superiores, ao passo que outras, como a "gente do calendário", eram "pessoas mentalmente retardadas que mostram comportamento autômato altamente estereotipado" e "têm interesses excêntricos sem nenhum uso prático".[33]

Há notáveis similaridades entre os artigos de Weiss e Frankl. Ambos descrevem crianças com dificuldade para se integrar a grupos e forjar conexões emocionais. Ambos enfatizam a ingenuidade fundamental de seu caráter e sua moral e defendem o cuidado benevolente. Nenhum deles propõe um diagnóstico para seu comportamento ou patologiza suas características. E nenhum deles menciona Asperger como colaborador, embora ele fosse o diretor sob o qual trabalharam enquanto faziam as pesquisas descritas nos artigos; Weiss deu crédito a Lazar, que morrera seis anos antes.

Frankl e Weiss eram judeus e, com o crescente antissemitismo na Áustria, emigraram para os Estados Unidos. Weiss deixou Viena em 1934 e conseguiu uma posição como professora associada de Orientação Infantil no Teachers College da Universidade de Colúmbia, onde trabalhou durante três anos.[34] Frankl partiu em 1937 com a ajuda de Leo Kanner, um proeminente psiquiatra infantil naturalizado americano que ajudou centenas de médicos judeus a emigrarem da Alemanha e da Áustria. Com apoio pessoal de Kanner, Frank obteve visto de entrada e começou a trabalhar no Orfanato Harriet Lane do Hospital Johns Hopkins, em Maryland. Frank e Weiss se casaram e ela, como psiquiatra de assistência social, foi diretora da Clínica de Hábitos da Sociedade de Bem-Estar Infantil em Washington, DC.[35]

A conexão de Weiss e Frankl com Leo Kanner é um capítulo intrigante de como o autismo foi concebido nos Estados Unidos.[36] Leo Kanner, renomado fundador da psiquiatria infantil americana, foi o primeiro no país a definir o autismo como diagnóstico independente. Kanner nasceu em 1894 em Klekotow, uma pequena cidade no leste da Monarquia de Habsburgo. Desde criança, sonhava em ser poeta, mas obteve pouco sucesso. Após frequentar a escola em Berlim e servir no exército austríaco durante a Primeira Guerra Mundial, terminou os estudos médicos na Universidade de Berlim em 1921 e trabalhou algum tempo como cardiologista. Decidiu partir para os Estados Unidos em 1924 e foi trabalhar no Hospital Estadual de Yankton, na Dakota do Sul. Lá, aprendeu pediatria e psiquiatria sozinho, obtendo em 1928 uma bolsa na Clínica Psiquiátrica Henry Phipps, do Hospital Johns Hopkins. Ganhou reputação e, em 1930, foi convidado a criar o primeiro departamento de psiquiatria infantil dos Estados Unidos, também no Johns Hopkins. Logo depois, em 1935, publicou seu livro histórico, *Psiquiatria infantil*, o primeiro sobre o assunto em inglês, traduzido para quatro línguas e texto obrigatório durante décadas.[37]

Kanner publicou seu artigo seminal sobre o autismo, "Distúrbios autísticos do contato afetivo", em *The Nervous Child*, em 1943. Baseado na observação de onze crianças desde 1938, o artigo definia o diagnóstico com base no que Kanner via como retraimento social, relacionamentos emocionais restritos, linguagem e comportamento repetitivos, fala limitada, preocupação com objetos e preferência pela rotina. O que chamou de "autismo infantil inicial" partilhava características com a psicopatia autista exposta por Asperger em uma palestra de 1938, "A criança mentalmente anormal" (discutido longamente no próximo capítulo), embora Asperger descrevesse as crianças que acompanhou como muito menos deficientes.

Por causa das similaridades entre as duas obras, especulou-se que Kanner estava familiarizado com a palestra de Asperger e se apropriou de suas ideias sem lhe conceder crédito.[38] Embora Kanner de fato estivesse familiarizado com as publicações acadêmicas de língua alemã, é improvável que recebesse edições regulares da revista semanal não especializada na qual a palestra de Asperger foi publicada, o *Semanário Clínico Vienense*. A publicação já esposava as duras políticas raciais do Terceiro Reich, como, em 1939, a "eliminação dos judeus". Na verdade, o artigo de Asperger sobre psicopatia autista era seguido, na mesma edição, pela palestra de "treinamento" de um médico da SS que louvava a esterilização forçada.[39] Além disso, o artigo não foi publicado como tratado acadêmico; era a impressão de uma palestra obscura mesmo entre os colegas de Asperger na Áustria e na Alemanha.

Há outra possível razão para Kanner não ter citado Asperger: a ideia do autismo não era considerada dele. É bem provável terem sido Georg Frankl e Anni Weiss que transportaram a ideia de autismo da Clínica de Educação Curativa através do Atlântico. Weiss e Frankl supostamente pertenciam ao "círculo íntimo" de Kanner nos anos em que formulou o diagnóstico de autismo, com Frankl sendo um de seus "principais médicos clínicos".[40] Tanto Frankl quanto Weiss descreveram a tipologia em publicações acadêmicas mais conhecidas que a escolhida por Asperger — em 1934, 1935 e 1937 — e Kanner citou ambos em seus artigos.[41] Na verdade, Kanner baseou seu primeiro e mais proeminente estudo de caso do autismo, o de Donald Triplett, na pesquisa de Frankl. Em seu artigo introdutório sobre o autismo, ele se baseou nas notas de Frankl sobre o desenvolvimento de Donald, escritas com Eugenia Cameron na Casa de Estudos da Criança de Maryland, citando parágrafos inteiros, palavra por palavra, na terceira e na quarta páginas.[42]

As teorias de Kanner também se encaixavam com as de Frankl, pois ambos focavam no "contato afetivo" como traço central em crianças. O artigo de Kanner, "Distúrbios autísticos do contato afetivo", foi publicado na mesma edição de *The Nervous Child* que o artigo de Frankl, "Linguagem e contato afetivo". Frankl foi o primeiro a submeter um artigo ao periódico e Kanner manifestou sua excitação a respeito da abordagem utilizada. Como escreveu ao editor Ernst Harms em janeiro de 1943: "Quanto mais leio [o artigo de Frankl], mais impressionado fico e mais me dou conta de que é uma pérola." Kanner acrescentou que estava trabalhando "em meu próprio artigo sobre distúrbios autísticos do contato afetivo".[43]

No artigo, Frankl novamente foi generoso em sua avaliação das crianças, explicando que suas diferenças sociais podiam ter várias causas. Após classificar os grupos "parkinsonianos" e "afásicos" de crianças socialmente atípicas, ele propôs um "terceiro grupo". Não lhe deu um rótulo, mas sugeriu que vira certo número de "casos desse tipo" e que os jovens "têm em comum a perturbação do contato afetivo". As crianças desse grupo "variam em inteligência, da idiotia aos desempenhos surpreendentes e peculiares de certos tipos de criança-prodígio".[44]

Ele apresentou um estudo aprofundado do caso de Karl K., que acreditava estar "na ponta mais baixa" da "série de casos" que vira. Frankl admitiu que o menino era um "exemplo bastante pobre" da condição que descrevia e que também sofria de esclerose tuberosa e convulsões, mas, mesmo assim, suas características eram reveladoras. Frankl notou que Karl parecia não ter interesse em conexões pessoais. A criança compreendia a linguagem, mas não falava. Sua "expressão permaneceu impassível, ele não olhou para o rosto da pessoa que o chamava". Karl também não brincava com outras crianças, mas vagueava "pelos grupos e círculos, sem interesse". Parecia "sequer notá-los" e, "mesmo em meio a uma multidão, comportava-se como uma pessoa solitária".[45]

Na ausência de estrutura, Karl supostamente estava inquieto no hospital. A equipe o mantinha "em uma cama fechada na qual ele parecia se sentir bastante feliz". Quando a cama era aberta, Karl "vagueava incessantemente por toda a grande ala". De acordo com Frankl, o menino se movia entre objetos e crianças indiscriminadamente, segurando um brinquedo aqui, agarrando o cabelo de uma menina ali e seguindo adiante. "Dessa maneira, ele prosseguiu incessantemente e em uma velocidade de tirar o fôlego." Mas Frankl não atribuiu intenções maliciosas a essas ações, observando que, mesmo quando Karl destruía algo, "Não se sabia se fora mero incidente ou um ato de deliberada destruição." Ele argumentou que, no geral, crianças com distúrbios de contato afetivo ou "rosto de jogador de pôquer" ainda apresentavam respostas emocionais às pessoas, e não se devia projetar sobre elas "qualidades negativas" como "indiferença ou apatia" ou atitudes como "impertinência ou desafio".[46]

Frankl, Weiss e outros profissionais da Clínica de Educação Curativa não patologizavam os traços sociais que observavam. Eles desenvolveram coletivamente um termo para descrever as crianças — autísticas —, mas não sentiam que seu comportamento precisava de diagnóstico. Suas obras e palavras estão manifestadas na descrição da psicopatia autista feita por Asperger (embora ele não dê créditos a ninguém do departamento), mas divergem de uma maneira importante. O diagnóstico de Asperger estaria imerso nos princípios da psiquiatria infantil nazista.

3

Psiquiatria nazista e espírito social

Na Alemanha nazista, os psiquiatras infantis também notaram características de distanciamento social em crianças, assim como fizera a equipe da Clínica de Educação Curativa de Viena na década de 1930, mas as descreveram em termos muito mais duros e as viram como problemáticas para a sociedade. A figura mais proeminente na modelagem da abordagem nazista da psiquiatria infantil foi Paul Schröder, com quem Asperger estagiou em Leipzig em abril e maio de 1934. Isso foi pouco mais de um ano depois de Hitler tomar o poder na Alemanha, e Asperger ficou surpreso e intrigado com a impressionante unidade da visão nacional-socialista. Como escreveu em seu diário:

> um povo inteiro indo em uma única direção, fanaticamente, com uma amplitude estreita de visão, certamente, mas também com entusiasmo e dedicação, com tremendo treinamento e disciplina, com formidável poder. Agora soldados, o modo de pensar de soldados — etos —, paganismo alemão.[1]

O Estado nazista pretendia acima de tudo criar um *Volk* alemão espiritualmente unido, forte e racialmente puro, o que significava educar as crianças para serem devotadas ao regime, resolutas e fisicamente superiores.[2] Essas qualidades requeriam mais que a simples conformidade. Requeriam que as crianças tivessem um senso de pertencimento nacional, que o regime buscava instilar através de organizações coletivas. Como Hitler destacou em seu discurso para os líderes distritais de Reichenberg em 1938, o Terceiro Reich tinha padrões estritos:

> Esses jovens não aprendem nada além de pensar e agir como alemães. Esses meninos e meninas entram em nossas organizações aos 10 anos e recebem um pouco de ar fresco, frequentemente pela primeira vez; então, após quatro anos de *Volk* Jovem, vão para a Juventude Hitlerista, onde os mantemos por mais quatro anos [...] então os recebemos imediatamente no Partido, na Frente para o Trabalho, na SA ou na SS, no NSKK [Corpo Automóvel Nacional-Socialista], e assim por diante. E se, após dois anos e meio, ainda não forem nacional-socialistas reais, ficam no Serviço de Trabalho por outros seis, sete meses e recebem polimento.

De acordo com Hitler, tudo dependia, ideologicamente falando, de os indivíduos forjarem laços coletivos:

> Então a Wehrmacht assume o tratamento posterior [...] e, quando retornam em dois ou três anos, nós os recebemos de volta imediatamente na SA, na SS etc., para que não se desviem de nenhuma maneira; eles não serão livres novamente em nenhum momento de suas vidas, e ficarão felizes com isso.[3]

O Terceiro Reich educava as crianças para a vida comunal desde muito cedo. O regime nazista assumiu o controle da educação assim que chegou ao poder em 1933. Ele publicou novos livros e purgou professores, exigindo que se filiassem à Liga dos Professores Nacional-Socialistas. Quase um terço dos professores se filiou ao próprio Partido Nazista. Todos os dias, os alunos cantavam canções nazistas, aprendiam sobre a excepcionalidade histórica e racial do *Volk* alemão e viam os retratos de Hitler pendurados em todas as salas de aula. Eram ensinados a ter total comprometimento com a comunidade nacional.

A ciência racial era parte importante do currículo. A instrução era teórica, sobre a superioridade dos nórdicos e outras raças "arianas" *versus* a inferioridade de judeus, eslavos e não europeus. E era prática, ensinando às crianças como identificar características raciais. Elas eram cercadas por acessórios visuais, como cartazes mostrando crianças com cabelos que iam do loiro claro ao castanho-escuro, de narizes retos ou aduncos.

Também aprendiam sobre defeitos biológicos e fisiológicos. Esses defeitos eram mais difíceis de quantificar, uma vez que as estimativas sobre os geneticamente inadequados na Alemanha iam de 1% a 20% da população.[4] Mas os jovens recebiam a mensagem de que havia pessoas problemáticas entre eles, puxando o *Volk* para baixo. Uma questão de matemática, por exemplo, perguntava: "Um idiota em uma instituição custa cerca de 4 reichsmarks por dia. Quanto custaria se precisasse de cuidados durante quarenta anos?" Outra questão era mais direta: "Por que seria melhor se essa criança jamais tivesse nascido?"[5]

A adequação genética andava de mãos dadas com a boa forma física. As escolas aumentaram as aulas de educação física para duas horas ao dia, e o boxe era compulsório para meninos. Mas a boa forma estava relacionada a muito mais que cultivar o corpo individual; também se tratava de aumentar a consciência coletiva. De acordo com as Diretrizes para a Educação Física em Escolas para Meninos, de 1937, "A educação física é a educação em comunidade. Ao exigir obediência, coordenação, conduta cavalheiresca, camaradagem e espírito másculo [...] sem distinção, ela os treina nas virtudes que constituem as fundações do Reich".[6]

Certamente, força e obediência eram pré-requisitos para o pertencimento nacional, centrais nas ideias nazistas de *Volk*. Em 1937, um livro escolar para terceira e quarta séries apresentava a admoestação de Hitler à juventude:

Queremos
Que o Volk *seja obediente,*
E vocês devem treinar a obediência! [...]
Devem aprender a ser rijos,
A enfrentar a adversidade,
Sem jamais esmorecer.[7]

O espírito comunitário também era ensinado nos livros escolares. As crianças eram bombardeadas com imagens de jovens zelosos comprometidos com o *Volk* ao ponto do frenesi. Um exercício em um livro de 1936 para quinta e sexta séries louvava os êxtases da multidão fascista, descrevendo a "tormenta" de Horst Wessel durante o Comício de Nuremberg de 1929:

> O chamado ocorreu à noite: junte-se à procissão de tochas! As ruas ficaram lotadas de gente. Finalmente, a fila começou a se mover, uma grande e infinita serpente de fogo. De ambos os lados, a multidão nos saudava. [...] Marchamos, zonzos e arrebatados à luz das tochas, sendo saudados cada vez mais sonoramente. Passamos pelo Führer em marcha sincronizada. Música, canto, júbilo. Era coisa demais ao mesmo tempo. Era impossível absorver tudo.[8]

Na realidade, todavia, nem todas as crianças encontravam arrebatamento no coletivo ou mesmo no espírito comunitário. Fazer parte do *Volk* podia ser cansativo. Mascha Razumovsky, uma garota de 15 anos de Viena, não estava sozinha em sua queixa sobre as incessantes exigências do regime. Ela escreveu em seu diário, em 27 de março de 1938, sobre seu alívio por não participar de mais um desfile: "Obrigada, meu Deus, por ter me livrado daquele aperto. Não precisei saudar Göring. Teria sido horrível se tivéssemos de ficar em pé por um número x de horas, usando meias na altura do joelho e somente um casaco naquele frio congelante."[9]

Para tornar a vida coletiva mais divertida, o regime nazista organizava as crianças em grupos juvenis. Meninos e meninas de 10 a 14 anos se filiavam ao *Volk* Jovem Alemão e às Moças Alemãs [*Deutsches Jungvolk* e *Jungmädel*]. Meninos e meninas de 14 a 18 anos se filiavam à Juventude Hitlerista e à Liga das Moças Alemãs [*Hitler Jugend* e *Bund Deutscher Mädel*]. Como a filiação a esses grupos se tornou mandatória em 1936 e depois foi estritamente imposta, em 1939 eles tinham cerca de 8,7 milhões de participantes, totalizando 98% dos jovens do Reich.[10] Os grupos eram atraentes para muitos jovens. Eram uma maneira de saírem de casa e escaparem da vigilância dos pais. Eles podiam jogar, praticar esportes e socializar após a escola, assim como participar de acampamentos, caminhadas e festas ao redor da fogueira nos fins de semana. Também se sentiam importantes usando uniforme, marchando pelas ruas e liderando esforços comunitários como a coleta de donativos para o inverno.

O regime tinha objetivos muito diferentes para os grupos de meninos e meninas. Os garotos deveriam se tornar soldados agressivos, duros e obedientes. Eles atiravam com rifles, aprendiam táticas de combate, participavam de jogos de guerra e lutavam. Marchavam ao som de estrofes como "sangue judaico esguicha da faca" e "cabeças rolam e judeus choram".[11] As garotas deveriam se tornar esposas e mães saudáveis, férteis reprodutoras de crianças arianas para o *Volk*. Abordagens patriarcais e eugenistas da reprodução eram disseminadas na Alemanha e na Áustria do início do século XX, assim como no restante da Europa e nos Estados Unidos.[12] Mas o Terceiro Reich fez imenso esforço para modelar as identidades e mentalidades das meninas desde muito cedo. O regime ensinava a elas cuidados com a casa e a criação de filhos, além de exercícios físicos coletivos que pretendiam fortalecê-las para a gravidez.

Muitos jovens se irritavam com a arregimentação e o domínio nazista sobre suas vidas. Havia nas escolas e organizações do Reich desobediência e rebelião de baixo nível, embora a dissensão política organizada como a da Rosa Branca em Munique, liderada pelos irmãos Scholl, que deram a vida pela causa, fosse rara. Havia grupos como os Piratas de Edelweiss, Meuten e Juventude do Suingue, que desafiavam as leis, rejeitavam a Juventude Hitlerista e formavam suas próprias e distintas subculturas. Em Viena, os Schlurfs eram adolescentes transgressores que se rebelavam contra a socialização nazista usando roupas diferentes, fumando, bebendo, encontrando-se nas ruas e dançando suingue (similarmente à Juventude do Suingue em outras partes do Reich). A polícia os prendia por desordem e por brigarem com membros da Juventude Hitlerista, que às vezes tentavam cortar seus cabelos compridos.[13] O regime nazista levava esses grupos dissidentes muito a sério e punia com punho de ferro os jovens que capturava. As autoridades os enviavam para centros juvenis de detenção ou mesmo protocampos de concentração da SS em Moringen e Uckermark, onde podiam ser esterilizados e, ao completarem 18 anos, enviados a campos de concentração para adultos.[14]

Oficiais e psiquiatras infantis nazistas afirmavam que muitos dos jovens não conformistas eram "associais" ou "irreformáveis" devido a fatores "exógenos", como criação e ambiente desfavoráveis. Mas sua falta de integração também podia derivar de fatores endógenos: supostos defeitos biológicos ou mentais. As crianças com problemas "exógenos" podiam ser reabilitadas em instituições que iam de campos de trabalho a reformatórios, mas as com problemas endógenos não tinham tanta sorte. Elas podiam ser institucionalizadas indefinidamente ou, a partir de 1939, encontrar a morte no programa de eutanásia infantil do Reich.

No Estado nazista, a linha entre as duas categorias estava borrada. Cabia a psiquiatras infantis como Asperger diagnosticar o caráter da criança em comparação com as normas do regime. Aquelas que não cumpriam os padrões nazistas — em mente, corpo e espírito — podiam receber um número variado de rótulos. As definições dos defeitos se multiplicavam juntamente com os ideais; eram dois lados da mesma moeda no regime diagnóstico do Reich.

Com as alegações cada vez mais grandiloquentes sobre o espírito e o valor das crianças feitas pela psiquiatria infantil nazista, a adequação ao *Volk* deixou de estar relacionada apenas ao corpo, passando a incluir também a mente. Era preciso se sentir e se comportar como parte do coletivo e ter sentimento social, uma condição tanto racial quanto social de pertencimento biossocial. Afinal, o coletivismo fascista estava no âmago do projeto nacional-socialista.

A psiquiatria infantil teve papel importante na ambição do Reich de criar uma comunidade nacional unificada e homogênea. A Alemanha, com suas academias de ciências e medicina altamente desenvolvidas, há muito era um lugar ao qual médicos e pesquisadores aspirantes de outras partes da Europa iam para estudar ou obter graduações mais avançadas. Para a psiquiatria infantil, uma das principais instituições era o hospital psiquiátrico da Universidade de Leipzig, dirigido por Paul Schröder entre 1925 e 1938. Ele estivera entre os primeiros na Alemanha a criar um departamento independente, uma clínica e uma cátedra universitária para a psiquiatria infantil, construindo uma "ala de observação para jovens psicopatas" em 1925 e um centro de aconselhamento para pacientes externos.[15]

Schröder não era uma figura imponente; seu rosto era balofo e, nas palavras de um colega, tinha "altura média, ombros caídos e barriga saliente, joelhos valgos e pés chatos e largos". Outros disseram que era "recluso, ranzinza e introvertido" e tinha "grande dificuldade com pessoas".[16] Mas obteve estatura internacional, e ficou conhecido por tentar estabelecer a psiquiatria infantil como disciplina independente, em vez de mero ramo da psiquiatria adulta, da neurologia, da pediatria ou da educação especial.

Asperger treinou com Paul Schröder durante a primavera de 1934, após pedir licença da Clínica de Educação Curativa. Schröder, anteriormente nacionalista conservador, passou a assumir cada vez mais temas nacional-socialistas em suas posições sobre eugenia, doenças hereditárias e homossexualidade. Ele foi assessor médico do Tribunal de Saúde Hereditária em Leipzig entre 1934 e 1937, avaliando indivíduos para esterilização forçada. E era conhecido por suas declarações antissemitas, tendo certa vez se vangloriado de ter contratado apenas um judeu em 22 anos de prática médica.[17]

Ele se tornou um poderoso proponente da educação curativa. Na Alemanha, a disciplina fora primariamente organizada por meio da Sociedade de Educação Curativa e do *Jornal de Pesquisa Infantil*. Ambas as instituições eram robustas: a reunião de 1930 da sociedade teve 1.200 participantes, e o jornal publicava volumes bem-vistos. Com o advento do Terceiro Reich, os líderes dessas organizações foram marginalizados e perseguidos. Três deles — Robert Hirschfeld, Max Isserlin e Franz Kramer — foram classificados como "não arianos" e perderam suas posições. Outros deixaram seus cargos e um deles, Ruth von der Leyen, cometeu suicídio. Em 1936, os líderes de longa data da educação curativa na Alemanha haviam desaparecido.[18]

E foram substituídos por psiquiatras infantis alemães que apoiavam o regime. Figuras como Paul Schröder, seu aluno Hans Heinze e Werner Villinger — com contribuições mais periféricas nesse campo — foram nomeados para posições de liderança. E contaram com patronos poderosos: Ernst Rüdin, uma das principais forças por trás das medidas de higiene racial e da primeira lei de esterilização forçada do Reich, apoiou Schröder, ao passo que Hans Reiter, presidente da Secretaria da Saúde do Reich, apoiou Villinger, que foi rapidamente promovido de colaborador ocasional para editor do *Jornal de Pesquisa Infantil*.[19] Esses homens levaram a psiquiatria infantil e a educação curativa alemãs em uma direção que pode ser chamada de psiquiatria infantil nazista.

Asperger mais tarde afirmaria que a abordagem de Schröder contribuiu de maneira formativa para suas ideias; em 1942, ele chamou a si mesmo de aluno de Schröder, com "orgulho e reverência".[20] Quando o comprometimento com o *Volk* se tornou prioridade para o Terceiro Reich, psiquiatras infantis nazistas como Schröder e seus colegas passaram a notar cada vez mais crianças que forjavam laços sociais tênues e não se adequavam ao grupo. Esse novo paradigma fez com que vários profissionais de saúde desenvolvessem diagnósticos para crianças que não apresentavam conexão comunitária; diagnósticos que se pareciam e precederam a definição de psicopatia autista de Asperger.

Os psiquiatras infantis nazistas usaram o termo *Gemüt* para expressar suas ideias de sentimento social. *Gemüt* é uma das palavras notoriamente intraduzíveis da língua alemã, e seu significado mudou drasticamente com o tempo. Para os pensadores nazistas, referia-se à capacidade fundamental de formar laços profundos com outras pessoas. A palavra tinha conotações metafísicas e sociais. Um bom *Gemüt* era essencial para o valor de alguém como indivíduo e para a saúde do *Volk*.

O termo *Gemüt* emergiu no século XVIII como sinônimo de alma, ou *Seele*.[21] Quando as ideias de alma se tornaram mais seculares e as pessoas passaram a prestar mais atenção a suas emoções pessoais, *Gemüt* se tornou um dos termos favoritos da cultura alemã. O filósofo Immanuel Kant via o *Gemüt* como sede das "faculdades transcendentais", animadas pelo *Geist*, ou espírito. No período romântico, o *Gemüt* se tornou a camada mais interna da alma, mais elementar, emocional e irracional que o *Geist*. A música, em particular, supostamente instigava o *Gemüt*. Era um tropo tão popular que o venerado escritor Johann Wolfgang von Goethe se queixou, em 1826: "Os alemães deveriam deixar de usar a palavra *Gemüt* durante trinta anos; talvez assim ela se regenerasse. Por agora, meramente indica indulgência para com a fraqueza, própria e dos outros."[22]

O significado de *Gemüt* realmente se regenerou em meados do século XIX. Nas conversas cotidianas, o termo perdeu parte de sua ressonância existencial e artística e se aproximou das emoções pessoais e sociais positivas.

Ter *Gemüt* significava ter uma vida interna rica, fortes laços com a família e os amigos e um temperamento caloroso e amigável. Com o uso coloquial de *gemütlich* — aconchegante ou acolhedor —, também englobava a sociabilidade casual e cotidiana. Mas, em filosofia, nas artes, na literatura e em outros campos intelectuais, retinha suas conotações metafísicas.[23]

Enquanto trabalhava em Leipzig, Asperger se encantou com a escola de psicologia holística da cidade, que focava na *Ganzheit* ou "totalidade" do indivíduo. Crucial para sua "caracterologia" era o *Gemüt*, uma qualidade abrangente que conectava sentimentos, experiência, consciência e caráter.[24] O *Gemüt* refletia o valor do self. Aliás, quando Felix Krueger, um dos líderes da escola de Leipzig, tornou-se presidente da Sociedade Alemã de Psicologia, em 1933, seu primeiro discurso elogiou a "profundidade de *Gemüt*" [*gemütstiefe*] de Hitler.[25] (Do mesmo modo, o ministro da Propaganda Joseph Goebbels ficou emocionado com seu "maravilhoso vigor, sua verve, seu zelo, seu *Gemüt* alemão".)[26]

Asperger, que em 1934 conheceu o psicólogo e filósofo Ludwig Klages em Leipzig, gostou de sua ênfase na emoção sobre o intelectualismo, que mais tarde reconheceria central para suas ideias. Klages contrastava a "alma" alemã com a mais racional "mente" ocidental, e sua obra seria importante para a ideologia nazista.[27] Ao mesmo tempo em que os psicólogos holísticos nazistas enfatizavam os atributos superiores da alma alemã — empregando psicologia "antropológica" baseada na raça —, o psicólogo nazista de Marburg, Erich Jaensch, estabelecia a tipologia racial dominante do "tipo integrado do norte" (tipo J) como superior ao "tipo dissoluto liberal-judaico" (tipo S) ou "antitipo" [*Gegentyp*]. Embora Asperger tenha citado outros nomes esparsamente em sua seminal tese de pós-doutorado sobre a psicopatia autista em 1944 — referindo-se a apenas nove autores em 61 páginas —, ele mencionou duas vezes a tipologia antissemita de Jaensch, aparentemente endossando-a.[28]

O *Gemüt* era um conceito central para os psiquiatras que se especializavam em criminologia. Asperger destacaria a definição de psicopatia do psiquiatra alemão Kurt Schneider em sua tese de 1944, que prevenia contra os "psicopatas sem *Gemüt*" [*gemütslosen Psychopathen*], que tinham "sentimentos altruístas, sociais e morais defeituosos", sem "compaixão, vergonha, honra".[29] O psiquiatra nazista Friedrich Stumpfl, uma das principais figuras da biologia hereditária e racial, também enfatizou os perigos genéticos e criminosos dos psicopatas sem *Gemüt* e da "falta de *Gemüt* dos autisticamente frios".[30]

Embora o *Gemüt* tivesse caráter nacionalista durante séculos (os alemães afirmavam ter mais *Gemüt* que outros europeus, particularmente os mesquinhos e racionais franceses), sob o nacional-socialismo ele se tornou racial. O dicionário Meyer de 1938 o definia como "termo peculiar aos alemães e não traduzível para nenhuma outra língua, envolvendo o sentimento de interioridade da alma com o qual o homem alemão experimenta a si mesmo e todo seu ser e que está profundamente enraizado em seus sentimentos e valores raciais".[31] Heinrich Himmler, chefe da SS, concordava. Em seu infame discurso defendendo o "extermínio da raça judaica", Himmler argumentou que era "basicamente errado" achar que os alemães deveriam "infundir nossa própria e inofensiva alma, nosso *Gemüt*, nosso *Gemütigkeit*, nosso idealismo, em povos estrangeiros".[32]

No Terceiro Reich, a interioridade do *Gemüt* — a parte mais profunda do ser — passou a conotar cada vez mais uma qualidade social a ser desenvolvida para o bem da sociedade. A edição da era nazista do *Dicionário Herder* dizia que uma pessoa com *Gemüt* iria "dotar o ambiente de uma qualidade espiritual" e "sentir empatia cósmica e se integrar ao mundo natural e humano que a envolve".[33] O *Gemüt* permitia a fusão dos indivíduos com o coletivo, um ingrediente-chave do nazismo.

A psiquiatria nazista definia o *Gemüt* em termos mais sociais que outros campos, e os psiquiatras infantis nazistas tinham o objetivo de cultivá-lo não como fim em si mesmo, mas como maneira de fortalecer a comunidade e socializar adequadamente as crianças. O *Gemüt* foi instrumentalizado e transformado em meio individualista para um fim coletivista.

Paul Schröder defendia que *Gemüt* significava "amor pela humanidade". Enfatizando a importância da "prontidão para servir à comunidade" e a "incorporação na comunidade nacional" [*Volksgemeinschaft*] das crianças, ele afirmou que o *Gemüt* era essencial para o sucesso do coletivo. "O *Gemüt* é a precondição necessária para a possibilidade de coexistência das pessoas em comunidades." E assim concluiu que o *Gemüt* determinava o valor do indivíduo para a sociedade: "O grau de riqueza do *Gemüt* é um dos mais importantes determinantes da utilidade prática e do valor social de uma pessoa."[34] O *Gemüt* defeituoso era perigoso para o *Volk*, e Schröder recomendava que alguns jovens "sem *Gemüt*" [*Gemütsarmen*] fossem colocados "em detenção, sob controle estrito".[35]

Asperger foi profundamente influenciado por essa abordagem do caráter humano, enfatizando em seu diário o foco de Schröder "na essência, na riqueza do espírito".[36] Embora sentisse que Schröder enumerava os aspectos da personalidade de maneira um pouco sistemática demais para seu gosto, Asperger notou que "muita coisa gira em torno do *Gemüt*", e gostou da ideia. Ele escreveu em seu diário que "há muita coisa aqui, é um conceito muito bom".[37]

De fato, mais tarde ele descreveria as crianças com psicopatia autista de modo muito parecido com o que Schröder usava para falar das crianças sem *Gemüt*. Segundo Schröder, elas "não conhecem a ternura, não a entendem e não precisam dela; não formam ligações próximas e não têm amigos". Jovens sem *Gemüt* podiam até mesmo ser "endurecidos, maldosos, retraídos". Schröder chamou a atenção para as características adultas que Asperger também notaria, para a maneira como as crianças preferiam a companhia de pessoas mais velhas e eram "com muita frequência peculiarmente pouco infantis, maduras e precoces".[38]

Asperger chegou a Leipzig a tempo de conhecer Hans Heinze, o protegido de Schröder mais eminente em *Gemüt* e que trabalhara com ele do início de sua diretoria, em 1925, até maio de 1934. Aos 38 anos, Heinze, de cabeça raspada e óculos de armação metálica, fora autor dos casos clínicos para a obra seminal de Schröder, *Caracteres infantis e suas anormalidades*. Um mês depois de o estágio de Asperger chegar ao fim, Heinze deixou Leipzig para dirigir a ala de psiquiatria infantil na Clínica Universitária em Berlim e o Hospital Mental Estatal em Potsdam, onde ascendeu até se tornar uma das principais figuras da eutanásia infantil e adulta do Reich. Quase vinte anos depois, em 1962, Asperger ainda se lembraria com carinho da "temporada em Leipzig, com Schröder e Heinze".[39]

A publicação de 1932 de Heinze, "Sobre a fenomenologia do *Gemüt*", tornou-se a pedra de toque da psiquiatria nazista. O próprio Asperger a mencionou em sua tese de 1944 sobre a psicopatia autista.[40] Nela, Heinze desdenhou das crianças com *Gemüt* insuficiente, especialmente as "intelectualmente dotadas", denunciando "sua falta de devoção, de respeito pelos valores pessoais e materiais, de senso de comunidade, de compaixão e simpatia". Afinal, associais e criminosos — mesmo socialistas e comunistas — careciam de *Gemüt*. Ainda assim, defendeu uma abordagem diferenciada para a avaliação e o tratamento do *Gemüt* infantil. E disse que as crianças pertenciam a um espectro mais amplo de *Gemüt* e de capacidades intelectuais, algo que Asperger também afirmaria.[41]

Schröder ensinou a outros alunos a importância do *Gemüt*. Heinz Schultz, por exemplo, focou no *Gemüt* deficiente das crianças "hipomaníacas". Anna Leiter desenvolveu um diagnóstico de "*Gemüt* deficiente" [*gemütsarm*] que mais tarde ganharia força.[42] Schröder defendeu ferozmente sua escola de pensamento. Quando antigos líderes da educação curativa — Franz Kramer, um médico judeu, e Ruth von der Leyen, uma reformadora do bem-estar social — duvidaram da importância e da hereditariedade do *Gemüt* em seu artigo de 1934 no *Jornal de Pesquisa Infantil*, Schröder publicou uma carta aos editores arrasando com os dois. O artigo de Kramer e von der Leyen sobre "O desenvolvimento de psicopatia 'sem emoção, sem *Gemüt*' na infância" até mesmo usou *Gemüt* entre aspas, como se ele não existisse realmente. Schröder questionou a pesquisa e acusou os autores de não compreenderem a ideia de *Gemüt* desenvolvida por ele e por Heinze.[43]

Kramer e von der Leyen responderam às acusações em um texto de uma página e meia, mas não tiveram a oportunidade de provar suas descobertas: von der Leyen tirou a própria vida naquele ano e Kramer emigrou para os Estados Unidos com outro colega judeu, Hans Pollnow. Kramer e Pollnow mais tarde definiriam uma condição hoje reconhecida como precursora do transtorno do déficit de atenção com hiperatividade (TDAH).[44] Em contraste com a ênfase da psiquiatria nazista no *Gemüt* na ideia de autismo, Kramer resistiu à ideia de *Gemüt* em sua descrição do TDAH.

Por meio de sua dominância institucional, Schröder, Heinze e seus seguidores geraram um número atordoante de termos psiquiátricos centrados no *Gemüt*: as crianças poderiam ter *Gemüt* inadequado, que era defeituoso ou frio (*Gemütsdefekt, gemütskalt*). Ou poderiam ser sem *Gemüt*, de *Gemüt* falho ou carentes de *Gemüt* (*gemütlos, gemütsarm, Gemütsmangel*). O *Gemüt* inadequado já não era uma qualidade abstrata, mas uma patologia quantificável. As falhas supostamente eram hereditárias e previam o valor, ou perigo, futuro de uma criança para a sociedade. Também havia numerosos termos para o bom *Gemüt*. Ter profundidade, riqueza, dotes e vivacidade de *Gemüt* (*gemütstiefe, Gemütsreichtum, Gemütsbegabung, Gemütsleben*) requeria intenso cultivo e cuidado (*Gemütspflege, Gemütsbildung*).

Muitas figuras desenvolveram teorias de *Gemüt* defeituoso na década de 1930, diagnósticos de desconexão social que antecipavam o que Asperger chamaria de psicopatia autista. Em outras palavras, a ideia do autismo como patologia já permeava a psiquiatria infantil nazista na Alemanha, e Asperger a nomearia depois que o nazismo chegasse à Áustria.

Na manhã de 12 de março de 1938, a Wehrmacht alemã atravessou a fronteira da Áustria e foi recebida por multidões em júbilo. Os austríacos aplaudiram os tanques em seu caminho até Viena. A intensidade da euforia popular pegou a maioria de surpresa, incluindo Hitler. Os austríacos cobriram os invasores de saudações, bandeiras com a suástica, lágrimas e vivas. O entusiasmo pela anexação nazista perpassou todos os segmentos da população, com as pessoas desejando a solidariedade pangermânica, a supremacia, o triunfo sobre a humilhação da Primeira Guerra Mundial, a recuperação econômica e o fim da incerteza política.

Antes da Anschluss nazista, o chanceler austríaco Kurt Schuschnigg tentara proteger a nação da agressão do Reich apaziguando Hitler: aceitando restrições na política externa e permitindo que membros do Partido Nacional-Socialista ocupassem posições no governo. Em março de 1938, até mesmo concordou em nomear o entusiástico nazista Arthur Seyss-Inquart para o Ministério do Interior. Em um esforço para preservar parte da autonomia austríaca, ele tentou fazer um referendo sobre a união com o Reich, deixando a decisão para o povo austríaco. Mas Hitler impediu o referendo e Schuschnigg renunciou em 10 de março. Hitler imediatamente iniciou a invasão da Áustria.

Asperger, em Viena, vivia no coração da comoção nacional-socialista após a Anschluss. A frenética campanha para o plebiscito sobre a união com o Reich em 10 de abril, de iniciativa nazista, manteve a vida pública agitada. Comícios, fogueiras e desfiles — juntamente com violência e prisões em massa de socialistas, comunistas e judeus, que não tinham direito a voto — mobilizaram 99,73% daqueles que votaram pela incorporação ao Terceiro Reich.[45] Com uma população de 6,65 milhões de pessoas, comparada à da Alemanha, de 69,3 milhões, a Áustria foi a primeira parada do regime em seus planos expansionistas para dominar o continente europeu.

Nos meses que se seguiram, o Terceiro Reich tentou remodelar a sociedade. A transformação nacional-socialista ocorrera gradativamente na Alemanha a partir de 1933, mas os austríacos encontraram já de saída um governo nazista estabelecido. Maneiras de falar, pensar e ver tiveram de mudar da noite para o dia, uma vez que nova terminologia, acrônimos, militarismos, uniformes e *Heil Hitlers* passaram a permear a existência diária. Banners e bandeiras vermelhas com a suástica foram pendurados nas ruas. O partido assumiu, ou passou a "coordenar", instituições públicas e privadas. Todos os homens, mulheres e crianças deviam fazer parte de algum grupo nazista, da Liga das Mulheres Nacional-Socialistas à Juventude Hitlerista. Apoiando ou não o regime, os símbolos e as práticas do nacional-socialismo definiam as ações cotidianas de todo mundo. Tanto imposto quanto nativo, o nazismo reconstituiu a política, a sociedade, a economia e a cultura. Asperger estava vivendo uma revolução.

Após a primavera de 1938, o entusiasmo pelo Terceiro Reich diminuiu na Áustria. O governo alemão não atendera às grandiosas expectativas dos cidadãos comuns, econômica e politicamente. Embora a taxa de desemprego tivesse caído drasticamente (22% em 1937, 13% em 1938, 4% em 1939 e 1,2% em 1940), o custo de vida aumentara 22%. Os recém-chegados alemães haviam deixado os austríacos de fora dos melhores cargos governamentais e empresariais, e os nacional-socialistas austríacos se sentiam traídos. A passagem desordenada para o Reich levara a pilhagens e violência descontrolada nas ruas, com membros insatisfeitos do Partido Nazista liderando grande parte da confusão. Um quinto de todos os que foram presos entre março e dezembro de 1938 eram nacional-socialistas.[46]

A violência contra os judeus era especialmente feroz em Viena, considerada por muitos a pior no Reich. As pessoas agrediam, espancavam e humilhavam judeus nas ruas. Vandalizavam, saqueavam e profanavam lojas, casas e sinagogas judaicas. Viena tinha uma grande população judaica — em torno de 10%, *versus* menos de 1% na Alemanha em geral — e uma história de difundido e pernicioso antissemitismo. Embora os judeus vienenses fossem um grupo diversificado e multifacetado, eram estereotipados e enfrentavam disseminado ressentimento por sua desproporcional proeminência nos negócios e nas profissões de alto status. Até 200 mil judeus viviam na cidade em 1938, possuindo um quarto das empresas (três quartos dos bancos e jornais) e representando metade de todos os médicos e advogados.[47]

A anexação nacional-socialista da Áustria em março de 1938 levou a mais brutalidade contra os judeus do que a Alemanha vira durante toda a década de 1930. Não eram somente membros do Partido Nazista e das organizações paramilitares (as tropas de assalto da SA e as tropas de proteção da SS) que instigavam a violência, mas também cidadãos comuns. O tipo de terrorismo das massas que Viena viu após a Anschluss em março de 1938 foi precursor da violência que irrompeu menos de um ano depois, em 9 de novembro de 1938, na Noite dos Cristais, um pogrom em todo o Reich; nessa noite, os vienenses espoliaram e queimaram 95 sinagogas, enquanto as autoridades prendiam 6.547 judeus, enviando 3.700 para o campo de concentração de Dachau.

Vivendo no interior dessa barbárie, Asperger devia passar todos os dias por pichações antissemitas e propriedades judaicas destruídas. Teria visto a rápida exclusão dos judeus da esfera pública, perdendo empregos e sendo banidos dos espaços públicos. Teria visto a "arianização selvagem", a caótica tomada de milhares de empresas e residências judaicas e o desaparecimento de dezenas de milhares de seus vizinhos judeus, que eram processados pela máquina de emigração de Adolf Eichmann ou deportados para campos. Seria impossível *não* saber o tipo de sistema sob o qual ele vivia. A brutalidade e a perseguição na Viena de 1938 eram mais óbvias que em qualquer outro lugar do Reich.

Asperger, católico devoto, também teria testemunhado a perseguição de sua Igreja pelo Reich. Em julho de 1938, o Estado nazista prendeu clérigos, assumiu o controle da imprensa católica e desmembrou 6 mil organizações e escolas católicas. Embora o cardeal Theodor Innitzer tivesse inicialmente cooperado com o regime, em 7 de outubro de 1938 ele se manifestou contra o nazismo. Sua missa do rosário pela juventude católica na Catedral de Santo Estevão atraiu entre 6 mil e 8 mil congregantes e se transformou no maior protesto público dos doze anos do Terceiro Reich. Mas a Igreja católica pagou por sua desobediência, pois a Juventude Hitlerista atacou e profanou o palácio arcebispal de Innitzer no dia seguinte e causou tumulto nas ruas, em números gigantescos, por toda a semana.

Conforme o novo regime desencadeava uma violência sem precedentes, Asperger aquiescia à nova realidade. Em uma entrevista de 1974, ele pareceu insinuar que suas crenças preexistentes haviam tornado mais fácil aceitar o governo nazista: "O período nazista chegou e eu aprendera em minha vida anterior que, assim como em muitos outros períodos 'nacionalistas', era preciso seguir o fluxo."[48]

Sua esfera profissional se transformou. Na Universidade de Viena, Eduard Pernkopf, um especialista em anatomia que era membro entusiasta do Partido Nazista desde 1933, foi nomeado decano da Faculdade de Medicina. Pernkopf estava determinado a adequar a instituição aos princípios nacional-socialistas e, quatro dias após sua nomeação, em 26 de abril de 1938, fez o discurso de posse vestido com o uniforme da SA. No discurso, enfatizou a centralidade da higiene racial para a medicina nazista, defendendo o fomento dos "geneticamente valiosos" entre a população e a "eliminação daqueles que são hereditariamente inferiores, por meio da esterilização e de outros meios".[49]

Pernkopf insistiu para que todos os membros da Faculdade de Medicina prestassem juramento de lealdade a Adolf Hitler e registrassem sua linhagem na administração como "arianos" ou não. Aqueles que não prestaram juramento ou foram classificados como "não arianos" perderam suas posições. Embora Asperger tenha concordado, seus colegas foram purgados em massa. A Faculdade de Medicina perdeu 78% de seus membros, predominantemente judeus, incluindo três ganhadores do prêmio Nobel. De 197 médicos, somente 44 permaneceram.[50]

No geral, a Universidade de Viena removeu 45% do pessoal de seus departamentos.[51] E dois terços dos 4.900 médicos e 70% dos 110 pediatras de Viena perderam seus cargos.[52] Milhares emigraram (principalmente para os Estados Unidos) ou foram deportados. A medicina se tornou uma das profissões mais nazificadas do Terceiro Reich, com cerca de metade dos médicos se filiando ao partido.[53]

Mais de três quartos dos psiquiatras e psicanalistas deixaram a cidade entre 1934 e 1940, por razões raciais ou políticas, levando a uma profunda transformação desses campos. A renomada psicanálise vienense foi dizimada.[54] A imensa maioria dos membros da Sociedade Psicanalítica de Viena se opunha ao regime e 84% eram judeus. Um dia depois de as tropas nazistas entrarem na Áustria, o conselho diretor da sociedade se reuniu na casa de Sigmund Freud e decidiu encorajar seus membros a emigrarem. Uma rede internacional já fora preparada para ajudar no esforço de resgate; Ernst Jones, presidente da Associação Psicanalítica Internacional, e a psicanalista francesa Marie Bonaparte foram pessoalmente a Viena para facilitar os arranjos, enquanto outros no exterior forneciam aos colegas vienenses fundos, contatos, empregos, vistos e declarações juramentadas. A maioria foi capaz de emigrar em um ou dois meses e recomeçar com sucesso em outros lugares da Europa e dos Estados Unidos. Sigmund Freud, de 82 anos, e sua filha Anna reestabeleceram um círculo influente no Reino Unido.[55]

Dos 124 membros e ex-membros da Sociedade Psicanalítica de Viena que viveram a Anschluss, 106 enfrentaram perseguição devido a sua oposição religiosa ou política ao regime. A vasta maioria deixou o país; dez pereceram em guetos ou campos de concentração. Somente cinco permaneceram na Áustria, mais notavelmente August Aichhorn e Otto Pötzl. Aichhorn continuou a praticar a psicanálise, mas se retirou da vida pública. Em caráter privado, liderava de sua casa um pequeno grupo de psicanalistas que se opunham ao governo nacional-socialista e a seus objetivos políticos para a psicoterapia. Alguns desse círculo se envolveram na resistência ativa e foram mortos pelo regime. Pötzl se filiara ao Partido Nazista em 1930 e continuou a dirigir a Clínica de Psiquiatria e Neurologia da Universidade de Viena até 1945.[56]

Purgado de judeus, o Instituto Psicanalítico de Berlim foi absorvido pela Sociedade Médica Geral de Psicoterapia da Alemanha, ideia de M. H. Göring, primo do marechal do Reich Hermann Göring. Em contraste com a "ciência judaica" da psicanálise, a variante nazista da psicoterapia orientava a saúde mental dos indivíduos na direção dos valores do regime, voltando os pacientes para as preocupações do presente, em vez de escavar o passado, como faziam os psicanalistas. Os psicoterapeutas eram empregados como consultores de organizações nazistas como a Juventude Hitlerista e a Liga das Moças Alemãs. A Sociedade Médica Geral de Psicoterapia da Alemanha expandiu sua utilidade, incluindo perfis para os serviços militares e as ocupações profissionais. Mas, a despeito de seu mandato nazista, na realidade o instituto de Göring era uma grande tenda que incluía psicanalistas junguianos, adlerianos e freudianos.[57]

A anexação nazista devastou dois ramos da educação curativa na Áustria que eram distintos da abordagem praticada pela Clínica de Educação Curativa de Asperger. Theodor Heller, líder austríaco da *Heilpädagogik* tradicional, baseada na educação, era judeu e cometeu suicídio após a Anschluss. O socialista Karl König, que nascera judeu e com os dois pés tortos, acreditava em partilhar a vida comunitária com pessoas que outros viam como severamente deficientes. König e seus associados emigraram para a Escócia e fundaram a utópica comunidade residencial Camphill, promovendo "o encontro de um self com outro self" de maneira isenta de julgamentos, a fim de "se contrapor à ameaça à essência da humanidade" que ele via nos regimes autoritários.[58]

O Hospital Infantil de Hamburger e a Clínica de Educação Curativa de Asperger sobreviveram à Anschluss e às subsequentes purgas e reorganizações. O regime considerava Asperger e seu pessoal clínico suficientemente confiáveis; os membros judeus da equipe, Anni Weiss e Georg Frankl, já haviam emigrado. Isso não significa que Asperger concordava com todas as políticas do Estado. Ele permaneceu católico praticante e não se filiou ao Partido Nazista. Mas assegurou sua posição ao participar de outras organizações do Terceiro Reich em rápida sucessão: a Frente Alemã para o Trabalho (DAF) em abril de 1938 e a Organização para o Bem-Estar do Povo Nacional-Socialista (NSV) em maio de 1938. Embora tais afiliações fossem esperadas de alguém em sua posição, Asperger foi além. Em maio de 1938, começou a trabalhar para o Estado nazista como especialista em psiquiatra do sistema judiciário juvenil da cidade. Também se uniu, em junho de 1938, à Liga Alemã de Médicos Nacional-Socialistas (NSDÄB), que não era uma associação tradicional, mas uma importante "organização de combate" do Partido Nazista, buscando coordenar os médicos de acordo com os princípios do partido e estando envolvida na perseguição a médicos judeus.[59]

Asperger e seus colegas não apenas sobreviveram, como também prosperaram durante o Terceiro Reich.[60] A expulsão de tantos médicos e psicanalistas judeus criou um vácuo que expandiu suas oportunidades. Ele e seus associados, assim como a educação curativa como um todo, ganharam proeminência sob o Estado nazista. Como instruiu Hamburger durante uma palestra cerimonial após a anexação, um médico do Terceiro Reich "deve ser um verdadeiro nacional-socialista. Deve estar totalmente impregnado de princípios nacional-socialistas de conduta, estilo de vida e saúde."[61] Nesse novo clima, Asperger propôs uma nova maneira de classificar crianças.

Antes da anexação nazista, Asperger fora contra a criação de diagnósticos infantis. Em outubro de 1937, na primeira das duas palestras que fez no Hospital Infantil da Universidade de Viena, intitulada "A criança mentalmente anormal" e publicada no *Viennese Clinical Weekly*, ele afirmou que "há tantas abordagens quanto há diferentes personalidades. É impossível estabelecer um conjunto rígido de critérios para um diagnóstico".[62] Um ano depois, em outubro de 1938, durante uma palestra de mesmo nome, feita no mesmo local e publicada no mesmo jornal, ele apresentou seu próprio diagnóstico:

> esse bem caracterizado grupo de crianças que chamamos de "psicopatas autistas" — porque o confinamento do self (*autos*) levou a um estreitamento das relações com seu ambiente.[63]

O que levou Asperger a mudar de posição? Seu diagnóstico de psicopatia autista certamente se adequava aos tempos. A anexação nazista levara consigo ideais sobre como ser. Havia novos padrões raciais, políticos e biológicos para se unir à comunidade nacional. Também havia novos padrões para a mente, e as crianças precisavam se adequar e se fundir ao coletivo.[64] As sentenças flexíveis que Asperger escreveu em 1937 simplesmente não se aplicavam aos padrões nazistas de desenvolvimento infantil em 1938.

Sem a invasão nazista, Asperger poderia jamais ter concebido a psicopatia autista. Sua palestra de 1938 parece menos uma peça de pesquisa científica que uma declaração política e social. Escrita apenas alguns meses depois da Anschluss, pode ser lida como tentativa de navegar pelas estonteantes mudanças do Terceiro Reich. Muito mais que um diagnóstico médico, parece ser um diagnóstico da nova realidade, solidificando uma estrutura coerente através da qual ele pode ter observado um mundo em mudança.

Asperger também poderia estar pensando em mover sua carreira para um palco mais amplo. Os psiquiatras infantis nazistas haviam adquirido sólida reputação internacional. Seu antigo mentor, Paul Schröder, acabara de ser eleito presidente da Associação Internacional de Psiquiatria Infantil, que realizara sua primeira reunião em Paris em julho de 1937, como parte da Feira Mundial. A reunião fora um grande evento, atraindo 350 participantes de 49 países e equipada com a última tecnologia em fones de ouvido para tradução simultânea. A delegação do Reich incluíra Ernst Rüdin e Hans Heinze. Werner Villinger fora listado como colaborador, mas não comparecera. Franz Hamburger fora o representante oficial da Áustria. Asperger não estivera na lista de convidados, mas, próximo de Hamburger, teria ouvido sobre o evento e talvez desejado estar entre aquelas figuras influentes.[65] Em Paris, a Associação Internacional de Psiquiatria Infantil planejara realizar sua próxima conferência no Terceiro Reich, sob a liderança de Schröder, embora ela jamais tenha ocorrido.

Na primeira frase da palestra de Asperger sobre psicopatia autista em 1938, ele elogiou a grandiosa ambição do Reich de transformar a sociedade: "Estamos no meio de uma imensa reorganização de nossa vida mental, que abrange todas as áreas da vida, incluindo a medicina." E continuou com um tributo aos ideais nazistas, usando abertamente uma retórica pró-regime que não era nem obrigatória nem costumeira nos artigos científicos austríacos em 1938. Na segunda frase, recomendou reformular a medicina de acordo com os princípios orientadores do nacional-socialismo, declarando que o indivíduo estava subordinado ao Estado e a medicina devia servir à comunidade nacional. Em suas palavras: "A ideia fundamental do novo Reich — de que o todo é maior que as partes e o *Volk* é mais importante que o indivíduo — deve levar a profundas mudanças em nossa atitude em relação ao bem mais valioso da nação, sua saúde."[66]

No segundo parágrafo, Asperger pareceu aceitar a política de esterilização. Ele reconheceu que o Reich alterara as práticas da área de saúde e que os médicos passariam a desempenhar um papel na imposição das leis de higiene racial. "Nós, médicos, devemos assumir total responsabilidade pelas tarefas que acumulamos nessa área."[67] Ele invocou a lei nazista de "prevenção de filhos geneticamente doentes", a lei de esterilização do regime. E salientou a "responsabilidade" dos médicos do Reich para evitar "a transmissão de material genético doente", o que incluía o dever de denunciar aqueles que supostamente apresentavam condições hereditárias para a esterilização forçada. Mas urgiu os médicos a terem cautela ao selecioná-los e a julgarem-nos como indivíduos, e não como testes e estatísticas.[68]

Muitos leitores atuais do artigo de 1938 ignoram o uso da retórica do regime, afirmando que seria compulsória e sugerindo que ele subverteu os princípios nazistas em outros trechos. Asperger iniciou a discussão dos estudos de caso avisando: "Nem tudo que passa dos limites, que é 'anormal', deve ser consequentemente 'inferior' [*minderwertig*]".[69] E terminou o artigo com uma admoestação: "Jamais desista da educação dos indivíduos anormais que já de saída parecem irremediáveis." No curso da terapia, as crianças podiam revelar capacidades "impossíveis de prever". O médico tinha "o direito e o dever" de investir intensa e emocionalmente em cada criança, uma vez que aquelas que "saem da norma e são difíceis precisam de experiência, amor e total comprometimento do educador".[70] Talvez suas palavras benevolentes refletissem suas verdadeiras crenças. Ao mesmo tempo, suas declarações compassivas eram consistentes com a retórica compassiva de seu mentor, Franz Hamburger, e da psiquiatria infantil nazista em geral — e a retórica afetuosa continuaria a ser uma característica desse campo, mesmo no auge dos assassinatos.

Não está claro se os sentimentos generosos de Asperger se aplicavam a todas as crianças. Ele elogiava os jovens autistas cuja inteligência, "interesses especiais espantosamente maduros" e "modo original de pensar" levavam a "alto desempenho" e "realizações excepcionais".[71] Contudo, também advertia que, em muitas crianças "autistas, a originalidade pode ser disparatada, excêntrica e inútil". Estas últimas tinham um "prognóstico social desfavorável" e mesmo "incapacidade de aprender".[72]

Asperger definiu a psicopatia autista como "distúrbio da adaptação ao ambiente" que, em sua opinião, causava "falha nas funções instintivas: interferência na compreensão de uma situação, perturbação nos relacionamentos com outras pessoas".[73] Consequentemente, as crianças autistas não cultivavam relacionamentos sociais. "Ninguém gosta realmente dessas pessoas", enfatizou, e elas "não têm relacionamentos pessoais com ninguém". Os jovens autistas eram "sempre solitários e se afastam de qualquer comunidade infantil". Em resumo: "A comunidade os rejeita."[74]

Mas o mais notável foi que Asperger chamou essa condição de psicopatia e, em sua definição do diagnóstico, salientou a ideia de malícia e recalcitrância infantil, o que estava em conformidade com as ideias de psicopatia da época. O diagnóstico de psicopatia, nascido na Alemanha em meados do século XIX, originalmente se aplicava a indivíduos em hospícios e prisões. O termo se disseminou na década de 1920 e passou a significar aqueles que ameaçavam a ordem social, como "associais", delinquentes e mendigos. A psicopatia era um diagnóstico psiquiátrico ambíguo que os sistemas de bem-estar social, educação e justiça criminal passaram a adotar com cada vez mais frequência para isolar crianças problemáticas, ingovernáveis e potencialmente criminosas. Os jornais usavam o termo em matérias sobre delinquentes juvenis e bem-estar social.[75]

Em psiquiatria, o paradigma dominante de psicopatia era o de Kurt Schneider. Em sua definição, "personalidades psicopáticas são aquelas cuja anormalidade faz com que elas mesmas ou a sociedade sofram".[76] Os psicopatas não apresentavam emoções sociais adequadas — civilidade, moralidade, altruísmo e capacidade de conexão —, o que podia levá-los à criminalidade. Sob o Terceiro Reich, o termo se expandiu em definição e consequências, designando uma categoria de jovens associais que poderiam ser institucionalizados ou encarcerados.[77] Asperger moldou seu artigo de 1938, do terceiro parágrafo em diante, de acordo com esse entendimento prevalente, a fim de "evitar os fardos de seus atos antissociais e criminosos para a comunidade nacional".[78]

A ideia de ameaça social permeou o estudo do caso de um menino não identificado de 7 e meio anos que ele apresentou como exemplar dessa condição. Embora conjecturasse que suas relações com o mundo fossem "limitadas", uma vez que ele não tinha um "entendimento instintivo" das pessoas e do ambiente, Asperger passou grande parte da exposição do caso retratando sua suposta maldade. O menino apresentara "problemas disciplinares contínuos e enfurecedores" desde muito novo.[79] Por ser "grande, bruto e pesado", além de "desagradavelmente desajeitado", ele "não se submete à vontade dos outros; na verdade, sente malicioso prazer em não seguir instruções e irritar as pessoas". Ele supostamente era "bastante malicioso com outras crianças, agindo como provocador".[80] A escola não conseguia "controlá-lo". "Ele perturba a sala inteira com suas encrencas e brigas." Segundo Asperger, isso estava de acordo com a "falta de respeito pela autoridade", "a total ausência de compreensão disciplinar" e a "malícia insensível" das crianças autistas.[81] Essas características formavam "uma personalidade psicopática".[82]

Asperger só apresentou sua definição de psicopatia autista quando o nazismo passou a controlar seu mundo — e, quando o fez, ele a definiu em termos da retórica e dos valores do Reich. Faz diferença se estava apenas mencionando superficialmente os valores do regime a fim de sobreviver, proteger sua carreira ou avançar nela? São suas palavras, e não seus pensamentos e crenças íntimos, que afetam nossa concepção do diagnóstico de autismo mais de setenta anos depois.

Um ano após a anexação nazista da Áustria, em julho de 1939, Asperger compareceu ao Primeiro Congresso Internacional de Educação Curativa, em Genebra. O congresso reuniu trezentos psiquiatras, psicólogos, professores, assistentes sociais e decisores políticos de 32 países. Asperger, um jovem professor-assistente de 33 anos, não falou durante a conferência, mas descreveu entusiasticamente os participantes como "importantes psiquiatras e psicólogos infantis, pioneiros em seus campos".

Não obstante esse elenco internacional, os palestrantes do Reich, incluindo Paul Schröder e Werner Villinger, promoveram os princípios nazistas e dominaram as palestras. O principal organizador da conferência, o especialista vienense em educação curativa Anton Maller, gabou-se da supremacia dos novos valores: "A tomada de poder pelo Reich alemão destruiu todos os princípios baseados puramente em compaixão e caridade também na Áustria; eles já não são relevantes para a comunidade nacional."

Triar a população era o que mais importava. Como "o declínio do pool genético saudável significa deterioração do *Volk*", insistiu Maller, os profissionais de cuidado infantil precisavam assegurar que "o material hereditário inferior seja eliminado".

Asperger observou e ouviu enquanto seus colegas do Reich estabeleciam a direção letal da psiquiatria nazista. Em breve, passaria a participar dos programas que implementavam essas visões macabras.

4

Indexando vidas

Em uma fotografia antiga do Hospital Infantil de Viena, um jovem e orgulhoso dr. Heribert Goll, colega de pós-doutorado de Asperger sob orientação de Hamburger, posa no banco do motorista do Carro da Saúde. Ele dirigia até áreas pouco povoadas do distrito de Zwettl, na região do Baixo Danúbio, para oferecer cuidados básicos e aconselhamento médico às mães. Outra foto mostra o intrépido Carro da Saúde atravessando um desfiladeiro nevado e outra ainda, uma enfermeira da Organização para o Bem-Estar do Povo Nacional-Socialista (NSV) e uma mulher robusta usando *dirndl*, o tradicional vestido alemão, e sorrindo para um bebê saudável.[1]

O Aconselhamento Materno Motorizado era um dos principais programas de Franz Hamburger, no qual pediu que Asperger trabalhasse diretamente, em um sinal de sua confiança.[2] Hamburger participara de uma iniciativa similar na Áustria rural sob o auspício do Fundo Commonwealth americano durante a década de 1920, mas adaptara o programa aos objetivos nazistas. "Um hospital universitário infantil no Terceiro Reich", disse ele, "não deve cuidar somente das crianças doentes, mas também das saudáveis." Ele levou esse princípio ao extremo. Sua equipe, enquanto ganhava experiência "prática" com jovens sadios na área rural, negava cuidados médicos aos enfermos. Heribert Goll, que Asperger recomendou como seu substituto na direção do programa, enfatizou que o pessoal do Carro da Saúde tratava crianças doentes "somente em casos urgentes".[3]

Sob a liderança de Asperger, entre outubro de 1939 e julho de 1940, o Aconselhamento Materno Motorizado de Hamburger fez 77 viagens e examinou 5.626 crianças de 0 a 14 anos. O programa alegou ter reduzido as taxas de raquitismo e mortalidade infantil e se apresentou como modelo para outros distritos na Áustria.[4] Todavia, Hamburger observou que alguns moradores se preocupavam com as visitas do Carro da Saúde, com "mães que inicialmente tinham certa desconfiança do novo mecanismo".[5]

As mães tinham razões para desconfiar. O Aconselhamento Materno Motorizado de Hamburger também agia como olhos e ouvidos do regime nazista. O Carro da Saúde era especialmente configurado com três assentos, de modo que o médico do Hospital Infantil sempre era acompanhado por um assistente social do Reich e uma enfermeira da NSV.[6] Eles tomavam nota das crianças supostamente deficientes ou geneticamente corrompidas, assim como daquelas cujos pais eram considerados social ou financeiramente inadequados. Então iniciavam uma ação coordenada com as Secretarias de Saúde Pública para registrar os "hereditariamente doentes, alcoólatras e com tuberculose ou outras doenças infecciosas".[7] Uma inspeção de 1.137 crianças em 1940 classificou 62% com condições ostensivamente problemáticas, como "pés severamente chatos" (oito crianças), "debilidade mental hereditária" (24 crianças) e "pai alcoólatra" (três crianças).

Essa indexação dos jovens em breve seria usada pelo programa de assassinato infantil, que teve início na instituição vienense de Spiegelgrund no fim de agosto de 1940, apenas um mês depois de Asperger deixar o Aconselhamento Materno Motorizado. Em uma amostra dos registros médicos de Spiegelgrund, mais de um quinto das crianças assassinadas — 22% — eram da região do Baixo Danúbio que incluía a área coberta pelo programa de Hamburger.[8] Marie Fichtinger, por exemplo, nasceu paralisada do lado direito; o administrador do distrito de Zwettl recomendou sua institucionalização no verão de 1942 e o pai da menina assinou o termo de consentimento. Depois que o médico de Spiegelgrund a declarou "profundamente idiótica" e "bastante retardada fisicamente", o caso foi encaminhado ao comitê do Reich, a fim de se obter aprovação para matá-la. Marie morreu na véspera de Ano-Novo.[9]

Depois que Asperger encerrou seu trabalho no Aconselhamento Materno Motorizado de Hamburger, ele fez uma palestra, em 4 de setembro de 1940, na quadragésima sétima reunião anual da Sociedade Alemã de Pediatria. No artigo "Sobre a terapia educacional no cuidado infantil", afirmou que, embora houvesse diferentes abordagens de assistência a crianças, ele acreditava que sob o nazismo só haveria uma. "Anteriormente, havia muitos objetivos filosóficos, políticos e religiosos na educação das crianças, competindo entre si", explicou. Mas "o nacional-socialismo estabeleceu seu próprio objetivo como o único válido".[10]

Asperger disse que "apoiava fervorosamente" o "objetivo único" do Reich no desenvolvimento infantil. O próprio objetivo da educação especial era "adequar essas crianças ao Estado nacional-socialista".[11]

Para se "adequarem", algumas crianças exigiriam uma transformação fundamental e mesmo uma alteração de caráter. Asperger voltou atrás na opinião emitida dois anos antes, quando dissera que os médicos deviam dar aos jovens "a certeza de que não estão doentes, mas no controle".[12] Na palestra de 1940, ele afirmou que "a educação pode selecionar os traços desejados e criar circunstâncias nas quais é possível — dentro de certos limites, é claro — conseguir uma mudança de personalidade". Ele promoveu sua visão da transformação infantil, devotando a ela o parágrafo final de seu artigo sobre a conferência de pediatria para *O Neurologista*.[13]

Assim como Asperger buscou posições no regime e se filiou a suas organizações imediatamente após a Anschluss, sua obra foi moldada não somente pelos ideais, mas também pelas instituições nazistas. As ordens do Reich eram a base de seu mundo profissional. No Hospital Infantil, Franz Hamburger o considerou suficientemente confiável para continuar sendo aluno de pós-doutorado, diretor da Clínica de Educação Curativa e responsável pelo Aconselhamento Materno Motorizado. Para Hamburger, ser chefe de departamento era uma importante responsabilidade e demonstrava lealdade ao regime. O próprio Hamburger insistira, durante uma aula ministrada em 1939: "É necessário que o principal representante de um departamento universitário seja nacional-socialista convicto."[14]

Asperger escolheu permanecer no hospital de Hamburger, onde, segundo os registros, todos os médicos, com exceção dele mesmo, eram filiados ao

Partido Nazista.[15] Sua decisão de não se unir ao partido poderia marcá-lo como oposicionista político (e, de fato, foi o que salvou sua reputação após a guerra). Mas sua escolha também estava de acordo com a vasta maioria de seus colegas austríacos. Embora metade de todos os médicos do Reich fosse membro do partido, dois terços dos médicos austríacos não eram. Em Viena, sete em cada dez médicos se abstiveram da afiliação.[16]

Um comentário casual de um dos colegas de Asperger, Josef Feldner, lança alguma luz sobre seu relacionamento com o nacional-socialismo. Após revisar um dos artigos de Asperger, Feldner recomendou que ele moderasse a retórica pró-regime: "Talvez seja um pouquinho nazista demais para sua reputação."[17] O conselho sugere que todos sabiam que Asperger não era um entusiasta nazista; também sugere que ele se esforçava para parecer um, a ponto de exagerar. Ele realmente incluía retórica pró-regime em seus artigos, prestando atenção até mesmo a pequenos detalhes, como incluir *Heil Hitler* na assinatura dos documentos, mesmo quando isso não era requerido.[18]

Sua religiosidade fez algumas sobrancelhas se arquearem entre os oficiais do Partido Nazista, uma vez que o Terceiro Reich contestava a prática da religião, vendo-a como incompatível e mesmo uma ameaça à ideologia nazista. O regime perseguia e encarcerava padres, profanava igrejas e pressionava os cidadãos a interromperem suas práticas religiosas. Uma carta da SS no arquivo de Asperger no partido expressava preocupação: "O dr. Asperger vem de círculos clericais e foi devotadamente clerical durante o *Systemzeit* [1933—1938]". O mesmo documento observava que Asperger fora membro do extremamente católico Bund Neuland e secretário da Guilda de São Lucas, também católica.[19] Mesmo assim, ser católico praticante na Áustria nazista não significava necessariamente oposição ao Reich. Afinal, 90,5% da população era católica. Era uma fé abrangente que incluía pessoas com uma ampla variedade de posições políticas e religiosas. Católicos que discordavam do nazismo poderiam frequentar a missa com católicos que o apoiavam e partilhavam os valores conservadores e antibolchevistas do regime. A eles poderiam se juntar austríacos que não eram religiosos antes da anexação, mas começaram a frequentar a igreja como forma de protesto. Na verdade, o comparecimento às igrejas aumentou após a Anschluss. Mesmo na Alemanha, onde somente um terço da população era católica, a maioria dos católicos registrados comparecia regularmente aos serviços religiosos, deixando de fazê-lo somente durante os anos de guerra.[20]

Os oficiais nacional-socialistas rapidamente determinaram que o catolicismo de Asperger não afetava sua confiabilidade política. Um relatório de 1939 do partido afirmava que, embora fosse um "típico negro [católico]", não fora "oponente" do nazismo nos anos em que este ficara conhecido por sua extrema violência e fora banido da Áustria.[21] Outro relatório certificou, em 1940, que Asperger era "católico devoto, mas sem as tendências políticas que acompanham o catolicismo". O pessoal do partido verificou e liberou sua religiosidade, concluindo que "ele não partilha interesses comuns com aquela comunidade política".[22]

Oficiais nazistas e estatais começaram a ficar mais seguros da confiabilidade de Asperger. Seu arquivo no escritório distrital do partido [Gauakt] era fino e as avaliações de praxe repetidamente o consideravam leal ao regime. Os oficiais confirmavam a cada ano que "não há motivo para preocupação em seu caráter ou suas políticas".[23]

Em questões de higiene racial nazista, ele também seria considerado confiável. Em uma avaliação do partido feita em novembro de 1940, um major da SS garantiu que Asperger "jamais agiu ativamente contra os nazistas, mesmo considerando-se que no Hospital Infantil — no qual todos os médicos são nacional-socialistas — teria sido fácil para ele obter materiais para expor".[24] Como na maioria desses documentos, a linguagem é oblíqua, e há numerosas possibilidades para o que poderia ser "exposto", como o papel do hospital na esterilização de crianças, nos experimentos médicos e na transferência de pacientes para o programa de eutanásia em Spiegelgrund, que acabara de começar. Asperger certamente se provou confiável em seu serviço ao Estado, trabalhando no lócus das medidas de higiene racial em Viena.

• • •

Em 1º de outubro de 1940, Asperger expandiu sua colaboração com o Estado nazista, candidatando-se à posição de médico especialista da Secretaria de Saúde Pública de Viena, a agência central do Reich que avaliava o valor dos indivíduos para o regime e determinava seus destinos. Asperger já começara a trabalhar para o governo nazista após a Anschluss, no sistema judiciário juvenil e nas escolas corretivas, e sua clínica se tornara parte importante das operações governamentais. Em 7 de agosto de 1940, o *Novo Diário Vienense* (*Neues Wiener Tagblatt*) elogiou a Clínica de Educação Curativa como "corpo consultivo" para a cidade, tratando crianças na "mais próxima cooperação com todo o departamento municipal de bem-estar social".[25]

Asperger se aproximou ainda mais do coração das operações governamentais dois meses depois, com sua "requisição" oficial à Secretaria de Saúde Pública para se tornar "médico especialista" em "educação curativa e preocupações psiquiátricas em crianças". Ele avaliaria as capacidades dos jovens em escolas corretivas e de educação especial para o Departamento de Bem-Estar dos Alunos de Viena. Quando sua candidatura foi aprovada pelo diretor da Secretaria de Saúde Pública, Max Gundel, Asperger assinou um contrato para trabalhar doze horas por semana, o que estimava ser um quarto de seu tempo.[26] O trabalho pagava bem; seus 1.920 reichsmarks por ano equivaliam à renda anual de um funcionário de tempo integral do Reich.[27]

As Secretarias de Saúde Pública foram instrumentos-chave da eugenia nazista. Apenas seis meses depois de Hitler chegar ao poder, em julho de 1933, a Lei de Unificação do Sistema de Assistência Médica reestruturou e centralizou a atenção à saúde por meio dessas secretarias. Eram 739 Secretarias de Saúde Pública espalhadas pelo Reich, de grandes cidades a áreas rurais, com uma equipe muito variada que incluía oficiais da SS, médicos, enfermeiras, advogados e pessoal biomédico. Seu mandato incluía serviços de saúde, planejamento familiar e "cuidado hereditário e racial", supervisionando a vida social, biológica e racial dos cidadãos do Reich.[28]

O conselheiro municipal Max Gundel, zeloso apoiador da higiene racial nazista que liderava o Departamento de Cuidados com a Saúde e a Nação, também dirigia a Secretaria de Saúde Pública, que reunia os sistemas municipais de saúde, bem-estar social e higiene racial. Ele também causou a prisão e a deportação de milhares de indivíduos, fazendo esforços adicionais para acelerar o transporte dos judeus de Viena, e foi ativo na fundação do programa de eutanásia infantil da cidade. Como primeiro administrador municipal de Spiegelgrund em 1940, Gundel participou das conversas iniciais sobre métodos de assassinato com Erwin Jekelius, o primeiro diretor clínico da instituição, e Viktor Brack, que projetou todo o programa de eutanásia do Reich.[29]

Para o público, a missão da Secretaria de Saúde de Viena, assim como de todas as outras no Reich, era fornecer generoso cuidado preventivo e familiar. As secretarias promoviam a eugenia "positiva" para o bem-estar e a propagação dos cidadãos desejáveis, oferecendo às mulheres cuidados médicos durante a gravidez, conselhos sobre a criação dos filhos, instruções sobre afazeres domésticos e higiene e mesmo coleta de leite materno. Mas a eugenia positiva frequentemente tinha um lado mais sombrio, que continha em si a eugenia negativa. Ao conceder empréstimos matrimoniais para encorajar a reprodução, por exemplo, as Secretarias de Saúde Pública simultaneamente avaliavam os indivíduos em busca de "doenças hereditárias". Em 1938, o primeiro ano do programa em Viena, a Secretaria de Saúde Pública negou empréstimos matrimoniais a 682 pessoas consideradas biologicamente deficientes — em um total de 43 mil solicitações —, chegando a negar seu direito ao casamento.[30]

As secretarias também gerenciavam o programa de esterilização forçada do Reich. Na época, a esterilização tinha apoio em toda a Europa e nos Estados Unidos — 29 estados americanos esterilizaram involuntariamente mais de 30 mil pessoas entre 1907 e 1939 —, mas o Terceiro Reich levou a prática a novos extremos. Entre 1934 e 1945, o regime nazista esterilizou até 400 mil indivíduos, 1% da população em idade fértil.[31] O programa foi menor na Áustria, com 6 mil vítimas, uma vez que a esterilização só entrou em vigor em 1940, dois anos após a anexação nazista.[32] Como as eutanásias começaram mais ou menos na mesma época, muitos austríacos que teriam sido submetidos à esterilização acabaram mortos.

Em teoria, as Secretarias de Saúde Pública visavam indivíduos com condições supostamente genéticas e distintas, como "debilidade mental hereditária", esquizofrenia, transtorno maníaco-depressivo, epilepsia, doença de Huntington, cegueira e surdez hereditárias, "severa má-formação corporal" e alcoolismo. Médicos e enfermeiras, assim como professores e assistentes sociais, deviam indicar as pessoas que consideravam defeituosas, e esse processo foi sistematizado em formulários-padrão de denúncia.[33] Embora os indivíduos fossem classificados medicamente, a delação frequentemente tinha mais relação com preconceitos sociais, visando aqueles que viviam na pobreza ou não seguiam as normas burguesas. Essa dimensão de classe provavelmente é uma das razões pelas quais a esterilização foi pouco problemática entre a população do Reich.

Os indivíduos denunciados tinham de comparecer a um dos duzentos Tribunais de Saúde Hereditária, onde um painel de três pessoas determinava seu valor genético em meros minutos. Se fossem considerados deficientes, eram enviados para clínicas — 10% requeriam uso de força policial — e, tipicamente, sujeitados a vasectomia ou ligação das trompas, o que alguns chamavam de "corte Hitler".[34] Muitas centenas, na maioria mulheres, morreram em consequência de complicações.

As estimativas sugerem que a vasta maioria dos indivíduos foi esterilizada por supostos defeitos mentais. Nos primeiros anos do programa, os oficiais rotularam mais da metade das vítimas como "deficientes mentais", cerca de um quarto como esquizofrênicas e a terceira maior porcentagem como epiléticas.[35] Como essas condições se tornaram categorias primárias para a morte nos programas de eutanásia adulta e infantil, a intenção desses esforços pode ser considerada equivalente a um genocídio psiquiátrico. O objetivo era erradicar da população pessoas com certos tipos de mente. O regime esterilizou ou matou entre 220 mil e 269.500 indivíduos rotulados como esquizofrênicos, por exemplo, ao menos três quartos de todas as pessoas no Reich que receberam esse diagnóstico.[36]

Asperger apoiava a lei de esterilização. Depois que a endossou publicamente em seu artigo de 1938, "A criança mentalmente anormal", numerosos relatórios do partido afirmaram que "é receptivo às ideias nacional-socialistas de cuidado racial e legislação sobre esterilização". Sua lealdade não era somente em princípio, mas também na prática. Outro relatório certificava: "Ele obedece às ideias nacional-socialistas em questões de legislação racial e esterilização."[37]

Em seus textos, Asperger não defendia que biologia era destino, a exemplo de muitos higienistas raciais nazistas, mas, como Hamburger, sustentava que as crianças eram produto tanto da genética quanto do meio. Com essa finalidade, publicou um artigo relatando pesquisas com gêmeos na edição de janeiro—fevereiro de 1939 do *Der Erbarzt* (O geneticista), um jornal especializado criado em 1934 para disseminar as políticas nazistas de higiene racial e aconselhar os médicos sobre a implementação da lei de esterilização.[38] A pesquisa sobre gêmeos era um dos itens básicos da medicina nazista, tipicamente empregada para demonstrar como a biologia determinava o valor social. Asperger e Heribert Goll observaram gêmeas idênticas que, de acordo com eles, desenvolveram simultaneamente o vírus da hemicoreia. Segundo Asperger, uma das irmãs era "mais inteligente e madura, com uma vida mental mais rica", e foi ela quem desenvolveu sintomas mais severos de hemicoreia, porque seu "cérebro mais finamente organizado" a tornou mais suscetível. Os dois concluíram que "as diferenças essenciais e os talentos são afetados pelo ambiente".[39]

Com o tempo, Asperger se tornou mais duro em sua retórica eugenista. Em uma entrevista para o *Jornal das Pequenas Pessoas* em 11 de setembro de 1940, ele comparou as crianças que via como deficientes com lixo. Afirmando que podia corrigir jovens considerados irremediáveis, explicou: "Com uma peneira larga, muitas coisas úteis caem no cesto de lixo; use uma peneira mais fina e economize — com almas humanas também!" Então, "lenta, lentamente", disse ele, "algumas delas se tornarão pessoas úteis".[40]

Em 1941 e 1942, ele concordou com a premissa de que algumas pessoas eram "um fardo para a comunidade" e "a proliferação de muitos desses tipos é indesejável para o *Volk*, ou seja, a tarefa é excluir certas pessoas da reprodução". Ele declarou que alguns indivíduos que podiam ser corrigidos podiam encontrar "seu lugar na organização mais ampla do *Volk*" e que, para eles, a esterilização não "seria aventada".[41] Todavia, embora advertisse contra seu uso excessivo, ele a confirmava em princípio.

Para as Secretarias de Saúde Pública, administrar a esterilização forçada e outras medidas de cuidado hereditário e racial era uma tarefa gigantesca. Significava reunir e comparar informações sobre milhões de indivíduos, rastreando múltiplas facetas de suas vidas e classificando-os em um regime diagnóstico. O Estado nazista esteve obcecado por coletar informações sobre seus cidadãos desde o início. Todo mundo precisava ter um Passaporte Ancestral [*Ahnenpass*], um livreto de 48 páginas que listava quatro gerações da árvore genealógica, a fim de confirmar a ancestralidade ariana. Também havia o Certificado Ariano [*Ariernachweis*], que confirmava a linhagem ariana. O Estado nazista sistematizou a informação demográfica em dois censos, em 1933 e 1939. Empregando tecnologia de última geração, incluindo a máquina de cartões perfurados criada por Hollerith na IBM, o regime usou as informações sobre judeus e "ciganos" para, mais tarde, localizar indivíduos para perseguição e deportação.

O Reich registrava numerosos outros aspectos da vida dos cidadãos. O Livro do Trabalho mostrava o histórico profissional de um indivíduo; o Livro da Saúde, sua condição física; o Registro da População [*Volkskartei*], suas habilidades funcionais e seu status racial; e o Número Pessoal de Identificação tornava todas essas informações imediatamente acessíveis.[42] No Estado nazista, a vida de todos tinha de ser avaliada e resumida em livretos, cartões e números.

As Secretarias de Saúde Pública, com sua ampla penetração na vida dos cidadãos do Reich, eram primariamente locais de coleta de informações. Os funcionários podiam reunir registros médicos, históricos familiares, relatórios escolares, visitas das equipes de bem-estar social, registros criminais e dados sobre o status social e econômico de um indivíduo e convertê-los em um Índice Hereditário [*Erbbiologische Kartei*], destilando vidas em formulários e arquivos padronizados.[43] Embora algumas Secretarias de Saúde Pública já tivessem iniciado as compilações, as "Diretrizes para a implementação do Inventário Hereditário" [*Erbbestandsaufnahme*], de 23 de março de 1938, sistematizavam esses esforços. Na Áustria, uma reunião realizada em 1939 disseminou as diretrizes para o Inventário Hereditário e envolveu 250 participantes.[44]

Clínicas universitárias como a de Asperger foram instruídas a colaborar totalmente com o Inventário Hereditário, entregando seus arquivos médicos para a Secretaria de Saúde Pública. Em troca, recebiam acesso a outras informações sobre os pacientes.[45] A despeito dos esforços de sistematização, os oficiais operavam com registros e diagnósticos pouco claros. Profissionais da medicina como Asperger foram instruídos a "colocar um ponto de interrogação entre parênteses ao lado do diagnóstico se ele for provável, e dois pontos de interrogação se for duvidoso".[46] Os oficiais incluíam e presumiam subjetividade no inventário.

O Inventário Hereditário de Viena catalogava declarações subjetivas de várias agências. Como o *Arquivo Vienense de Medicina Interna* explicou aos médicos em 1940, uma de suas principais tarefas era "compilar e avaliar informações importantes a partir de históricos clínicos, boletins escolares, registros policiais etc., que hoje estão espalhados em diversos locais". Embora o jornal defendesse que "o Inventário Hereditário é limitado primariamente às pessoas com características negativas" — e essa era, com efeito, a intenção de muitos na Secretaria de Saúde Pública —, também havia retórica sobre ele ser uma potencial ferramenta de eugenia positiva.[47] Alguns argumentavam que ele deveria "ser visto menos para a erradicação dos inadequados que para a sistemática promoção dos altamente valiosos, para benefício do povo alemão". Mas a eugenia positiva também exigiria categorização exaustiva, reunindo registros de universidades e outras instituições de ensino superior.[48]

A equipe da Secretaria de Saúde Pública de Viena mesclava questões corporais, psicológicas, sociais, econômicas e raciais, registrando as pessoas que se acreditava apresentarem limitações cognitivas e biológicas, assim como "associais", alcoólatras, prostitutas, pessoas com doenças sexualmente transmissíveis, judeus, meio-judeus, "ciganos" e "jovens rebeldes", e frequentemente combinava designações em classificações compostas. Os rótulos sociais e raciais passaram a superar os rótulos biológicos; na verdade, a maioria das pessoas classificadas era fisicamente saudável.[49]

O Inventário Hereditário de Viena foi um empreendimento monumental. Os funcionários da Secretaria de Saúde Pública indexaram 767 mil pessoas na primavera de 1944 — um quarto da população da cidade —, no que se tornou uma das maiores bases de dados do Reich. Mais de setenta pessoas trabalharam no projeto, analisando certidões de nascimento, relatórios da Secretaria da Juventude, registros médicos, policiais, de Steinhof e do Partido Nazista e dados municipais sobre prostitutas e alcoólatras. O registro em Viena incluía ao menos 12 mil jovens considerados deficientes e 40 mil "crianças difíceis e psicopáticas de famílias associais", muitas das quais teriam sido da alçada de Asperger.[50]

As Secretarias de Saúde Pública em outros locais do Reich também compilaram enormes Inventários Hereditários. A Renânia indexou ao menos

1,250 milhão de pessoas, 16% da população; e a Turíngia indexou 1,7 milhão, um quinto da população. O inventário de Hamburgo era o mais abrangente, abarcando 65% da população, 1,1 milhão de pessoas. Era também o mais ambicioso, indo além dos arquivos convencionais e incluindo entidades como seguradoras de automóveis e clubes esportivos.[51] Em 1942, Leonardo Conti, chefe do Departamento de Saúde do regime, estimou que 10 milhões de cidadãos do Reich já estavam indexados: 12% da população total.[52]

Na mente de seus arquitetos, os Inventários Hereditários tinham um objetivo "prático": ser "a base para a implementação de medidas de cuidado hereditário e racial".[53] Em outras palavras, os registros prescreviam o tratamento ou a eliminação de indivíduos. As autoridades decidiam o destino dos cidadãos do Reich com base nesses registros, analisando-os para determinar empréstimos e permissões matrimoniais, esterilizações forçadas, prisões, internamentos em campos de trabalho, deportações para campos de concentração e eutanásias. Cada cidadão era quantificado em um arquivo que avaliava seus atributos sociais, econômicos, biológicos e mentais, resultando em um julgamento geral sobre sua vida, um diagnóstico de todo seu ser.

Os Inventários Hereditários são um exemplo material do regime diagnóstico nazista, um esforço de customização em massa registrado no papel. E, mesmo assim, foram apenas um esforço preparatório. Indexar vidas colaborava para a missão mais ampla do Reich, que era remodelar as pessoas para a vida coletiva — uma missão promovida e impulsionada pelos colegas de Asperger na psiquiatria nazista.

5

Teorias fatais

Gerhard Kretschmar nasceu em 20 de fevereiro de 1939, filho dos agricultores Richard e Lina Kretschmar. Era cego, tinha apenas uma perna e um braço totalmente formados e sofria convulsões. Seus pais o chamavam de "monstro" e escreveram a Hitler pedindo permissão para matá-lo. Hitler enviou seu médico pessoal, Karl Brandt, até Leipzig para examinar o caso. Brandt declarou que Gerhard, de 5 meses, era "idiota". O bebê provavelmente recebeu uma dose de barbitúrico e morreu entre três e cinco dias depois, em 25 de julho de 1939. Os registros na paróquia atribuem sua morte a "falha cardíaca".

A morte de Gerhard foi a primeira registrada no programa nazista de "eutanásia" infantil. Como demonstrado por seu caso, o termo *eutanásia* era inapropriado, pois a maioria das crianças que foram mortas não estava em estado terminal e poderia ter tido uma vida plena. Mas os médicos do programa condenavam aquelas que, segundo eles, seriam um dreno para os recursos do Estado e/ou colocariam em perigo o pool genético do *Volk* alemão. Não mais satisfeito com a esterilização forçada dos geneticamente "corrompidos", o Reich radicalizou sua abordagem, matando crianças consideradas incapazes.

Dias após a morte de Gerhard Kretschmar, em julho de 1939, Hitler convocou quinze médicos à chancelaria do Reich para discutir o programa de assassinato sistemático de crianças. O Ministério do Interior publicou um decreto em 18 de agosto de 1939 exigindo que médicos, enfermeiras e parteiras informassem sobre bebês e crianças de até 3 anos com deficiências mentais e físicas, incluindo diagnósticos vagos como "idiotia" e "más-formações de todos os tipos". As crianças seriam admitidas em uma das 37 "alas para crianças especiais" para observação e, com regularidade, assassinato médico. Para incentivar a cooperação, médicos e enfermeiras eram pagos por cada criança indicada e, nos centros de eutanásia, recebiam o que alguns chamavam de "dinheiro sujo": bônus salariais e benefícios pelas crianças que matavam.[1]

Inicialmente limitado a bebês e crianças de colo, o assassinato infantil seria um projeto científico e deliberativo, baseado em exames cuidadosos e integrado ao sistema de saúde do Reich. Quando o pessoal da área médica informava que a criança era deficiente, seu arquivo era revisado pelo Comitê de Registro Científico de Doenças Hereditárias e Congênitas Graves, em Berlim, uma organização de fachada da chancelaria do Reich. Os três médicos "especialistas" do comitê então enviavam a autorização para assassinar a criança em uma das "alas para crianças especiais". Em 1939, Hans Heinze, o aluno-astro de Paul Schröder, criou o primeiro centro de assassinatos do regime no Instituto Estadual Görden, em Brandemburgo, onde o assassinato infantil seria baseado em observações pessoais e supostamente científicas.[2] As estimativas variam, mas cerca de 5 mil a 10 mil jovens pereceram no programa de eutanásia entre 1939 e 1945.

Heinze também autorizou a eutanásia adulta como "especialista" do programa T4, que recebeu esse nome em função de sua sede em Berlim, na Tiergartenstrasse, n. 4. O desordenado programa para adultos diferia grandemente do individualizado e sistemático programa de eutanásia infantil. Iniciado em outubro de 1939, o assassinato de adultos logo passou a incluir seleções e deportações em massa de hospícios e hospitais para seis grandes centros de assassinato, além de usar drogas e inanição como métodos de extermínio. Quando o programa T4 se expandiu, deu origem às primeiras câmaras de gás do Reich.

Em Viena, a eficiência do assassinato adulto literalmente abriu caminho para o assassinato infantil. O Instituto Psiquiátrico Steinhof, com seus 34 pavilhões recobertos de hera e espalhados pelos declives suaves de um dos maiores complexos de art nouveau da Europa, era responsável pela eutanásia adulta na cidade. O Steinhof fora inaugurado em 1907 como hospício moderno e progressista, o maior da Europa. Também era bem localizado: nos limites de Viena, convenientemente perto de uma das paradas do bonde 47. Sua elegante arquitetura e o belíssimo e arborizado terreno de 145 hectares, criando um agradável local de repouso, atraíam os abastados. Sob o Terceiro Reich, todavia, ele se tornou o pior pesadelo dos pacientes.

O Steinhof foi responsável por mais de 7.500 mortes entre 1940 e 1945, por inanição, negligência deliberada ou transferência em massa para as câmaras de gás do castelo Hartheim, perto de Linz.[3] Quando a equipe do Steinhof iniciou a deportação de 3.200 pacientes para as câmaras de gás no verão de 1940, ela criou espaço suficiente para abrigar centenas de crianças. Viena fundou sua Instituição Municipal de Bem-Estar Juvenil em Spiegelgrund em 24 de julho de 1940, no lado oeste de Steinhof, atrás dos muros de tijolos e das janelas duplas dos prédios 1, 3, 5, 7, 9, 11, 13, 15 e 17, com capacidade para 640 leitos. As crianças eram mortas no pavilhão 15, e aquelas em observação no pavilhão 17 podiam facilmente ser marcadas para morrer.[4]

Os assassinatos em Spiegelgrund começaram em 25 de agosto de 1940. Ao menos 789 crianças morreram lá durante o Terceiro Reich, com a causa oficial da morte de quase três quartos delas sendo registrada como pneumonia.[5] A pneumonia devia parecer natural, mas era resultado da administração de barbitúricos com a intenção de matar. As crianças perdiam peso, tinham febre e ficavam suscetíveis a infecções que, tipicamente, resultavam em pneumonia. Várias outras doenças também podiam levar à morte, em razão da falta de tratamento e da desnutrição. Como Ernst Illing, segundo diretor de Spiegelgrund, explicou durante seu julgamento após a guerra: "A questão era disfarçada, ninguém de fora devia saber sobre a aceleração das mortes. Devia haver uma deterioração gradual em função da doença, que então levaria à morte."[6]

E, no entanto, as crianças reagiam de maneiras diferentes às drogas, e algumas morriam rapidamente. Os médicos de Spiegelgrund apresentaram os assassinatos como processo científico de tentativa e erro. Durante os interrogatórios após a guerra, relataram como levaram tempo para aperfeiçoar seus métodos. O primeiro diretor clínico de Spiegelgrund, Erwin

Jekelius, afirmou que as crianças nem sempre morriam com a dose padrão de Luminal: "No início, estive presente várias vezes nesses assassinatos, a fim de ver se o processo era doloroso. Em nossa prática, houve dois casos nos quais o envenenamento da criança doente não causou a morte, pois a dose de Luminal não foi suficiente." Assim, os médicos lançaram mão de uma injeção combinada de morfina, cibalgina e escopolamina.[7]

Ernst Illing, de 41 anos, que sucedeu Jekelius como diretor em 1942, confirmou que a "morte ocorria de maneiras bastante diferentes, dependendo da idade da criança e se era ou não necessário acalmá-la primeiro. A morte podia ocorrer dentro de horas ou somente dias depois". Sob sua direção, as crianças usualmente recebiam Luminal ou Veronal, triturados e misturados com "açúcar, xarope ou outro alimento saboroso, para que não sentissem o gosto ruim dos comprimidos". Mas, uma vez que a criança estava "no processo de morrer, já não podíamos confiar em sua capacidade de engolir e precisávamos injetar".[8]

Franz Hamburger, o mentor de Asperger, transferiu uma das primeiras vítimas de Spiegelgrund do Hospital Infantil da Universidade de Viena, em 15 de agosto de 1940. Viktor Stelzer, de 1 ano, tinha convulsões e contrações musculares. Também se acreditava que era cego. Uma fotografia de Spiegelgrund o mostra com bochechas gordinhas, olhos fechados e o cabelinho fino como penugem. Em 14 de novembro de 1940, o diretor Erwin Jekelius, ex-colega de Asperger na Clínica de Educação Curativa, recomendou ao comitê do Reich em Berlim que o bebê fosse assassinado. Viktor morreu dois meses e meio depois, declaradamente de pneumonia.[9]

Outra vítima inicial de Spiegelgrund foi Helmuth Gratzl, de 2 anos. Seus pais relataram que ele começara a ter convulsões aos 2 meses de idade; as convulsões cessaram, mas eles acreditavam que haviam deixado sequelas físicas e mentais, assim como distúrbios dos intestinos e da bexiga. Em 31 de agosto de 1940, a Secretaria de Saúde de Spittal-Drau autorizou a transferência de Helmuth para Spiegelgrund. Lá, ele ficou inquieto e chorou muito. Também teve febre e "fezes líquidas e ralas". A equipe administrava Luminal entre três e quatro vezes ao dia, colocando-o no caminho para a morte. Mesmo assim, sua mãe enviou instruções sobre como cuidar dele, mantendo-o aquecido e dando-lhe maçãs para facilitar os movimentos intestinais. Helmuth morreu em 20 de outubro, com a causa da morte sendo registrada como pneumonia. Dois dias depois, Jekelius se encontrou com o pai do bebê, dizendo-lhe que o filho nascera com "idiotia severa e degeneração geral dos órgãos". De acordo com os arquivos do caso, o pai de Helmuth aprovou a morte, dizendo que "significava somente uma libertação para ele e a família". Seja ou não verdade, e seja ou não o que o pai quis dizer, era assim que os assassinos de crianças retratavam seu trabalho: uma libertação.[10]

De fato, a equipe de Spiegelgrund apelava ao desejo dos pais de se livrarem dos filhos, promovendo abertamente os benefícios da morte. Em 8 de agosto de 1940, sob orientação da Secretaria de Saúde de Gmunden, a mãe de Paula Schier, de 1 ano e 1 mês, levou a filha para Spiegelgrund. Os registros contêm uma imagem da bebê sentada ereta, com o umbiguinho à mostra, mastigando um canudo e olhando diretamente para a câmera. Paula morreu um mês depois, em 7 de setembro. Jekelius escreveu aos pais dizendo que lhes prestara um serviço: "vocês e a criança serão poupados de muito sofrimento". Como Paula tinha "idiotia mongol" (síndrome de Down), "jamais teria andado ou aprendido a falar, e teria sido um fardo constante".[11]

Contudo, a verdadeira intenção do programa de eutanásia infantil não era facilitar a vida dos pais, mas purgar o Reich de cidadãos indesejáveis. E os assassinos de crianças tinham conversas muito diferentes entre si.

Dois dias antes da morte da bebê Paula Schier em Spiegelgrund, em 5 de setembro de 1940, a Sociedade Alemã de Psiquiatria Infantil e Educação Curativa realizou sua primeira conferência em Viena, estabelecendo o grandioso experimento da psiquiatria infantil nazista como campo distinto. Os esforços dos psiquiatras infantis para modelar as crianças faziam parte das tentativas nazistas de transformar a humanidade. A modelagem e o extermínio das crianças supostamente inferiores pelos psiquiatras refletiam a modelagem e o extermínio das nações supostamente inferiores pelo regime.

O evento atraiu mais de quinhentas pessoas para o grande salão de conferências da Clínica de Psiquiatria e Neurologia da Universidade de Viena, um dos majestosos edifícios palladianos de pedra no nono distrito, não muito longe de onde Sigmund Freud vivera até dois anos antes. O instituto fora construído em 1853 como hospício. Agora abrigava os líderes do desenvolvimento infantil do Terceiro Reich, a "maioria de uniforme".[12]

A reunião foi organizada por Paul Schröder, então com 68 anos, que tanto influenciara Asperger durante seu estágio em Leipzig em 1934. Visto por muitos como "pai" da psiquiatria infantil do Reich, Schröder dirigia a nova Sociedade Alemã de Psiquiatria Infantil e Educação Curativa, fundada após as conferências de Paris e Genebra para unir as duas disciplinas e adequá-las aos princípios coletivistas e eugenistas do Reich.[13] O objetivo de cristalizar a psiquiatria infantil nazista finalmente se concretizava na reunião de Viena.

Os psiquiatras infantis nazistas esperavam que sua disciplina obtivesse mais reconhecimento e poder, coordenando e legitimando cientificamente os programas infantis do Reich em muitas frentes: clínicas, escolas, centros de assistência social, tribunais e programas de esterilização e eutanásia. Eles também concordavam em tratar jovens que não pareciam ter doenças mentais severas, aumentando a respeitabilidade de seu campo. Podiam demonstrar a potencial utilidade dessas crianças para o Estado nazista ao forjar trabalhadores, soldados e cidadãos produtivos.

Schröder fez a primeira palestra do dia, declarando, em seu forte sotaque berlinense: "A psiquiatria infantil não se resume a cuidar de psicopatas. Os poucos que estão realmente doentes devem procurar um médico. Nosso objetivo é muito mais amplo. Queremos entender e reconhecer, analisar e orientar adequadamente, educar e integrar propositalmente as crianças que são difíceis e fora do comum."[14]

O Estado nazista, explicou ele, se preocupava com as crianças que apresentavam desvios do comportamento grupal. Como disse aos participantes da conferência em Viena: "Há demanda em toda parte, hoje em dia, para as avaliações educacionais e de caráter", de escolas a tribunais juvenis. Ele afirmou que a psiquiatria infantil nazista podia prestar grandes serviços ao regime na socialização de crianças, e tinha aplicações específicas em mente. "O interesse da Juventude Hitlerista e da Liga das Moças Alemãs me é particularmente bem conhecido", explicou ele, por causa das "crianças 'difíceis' que entram em suas fileiras".[15]

Schröder enfatizou que a psiquiatria infantil nazista, como outras áreas da medicina, tinha como base a seleção eugênica. A genética era decisiva;

das crianças que se desviavam da norma, algumas eram hereditariamente irremediáveis e outras podiam ser remodeladas em um meio diferente e com instrução adequada. Ele declarou que era crítico diferenciar esses dois grupos, colocá-los em diferentes tipos de instituição, com diferentes tipos de recurso. E advertiu que a reabilitação positiva "não deve ocorrer aleatoriamente e da mesma maneira com todas as 'crianças difíceis', mas com constante seleção, feita por especialistas, dos valiosos e educáveis, e com rejeição igualmente estrita, direcionada e deliberada daqueles que são reconhecidos como majoritariamente inúteis e ineducáveis".[16]

Aos 34 anos, Asperger não era um dos principais participantes da conferência de Viena; não foi convidado a falar nem era conhecido entre os colegas. Mas compareceu e ouviu atentamente, ao menos atentamente o bastante para escrever sobre a conferência para *O Neurologista* [*Der Nervenarzt*], um proeminente jornal de psiquiatra e neurologia que era mais substancial e menos cooptado pela higiene racial nazista que outros jornais do Terceiro Reich.[17] Mesmo assim, endossou as doutrinas articuladas na conferência. Seu conceito de psicopatia autista estava tão saturado das ideias apresentadas que é impossível decodificá-lo sem elas.

Em seu relato da conferência, Asperger reiterou os duros sentimentos de Schröder pelos "inúteis e ineducáveis", chegando mesmo a reforçá-los. "Após a expulsão dos predominantemente inúteis e ineducáveis através do diagnóstico precoce do caráter", escreveu ele, "esse trabalho pode ajudar significativamente a incorporar as crianças prejudicadas ou que não apresentam valor integral à comunidade do *Volk* trabalhador."[18]

Para além da eugenia e da utilidade, Asperger chamou atenção para a dimensão metafísica da abordagem de Schröder. Ele enfatizou que a psiquiatria infantil nazista significava nada menos que "cuidar do espírito, da alma das crianças difíceis".[19] Esse mandato dava ao psiquiatra extraordinário poder sobre a criança. Afinal, tratar sua alma significava julgar sua existência e decidir seu destino.

Hans Reiter, o principal oficial de saúde pública do Terceiro Reich, afirmou o princípio do controle estatal sobre as crianças na abertura da conferência.[20] Aos 59 anos, Reiter era presidente da Secretaria da Saúde do Reich desde 1933 e defendia uma diretiva fascista de desenvolvimento infantil. As crianças pertenciam não somente aos pais, mas também ao Estado, "a todo o *Volk*", e a tarefa de modelar o corpo político era "decisiva para o futuro do povo alemão". Ele certamente se tornou muito hábil em extirpar os indesejados. Esteve envolvido em esterilizações forçadas, assassinatos em massa e experimentos médicos com seres humanos durante o Terceiro Reich; 250 prisioneiros em Buchenwald morreram durante um de seus testes de tifo.[21]

Reiter era apenas um dos personagens ignóbeis, e mesmo homicidas, da conferência de Viena. A maioria dos quatorze palestrantes perpetrara ou perpetraria crimes contra crianças. Somente três — dois deles suíços — não são conhecidos por terem apoiado medidas envolvendo internação, esterilização forçada, experimentos médicos e extermínio infantil. A maioria dessas figuras foi esquecida pela história, mas Asperger escreveu que foi inspirado e influenciado por elas, elogiando seu "sentimento coletivo" de "ardoroso comprometimento e trabalho substancial".[22] Esse era seu mundo intelectual. Ele basearia seu diagnóstico de psicopatia autista de 1944 em seus princípios.

A Conferência de Psiquiatria Infantil e Educação Curativa foi parte da exibição triunfalista da Semana de Ciências Pediátricas de Viena, espremida entre a quadragésima sétima reunião anual da Sociedade Alemã de Pediatria e a terceira reunião da Sociedade Médica Geral de Psicoterapia da Alemanha.[23] A Semana de Ciências Pediátricas foi um grande evento. Os organizadores até mesmo conseguiram convencer a Wehrmacht a conceder licença aos médicos militares, para que pudessem comparecer. Franz Hamburger supervisionou a logística e atrasou o início do semestre letivo na Universidade de Viena a fim de fornecer acomodações. Ele era dedicado à causa. No discurso de abertura da semana, proclamou que a missão era forjar "famílias eugenicamente valiosas" para o "Estado biológico de Adolf Hitler".[24]

Perversamente, a Semana de Ciências Pediátricas foi anunciada no *Semanário Médico de Munique* ao lado da inauguração do primeiro centro de assassinatos do programa de eutanásia infantil do Reich, o Departamento de Psiquiatria Juvenil do Instituto Estadual Görden, supervisionado por Hans Heinze.[25]

A Semana de Ciências Pediátricas também ocorreu em um momento crucial da história do Terceiro Reich. Em setembro de 1940, o regime estava inebriado com o sucesso, remodelando a Europa em todas as frentes. Tendo invadido a Polônia e iniciado a Segunda Guerra Mundial, o Estado nazista trinchava a metade leste do continente e amontoava judeus em guetos. Controlava a Europa Ocidental da Noruega até a França e estava prestes a iniciar a Blitz na Batalha da Grã-Bretanha. No Reich em 1940, quase tudo parecia possível.

Muita coisa aconteceu em Viena durante aquela semana. No palácio Belvedere, os ministros do Exterior do Reich e da Itália, Joachim von Ribbentrop e Galeazzo Ciano, assinaram a Segunda Arbitragem de Viena, transferindo o norte da Transilvânia da Romênia para a Hungria. Outros dignitários chegaram à cidade para a Feira de Outono, cujos pavilhões exibiam produtos nacionais, incluindo tecnologia, esquis e bordados.[26] O Estado nazista promoveu Viena como sua capital de estilo, onde a "moda vienense" supostamente brotava "diretamente das profundezas do *Volk*". Naquela estação, modelos com ombros poderosos e sobrancelhas finíssimas desenhadas a lápis desfilaram casacos de pele de gambá e lobo.[27]

O Reich também remodelava crianças. Em outra proeminente assembleia ocorrida em Viena naquela semana, Baldur von Schirach entregou a Juventude Hitlerista a uma nova liderança. Se Asperger tivesse lido os jornais na manhã da conferência, teria visto a recomendação de Schirach de que os meninos do Reich tivessem espírito social e se mantivessem "unidos para todo o sempre por laços inseparáveis", com "lealdade altruísta a essa comunidade".[28] Sob o nazismo, não era suficiente se conformar ao coletivo; era preciso se *sentir* parte dele.

Mas e quanto às crianças que não tinham esses laços comunitários? A Sociedade Alemã de Psiquiatria Infantil e Educação Curativa se reunira para tratar justamente delas. Sua missão declarada era promover a sociabilidade, a "adequação de crianças e adolescentes difíceis" à "comunidade nacional".[29] Isso significava decidir quais jovens tinham capacidade de participar do *Volk* e como cultivá-los, além de transformar em sociais aqueles considerados associais. No Terceiro Reich, era importante se adequar e se encaixar, em conformidade externa e interna.[30]

Os organizadores se vangloriaram da "inesperadamente alta participação" na conferência. Compareceram oficiais do Ministério do Interior, da

Secretaria da Saúde do Reich, do Ministério de Esclarecimento Público e Propaganda e de numerosas outras organizações do regime e do partido.[31] A eles se uniram médicos, psicólogos, educadores especiais, professores, assistentes sociais e funcionários de creches, assim como um punhado de convidados internacionais da Suíça, da Hungria, da China e do Chile.

Luminares do establishment acadêmico de Viena também estavam presentes, incluindo o reitor da Universidade de Viena e o decano da Faculdade de Medicina. Dois dos mais renomados psiquiatras vienenses apoiaram a conferência. Otto Pötzl era o anfitrião, e o ganhador do prêmio Nobel Julius Wagner-Jauregg era o patrono oficial; a plateia deu ao decano de 83 anos uma "recepção especialmente arrebatadora".[32] Mesmo assim, estava claro que tudo era controlado pelo regime. As pessoas podiam saber, ou supor, que o legendário psicanalista August Aichhorn — um dos poucos seguidores de Freud que permanecia em Viena — recusara o convite para palestrar. Não sendo apoiador do Estado nazista, não deve ter ficado satisfeito quando, como parte do convite, M. H. Göring, presidente da Sociedade Médica Geral de Psicoterapia da Alemanha, disse que "revisaria" sua palestra "do ponto de vista político".[33] Mesmo assim, havia muitos participantes importantes para compensar sua ausência.

Ao estabelecer o campo da psiquiatria nazista, a sociedade pretendia modelar um novo tipo de pessoa que estaria ligada, em corpo e espírito, a um novo tipo de comunidade. Isso exigia uma abordagem abrangente, com "a colaboração (acadêmica e prática) de médicos, educadores e oficiais governamentais", englobando a psiquiatria tradicional, a educação curativa, a educação especial, a medicina interna e a disciplina do Estado.[34] Assim, embora os participantes da conferência viessem de campos distintos, todos operavam de acordo com quatro preceitos comuns: a priorização do *Volk*, a seleção eugenista, o tratamento totalizante e o cultivo do espírito comunitário.

A despeito da ampla concordância sobre os princípios, ninguém sabia ao certo como tal prática seria na realidade. Havia uma linha entre as crianças que eram remediáveis e as que não eram? O que o Estado deveria fazer com aquelas vistas como inúteis? Diferentes profissionais apoiavam diferentes soluções, da reabilitação ao encarceramento e mesmo à eliminação.

Nem todos os participantes partilhavam do mesmo entusiasmo pelo Terceiro Reich. Alguns estavam simplesmente satisfeitos por participar de uma conferência científica, obtendo reconhecimento e respeitabilidade para seus recém-criados campos. Mesmo assim, a conferência era uma criatura do Terceiro Reich e foi modelada por ele. Os artigos do diversificado grupo de cientistas e homicidas estavam repletos de princípios nazistas, bombásticos e incoerentes. Mas é preciso levá-los a sério, assim como fez Asperger.[35]

• • •

Kurt Isemann, talvez mais que qualquer outro na reunião, articulou ideias de "senso de comunidade" [*Gemeinschaftsgefühl*] entre crianças que se pareciam com a definição de psicopatia autista feita posteriormente por Asperger. Ele informou à plateia que o objetivo do desenvolvimento infantil era "primeiro e acima de tudo converter o caráter e despertar o desejo pela comunidade".[36]

Aos 53 anos, Isemann era aberto e acessível. Um colega o descreveu como "pesadão, sem muita habilidade motora", e disse que ele não precisava "do uniforme da equipe médica para ter *gravitas*". Ele podia ser visto em público usando roupas casuais e mesmo um boné esportivo.[37] Nas décadas de 1920 e 1930, Isemann tinha uma mentalidade positiva sobre a capacidade das crianças de superarem seus desafios, achando que eles deviam ser normalizados. Em 1930, escreveu que, quando uma criança fica aborrecida consigo mesma, o médico deve consolá-la, dizendo: "Sim, é claro que há algo errado [...], mas você não precisa cair no fatalismo. Além disso, você não é tão anormal quanto pensa."[38]

Ele se baseava no conceito de *Gemüt*, o termo metafísico para o espírito social nos círculos psiquiátricos que frequentava. Em seu sanatório para jovens em Nordhausen, a equipe realizava reuniões noturnas para "desenvolvimento do *Gemüt*" [*Gemütsbildung*] nas quais os jovens, sentados à luz de velas, partilhavam contos de fadas, discussões religiosas e histórias de aventura. Para ajudar as crianças que "falhavam socialmente", Isemann urgia: "Precisamos protegê-las delas mesmas, a fim de que possam novamente acreditar em si mesmas e sentir a alegria da vida comunitária."[39]

Durante a conferência de Viena — dez anos depois e após seis anos de nacional-socialismo —, suas palavras assumiram um tom mais duro. Ele disse à plateia que somente algumas crianças podiam ser reabilitadas: a "incorporação de valores sociais" só era possível em "alguns casos". Isemann listou aqueles que se provaram irredimíveis: crianças que exibiam "falta de *Gemüt*" [*Gemütlosigkeit*], não tinham "sofisticação para forjar relacionamentos significativos" e cujo "lado emocional está completamente escondido atrás de uma cortina", para as quais "o prognóstico é particularmente desanimador". Em suas palavras: "Jamais se tem a sensação de estar diante de um núcleo sólido; chega-se a pensar que tal coisa não existe nelas."[40] Asperger teria ouvido Isemann proferir uma palestra similar durante o Primeiro Congresso Internacional de Educação Curativa em Genebra, um ano antes. Ele falou sobre crianças que não tinham "a constituição mental normal para um modo de vida social". Elas "renunciam ou rejeitam o contato com a comunidade" — apresentando "autismo [*Autismus*], são avessas à comunidade e fracas".[41] Ainda que "autismo" fosse um descritor conhecido para sintomas pronunciados de retraimento tipicamente associados à esquizofrenia, a aplicação do termo para formas mais brandas era incomum.

Embora Asperger tenha utilizado tantos desses conceitos — e palavras — quanto Isemann em sua obra, não mencionou as ideias de laços sociais em seu artigo sobre a conferência. Segundo ele, a mensagem de Isemann fora simplesmente: "A rebeldia deve ocorrer juntamente com certos traços psicológicos ou de caráter, certos momentos de perturbação no caráter; às vezes estados remanescentes de doenças mentais podem desempenhar um papel nesses distúrbios."[42]

Outra palestrante de Viena, Anna Leiter, também apresentou ideias que Asperger usaria três anos mais tarde em seu tratado sobre a psicopatia autista. Ela até mesmo introduziu um diagnóstico formal em torno da ideia de insuficiência de espírito social em crianças: "escassez de *Gemüt*" [*gemütsarm*].[43] Leiter trabalhara com Paul Schröder por doze anos em Leipzig, onde Asperger a teria conhecido durante seu estágio em 1934. Única palestrante do sexo feminino da conferência, Leiter não parece ter sido proeminente na época, mas Schröder endossou seu trabalho sobre *Gemüt* e espírito social. E ela tinha mais visibilidade que Asperger. Várias personalidades proeminentes nesse campo, como o líder da eutanásia Hans Heinze, citaram sua obra e ligaram suas pesquisas a Schröder. Os críticos lhe deram crédito pelo diagnóstico e citaram as conexões entre suas ideias e as de Kurt Isemann (mas não de Asperger).[44]

Em sua palestra, Leiter enfatizou a extensão de sua pesquisa, baseada em mais de uma década acompanhando 465 crianças. E as descreveu em termos que Asperger usaria mais tarde. Para Leiter, as crianças estudadas "não sentem alegria ou pesar, entusiasmo ou afeição", ao passo que sua "inteligência é hipervigilante, astuta e engenhosa a serviço de seus interesses, que carecem de *Gemüt*". Ela as diagnosticava com "escassez de *Gemüt*" quando demonstravam "falta de empatia, de compaixão e da capacidade de amar, com o respeito e a devoção estando centralmente ausentes". Como Asperger, focou nos jovens "intelectualmente normais" ou "mesmo dotados" que não demonstravam "capacidade para ações e experiências conjuntas".[45]

Leiter colocou seu diagnóstico de "escassez de *Gemüt*" a serviço do Reich na Liga das Moças Alemãs (BDM), a contraparte feminina da Juventude Hitlerista. Afirmando que "a posse de *Gemüt* por parte de uma pessoa é de importância decisiva para a comunidade", ela ajudava "a detectar e avaliar crianças e adolescentes difíceis, associais e antissociais". Como líder de grupo da BDM, enfatizava o "apego" e o "amor ao próximo" para gerar "espírito de camaradagem". Juntamente com Schröder e sua equipe em Leipzig e Dresden, deu aulas e "longos colóquios" para treinar outras líderes da BDM em caracterologia e identificação de crianças que não se adequavam ao grupo.[46]

Contudo, divergia de Asperger e Isemann quanto ao que fazer com as crianças com escassez de *Gemüt*. Os dois enfatizavam que algumas podiam ser ajudadas e ensinadas sobre *Gemüt*, enquanto Leiter destacava os perigos daquelas que não podiam. E forneceu cadeias estatísticas sobre os prognósticos criminais e a hereditariedade da "ausência de sentimentos de camaradagem", quantificando as emoções dos pais e dos irmãos das crianças. (Em um de seus subconjuntos, 36% dos pais de crianças com escassez de *Gemüt* supostamente apresentavam o mesmo problema.)[47]

Afirmando que esses jovens apresentavam risco de comportamento criminoso, Leiter defendeu "esforços para erradicar os antissociais o mais cedo possível". Ela recomendou o internamento, a "mais precoce possível detenção preventiva dessas crianças na nação como um todo, pois representam um fardo e um risco insuportáveis".[48]

Asperger descreveu a pesquisa de Leiter em seu artigo sobre a conferência, mas evitou mencionar sua defesa do aprisionamento. Ele escreveu simplesmente que ela "pintou um retrato das categorias de Schröder sobre crianças e jovens com 'ausência de *Gemüt*' e 'presença de *Gemüt*', a biologia genética, o comportamento geral e a consistente inabilidade de influenciar educacionalmente esse tipo, e discutiu as necessárias conclusões a partir dessas descobertas".[49]

Mas Leiter não estava sozinha na defesa do encarceramento preventivo das crianças consideradas incapazes de sentimento social. Werner Villinger, um dos principais psiquiatras infantis do Reich, falou sobre isolá-las no que chamou de colônias de trabalho. Aos 52 anos, Villinger era um influente professor de psiquiatria e neurologia em Breslau, tendo fundado em 1920 uma das primeiras alas de observação psiquiátrica infantil em um hospital universitário da Alemanha, em Tübingen.[50] Embora tivesse um relacionamento ambivalente com o regime nazista e sua brutalidade, ele, como outros médicos importantes e internacionalmente respeitados, deslizou passivamente para as políticas de higiene racial, esterilização forçada, experimentos médicos em seres humanos e assassinatos.

Na extrema direita do espectro político, Villinger apoiava muitas ideias do nacional-socialismo, mas só se uniu ao partido bastante tarde, em 1937, e supostamente manteve elitista distância do que achava ser um movimento das classes mais baixas. Ele pertencia à organização paramilitar dos *Stahlhelm*, mas saiu quando ela foi assumida pela SA, as tropas de assalto nazistas. Seu filho disse que Villinger parecia pensar que a SA era "estúpida".[51]

Villinger também limitou seu envolvimento com as medidas de higiene racial. Como diretor psiquiátrico da instituição Bethel entre 1934 e 1940, ele era responsável pela esterilização dos "hereditariamente doentes". Mas não gostava da pressa com que médicos e tribunais decidiam os casos, em meros minutos, nem das esterilizações baseadas em diagnósticos ambíguos e "casos limítrofes". Assim, embora obedecesse à lei e indicasse os pacientes elegíveis para esterilização, diz-se que minimizava seus supostos defeitos, a fim de que os Tribunais de Saúde Hereditária fossem obrigados a poupá-los.

Mas apoiava o programa de esterilização em princípio, pois trabalhou em Tribunais de Saúde Hereditária em Hamm e Breslau. Também encorajava seus pacientes — jovens — a se candidatarem à esterilização como "sacrifício pelo *Volk*". A esterilização voluntária era possível após os 10 anos de idade e a forçada, após os 14. Villinger afirmou que, até abril de 1935, cerca de 60% dos 512 pedidos de esterilização em Bethel haviam sido feitos "voluntariamente". Havia tal demanda, argumentou Villinger, que "nosso hospital não consegue dar conta de todas as intervenções. Temos apenas um dia de esterilização por semana, durante o qual somente um número limitado delas pode ser realizado. É uma competição feroz."[52]

Durante a conferência, ele enfatizou a grandiosa visão do desenvolvimento infantil baseado no sentimento comunitário. "A rebeldia pode surgir" se as crianças não têm "o que podemos chamar de refinamento do *Gemüt* [*Gemütspflege*] — para conter o egocentrismo e despertar e promover o ideal de comunidade".[53] Ele afirmou que o coletivismo nazista era bom para a saúde mental. O Reich oferecia um único e poderoso modelo de como ser. Antes, havia "um excesso de conceitos sobre liberdade e individualismo e uma falta de ideais comuns sobre criação dos filhos". Como resultado, "a perda da autoridade nos anos 1920 levou a um número particularmente grande de crianças difíceis", que eram "frequentemente confundidas com psicopatas". Felizmente, o nacional-socialismo pusera fim a essas perturbações mentais. Sob o nazismo, "governo autoritário e liderança jovem tornaram a pseudopsicopatia mais rara entre crianças e adolescentes difíceis".[54] Mesmo assim, em relação a algumas delas, era "impossível evitar que infectem espiritualmente, e muitas vezes também fisicamente, valiosos camaradas nacionais".[55]

Portanto, as crianças mais difíceis deveriam ser colocadas em custódia protetora. Elas poderiam se tornar associais ou criminosas e, para punir seu pré-crime, o Reich precisava de "uma lei de detenção preventiva [*Bewahrungsgesetz*] que, de maneira oportuna, acomode os praticamente ineducáveis". Embora muitas pessoas na época apoiassem algum tipo de detenção preventiva, Villinger foi mais longe e disse que a lei deveria colocar as crianças associais em "colônias de trabalho permanentemente ou até que se provem adequadas para a vida em liberdade".[56]

Em seu artigo sobre a conferência, Asperger deixou de fora esse enérgico pedido de internamento, assim como fizera com Leiter. Em vez disso, escolheu um dos pontos mais compassivos abordados por Villinger, sobre "individualizar a avaliação dos casos".[57] Isso reflete as inclinações mais brandas do próprio Asperger, mas também é um testemunho da ambiguidade da posição de Villinger no regime nazista.

Durante o Terceiro Reich, Villinger seria ambíguo até mesmo nos casos de assassinato. Em março de 1941, ele foi listado oficialmente como "médico especialista" em eutanásia de adultos no programa T4, um dos cerca de quarenta especialistas desse tipo em todo o Reich. Oficialmente, avaliava os arquivos dos adultos que seriam mortos; todavia, parece que escolheu desempenhar um papel menor no programa e evitava tomar decisões conclusivas sobre as mortes. Do mesmo modo, cooperava com experimentos médicos em seres humanos. Ele não conduzia seus próprios experimentos, mas ofereceu seis pacientes psiquiátricos em Breslau para a pesquisa de seus colegas sobre hepatite. Após a guerra, tornou-se um dos mais proeminentes psiquiatras infantis da Alemanha e foi convidado para uma conferência na Casa Branca em 1950. Mas tudo acabou quando seus laços com o programa de eutanásia T4 se tornaram públicos, em 1961, e ele saltou do topo acidentado do Hafelekar, em Innsbruck, no que alguns suspeitam ter sido suicídio. Asperger e outro colega identificaram o corpo.[58]

Villinger era um homem de sua era. Como muitos cientistas respeitados, incluindo Asperger, acabou seguindo, embora tepidamente, as diretrizes do Terceiro Reich. Era ambivalente em termos pessoais, profissionais e políticos, mas participou de um programa de assassinato sistemático. Desse modo, talvez seja adequado que, durante sua palestra em Viena sobre os perigos da ambiguidade, tenha admoestado contra "a falta de um relacionamento íntimo com os valores morais, de propósito, de disposição, de profundidade de *Gemüt* [*gemütstiefe*].[59]

Os dois palestrantes que *não* eram do Reich defenderam atitudes contrastantes em relação ao desenvolvimento infantil. Josef Spieler e Andre Repond, ambos suíços, foram mais gentis e menos normativos em suas abordagens. Também tinham perfis diferentes. Spieler e Repond, juntamente com Kurt Isemann, eram os únicos, entre os quatorze palestrantes da conferência, a não serem conhecidos por endossar a detenção preventiva, a esterilização forçada, os experimentos médicos ou os assassinatos de crianças. Isso dito, Spieler secretamente se filiara ao Partido Nazista sete meses antes da conferência e o governo suíço suspeitava que fosse espião nazista.[60] E Repond se tornou próximo da filha mais velha, e favorita, do ditador italiano Benito Mussolini, Edda, quando ela fugiu para a Suíça em 1944, após o assassinato do marido pelo pai, e foi internada no hospital psiquiátrico Malévoz, onde ele trabalhava. Embora Edda Mussolini tivesse sido conselheira próxima de Il Duce e fosse vista como a "nova mulher" ideal do fascismo, forte, ativa e sofisticada, Repond a via como debilitada pelo abuso parental, pelo trauma e por problemas com o pai.[61]

A mensagem de Spieler durante a conferência foi simples: as diferenças das crianças deviam ser vistas como apenas isso, diferenças. Embora o assunto ostensivo de sua palestra fosse estrito — o mutismo seletivo —, ele começou e terminou exortando a plateia a não fazer julgamentos preto no branco. Quanto ao tratamento, defendeu: "Todas as forças de coerção e compulsão devem ser omitidas. O importante é entender, encorajar, construir pontes de confiança." Spieler aconselhou psiquiatras e educadores a guiarem as crianças na direção "de uma transição fluida para o que é normal".[62]

A palestra de Andre Repond foi ainda mais incomum. Ele falou sobre modelar sua própria clínica na Suíça nas práticas americanas de higiene mental, que buscavam prevenir doenças promovendo o bem-estar mental das crianças por meio da intervenção e do cuidado precoces.[63] Repond também era um proponente da psicoterapia. Os médicos do Reich tendiam a ver a abordagem voltada para dentro da psicoterapia como desconfortavelmente próxima da psicanálise, que era amplamente desprezada. Apesar de a psicoterapia ser considerada menos especulativa e radical que a psicanálise, Asperger escreveu em 1942 que havia o "perigo" de que, embora potencialmente útil, ela escorregasse para a psicanálise, que ridicularizou por ser "racional" demais. Ele fora coautor, em 1939, de uma crítica mordaz à visão "muito impessoal e puramente matemática" de Charlotte Bühler, acreditando que sua abordagem "superficial" ignorava a "essência da vida espiritual". Também afirmou, em 1942, que Sigmund Freud só via "histéricos, neuróticos obsessivos ou psicóticos severamente anormais", ignorando "tudo que é divino e humano".⁶⁴ Embora a psicoterapia tenha ganhado maior respeitabilidade no Terceiro Reich sob a direção de M. H. Göring, ele mesmo admitiu, durante uma reunião da Sociedade Médica Geral de Psicoterapia da Alemanha, uma conferência para a qual se dirigiu no dia seguinte, como parte da Semana de Ciências Pediátricas, que as pessoas ainda viam o inconsciente como "construção judaica".⁶⁵

A imensa diferença de tom entre as abordagens normalizadoras de Spieler e Repond e as dos palestrantes do Reich enfatiza quanto a psiquiatria infantil no Terceiro Reich já se cristalizara em torno dos ideais nazistas.

Profissionais de educação especial não gozaram do mesmo prestígio que os psiquiatras infantis durante a reunião em Viena, mas os quatro representantes que falaram enfatizaram os mesmos temas em suas palestras: integrar as crianças no coletivo do *Volk* e separar as que acreditavam ser um dreno dos recursos do Estado.

Durante a década de 1920, os profissionais de educação especial haviam se envolvido cada vez mais com a eugenia, alguns por crenças científicas e políticas e outros por razões estratégicas, por reconhecerem que a ciência da moda daria à sua jovem profissão mais legitimidade e significância social. No início da década de 1930, no entanto, a educação especial parecia estar sob ameaça. A depressão levou ao fechamento das escolas especiais em 1932 e, em setembro de 1933, o regime nazista dissolveu a Associação Alemã de Escolas Especiais e colocou a educação especial sob a jurisdição da Liga dos Professores Nacional-Socialistas.⁶⁶

O Terceiro Reich marginalizava cada vez mais as crianças supostamente deficientes e se ressentia dos recursos investidos em seu cuidado. Sentindo-se ameaçados, os educadores especiais se esforçaram para mostrar que seu trabalho era crucial para a saúde do *Volk*. Eles se retrataram como guardiões da comunidade nacional, árbitros de quais crianças pertenciam ou não a ela, finalmente endossando a esterilização forçada e a eutanásia. Como profissionais de tantos outros campos, participaram da política nazista menos porque o regime impôs suas ideias de modo generalizado e mais em função de incertezas profissionais e crenças preexistentes. Auxiliar as ambições eugenistas do Terceiro Reich se tornou uma maneira de os indivíduos e o campo como um todo encontrarem um papel seguro no interior do Estado. E, para os apoiadores entusiásticos das medidas de higiene racial, o nazismo forneceu a oportunidade de realizar seus desejos mais radicais e exterminadores.[67]

Como os psiquiatras infantis, os profissionais de educação especial não queriam ser associados unicamente a crianças consideradas severamente deficientes. Eles buscaram elevar a respeitabilidade de sua vocação ao destacar o outro lado da moeda eugenista. Chamaram a atenção para seu trabalho com crianças com deficiências mais brandas, que, segundo eles, poderiam — com a educação especial de alta qualidade que forneciam — ser incluídas na comunidade nacional. Eles tentavam cultivar crianças para o *Volk* de várias maneiras. Havia, por exemplo, as iniciativas da Juventude Hitlerista de Bann-G para deficientes auditivos (*Gehörgeschädigte*) e Bann-K para deficientes físicos (*Körperbehinderte*). Eduard Bechthold, que criou o Bann-B para cegos em 1934, jactou-se de que os meninos, usando braçadeiras amarelas com três círculos negros em um triângulo invertido, seriam os "representantes do novo espírito".[68]

Com a preparação militar e o esforço de guerra, os jovens considerados portadores de deficiências menores passaram a ser cada vez mais mobilizados pelo Estado, convocados para o Serviço de Trabalho e para as forças armadas, a fim de aumentar o número de conscritos. Fritz Zwanziger, representante-chefe da educação especial no Reich, enviou "intimações" para que os professores de educação especial "compilassem um portfólio especial" sobre o envolvimento de seus ex-alunos no esforço de guerra, com recortes de jornais, documentos dos oficiais superiores e notificações militares de morte.[69]

E, mesmo assim, denunciou crianças que, segundo ele, não podiam ser ajudadas e eram um fardo para a comunidade nacional. Como explicou em Viena, a Lei de Escolarização Compulsória do Reich realizara uma "triagem negativa" em 1938, exigindo que todas as crianças que não fossem "suficientemente capazes de educação" frequentassem escolas especiais, de modo que "a escola especial alemã é agora uma bacia de coleta para crianças negativamente selecionadas". Outro corte no processo de seleção era necessário: remover inteiramente das escolas "a população estudantil ineducável".[70] Erwin Lesch, professor de educação especial em Munique, sentia que as crianças deviam ser separadas em educação padrão ou especial o mais precocemente possível. Ele defendia que as equipes interdisciplinares de professores e psiquiatras podiam triá-las já aos 7 anos de idade.[71]

Eduard Bechthold, muito devotado ao partido, enfatizou o papel da eugenia nazista na educação especial, declarando que "Todo nosso trabalho educacional é voltado para a biologia racial". Ele insistiu para que os educadores especiais pressionassem os jovens a se voluntariarem para a esterilização, sugerindo que as crianças esterilizadas podiam forjar laços sociais ainda mais *fortes* que as crianças típicas, ganhando "*Gemüt* e poder moral". Como o "sacrifício" da esterilização "nem sempre é fácil", particularmente para garotas que teriam de desistir de um futuro como esposas e mães, os jovens prosperariam em ambientes sociais, em "um lar-escola que ofereça regularmente comunidade, camaradagem e trabalho".[72]

Karl Tornow partilhava a ênfase de Bechthold na eugenia do sentimento coletivo. Aos 39 anos, ele era a mais poderosa figura da educação especial no Reich e líder do Departamento de Políticas Raciais do regime. Quando o Estado passara a rejeitar as crianças deficientes e, potencialmente, os profissionais que cuidavam delas, Tornow iniciara a fusão dos campos fraturados. Ele ajudara a unificar cuidadores de crianças cegas, surdas e física ou mentalmente deficientes no campo da educação especial. E urgiu a plateia em Viena a usar a expressão "educação especial" [*Sonderpädagogik*] no nome da nova sociedade, uma vez que "educação curativa" [*Heilpädagogik*] era uma expressão "historicamente carregada e inadequada aos tempos. Ela é individualista, liberal e humanitária". Usar "educação especial" daria a seu campo um papel equivalente ao da psiquiatria infantil. Tornow até mesmo argumentou que a sociedade deveria ser renomeada porque o prefixo *Heil*, em *Heilpädagogik*, conotava "alcançar a salvação", e usar *Heil* nesse sentido deveria ser reservado "para saudar o Führer" com "Heil Hitler".[73]

Tornow certamente era doutrinário. Ele era coautor de um breve volume chamado *Hereditariedade e destino* [*Erbe und Schicksal*], que se apresentava como livro didático moderno para alunos e professores da educação especial. Em vez de apoiar as crianças deficientes, no entanto, o texto defendia sua esterilização. Era escrito em linguagem simples e impresso em papel espesso de alta qualidade, contendo dezenas de fotografias que comparavam imagens grotescas de pessoas alegadamente inúteis para o *Volk* com imagens radiantes daquelas que eram úteis, incluindo dois dos filhos de Tornow. O livro avisava que, se os estudantes supostamente portadores de deficiências genéticas não se voluntariassem para a esterilização, o Estado poderia ir atrás deles: "As autoridades podem já saber da doença hereditária em determinada família e irão abordar aqueles com defeitos hereditários." Também oferecia 175 perguntas para discussão (com respostas no fim do volume), como "Por que apoiar os deficientes mentais, com dinheiro ou outros benefícios, frequentemente não serve a nenhum propósito?" e "Por que foi bom que essa criança tenha morrido ainda jovem?"[74]

Em sua palestra em Viena, Tornow disse esperar que a nova sociedade levasse a uma "revolução verdadeiramente copérnica" na qual o Estado já não revolveria em torno das necessidades das crianças deficientes, mas o destino das crianças deficientes revolveria em torno das necessidades do Estado. A saúde do *Volk* vinha primeiro.[75] É claro que colocar o bem-estar da sociedade acima do bem-estar individual não era nenhuma novidade. Profissionais de desenvolvimento infantil na Alemanha e em todo o mundo havia muito enfatizavam a utilidade social das crianças, esforçando-se para produzir trabalhadores e cidadãos valiosos e proteger a sociedade do potencial abandono, psicopatia, criminalidade e inferioridade genética dos jovens. Mas a abordagem nazista tinha uma dimensão mais profunda. Ela exigia que a população sentisse as emoções adequadas, promovendo o objetivo de conexão comunitária do regime.

Para Tornow, a educação especial era tanto espiritual quanto utilitária. Ele concedeu que "o objetivo de qualquer educação especial é obter do pupilo tanta utilidade *völkisch* quanto possível"; no entanto, também era vital que as crianças apresentassem espírito coletivo, "uma atitude unificadora, animadora e conectiva, em contraste com a maneira puramente isolada de pensar de épocas anteriores".[76] Isso era fundamental para o nazismo, um sentimento "do todo, de pertencermos juntos como organismo e unidade, reunindo as mentes agonizantes e pulverizantes das pessoas que foram fragmentadas e isoladas".[77]

Asperger não deu muita atenção a essas palestras em seu artigo sobre a conferência.[78] Ele escrevia para um jornal médico, *O Neurologista*, não para uma plateia de educação especial. E provavelmente não se identificou com a retórica crua de suas apresentações. Teria sentido mais afinidade com a eugenia mais cerebral dos psiquiatras infantis. Mas psiquiatras infantis e educadores especiais davam voz às mesmas prioridades: a saúde do *Volk*, a seleção eugenista, o tratamento totalizante e o espírito social. A mensagem por trás dos artigos da academia e da propaganda bombástica era a mesma. A psiquiatria infantil nazista, como definida pela conferência de Viena, incorporava tanto pessoas como Paul Schröder quanto pessoas como Karl Tornow. Os dois tipos estavam entremeados.

A conferência de Viena também incluiu oficiais do Reich. Embora alguns possam ter estranhado sua presença durante uma reunião acadêmica, ela fazia sentido para a nova sociedade; afinal, a psiquiatria infantil nazista exigiria a presença da lei. As crianças consideradas associais ou potencialmente criminosas seriam entregues ao Estado para medidas punitivas.

Os psiquiatras alemães havia muito fomentavam o campo da criminologia, que se baseava em ideias do século XIX sobre criminosos natos. Depois da virada para o século XX, os sistemas de bem-estar social e justiça juvenil passaram a incorporar cada vez mais a psiquiatria em suas práticas cotidianas. Essa ligação com a ciência dava aos diagnósticos psiquiátricos mais autoridade e legitimidade e oferecia motivos intrínsecos e biológicos para comportamentos previamente atribuídos à moralidade deficiente ou ao ambiente. Os psiquiatras previam quais crianças cresceriam e se tornariam improdutivas, criminosas ou prejudiciais para a sociedade.[79] Essas previsões forneciam um argumento científico para a ação preventiva, independentemente dos crimes que as crianças cometessem ou não. Os diagnósticos eram prognósticos de vida.

Sob o regime nazista, o Estado tinha, mais que nunca, o poder de agir com base nesses palpites. O palestrante Herbert Francke, juiz-presidente do tribunal regional de Berlim, vangloriou-se da jurisdição expandida do Reich. Ele afirmou que "como o direito criminal moderno dá ao juiz muito mais poder decisório que o direito fundado no liberalismo do século XIX", os juízes nazistas deviam "penetrar a personalidade do criminoso" e "distinguir, com certeza científica, os delinquentes juvenis que têm potencial para se tornarem perigosos criminosos habituais". Os crimes seriam "evitados, pelo tratamento educacional apropriado ou pela detenção preventiva precoce [Bewahrung]."[80] Os psiquiatras farejariam e puniriam o pré-crime.

Muitos psiquiatras infantis concordavam com a detenção preventiva, é claro; Anna Leiter, Werner Villinger e Alois Schmitz também a defenderam em suas palestras. A ideia entrara no debate político após a Primeira Guerra Mundial, e quase todos os partidos, da esquerda à direita, apostavam nela, assim como figuras proeminentes do movimento das mulheres.[81] De fato, o primeiro esboço da lei de detenção preventiva, em 1921, pretendia diminuir a prostituição. Embora houvesse amplo apoio, em princípio, para o internamento infantil durante o período Weimar, discordâncias políticas e a crise econômica no fim da década de 1920 haviam impedido a aprovação de uma lei abrangente.[82] A detenção preventiva estava relacionada às classes e à criminalidade, e seus apoiadores das classes média e alta buscavam conter um grupo desfavorecido de crianças que poderiam crescer e se tornar "associais".

Mas o regime nazista ofereceu novas oportunidades de internar crianças problemáticas. O Estado tinha ainda mais poder para removê-las de seus pais e expandiu amplamente a definição de jovens difíceis. Um dos mais duros administradores de bem-estar infantil do Reich foi o palestrante Walther Hecker, conselheiro distrital de Düsseldorf e diretor de Educação Correcional e Bem-Estar dos Jovens na Renânia desde 1930. Ele criara o primeiro centro juvenil de detenção preventiva do Reich, também na Renânia, no verão de 1934.[83] Vários administradores regionais seguiram seu exemplo, abrindo centros em Hannover, Hamburgo, Turíngia, Baden e Berlim.[84] Finalmente, em 1939, o importante líder nazista Reinhard Heydrich deu início à construção de campos juvenis de proteção. Eles eram tão rigorosos quanto os campos de concentração para adultos — e foram até mesmo gerenciados pela SS — e detinham jovens que demonstravam comportamento deliberadamente antagônico, associal ou criminoso. O primeiro campo era para garotos entre 13 e 22 anos e foi inaugurado em Moringen, na Baixa Saxônia, em 1940, um mês antes da conferência de Viena; em Uckermark,

Brandemburgo, foi inaugurado um campo para garotas em 1942. Os campos detiveram aproximadamente 2.500 jovens durante seus anos de existência, e a Áustria era a principal fonte de indicações.[85]

As iniciativas de internamento preventivo do Reich se desenvolveram *ad hoc*. Devido a rivalidades e confusões burocráticas, o regime só codificaria uma lei uniforme de internamento infantil na primavera de 1944.[86] Alguns oficiais achavam evidente que os centros deviam existir sob as leis em vigor; outros os viam como medidas temporárias até que o Reich criasse uma política coerente.

Na conferência de Viena, Hecker se baseou nos últimos estudos psiquiátricos para defender o internamento. Embora fosse um burocrata, ele citou sete psiquiatras diferentes durante sua palestra. "Se, como leigo, não estou enganado, o estado atual das pesquisas mostra quase unanimemente que o prognóstico negativo depende não somente da árvore genealógica e da estrutura da personalidade, mas também dos efeitos do comportamento associal, o que Villinger chama de 'caráter total'." Hecker destacou o conceito de Villinger sobre crianças com *"Gemüt* frio" *[Gemütskalt]*.[87]

Com base nesses "últimos estudos" sobre espírito comunitário, Hecker dividiu as crianças em quatro grupos de deficiência. E informou aos presentes que queria deter o último grupo: "os associais que exigem detenção preventiva, esperando-se que vagabundos natos estejam entre eles, e aqueles que, através de sua raça (ciganos) ou outras falhas sistêmicas, possuam impulsos incontroláveis". Ele falava mortalmente sério: em 1943, se esforçaria para deportar de sua região e enviar para Auschwitz os "ciganos" e mesmo as "crianças mestiças com sangue cigano".[88]

Asperger transmitiu a mensagem de Hecker. Seu resumo da reunião enfatizou a experiência de Hecker "como administrador da 'reestruturação da educação alternativa pública por predisposição hereditária e sucesso educacional'", destacando como "os educáveis, ou seja, aqueles que possuem valor positivo de desempenho, devem ser separados dos casos ineducáveis de detenção preventiva".[89] Asperger compreendeu como a conferência de Viena consagrou as opções radicais de tratamento da psiquiatria infantil nazista.

• • •

De modo ligeiramente surpreendente, a conferência foi concluída com seu trabalho. Quando Franz Hamburger apresentou a última palestra do dia, ele citou seu aluno como exemplo dos novos métodos do Terceiro Reich. As frases finais urgiam os prezados convidados a seguirem o modelo de Asperger: "Centros infantis bem dirigidos podem realizar muitas coisas boas. Outras clínicas deveriam emular o tipo de cuidado que Asperger estabeleceu no Departamento de Educação Curativa do Hospital Infantil de Viena."[90] Esse foi o fim da conferência, com Asperger como personificação da nova disciplina de psiquiatria infantil nazista do Terceiro Reich.

Paul Schröder despediu-se calorosamente, agradecendo aos participantes por seu "constante interesse durante as longas sessões".[91] E declarou que a primeira assembleia da Sociedade Alemã de Psiquiatria Infantil e Educação Curativa, em 1940 — com o auspicioso comparecimento de personagens de alto calibre da psiquiatria infantil, da educação especial e do governo nazista —, fora um grande triunfo.

O sucesso da conferência sobreviveu ao Terceiro Reich. Hermann Stutte, um proeminente psiquiatra juvenil do pós-guerra, creditou sua carreira a ela. As palestras "tiveram um nível de erudição notavelmente alto e, em mim, um novato no campo, causaram a impressão de que era decisivo escolher essa profissão".[92] Mesmo os participantes que criticavam o regime nazista disseram, décadas depois, que valorizavam o que um deles chamou de conteúdo "empírico" da reunião. Um importante psiquiatra de uma geração posterior, Manfred Müller-Küppers, escreveu, ao ler as atas em 2001, que "a maioria das contribuições foi impecável, e tendências ideológicas constrangedoras são observáveis somente em algumas delas".[93]

A sociedade jamais se reuniria novamente. Embora uma segunda conferência tenha sido agendada para 8 de outubro de 1941, em Würzburg, Schröder morreu inesperadamente em 7 de junho de 1941.[94] Caberia aos líderes do programa T4 determinar seu sucessor. Eles já haviam obtido o poder institucional de assassinar adultos ao fundar e dirigir uma organização de psiquiatria adulta, a Associação de Neurologistas e Psiquiatras Alemães, liderada por Ernst Rüdin. E agora contemplavam adotar a Sociedade Alemã de Psiquiatria Infantil e Educação Curativa como veículo para a eutanásia infantil.

Os líderes do T4 favoreciam Hans Heinze, o fervoroso líder da eutanásia infantil e adulta, como sucessor de Schröder, mesmo tendo o próprio Schröder designado Werner Villinger, o cuidadoso avaliador de eutanásia do T4, como o próximo da fila. Os "principais especialistas" do programa mantiveram uma longa correspondência sobre a decisão: Werner Heyde, Paul Nitsche (ambos diretores do T4), Herbert Linden, Viktor Brack (arquiteto do programa de eutanásia), Ernst Rüdin e Hans Reiter.[95] Todavia, jamais nomearam o sucessor de Schröder e a sociedade foi dissolvida.

Talvez, nas mentes desses líderes da eutanásia, o rumo da psiquiatria infantil nazista já fosse suficientemente claro. Os jovens seriam incluídos ou purgados. Não havia necessidade de outra reunião, uma vez que não havia mais nada a discutir.

6

Asperger e o sistema de assassinatos

No fim de 1941, Asperger fundou a Sociedade de Educação Curativa de Viena — concebida como sucessora da Sociedade Alemã de Psiquiatria Infantil e Educação Curativa —, juntamente com três de seus colegas mais homicidas. Os cofundadores eram Max Gundel, chefe da Secretaria de Saúde Pública de Viena e diretor municipal de Spiegelgrund; Erwin Jekelius, diretor clínico de Spiegelgrund; e Franz Hamburger, diretor do Hospital Infantil da Universidade de Viena. Jekelius era presidente e Asperger era vice-presidente da sociedade.[1]

Juntos, os quatro pretendiam sincronizar o tratamento das crianças em Viena, canalizando os esforços de desenvolvimento infantil sob os auspícios do Reich. A nova associação coordenaria pessoas de diferentes campos — professores, profissionais de educação especial, psiquiatras infantis, assistentes sociais, diretores de instituições especiais, enfermeiras e médicos —, oferecendo cursos, palestras e visitas às instalações. Como insistiu Jekelius, os profissionais de desenvolvimento infantil "direta ou indiretamente envolvidos com esses menores seriam unificados".[2]

A sociedade também pode ter servido a uma missão mais sombria. Como dois dos fundadores dirigiam Spiegelgrund — Jekelius e Gundel —, os estudiosos suspeitam que a organização possa ter disseminado a diretriz de eutanásia infantil nos bastidores ou ao menos tentado aproximar as instituições infantis municipais de Spiegelgrund.[3]

Certamente, a palestra inaugural do presidente Jekelius durante a reunião da sociedade em 10 de dezembro de 1941 teve um tom quase letal. Ele começou com jovialidade, enfatizando a importância da educação curativa e sua afinidade pessoal com os cofundadores da sociedade, Hamburger e Asperger:

> Não é coincidência o fato de o Hospital Infantil da universidade ter sido escolhido como local de reunião para nossa sociedade. Afinal, nosso senhorio, o professor Hamburger, pratica a educação curativa de maneira vigorosa e sistemática há décadas, muito frequentemente como voz solitária nesse campo. Embora nós, seus alunos, tenhamos desde então seguido nossos caminhos, esta clínica e, em particular, o Departamento de Educação Curativa permanecem sendo nosso lar paterno espiritual.
>
> Nesta ocasião, gostaria de lembrar a poderosa aula de educação curativa que o dr. Asperger deu neste mesmo local. Ele explicou, poderosa e convincentemente, que, em todo o Terceiro Reich, com a abundância de novas tarefas e a escassez de forças de trabalho, não devemos ignorar aqueles "que foram marginalizados".[4]

Imediatamente após elogiar Hamburger e Asperger, os únicos que mencionou pelo nome, Jekelius expressou a ideia de vida indigna de ser vivida. Ao falar dos severamente deficientes, aconselhou:

> Essa criança não pertence a uma instituição educacional ou hospital, mas a um centro de proteção — o que para mim, pessoalmente, significa proteção da comunidade nacional contra essas criaturas desafortunadas.
>
> O falso sentimentalismo não tem lugar aqui. Somente colocamos em risco o trabalho da educação curativa, que é tão importante e ainda tão frequentemente mal compreendido, ao arrastarmos esse lastro em nossas instituições especiais. Isso atrapalha toda a operação, sem conceder sequer o menor benefício à criança impossível de ensinar.[5]

Asperger conhecia Jekelius havia muito tempo. Sendo quase da mesma idade, eles tinham sido colegas de pós-doutorado sob orientação de Hamburger e, no início da década de 1930, trabalharam juntos durante cinco anos na Clínica de Educação Curativa, com Asperger sendo chefe de Jekelius nos últimos dois. A partir de 1940, cruzavam-se como médicos especialistas da Secretaria de Saúde Pública de Viena. Jekelius era diretor de Bem-Estar Social para Doentes Mentais, Viciados e Psicopatas, encaminhando candidatos à esterilização aos Tribunais de Saúde Hereditária e aconselhando o internamento de pacientes em sanatórios, incluindo Steinhof, nos quais poderiam ser mortos.[6]

Quando Asperger ajudou a fundar a Sociedade de Viena no fim de 1941, Jekelius era muito conhecido na cidade por suas atividades homicidas. Como diretor das instalações de eutanásia, supervisionou a morte de cerca de 4 mil adultos em Steinhof e cem crianças em Spiegelgrund. Em Steinhof, era o representante local da chancelaria do Führer e coordenou a seleção e deportação de milhares de adultos para as câmaras de gás do castelo Hartheim, em Linz.[7]

Desde o início, os assassinatos atraíram a atenção pública e causaram ultraje. Em outubro de 1940, uma multidão se reuniu em frente a Steinhof (que incluía os pavilhões de Spiegelgrund) para manifestar contra o programa de eutanásia e só se dispersou após a intervenção da polícia e da SS. Em outro protesto, cerca de duzentos familiares de pacientes assassinados se reuniram em um hotel perto de Steinhof para organizar uma campanha de envio de cartas a Berlim, a fim de pôr fim aos assassinatos. Novamente, foram dispersados pela polícia. O Partido Comunista de Graz distribuiu panfletos ilícitos contra a eutanásia no outono de 1940.

Muitos vienenses chamavam Jekelius de "assassino em massa de Steinhof".[8] Os jornais dirigidos pelo Estado foram rápidos na resposta. Para melhorar a imagem de Steinhof, um longo e elogioso artigo publicado no austríaco *Jornal do Povo* (*Volks-zeitung*) em 20 de outubro de 1940 descrevia as condições idílicas dos pavilhões de Spiegelgrund: "O júbilo radiante das crianças emerge dos jardins das alas individuais. Meninos e meninas brincam alegremente ao sol do outono, sob a supervisão dos educadores." Uma entrevista com o "médico-chefe" (presumivelmente Jekelius) retratava a equipe como tolerante e generosa: "'As nossas são crianças como todas as outras', sorriu o diretor. [...] 'Com nossa ajuda, rapidamente encontrarão seu caminho de volta para a comunidade!'"[9]

Mas o artigo bajulador não foi suficiente para pôr fim aos rumores sobre os assassinatos. O principal jornal de Viena, o *Observador Popular* (*Völkischer Beobachter*), decidiu publicar uma negação direta. De acordo com o artigo, relatos de *"execuções em massa* em *câmaras de gás"*, assim como médicos e enfermeiras envolvidos em injeções e cirurgias letais, eram simplesmente "rumores tolos". Nascidos da "criminalidade, estupidez e jactância", supostamente haviam sido "inventados por criminosos e repetidos por idiotas que sabotam a estrutura social do Estado". O autor do artigo garantiu que visitara Steinhof pessoalmente com Max Gundel, onde havia apertado "muitas mãos trêmulas e idosas, cujos calos persistentes davam testemunho das consequências do trabalho incansável".[10]

Mas esses artigos não conseguiram suprimir o conhecimento público sobre os assassinatos. E a infâmia de Jekelius ultrapassou as fronteiras do Reich quando a British Broadcasting Corporation (BBC) relatou os eventos em Steinhof no verão de 1941. Em setembro daquele ano, a força aérea britânica lançou sobre Viena folhetos que o chamavam de "senhor supremo da seringa". O texto avisava: "Jekelius assombra os corredores de Steinhof, o hospício de Viena, de jaleco branco e seringa na mão. Ele não dá nova vida aos doentes, mas morte."[11]

Jekelius esteve envolvido na implementação da eutanásia como política pública permanente em seus vários papéis no interior do sistema de assassinatos do Reich. Ele ajudou a esboçar a Lei de Eutanásia, que especificaria e legalizaria condições para o assassinato de crianças, embora jamais tenha sido implementada.[12] Era um dos dois "especialistas" do T4 em Viena que revisavam e autorizavam a morte de adultos, entre cerca de quarenta especialistas em todo o Estado nazista. Aparentemente, era flexível em seus julgamentos e aberto a propinas. De acordo com um colega: "Era um segredo conhecido o fato de que cobrava altas taxas por 'relatórios falsificados' que salvavam pacientes da deportação letal."[13]

Também atuava como freelancer na hora de condenar vítimas. Jekelius procurava em outras instituições infantis crianças deficientes para levar a

Spiegelgrund, afirmando aos colegas que já conduzira "toda uma série dessas investigações". Mas seu zelo podia levar a atritos. Seus colegas afirmavam que suas expedições eram custosas, uma vez que ele acumulou gastos com transporte de 1.107 quilômetros rodados.[14]

Como afirmou Alfred Mauczka, antigo diretor de Steinhof: "O dr. Jekelius era um homem muito capaz e extremamente ambicioso que, todavia, queria fazer muitas coisas ao mesmo tempo, o que ocasionalmente o colocava em risco de certa dissipação e volatilidade." O famoso neurologista, psiquiatra e sobrevivente do Holocausto Viktor Frankl o descreveu em termos mais fortes: "Ele foi o único homem que conheci, em toda a minha vida, que eu ousaria chamar de ser mefistofélico, uma figura satânica."[15]

Jekelius era tão ativo no regime nazista que ficou noivo da irmã de Hitler, Paula. Ela lhe escrevera para pedir pela vida de sua prima em segundo grau, Aloisia Veit, que havia muito estava internada em Steinhof. Veit, diagnosticada com esquizofrenia, encarava a possibilidade de morrer no programa T4. Jekelius evidentemente não foi persuadido pela petição de Paula Hitler e encaminhou Veit para as câmaras de gás em Hartheim. Mesmo assim, como disse Jekelius aos interrogadores soviéticos, em julho de 1948, Paula o convidara a seu apartamento. "Uma relação amigável se desenvolveu entre nós, a qual, com o tempo, levou a um relacionamento íntimo." Paula supostamente pediu a Hitler permissão para se casar com ele em novembro de 1941, mas Hitler se opôs. Jekelius se tornou uma preocupação de alto nível, uma vez que os altos oficiais Heinrich Himmler e Reinhard Heydrich discutiram a possibilidade de prendê-lo durante uma conversa telefônica em 30 de novembro de 1941. Jekelius declarou que em dezembro de 1941 a Gestapo o detivera durante uma viagem a Berlim e os oficiais o haviam pressionado a assinar uma declaração na qual encerrava seu relacionamento com Paula.[16]

Não está claro por que Hitler se opunha ao relacionamento; talvez não quisesse que a irmã adorada se casasse com um assassino profissional. Qualquer que fosse o caso, a detenção foi uma maneira definitiva de se livrar do indesejado cunhado em potencial. Jekelius seria enviado para a Polônia em uma "missão especial", presumivelmente usando a perícia desenvolvida no T4 para ajudar a criar os primeiros campos de extermínio da Solução

Final. (Os primeiros campos de extermínio em Belzec, Sobibor e Treblinka dependiam intensamente de pessoal do T4.) Mas Jekelius rejeitou a missão e, em vez disso, foi colocado no serviço militar no leste.[17]

O segundo homem com quem Asperger fundou a Sociedade de Educação Curativa de Viena foi seu mentor de longa data, Franz Hamburger. Enquanto Jekelius era a face pública da eutanásia em Viena, o homem que dirigia as instituições da morte, Hamburger trabalhava nos bastidores para construir a infraestrutura de assassinatos da cidade. Ele foi o principal associado profissional de Asperger por quatorze anos; praticamente tudo que Asperger publicou durante essa época lhe dava créditos.[18] Embora Asperger citasse poucos colegas em seus artigos, rotineiramente exaltava e discorria sobre a obra de Hamburger. Era de seu interesse profissional elogiar seu mentor, mas sua deferência e reverência parecem ter sido genuínas. Mesmo no período do pós-guerra, décadas após a morte de Hamburger, Asperger creditou sua filosofia de vida a ele. Em suas reminiscências sobre o Terceiro Reich em 1977, escreveu:

> Hamburger e eu tínhamos longas conversas sobre Deus e o mundo, particularmente sobre como orientar e tratar pessoas, divagando do mesmo modo que os filósofos gregos conduziam seus estudantes, sabendo que esse era precisamente o procedimento adequado para liberar e organizar os pensamentos e adquirir um ritmo. Tudo isso resultou em esclarecimento e fruição a serem investidos nos jovens, em uma bela comunidade do Movimento da Juventude Alemã, na experiência da natureza, do mundo e do espírito.[19]

As estimulantes conversas entre Asperger e Hamburger durante o período nazista contrastavam com a pavorosa realidade de muitas das crianças que tratavam.

Hamburger, graças a seu status como diretor do Hospital Infantil, tornou-se um dos médicos mais influentes de Viena durante o Terceiro Reich. Ele se movimentava com facilidade pela policracia do regime, conectando-se a sua rede de instituições médicas, burocracias governamentais, escritórios do partido e associações pediátricas. Trabalhando no ponto de interseção entre a medicina tradicional e as iniciativas radicais do nacional-socialismo, transformou-se em um agente de poder em múltiplos níveis. E tinha extensas conexões com outros agentes de poder, incluindo até mesmo o líder do Departamento de Saúde do Reich, Leonardo Conti.

Ao contrário do carreirista e exaltado Jekelius, Hamburger era deliberativo, usando sua influência para moldar instituições, em vez de agir como agente individual. A história não tende a reconhecer o tipo de autoridade que ele possuía. Hoje, poucas pessoas já ouviram falar nele, seja como perpetrador de eutanásias, seja como médico. Mas seus feitos tiveram efeitos duradouros. Sua magnitude só se tornou visível com o tempo. Ele propagou a radical agenda nazista de higiene racial por meio de uma miríade de estratégias. Alterou organizações profissionais existentes e fundou novas; publicou incontáveis artigos, fez inúmeras palestras e organizou diversas conferências; deu início a novos programas de seleção biológica no Hospital Infantil; e treinou uma geração de estudantes e profissionais da saúde na medicina nazista, dos quais ao menos dois tiveram proeminência no programa de eutanásia.[20] Sua história revela a importância dos papéis institucionais invisíveis, paralelamente a perpetradores visíveis como Jekelius.

Esposando as duas metades da eugenia nazista, Hamburger defendia ajudar as crianças que podiam ser reabilitadas para a comunidade nacional e eliminar as que não podiam. Ele publicou numerosos artigos detalhando prescrições para a amamentação e a educação infantil, recomendando muito ar fresco, luz do sol e exercícios.[21] Ao mesmo tempo, escreveu sobre deixar crianças com "constituições pobres" morrerem. Afirmou que "o cuidado excessivo com os inferiores permite que o material genético inferior circule" no *Volk* e que os médicos gastavam tempo demais com doenças infantis. "Seria melhor ter uma taxa de natalidade de 30% a 40% e uma taxa de mortalidade de 10% ou mesmo 15% que uma taxa de natalidade de 18% a 20% e uma taxa de mortalidade de apenas 3%." Ele acreditava até mesmo em não alimentar bebês prematuros.[22]

Hamburger defendia essa missão dual de higiene racial muito antes do Terceiro Reich, e encontrou no nacional-socialismo uma maneira de promovê-la. O Hospital Infantil transferiu numerosos jovens para Spiegelgrund.

Uma amostra de 592 prontuários de crianças que lá pereceram mostrou que o hospital despachara 44 delas, ou 8%, muitas das quais foram transferidas pessoalmente por Hamburger.[23] O número real provavelmente é muito mais alto, pois outros registros estão incompletos e ele também teria emitido diagnósticos condenatórios para crianças que primeiro foram transferidas para outros locais.

Enquanto Asperger trabalhava do outro lado do corredor, Hamburger também supervisionou vários experimentos médicos no hospital. Um estudante de medicina expôs crianças e bebês a mudanças extremas de temperatura e mensurou os efeitos. Elmar Türk, um dos colegas de Asperger como orientando de pós-doutorado, usou bebês prematuros para estudar o efeito da vitamina D no raquitismo; sabendo que bebês prematuros eram particularmente suscetíveis a essa condição, Türk não realizou a profilaxia, permitindo que treze dos quinze bebês em seu grupo de controle a desenvolvessem.[24]

Hamburger ficou especialmente interessado em seus letais experimentos com tuberculose. Em 1941, Türk selecionou bebês que considerava "severamente prejudicados em função de traumas durante o parto, inviáveis e idiotas". Ele administrou a vacina contra tuberculose Calmette-Guérin (BCG) a dois deles e depois infectou todos os três com "um virulento bacilo". Então os enviou a Spiegelgrund para observação e, ao fim, autópsia. Os dois bebês vacinados morreram em um mês, não de tuberculose, mas, de acordo com os registros, de pneumonia, a principal causa oficial de morte em Spiegelgrund. O bebê não vacinado venceu a tuberculose após quatro meses dolorosos, mas morreu mesmo assim.[25]

Türk repetiu o experimento um ano depois, em um menino "idiota, sifilítico" de 3 anos e meio que vacinou, e em um "idiota hidrocefálico" de 1 ano e meio, Adolf Guttmann, que não vacinou. Ao transferir o pequeno Adolf para observação em Spiegelgrund, Türk enviou ao diretor uma macabra "lista de desejos" quanto à morte e ao estudo póstumo: "Eu gostaria que você me informasse sobre a morte da criança, a fim de que eu possa estar presente à autópsia, pois pretendo realizar vários exames histológicos." Enquanto o bebê ainda estivesse vivo, a equipe de Spiegelgrund devia fazer observações especializadas sobre sua condição e exames de raios X a intervalos regulares. Türk acrescentou: "Espero que isso não os sobrecarregue." Quando Adolf chegou a Spiegelgrund, a equipe relatou que era "quieto e pacífico, rindo ocasionalmente quando alguém acaricia sua bochecha".[26] Ele foi assassinado dois meses e meio depois.[27]

Hamburger estava pessoalmente investido nos experimentos letais de Türk, pois devotara grande parte do início de sua carreira à pesquisa da tuberculose. Ele e Türk não escondiam seus métodos; ao contrário, promoviam seu trabalho em publicações e fóruns médicos. Hamburger chegou a afirmar que o uso de crianças era revolucionário. "O efeito protetor da BCG, há muito conhecido em cobaias, somente agora foi comprovado em humanos", proclamou.[28] E ele foi reconhecido pelo sucesso dos experimentos com BCG em seres humanos — "os primeiros no Reich" — mesmo após a guerra.[29]

Um de seus alunos de pós-doutorado, Heribert Goll, com quem Asperger publicara um artigo em 1939, também conduziu experimentos em bebês no Hospital Infantil. Supervisionado por Hamburger, Goll explicou que selecionava "somente crianças incapazes de viver".[30] Para sua publicação de 1941 no *Semanário Médico de Munique*, ele privou bebês de vitamina A, a fim de mensurar seus efeitos no desenvolvimento da queratomalácia, uma causa comum de cegueira. A doença resseca a córnea e a membrana que cobre a parte branca dos olhos, podendo resultar em áreas de aparência espumosa conhecidas como manchas de Bitot, úlceras, infecção e ruptura do globo ocular. Depois que Goll privou os bebês de vitamina A durante meses, alguns deles realmente desenvolveram queratomalácia preliminar. Então, em um segundo experimento, ele tentou infectar bebês com queratomalácia colocando secreções dos olhos de uma menina doente nos olhos de quatro crianças saudáveis. Quando o método falhou, tentou localizar a bactéria e falhou novamente.

Goll aumentou as apostas da pesquisa para seu artigo de 1942, também no *Semanário Médico de Munique*, privando vinte bebês de gorduras e vitamina A em períodos de até trezentos dias. Depois que os bebês morreram — talvez propositalmente, talvez em virtude do tratamento recebido —, Goll examinou seus fígados na autópsia. Anna Mick, de 6 meses, foi selecionada para o estudo; sua saúde era "robusta", apesar da hidrocefalia e das escaras na cabeça. Ela definhou graças à dieta de Goll, deitada no Hospital Infantil enquanto a equipe espetava seus olhos e seu corpo para recolher amostras de fluidos e tecidos. Em menos de quatro meses, Anna morreu de "fraqueza crescente".[31]

Asperger trabalhava em meio aos experimentos em seres humanos de seus colegas no Hospital Infantil e saberia sobre seus métodos letais, que eles divulgavam em jornais proeminentes. Em sua vida cotidiana, passava por bebês que eram injetados, infectados e forçados a morrer de fome.

De fato, ser um protegido de Hamburger na Viena nazista não era pouca coisa. O Hospital Infantil tinha estreitos laços institucionais e pessoais com Spiegelgrund, e muitos dos conselheiros de Hamburger, para além de Jekelius, Türk e Goll, seguiam sua liderança em experimentos letais. Devido a sua cumplicidade com o regime, todos os seus alunos de pós-doutorado após 1945 perderam a *Venia legendi*, a autorização para ensinar em universidades (mas não Asperger). E nove em onze foram retirados de suas posições (novamente, não Asperger). A "escola Hamburger" foi tão dizimada e desacreditada com o fim do Terceiro Reich que teve escassa influência na pediatria e na psiquiatria do pós-guerra e é pouco conhecida hoje em dia.[32]

A decisão de Asperger de não se unir ao Partido Nazista o isentou desse descrédito, e ele foi o único aluno de Hamburger a fazer um nome para si mesmo no pós-guerra. Mas era tão próximo de Hamburger quanto os outros, se não mais. O filho de Hamburger até mesmo sugeriu que Asperger tinha status privilegiado, afirmando que ele era "o aluno mais próximo de meu pai e o mais parecido com ele em termos de personalidade".[33]

Ao fundar a Sociedade de Educação Curativa com Hamburger, Erwin Jekelius e Max Gundel em 1941, Asperger colaborou com três dos principais assassinos de crianças de Viena. A fim de operar nessas esferas, teve de demonstrar iniciativa e extraordinária confiabilidade. E sabia disso, uma vez que, como admitiu mais tarde, estava plenamente consciente do programa de eutanásia.[34] Sua parceria com os líderes da eutanásia infantil foi uma escolha ativa, não passiva.

Durante uma reunião da Sociedade de Educação Curativa de Viena, Asperger publicamente urgiu seus colegas a transferirem os "casos difíceis" para Spiegelgrund. Ele declarou à plateia que, embora os jovens promissores devessem receber "observação ambulatorial" em uma ala que recriasse uma "situação livre" da vida real,

> para todos os casos difíceis somente uma observação prolongada e estacionária é adequada, como aquelas realizadas no Departamento de Educação Curativa do Hospital Infantil ou no reformatório Spiegelgrund.[35]

A recomendação de enviar os "casos difíceis" para Spiegelgrund pode ter sido benevolente, sugerindo que as crianças receberiam bons cuidados na instituição de seu colega Jekelius. Mas, como as atividades de Jekelius eram amplamente conhecidas e Asperger também sabia sobre o programa de eutanásia, suas observações tinham um contexto e um subtexto específicos. Sua plateia pode muito bem ter ouvido uma mensagem muito diferente.

Além disso, ele empregou a linguagem do sistema de assassinatos. Em Spiegelgrund, "observação prolongada e estacionária" não sugeria cuidado ativo — tratamento, terapia, educação ou intervenção —, mas avaliação estática. A frase pode soar benigna, mas também era um código para o processo de assassinato. A "observação estacionária" da educabilidade e do valor de uma criança para o *Volk* era um passo no processo de seleção para determinar vida ou morte.[36]

Asperger então apresentou algumas "questões de eugenia" à sociedade, indicando que a "avaliação adequada" das crianças já representava "boa parte de seu 'tratamento'".[37] Novamente, suas palavras poderiam ser tomadas por seu valor nominal, como defendendo o cuidado atencioso com as crianças. Mas "tratamento", ou *Behandlung*, era um eufemismo usado pelo pessoal da eutanásia que significava matar a criança.[38] É curioso que tenha usado aspas, o que sugere que poderia, de fato, estar empregando o significado velado de "tratamento", especialmente após recomendar "observação prolongada e estacionária" em Spiegelgrund. Afinal, a Sociedade de Viena era dirigida por notórios líderes de Spiegelgrund, e o discurso inaugural de Jekelius já preparara o palco, com sua referência às crianças indignas de cuidado. Dado o disseminado conhecimento sobre o programa de eutanásia em Viena, é provável que muitos na plateia estivessem conscientes das consequências potenciais de enviar os "casos difíceis" para Spiegelgrund, assim como do desejo do regime de eliminar crianças consideradas deficientes.

Intencionalmente ou não, Asperger invocou o local, o vocabulário e os processos específicos do protocolo de eutanásia infantil. E, quaisquer que fossem suas intenções, seus colegas na conferência de educação curativa podem ter deduzido esse sentido de suas palavras.

• • •

A Sociedade de Educação Curativa de Viena, que Asperger ajudou a fundar, deixou de se reunir em março de 1942 — três meses depois de a Gestapo apreender Jekelius —, mas a educação curativa continuou associada a Spiegelgrund. No mesmo mês, os administradores municipais determinaram que a Instituição Municipal de Bem-Estar Juvenil, em Spiegelgrund, era uma instituição de educação curativa, mudando seu nome para Clínica de Educação Curativa de Spiegelgrund. Uma edição de 1942 do *Observador Popular* [*Völkischer Beobachter*] divulgou especificamente o número de "profissionais de educação curativa" que lá trabalhavam.[39]

O jornal também ligou a educação curativa à seleção e expulsão de crianças severamente deficientes. Os profissionais de educação curativa passavam uma "convincente impressão de trabalho científico responsável para o *Volk*", pois garantiam a "prevenção de prole geneticamente doente e proteção contra as pessoas associais". O jornal sugeriu a eliminação de crianças. Spiegelgrund "poupava a nação produtiva de fardos que — com a rápida ascensão do Grande Reich — eram vistos como simplesmente contrários à natureza".[40]

A proeminência da educação curativa na eutanásia nazista era notável, uma vez que fora anteriormente tão periférica em relação às preponderantes psiquiatria e psicanálise vienenses. Mas assumiu a dianteira no Terceiro Reich quando sua ênfase na reabilitação se expandiu e passou a incluir seleção e eliminação. A morte se tornou uma opção potencial de "tratamento" no kit de ferramentas da eugenia nazista.

Os profissionais de educação curativa eram relativamente poucos, mas ocupavam um número desproporcional de posições no programa de eutanásia infantil. De acordo com uma tabulação, cinco dos nomes mais proeminentes nesse campo eram grandes perpetradores: Hamburger, Jekelius e os médicos de Spiegelgrund Marianne Türk, Helene Jockl e Heinrich Gross. Essa proporção era muito mais alta que a de escolas muito mais amplas da psiquiatria vienense.[41]

Heinrich Gross, uma das figuras mais notórias, começou a trabalhar em Spiegelgrund em meados de novembro de 1940, quando os assassinatos infantis ganhavam velocidade. Tinha 26 anos, havia se formado na Faculdade de Medicina da Universidade de Viena apenas um ano antes e trabalhado por um curto período na instituição psiquiátrica Ybbs an der Donau. Em Spiegelgrund, trabalhou sob orientação do diretor clínico Jekelius, que era dez anos mais velho. Como Jekelius, era nazista entusiástico desde que o partido ainda era uma organização terrorista periférica na Áustria; filiara-se à Juventude Hitlerista em 1932 e à SA em 1933, recebendo sucessivas promoções, até chegar a líder de esquadrão da SA em 1938.

Sete meses depois de começar a trabalhar em Spiegelgrund, em junho de 1941, Gross foi à Alemanha para estudar durante seis semanas com o proponente da educação curativa Hans Heinze, que ensinava métodos de assassinato a médicos que desejam praticar a eutanásia, e foi uma das três principais figuras da eutanásia infantil em todo o Reich.

Quando Gross retornou a Viena após o treinamento com Heinze, a taxa de mortes em Spiegelgrund mais que triplicou, de 22 no primeiro semestre de 1941 para 72 no segundo.[42] A instrução de Heinze aparentemente era tão valiosa que, seis meses depois, em janeiro de 1942, Gross retornou a Görden para aprender mais. Também emulou Heinze ao retirar e preservar o cérebro das vítimas. Heinze já distribuíra muitas centenas de cérebros infantis e adultos para as pesquisas de médicos alemães quando Gross começou sua coleção de cérebros de crianças em Spiegelgrund, para seu próprio trabalho. Gross, que sempre trabalhava de uniforme militar, era chamado pelas crianças de "Foice" ou "Ceifador".[43]

O segundo diretor de Spiegelgrund, Ernst Illing, também treinou com Heinze. Como ele, passara os anos iniciais da carreira na Universidade de Leipzig, seguindo-o até Görden em 1935. Illing trabalhou com Heinze durante sete anos, realizando alguns dos primeiros assassinatos infantis do

Reich. Portanto, já era altamente treinado quando Heinze e a Secretaria de Saúde Pública de Viena o convidaram, aos 38 anos, para suceder Jekelius como diretor clínico de Spiegelgrund, onde trabalhou de 1º de julho de 1942 a abril de 1945.[44]

Como diretor da Clínica de Educação Curativa do Hospital Infantil da Universidade de Viena e cofundador da Sociedade de Educação Curativa de Viena, Asperger ocupava importantes posições no campo e era defensor de sua agenda. Ele mesmo não estava na lista de profissionais de educação curativa que praticavam eutanásia, mas tinha a confiança dos mais altos escalões do sistema de assassinatos, associando-se a seus líderes, como Jekelius, Hamburger e Gundel. Asperger não era ativo no programa de eutanásia infantil como seus colegas da psiquiatria infantil nazista, mas pertencia ao mesmo clube.

E a eutanásia infantil acabou impregnando a comunidade médica de Viena como um todo, indo muito além da educação curativa, pois muitos médicos aquiesceram e mesmo deram boas-vindas a suas medidas. Illing descreveu em seu depoimento de outubro de 1945 como os médicos vienenses prontamente livraram suas alas das crianças que consideravam deficientes. Ele citou o Hospital Infantil de Hamburger e Asperger pelo nome:

> Minha clínica sempre estava lotada, uma vez que as outras clínicas, a Clínica de Bem-Estar Social, o Hospital Infantil Glanzing e o Hospital Infantil da universidade me entregavam, ou queriam me entregar, esses casos sem esperança; obviamente, acreditando que a eutanásia era legalmente possível em minha clínica, graças à diretiva mencionada [ordem de eutanásia], ao passo que eles mesmos não podiam conduzi-la. Tenho absoluta certeza de que os líderes dessas instituições sabiam sobre a eutanásia e as diretivas mencionadas.[45]

Asperger encorajara publicamente seus colegas a transferirem os "casos difíceis" para Spiegelgrund e seguiu sua própria recomendação.[46] É extremamente difícil estimar exatamente quantas crianças ele transferiu para Spiegelgrund ou quantas delas morreram por lá. Só há históricos médicos disponíveis para 562 das 789 crianças mortas na instituição, e muitos estão incompletos. Muitos são breves e fragmentários, com notas taquigráficas em tiras de papel. Nem todos os nomes de médicos ou clínicas aparecem nos registros de transferência. Mas os documentos existentes sugerem que Asperger participou da transferência de dezenas de crianças para a morte em Spiegelgrund.

Em 1942, ele era "consultor de educação curativa" de uma comissão de sete membros que avaliava a "educabilidade" das crianças no centro de cuidados Gugging. O acadêmico austríaco Herwig Czech revelou que o painel revisou os arquivos de 210 crianças em um único dia, distribuindo-as por escolas especiais supostamente apropriadas a seu nível de deficiência. A comissão considerou 35 delas, nove meninas e 26 meninos, "incapazes de engajamento educacional ou de desenvolvimento". Elas foram enviadas para Spiegelgrund, como requeriam as instruções escritas do comitê, a fim de serem "despachadas para Ação Jekelius".

"Ação Jekelius" era uma instrução para matar. Todas as 35 crianças transferidas pela comissão de Asperger morreram. O centro de cuidados Gugging era um grande fornecedor de Spiegelgrund; das 136 crianças enviadas de lá durante a guerra, 98 pereceram, com idades entre 2 anos e meio e 16 anos. Essa é uma taxa de mortalidade de 72%, o que significa que uma em oito crianças, das 789 que se sabe que morreram em Spiegelgrund, veio de Gugging.[47]

Além de trabalhar nessa comissão de seleção, Asperger recomendava transferências para Spiegelgrund como consultor médico da administração nazista. Como trabalhava para a Secretaria de Saúde Pública, o sistema judiciário juvenil, as secretarias da juventude e a Organização para o Bem-Estar do Povo Nacional-Socialista (NSV), que gerenciava o sistema de orfanatos de Viena, ele tinha múltiplos pontos de contato com Spiegelgrund.[48] Se escolas, tribunais, a Juventude Hitlerista ou a NSV precisassem de opinião especializada sobre uma criança, ele realizava a avaliação. Parece que recomendou Spiegelgrund em várias ocasiões. Novamente, o número exato é difícil de determinar a partir de registros fragmentários. Mas suas recomendações estão espalhadas pelas fichas clínicas.[49] E elas importavam. Quando considerou dois meninos, Friedrich K. e Karl Sp., "incapazes de educação", o reformatório ordenou que fossem transferidos para Spiegelgrund "o mais rapidamente possível".[50]

Além de recomendar as transferências, Asperger enviava crianças para as instituições infantis de Viena com diagnósticos altamente desfavoráveis, colocando-as em potenciais caminhos para Spiegelgrund. Como pais e escolas o procuravam para avaliações diagnósticas, ele tinha o poder de remover as crianças das famílias e moldar seus registros médicos. Os perigos de entrar no sistema com um diagnóstico negativo eram amplamente conhecidos. Maus-tratos, fome e violência eram comuns nos orfanatos de Viena, e não apenas em Spiegelgrund, embora a transferência para lá fosse a ameaça final. De uma amostra de 312 casos, cerca de dois terços das crianças que morreram em Spiegelgrund foram transferidas de outras instituições.[51] Asperger, por exemplo, diagnosticou "inferioridade de quase todos os órgãos" em uma criança que terminou lá.[52] No Estado nazista, tal linguagem podia ser interpretada como licença para matar.

Também fazia diferença para onde os médicos enviavam as crianças primeiro. Asperger transferiu algumas para o Lar Infantil São José de Frischau e para o Lar Pressbaum de Crianças Especiais, nos Bosques de Viena. Depois de Gugging, esses dois locais eram os que mais enviavam crianças para Spiegelgrund. Pressbaum e São José abrigavam, respectivamente, 120 e 70 crianças, e ambas as instituições eram para "débeis mentais e crianças não educáveis, assim como idiotas e doentes mentais".[53]

Várias crianças que Asperger enviou para São José e Pressbaum foram posteriormente enviadas a Spiegelgrund e mortas. Ele ordenou, por exemplo, a institucionalização de Hildegard Landauf, que sofria de epilepsia, no São José. De lá, ela foi enviada para o pavilhão da morte, o pavilhão 15 de Spiegelgrund, em janeiro de 1943, aos 16 anos e meio. Hildegard passou por um doloroso procedimento de encefalografia em 4 de maio — como cobaia de testes — e, doze dias depois, o diretor Ernst Illing recomendou a Berlim que fosse assassinada. Ele disse ao comitê do Reich que a expectativa era que ela "exigisse institucionalização e cuidados contínuos, já não sendo educável, sem expectativa de emprego". Ela morreu no mês seguinte. Sua mãe conseguiu visitá-la em Spiegelgrund, mas seu pai, supostamente devotado a ela, estava lutando na Letônia.[54]

Outra vítima foi Richard Draskovic, de 3 anos, que tinha síndrome de Down e um histórico de difteria, coqueluche, bronquite e resfriados constantes. Asperger o institucionalizou em Pressbaum e ele foi enviado a Spiegelgrund, onde sua fotografia mostra um rosto gentil, uma mecha rebelde de cabelo loiro e uma constituição física que parece dolorosamente frágil. Oito dias após sua chegada a Spiegelgrund, Jekelius pediu permissão a Berlim para matá-lo, pois era "incurável".[55] A pneumonia foi a causa ostensiva da morte.

A capacidade e a disposição dos pais de cuidarem dos filhos podem ter sido fatores na decisão de Asperger de retirar a criança da família. Quando a mãe de Berta Foucek foi vê-lo, ficou claro que nunca quisera a menina, tendo tentado o aborto várias vezes. Ela achava difícil cuidar da filha, pois Berta tinha o lado direito do corpo paralisado e sofria de epilepsia. Quando o pai morreu de tuberculose e a mãe se viu sozinha, ela levou Berta até Asperger, que autorizou sua institucionalização no São José. De lá, a menina foi enviada a Spiegelgrund e morreu em 1943, supostamente de gastroenterite e pneumonia.[56]

O caso de Ulrike Mayerhofer, de 3 anos, também sugere que Asperger podia considerar a vontade dos pais. A mãe de Ulrike a levara a vários médicos de Viena que, presumivelmente, não autorizaram a institucionalização. Durante o exame, Asperger notou que Ulrike era "severamente autista, muito inacessível ao exterior". É notável que tenha usado o termo "severamente autista", uma vez que, mais tarde, afirmaria nunca ter visto psicopatia autista totalmente desenvolvida em meninas ou mulheres. Talvez usasse a palavra como adjetivo ou acreditasse que a condição de Ulrike não se devia a causas orgânicas. De qualquer modo, determinou que, "uma vez que a criança é um pesado fardo em casa, especialmente com relação aos irmãos saudáveis, a institucionalização é aconselhada". Ele a enviou ao São José, que a transferiu para Spiegelgrund em abril de 1944. Durante a admissão, a dra. Marianne Türk anotou na ficha médica que "a criança é extraordinariamente magra e fraca, não responde quando se fala com ela e não demonstra qualquer reação a estímulos sonoros, mas não se sabe ao certo se isso se deve à falta de audição ou a um funcionamento mental lento". O diretor Illing pediu permissão a Berlim para matá-la um mês depois, em maio. Ele relatou que ela não permanecia na cama, mas "ficava constantemente em pé em um canto" e que "a melhora ou a cura são impossíveis". Ulrike morreu um mês e meio após o relatório de Illing, com pneumonia sendo a causa relatada da morte.[57]

A ala de Asperger também teria enviado crianças diretamente para Spiegelgrund. A equipe recomendou a institucionalização de ao menos sete crianças que não pereceram e duas que sim. O Hospital Infantil de Hamburger e a clínica de Asperger eram conhecidos por serem fontes de indicações.[58]

Das crianças que não morreram em Spiegelgrund, é possível que a clínica tenha marcado algumas para a morte. A equipe transferia os jovens diretamente para as mãos dos diretores de Spiegelgrund — para Erwin Jekelius quando visitava a ala e para os pavilhões da morte de Ernst Illing.[59]

Das crianças que Asperger recomendou para Spiegelgrund, as evidências disponíveis sugerem que ao menos duas morreram. Ambas eram meninas severamente incapacitadas. Herta Schreiber, de 2 anos e meio, a mais nova de nove irmãos, sofria de meningite e difteria. Asperger a avaliou e concluiu que sua "acomodação permanente em Spiegelgrund é absolutamente necessária". A clínica a transferiu em 1º de julho de 1941 para o pavilhão 15, o pavilhão da morte.

Em Spiegelgrund, a fotografia de Herta a mostra chorando, com o cabelo escuro raspado e olhando diretamente para a câmera. Sua mãe supostamente dissera à dra. Margarethe Hübsch, em meio às lágrimas: "Se ela não pode ser ajudada, talvez fosse melhor que morresse, pois nada teria neste mundo, de qualquer forma; seria motivo de riso para os outros." Hübsch explicou que, "sendo mãe de tantas outras crianças, ela não desejava isso para a filha, então era melhor que a menina morresse".[60] A mãe de Herta expressou ao menos alguns de seus sentimentos também para Asperger, que anotou na ordem de transferência para Spiegelgrund que, "quando está em casa, essa criança deve ser um fardo insuportável para a mãe".[61] Em 8 de agosto, Jekelius enviou os registros de Herta para o comitê do Reich em Berlim, pedindo autorização para assassiná-la. Ela morreu logo depois, dois meses após a transferência. Pneumonia foi a causa oficial da morte.[62]

Elisabeth Schreiber, de 5 anos, também morreu depois que Asperger recomendou sua transferência para Spiegelgrund. A mãe de Elisabeth disse que um resfriado aos 2 anos a deixara incapaz de falar e com "agitação motora". A família vivia em um pequeno apartamento com cinco crianças e alegava não poder cuidar dela. Asperger e a Secretaria da Juventude do distrito aconselharam sua institucionalização.[63] Ela foi enviada temporariamente para o Lar Infantil São José, onde o médico Heinrich Gross viu seu arquivo durante uma das "viagens de seleção". Elisabeth chegou a Spiegelgrund com um grupo de crianças em 23 de março de 1942. Parece calma na fotografia, com o cabelo curto e a franja em uma linha desarrumada sobre a testa.[64]

Em Spiegelgrund, ela tentou avidamente criar conexões. Uma enfermeira afirmou em seu relatório diário que a menina só conseguia dizer uma palavra, "mamãe", mas tentava se comunicar com outras vocalizações e linguagem de sinais. Tinha uma "natureza amigável, muito afetuosa e lisonjeira com os cuidadores". Era "muito sensível e seus olhos facilmente se enchem de lágrimas; se tratada com severidade, chora e abraça a enfermeira". E, todavia, estava abraçando seus assassinos. Parece que seus cuidadores distribuíam abraços juntamente com doses letais de barbitúricos. Gross escreveu um relatório sobre Elisabeth para o comitê do Reich em Berlim, pedindo autorização para assassiná-la, diagnosticando-a com "debilidade mental congênita da mais alta ordem". Ela foi submetida a múltiplas punções lombares, provavelmente como cobaia de experimentos médicos. Depois disso, morreu rapidamente. Sua agitação motora diminuiu e, em 13 de setembro, seu prontuário declara que "dormiu o dia inteiro, acordando somente para as refeições". Foi diagnosticada com pneumonia em 29 de setembro e morreu no dia seguinte. Seu cérebro foi retirado, guardado em um frasco de vidro e mantido na coleção de mais de quatrocentos cérebros infantis do dr. Gross, no porão de Spiegelgrund.[65]

No total, Asperger parece ter estado envolvido na transferência de no mínimo 44 crianças para Spiegelgrund: ao menos nove de sua clínica, das quais duas morreram, e 35 outras que a comissão municipal marcou para "Ação Jekelius" e que também morreram. Como era consultor em várias cidades e os registros são incompletos, o número total de crianças que enviou para Spiegelgrund provavelmente é maior.

Essas crianças não eram simplesmente estatísticas ou um conjunto abstrato de sintomas. Asperger examinou pessoalmente muitas delas, tocando seus corpos e conversando com elas. A maneira como ele e sua equipe julgavam as crianças e decidiam seus destinos era um processo formidável e perigoso.

7

Meninas e meninos

Christine Berka foi encaminhada à clínica de Asperger por suposto comportamento antissocial. Com quase 14 anos, cabelo castanho na altura do queixo e olhos também castanhos, ela era de Viena, mas, como muitas outras crianças do Terceiro Reich, fora evacuada para um campo a fim de fugir dos bombardeios aliados. Também fugia de um relacionamento horrível com a madrasta, que ficou muito feliz em se livrar dela.[1]

A diretora do campo na Baixa Áustria, Karoline Reichart, expulsara Christine em maio de 1942. E a descrevera como pária. Christine estava constantemente "sozinha e pensativa" e não formava relacionamentos sociais. "Ninguém queria ser sua amiga" ou dividir um quarto, e ela era "vingativa com as camaradas!".[2] Outro problema, segundo a diretora, era que roubava das outras garotas. Ela "sempre tomava banho com o sabonete das outras, sem pedir, e usava suas roupas mesmo quando elas se recusavam a emprestá-las". Christine roubara, entre outras coisas, um carretel de linha verde de Gretl Eder (encontrado em seu cesto de roupa suja), um carretel de linha branca de Hilde Capek (descoberto debaixo de seu sofá) e um apontador de Lilli Pichler (descoberto em sua cama). Comoventemente, roubara os itens mais bonitos — sabonete, renda e um livro — para enviar à madrasta que a rejeitava.[3]

Reichart fez com que Christine confessasse seus crimes na frente das outras garotas, o que lhe custara "metade do dia!". A madrasta fora até o campo para questionamento. Na frente de 29 pessoas, denunciara "todo o comportamento" de Christine. Com a família desgraçada, exultou Reichart, "Agora a situação é muito desagradável para os pais".[4] Ela então denunciou Christine à Secretaria Distrital de Bem-Estar Social, que a encaminhou para avaliação na Clínica de Educação Curativa de Asperger.

A equipe da clínica a julgou com ainda mais severidade. Notas manuscritas de uma das observações a chamam de "ladra imprudente" com "pobre conduta moral". A garota "não obedecia" e "não olhava e escutava". Com sua personalidade "fechada e inibida", era "difícil de atingir" e "nunca se importou com outras crianças".[5]

Fragmentos do arquivo de Christine, todavia, sugerem que tinha ligações emocionais. Ela fez um atraente desenho para a clínica, de marianinhas azuis em diferentes estados de abertura crescendo perto de tulipas vermelhas, com duas borboletas amarelas em cada conjunto de flores. As brilhantes marianinhas cresciam diretamente do solo, com três talos se estendendo para cima, ao passo que as duas tulipas estavam em um vaso de bolinhas vermelhas.[6] Christine também tinha uma visão cálida de seu futuro. Ao escrever sobre seus objetivos profissionais, demonstrou que queria se conectar com outras pessoas e lugares:

> Primeiro, quero cumprir o ano compulsório de trabalho com fazendeiros. Depois do ano compulsório, quero fazer um curso de estenografia e um de datilografia e trabalhar em um escritório. Mais que tudo, quero estar com os fazendeiros, na casa ou no campo. Ou com crianças pequenas. Gosto de brincar com elas, tomar conta delas, levá-las para caminhar e colocá-las para tirar uma soneca após o almoço. Na casa, posso ajudar a cozinhar, limpar, fazer compras e outras pequenas tarefas. É isso que quero. Ou ser professora de ginástica. Especialmente ginástica com equipamento e bolas. Não gosto especialmente da escola. Mas gosto do dever de casa. Escrita e taquigrafia são minhas matérias favoritas.[7]

Essas palavras sugerem uma garota cheia de vida, com interesses ativos na comunidade, escola, trabalho, ambiente doméstico e esportes.

Considerando-se seu amargo relacionamento com a madrasta, o mais tocante talvez seja o fato de ela querer cuidar de crianças em um lar feliz.

Em suas publicações, Asperger defendia as avaliações qualitativas como parte do respeito a cada criança como "entidade única, irrepetível e indivisível" e da valorização da "essência mais íntima da personalidade". Os cuidadores de sua clínica, dizia ele, tinham mente aberta e apreciavam as nuances das brincadeiras infantis. Um artigo sobre a clínica de Asperger publicado no *Jornal das Pequenas Pessoas* (*Das Kleine Volksblatt*) em 11 de setembro de 1940 enfatizava a importância de estimular a imaginação infantil, com "grandes bonecas, incluindo toureiros para os meninos, e uma biblioteca cheia de contos de fadas e livros infantis" espalhados pelas "belas e gigantescas salas, iluminadas por grandes janelas" da ala.[8]

Dada essa retórica, os desenhos e textos de Christine deveriam ter sido um fator em seu diagnóstico.[9] Mas, em 14 de julho de 1942, Asperger decidiu que ela tinha um "caráter antissocial de longo alcance". Era "difícil de influenciar" e contava com "poucos sentimentos de natureza cálida". Era "odiosa em muitas situações, vulgar e rude".[10] Ele não acreditava que ela enfrentasse desafios emocionais ou mentais: tratava-se de sua personalidade. Asperger escreveu em sua caligrafia grande e redonda (embora tivesse nascido canhoto, fora ensinado a escrever com a mão direita) que o diagnóstico oficial de Christine não era uma condição psiquiátrica, mas uma "variante de caráter". Ela era "egocêntrica, vulgar, antagônica e traiçoeira".[11]

Após sete semanas de avaliação, Asperger pediu a transferência de Christine para uma instituição correcional. Ela representava um "risco criminal significativo" e a madrasta "a rejeita".[12] A clínica a transferiu para o reformatório Theresienfeld. Quando Theresienfeld tentou enviá-la para casa, dez meses depois, em maio de 1943, a clínica de Asperger rejeitou a requisição. Sem considerar outro período de observação, a equipe explicou que "Nós a conhecemos muito bem, em função da longa observação na clínica, e não acreditamos que seu caráter tenha se modificado substancialmente no curto período desde que foi embora."[13]

Os relatórios da clínica não somente não representam Christine — a criança que desenhou flores alegres e escreveu sobre suas esperanças para o futuro —, como a tornam indistinguível de outras crianças descritas por

Asperger. Ela entrou na Clínica de Educação Curativa como indivíduo, em função de circunstâncias e interações individuais com aquela diretora de campo em particular e sua madrasta. Mas foi embora como tipo genético, como "egocêntrica" e "antissocial", assim como várias outras crianças julgadas pelas instituições da psiquiatria nazista. Christine foi desumanizada antes de ser institucionalizada.

As notas da clínica terminam dizendo que Christine não apresentava conexões emocionais ou espirituais com outras pessoas. Ela não tinha *Gemüt*.[14]

• • •

A definição de psicopatia autista de Asperger emergiu não só das teorias da psiquiatria nazista, mas também de suas práticas clínicas, por meio dos encontros com as crianças que tratou.

Os históricos médicos de dois meninos, Fritz V. e Harro L., contrastam de modo gritante com os de duas meninas, Elfriede Grohmann e Margarete Schaffer. Asperger descreveu Fritz e Harro em sua tese de pós-doutorado de 1944 como exemplos de psicopatia autista; as duas meninas não receberam o mesmo diagnóstico. E, no entanto, como seus históricos não publicados apresentam notáveis semelhanças com os de Fritz e Harro, eles lançam luz sobre a maneira como Asperger abordava o diagnóstico na prática. Além disso, como a clínica enviou ambas as meninas para Spiegelgrund, seus casos exemplificam os fatores que ele e a equipe usavam para essa decisão.

Os arquivos de Margarete e Elfriede são ricos em detalhes, mas fragmentários. Como as observações manuscritas e as notas datilografadas frequentemente não têm assinatura, é difícil atribuir opiniões e decisões a indivíduos específicos ou mesmo ao próprio Asperger, uma vez que ele trabalhou como médico de uma divisão de infantaria na Croácia em 1944 e 1945 e a clínica foi bombardeada em 1944. Além disso, embora as vozes de Elfriede, Margarete, Fritz e Harro surjam em fragmentos de textos e desenhos, a maior parte do que sabemos sobre eles está nas palavras de psiquiatras e enfermeiras, cujos relatos, mesmo das informações factuais mais básicas — descrição física, histórico familiar, citações —, devem ser lidos com olhos críticos, pois foram coloridos pelas hipóteses e preconceitos da época.

Segundo seu arquivo, Elfriede Grohmann chegou à clínica aos 13 anos, em abril de 1944. Ela era de Neunkirchen, uma cidade de 12 mil habitantes na Baixa Áustria, ao longo do rio Schwarza, a uns 60 quilômetros de Viena. Sua mãe, Katharina Grohmann, não era casada quando a teve. Supostamente abandonara o pai da menina, Karl Postl, porque ele era "um homem teimoso, dominador e agressivo", além de "jogador de cartas". Enquanto lutava para ganhar a vida como mãe solteira, ela deixou Elfriede ao cuidado dos avós até os 8 anos. Lá, de acordo com Katharina, Elfriede ficou mimada e "similar em caráter" ao pai.[15] Em 1938, Katharina Grohmann se casou com Bruno Tintra, um honrado membro do Partido Nazista que trabalhava com seguro-saúde. O casal pegou Elfriede na casa dos avós e teve mais duas filhas.[16]

Katharina Grohmann disse que Elfriede era "uma criança nervosa e excitável". A mãe tivera "excitações mentais" durante a gravidez, mas o nascimento e o desenvolvimento de Elfriede haviam sido normais. Embora nenhuma doença hereditária tivesse sido relatada na família Grohmann, Elfriede sofria de várias doenças: sarampo, difteria, varicela e artrite reumatoide.[17]

Segundo os relatos, a menina estava muito calma quando chegou à ala de Asperger, perguntando apenas: "Quando vou para casa? Sim, vou ficar aqui apenas alguns dias."[18] Mas a ala a manteria por sete semanas, sob atento escrutínio. Sua fotografia nos arquivos mostra olhos castanho-claros, feições suaves e o espesso cabelo loiro-médio puxado para trás. Notas manuscritas a descrevem como alta para sua idade, 1,67 metro, com o nariz ligeiramente torto, rosto oval e assimétrico, olhos juntos e boca grande. Seu corpo era torneado e bem-proporcionado, mas a pele tinha uma "cor amarelada, úmida" e ela supostamente suava muito.[19]

A Secretaria de Bem-Estar do Povo em Neunkirchen enviou Elfriede à clínica de Asperger em abril de 1944, por comportamento inapropriado em casa e na comunidade. Os serviços da juventude relataram que ela dizia "coisas inteiramente confusas e dá a impressão de ser uma pessoa anormal".[20] Ela começara a "fugir em todas as oportunidades", sem "qualquer causa externa discernível". Vestia-se "inadequadamente" e ficava fora de casa por várias noites.[21] Embora a Secretaria da Juventude especulasse que poderia estar com ciúmes das irmãs de 2 e 4 anos, a clínica de Asperger não deu crédito a suas queixas sobre a família. A equipe disse que suas respostas eram "obviamente planejadas" e ela fornecera "insuficientes razões" para não gostar de sua posição na família. O Departamento de Educação Curativa sugeriu que suas fugas de casa podiam estar relacionadas ao início da menstruação.[22]

Assim como Elfriede, Margarete Schaffer, de 13 anos, foi criada em um ambiente de classe operária e em "condições domésticas desfavoráveis". Seu pai, Franz Schaffer, era auxiliar de latoaria e conhecido "beberrão" e preguiçoso.[23] Fora repetidamente condenado por roubo e cumpria uma sentença de prisão de dois anos. A mãe de Margarete, Marie Schaffer, era considerada "hereditariamente corrompida", tendo defeitos biológicos de mente ou corpo.[24]

O comissário do vigésimo segundo distrito de Viena enviou Margarete para avaliação psiquiátrica em agosto de 1941, por delinquência, comportamento inadequado e fuga de casa. O evento catalisador fora sua fracassada tentativa de estágio com um alfaiate. No primeiro dia, ela teria saído e comprado mais de 70 reichsmarks em flores e papéis na conta do chefe. Não apareceu para trabalhar no segundo dia. Também teria tentado emprestar dinheiro de outras pessoas e vendido itens que roubara da família, incluindo a bicicleta do pai.[25]

Além disso, tinha uma "conduta impossível em casa". Era "especialmente atrevida com a mãe, incitava os irmãos contra ela e não se mostrava disposta a ajudar nos afazeres de casa".[26] De acordo com o comissário do distrito, "Se a mãe então fala com ela, ela simplesmente pula a janela (o apartamento fica no térreo) e foge, desaparece, e fica fora pela metade do dia." O relatório enfatizava que esse comportamento ocorria em intervalos de duas a três semanas, após o que ela seria "boa novamente por algum tempo". Assim como com Elfriede, o comportamento de Margarete foi atribuído à menstruação. Apesar de ainda não ter menstruado, o comissário conjecturava que poderia "haver uma conexão" com suas "perturbações aparentemente intermitentes".[27]

Elfriede e Margarete, assim como Christine, foram enviadas à clínica de Asperger por comportamento aberrante em casa e na comunidade. Elas tinham relacionamentos difíceis com a família, sobretudo com a mãe, e supostamente não se integravam à sociedade e às normas sociais. Aparentemente Elfriede e Margarete também tinham problemas na escola, mas isso não causou qualquer preocupação. A Secretaria de Bem-Estar de Neunkirchen apenas disse que Elfriede fora repreendida por "atos completamente erráticos" na escola, mas não considerou sua vida escolar digna de discussão. O comissário do distrito, do mesmo modo, declarou que Margarete deixara a escola aos 13 anos, sem entrar em maiores detalhes.[28] Essas eram as únicas menções à escola nos arquivos de Elfriede e Margarete.

Em contraste, os dois meninos que Asperger descreveria em seu tratado sobre autismo de 1944, Fritz V. e Harro L., foram enviados pela escola, embora fossem ambos muito mais novos que Margarete e Elfriede e pudesse parecer que havia menos em jogo. Mas, nas expectativas intensamente baseadas em gênero do Terceiro Reich, o que importava era a competência das meninas na vida privada, em deveres domésticos e relacionamentos pessoais, e a competência dos meninos na vida pública, em disciplina, realizações e integração com seus pares.[29]

Asperger escreveu que Fritz tivera um nascimento normal em 1933, atingira normalmente os marcos do desenvolvimento infantil e não sofria de qualquer doença ou problema de saúde. Mas fora expulso do jardim de infância "após somente alguns dias". Os professores relataram que ele "atacava outras crianças, caminhava despreocupadamente pela sala e tentara destruir o armário de casacos". Ele "não se integrava às outras crianças da comunidade". Estava "sempre sozinho" e "nunca tolerava ou se engajava com outras crianças".[30] Assim, a escola o enviou para observação e ele chegou à clínica de Asperger no outono de 1939.

O comportamento difícil de Fritz em casa foi tratado como quase incidental. Asperger relatou que o menino "jamais fazia o que mandavam". Ele "simplesmente fazia o que queria ou o oposto do que lhe haviam dito para fazer". Não ficava sentado, "sempre agitado e inquieto". Pior ainda, "tendia a agarrar qualquer coisa a seu alcance" e "tinha uma pronunciada compulsão destrutiva; qualquer coisa que chegasse a suas mãos era rapidamente rasgada ou quebrada". O garoto tinha um irmão dois anos mais novo que também era "arteiro e difícil, mas nem de perto tão anormal quanto Fritz".[31] A despeito dos desafios que Fritz apresentava em casa, no entanto, era o comportamento escolar que mais importava.

A escola de Harro também o encaminhou em função de problemas de obediência e integração social. O menino de 8 anos e meio era filho único e tivera um desenvolvimento comum e "perfeitamente normal". Como o desejo de seu pai era lhe oferecer a melhor educação possível, todos os dias ele viajava sozinho os 25 quilômetros de trem entre seu vilarejo e Viena, desde que tinha 7 anos, demonstrando comportamento responsável.[32]

Mas os problemas estavam se acumulando na sala de aula. Harro supostamente "não fazia o que devia fazer", mas "exatamente o que queria fazer". Durante as aulas, "retrucava, e com tal atrevimento que a professora desistira de chamar sua atenção, a fim de não perder o respeito do restante da classe". Harro reprovara no segundo ano e continuara a falhar em todas as matérias. Os professores também disseram que "pequenas coisas o deixavam furioso" e ele apresentava uma "tendência selvagem de brigar".[33]

Com Fritz e Harro sendo seus exemplos primários de psicopatia autista, Asperger imputou "traços sádicos" às crianças autistas. Ele declarou que "atos autistas de malícia" eram, na verdade, característicos do distúrbio, enfatizando a "maldade primitiva" e "o negativismo e a malcriação aparentemente calculada das crianças autistas".[34] Ele afirmou que seu "prazer na malícia, que raramente está ausente, fornece praticamente a única ocasião na qual o olhar perdido dessas crianças parece se iluminar".[35]

Fritz, insistiu Asperger, tinha "um brilho perverso" nos olhos e fazia "sempre a pior coisa, a mais constrangedora, a mais perigosa". O menino "parece quase gostar de ver as pessoas zangadas com ele", como se fosse "uma sensação prazerosa que tentava provocar com negativismo e desobediência".[36] Asperger admitiu não ser "inteiramente verdade" que suas "relações com as pessoas" eram "somente no sentido negativo, em travessuras e agressões". "Em raras ocasiões", Fritz "reciprocava" emoções. Ele "dizia amar sua professora na clínica" e "de vez em quando abraçava uma enfermeira". Declarações de amor, abraços e respostas recíprocas sugerem que Fritz tinha sentimentos mais profundos do que Asperger lhe atribuía. Mas Asperger ignorou essas expressões de afeto. Os abraços de Fritz "não parecem a expressão de um sentimento genuíno de afeto, sendo muito abruptos, 'como uma convulsão'". Ele não gostava dos abraços do menino, que "não têm um efeito prazeroso".[37]

Asperger descreveu o "comportamento malicioso" das crianças autistas como dirigido contra a comunidade como um todo, sem nenhum objetivo além da autogratificação. Afirmou que Harro "atacava outras crianças, rilhando os dentes e socando às cegas".[38] E caracterizou do mesmo modo os dois outros meninos que descreveu, em estudos de caso mais curtos, no tratado. Ernst K., que Asperger considerava mais perturbado que Fritz e Harro, era "um menino muito malévolo", "problemático", que "provocava a turma", "golpeava ou agredia verbalmente outras crianças", "cutucando, fazendo cócegas" nelas ou "espetando-as com a caneta".[39] Hellmuth L., um menino que Asperger considerou severamente deficiente, "sempre estava 'em outro mundo'" e fazia "muitas coisas maliciosas", como "esconder ou destruir objetos, especialmente quando era pequeno". Asperger alertou que, com crianças autistas em geral, "As reservas de água da casa são alvos particularmente populares de travessuras [...] mas igualmente popular é jogar coisas pela janela." A malícia autista, concluiu ele, resultava da falta de conexão emocional: "Sua malícia e crueldade muito claramente surgem da pobreza de *Gemüt* [*Gemütsarmut*]".[40]

A classe parece ter desempenhado um papel na maneira como a clínica de Asperger tratava as crianças. Nos casos de Margarete e Elfriede, da classe operária, os arquivos não contêm registro de a equipe ter conversado com seus pais ou reunido informações detalhadas sobre seus históricos familiares. As histórias das garotas foram recebidas primariamente dos relatos de segunda mão dos oficiais que as enviaram à clínica. A perspectiva das mães é representada superficialmente e a dos pais está totalmente ausente. Talvez históricos familiares detalhados fossem menos importantes ou presumidos no caso de famílias mais pobres que não se encaixavam nas regras burguesas de dois pais.[41]

Em contrapartida, Asperger parece ter conversado longamente com os pais de Fritz e Harro. Ele os retratou como pertencentes à classe alta, inteligentes e respeitáveis, além de cuidadores dedicados e informados. Asperger ficou impressionado com o fato de a mãe de Fritz ter vindo de uma família composta "na maioria de intelectuais" dos "escalões superiores da sociedade". Muitos de seus familiares se encaixavam no "molde do gênio louco" e "escreviam poemas 'bastante belos'". Ela "pertencia à família de um dos maiores poetas austríacos". A mãe de Fritz disse que o menino "lembrava muito" o avô, que fora "uma criança excepcionalmente difícil e agora se parecia com a caricatura de um erudito, preocupado com seus próprios pensamentos e sem contato com o mundo real". Asperger admitiu que o pai de Fritz vinha de uma "família comum de agricultores", mas acrescentou que ele avançara muito em status, tornando-se "funcionário público de alto escalão".[42]

Referências à classe e ao pedigree intelectual permeiam a descrição física de Fritz. Asperger disse que seu rosto "apresentava características refinadas e aristocráticas, prematuramente diferenciadas", e que "seus traços infantis desapareceram há muito". E projetou essa característica nas crianças com psicopatia autista em geral: elas tinham "aparência quase aristocrática" e "a ponderação precoce formou suas faces". Ele generalizou: "Crianças autistas perdem as características infantis muito rapidamente" e, como Fritz, têm "ossos refinados e altamente diferenciados".[43]

Asperger ficou similarmente impressionado com a linhagem de Harro. Após conduzir uma detalhada entrevista com seu pai, como fizera com os pais de Fritz, Asperger confirmou que, embora o pai de Harro viesse "de uma linhagem de camponeses, é o intelectual típico". Pintor e escultor em Siebenburgen, Transilvânia, ele fugira do exército romeno para a Áustria, através da Rússia, durante a Primeira Guerra Mundial. Nas duas décadas anteriores, ganhara a vida fabricando vassouras e escovas. Asperger conjecturou que ele devia se destacar em seu vilarejo como "altamente excêntrico". O homem disse a Asperger que ele, a esposa e muitos de seus familiares eram "pessoas muito nervosas".[44]

A definição de psicopatia autista de Asperger refletia sua admiração pelos históricos familiares de Fritz e Harro. Ele afirmou que, como no caso de Fritz, "Muitos dos pais de nossas crianças autistas ocupam altas posições". E, como no caso de Harro, "se encontramos algum trabalhador manual entre eles, então provavelmente se trata de alguém que não seguiu sua vocação".[45]

Para Asperger, na verdade, a psicopatia autista poderia ser resultado da educação das classes superiores: "Em muitos casos, os ancestrais dessas crianças são intelectuais há muitas gerações", pertencendo a "importantes famílias artísticas e eruditas". Nos jovens autistas, "às vezes parece que, da antiga grandiosidade [de seus ancestrais], somente a excentricidade permanece".⁴⁶ Dadas essas descrições, podemos nos perguntar se o que era chamado de "excentricidade" em uma criança de classe alta poderia ser considerado falha de caráter ou doença mental em crianças da classe operária como Elfriede ou Margarete.

A clínica de Asperger caracterizou Margarete, Elfriede, Fritz e Harro em termos quase idênticos. Embora Asperger enfatizasse a importância de respeitar a singularidade de cada criança, escrevendo na primeira página de sua tese de 1944 que toda criança era "um ser único, irrepetível e indivisível ('in-divíduo'), e consequentemente impossível de comparar com outros", a equipe da clínica as definia com uma lista partilhada de problemas: falta de expressão, evitação de outras crianças e comportamento impulsivo.⁴⁷ Em seus históricos médicos, Margarete, Elfriede, Fritz e Harro se tornaram meros nomes ligados a traços genéricos.

De acordo com a clínica de Asperger, Margarete não "participava de modo algum da comunidade de crianças". Não contribuía para as conversas, "não ria" e não "combinava" com o grupo.⁴⁸ Elfriede também interpretava mal as pistas sociais, afirmou a dra. Rohracher, da equipe médica de Asperger. A garota "avalia completamente errado a situação, o comportamento dos outros e sua própria pessoa". Ela estava inconsciente do efeito que seu comportamento produzia nos outros; podia reagir exageradamente a questões triviais ou "rir sem razão aparente". O relatório oficial da clínica concluiu que "seu comportamento nunca está corretamente ajustado". Duas notas manuscritas diferentes foram ainda mais francas: Elfriede "era sempre peculiar" e "um ser muito anormal".⁴⁹

Asperger descreveu Fritz e Harro em termos comparáveis. Em Fritz, "As reações apropriadas às pessoas, coisas e situações estavam amplamente ausentes". O menino "não tinha os relacionamentos emocionais certos com ninguém", "vagueava alienado" e "era impossível fazê-lo brincar em um grupo". Ele "não parecia notar seu ambiente". Seu olhar era "estranho" e "na maior parte do tempo, se não tivesse um brilho perverso, estava perdido no espaço". Fritz simplesmente "estava fora da comunidade".⁵⁰

Harro também "jamais se mostrou caloroso, confiante ou alegre". "Nunca" participou "de jogos com os outros". Em vez disso, seu "olhar perdido frequentemente estava muito longe". O menino "permaneceu um estranho", não conseguindo "formar qualquer relacionamento próximo com outra criança da ala ou com um adulto".[51] Asperger também descreveu os meninos dos outros dois estudos de caso de maneira generalizada. Ernst "sempre se destacava do grupo" e "permaneceu um estranho, caminhando entre as outras crianças sem jamais participar propriamente de seus jogos". Hellmuth "não tinha nenhum relacionamento humano genuíno" e "não se encaixava realmente neste mundo".[52]

Os relatórios da clínica generalizaram não somente o modo de se relacionar das crianças — a ponto de as descrições serem intercambiáveis —, como também sua desobediência. Asperger afirmou que Fritz, por exemplo, "não sabia o significado do respeito e era profundamente indiferente à autoridade dos adultos". Fritz "falava sem timidez até mesmo com estranhos" e usava apenas o pronome de tratamento informal *Du*, em vez do formal *Sie*. Ele "não se importava se as pessoas estavam tristes ou aborrecidas com ele".[53] Quanto a Harro, "podia ser desavergonhadamente recalcitrante quando solicitações disciplinares eram feitas". Mesmo que ficasse "temporariamente impressionado com a autoridade da professora", "no mínimo resmungaria para si mesmo". Harro também chamava excessiva atenção para si mesmo; "dizem que é um 'mentiroso' inveterado" e "contou histórias longas e fantásticas, com suas confabulações se tornando cada vez mais estranhas e incoerentes".[54]

A equipe do departamento descreveu Elfriede e Margarete nos mesmos termos. Elfriede agia sem pensar, sem "consideração crítica". Tinha "uma maneira malcriada e errática de agir e cedia a esse impulso sem pensar na situação disciplinar que viria depois". Margarete "não podia ser influenciada de qualquer maneira". Era "dada a reações exageradas de protesto" e "frequentemente muito atrevida com os professores". A equipe de Asperger disse que ambas as meninas inventavam histórias. Elfriede narrava "incidentes impossíveis" e Margarete contava "mentiras presunçosas e fantasticamente elaboradas".[55]

O pessoal da clínica descreveu as quatro crianças como similarmente impetuosas. Fritz "dava total vazão a seus impulsos internamente gerados", os quais Asperger acreditava "não terem relação com estímulos externos". Fritz começava "subitamente a bater ritmicamente nas coxas, bater sonoramente na mesa, jogar-se contra a parede, jogar-se contra outra pessoa ou pular pela sala". Harro agia "sem consideração pelas consequências". Ele até mesmo "deixou sua escrivaninha durante a aula e se arrastou de quatro pelo chão".[56] Os relatórios da clínica diziam que Elfriede também realizava "ações bastante imprevisíveis, impulsivas e completamente sem motivo". Ela "criava muita perturbação e comoção" e "saltava subitamente da mesa, pegava algo etc."[57] Asperger e seu colega, o dr. Luckesi, retrataram Margarete como "volátil e errática. Totalmente despreocupada, desprovida de senso crítico e não confiável".[58]

Sem controle corporal, as crianças supostamente apresentavam sexualidade exacerbada. Asperger desaprovava a maneira como as "atividades rebeldes e imprudentes" de Harro levavam a "perversas travessuras sexuais com outros meninos", as quais "chegaram a atos homossexuais, tentativas de coito!" Fritz, aos 6 anos, era jovem demais para isso. Mas Asperger disse que, "em muitos casos" de psicopatia autista, a masturbação "surge cedo, é praticada intensa e obstinadamente". Os jovens "podem se masturbar em público, de modo exibicionista, e não se pode forçá-los a desistir", uma vez que "sentimentos de vergonha ou culpa estão amplamente ausentes".[59] A Clínica de Educação Curativa também considerou Elfriede e Margarete hipersexualizadas. De acordo com uma observação manuscrita, Elfriede demonstrou "excitação sexual na presença de meninos", os quais "caça com olhos brilhantes e rosto vermelho". Margarete foi enviada para observação psiquiátrica porque, conforme alegado, ficava nas ruas durante a noite com "vários conhecidos do sexo masculino".[60]

A despeito das similaridades nas descrições genéricas de Elfriede, Margarete, Fritz e Harro, sua individualidade emerge entre as linhas de seus históricos médicos. Trechos do arquivo de Elfriede retratam uma garota que dificilmente se parece com o ser socialmente desconectado e fora de controle dos relatórios sumários da clínica. Em vez disso, vemos uma criança atenciosa com várias ligações emocionais. Por exemplo, uma nota observa que Elfriede "escreve cartinhas o dia inteiro" para pessoas de sua vida, o que indica que tinha alguns laços. Ela escreveu tantas cartas que outra nota sugere que tinha "grafomania".[61]

A capacidade de afeto de Elfriede é palpável na carta que escreveu à mãe: "Querida mamãe! Como vai? As duas pestinhas já estão no jardim de infância? Espero voltar para casa em breve!" Ela também escreveu para Viktorine Zak, a enfermeira-chefe de Asperger. Parece que a menina ofereceu um petisco a Zak e, dirigindo-se a ela em termos íntimos, escreveu: "Querida enfermeira-chefe! Saudações de sua garota. E, se não comer isso, não lhe direi uma palavra e ficarei muito zangada. É algo que deve lhe dar alegria."[62]

Aparentemente, no entanto, suas tentativas não eram bem recebidas na clínica. Outra nota manuscrita, talvez na caligrafia de Zak, desdenha do afeto de Elfriede, observando que "sua afeição por mim é uma coisa forçada e pouco natural".[63] Além das duras opiniões da equipe, também há pistas de maus-tratos. Como ela escreveu em uma carta queixosa ao dr. Aulehner:

Se não for para casa logo, morrerei ainda antes de tristeza. O que a enfermeira Künk está fazendo comigo não é agradável. E eu não fiz nada contra ela. Não consigo dormir à noite, porque a enfermeira Künk é tão horrível comigo.[64]

Talvez ainda mais sério tenha sido o conflito entre Elfriede e uma enfermeira da clínica um dia antes do exame médico. De acordo com um relatório manuscrito, as crianças da ala queriam estar apresentáveis no dia do exame. E estavam certas, considerando-se quão letal podia ser o julgamento de um médico. Para causar boa impressão, Elfriede pediu que a enfermeira cortasse suas longas tranças. A enfermeira reclamou que, após repetidas recusas, Elfriede "subitamente saiu do banheiro com o cabelo cortado" e "correu excitadamente, como uma lunática, escondendo-se de mim".[65] Podemos nos perguntar como esse incidente afetou o relatório da enfermeira, como o médico responsável pela avaliação viu Elfriede e qual era a aparência de seu cabelo durante o encontro que provavelmente decidiu seu destino.

A clínica de Asperger não lhe deu um diagnóstico psiquiátrico. Seus traços problemáticos, assim como os de Margarete e Christine, foram atribuídos à menstruação. Como os problemas de Elfriede, sobretudo as fugas de casa, haviam se tornado "especialmente conspícuos desde a menarca", a dra. Rohracher decidiu por "uma prolongada observação médica justamente agora, no momento da puberdade". Não somente era "a completa supervisão da garota absolutamente necessária", como ela poderia eventualmente necessitar de "terapia hormonal".[66]

Seguindo os termos da psiquiatria nazista, Rohracher também a considerou ineducável. E avisou: "A garota representa um fardo significativo para os educadores" e simplesmente não estava à altura dos "requerimentos educacionais". Embora seu arquivo nada diga sobre sua inteligência, Rohracher sentiu que o ensino escolar seria desperdiçado nela. A médica não considerava "aconselhável colocá-la em uma instituição educacional".[67] O diagnóstico de ineducável sugeria que Elfriede drenaria a comunidade nacional, movendo-a do caminho da reabilitação para a eliminação. E, de fato, apenas sete semanas após sua chegada, Rohracher assinou sua transferência da clínica de Asperger para Spiegelgrund, especificamente para "o departamento do dr. Illing", o homem encarregado dos assassinatos.[68]

Elfriede teve um pressentimento na clínica de Asperger. Ela temia profundamente o local para onde a ala poderia enviá-la. Como escreveu para seu tio Ferdinand: "Só direi uma coisa, não nos veremos novamente. Esta é a última carta minha que você receberá. Sinto muito." Ela também escreveu uma carta de despedida para a mãe, avisando que aquela era "talvez a última carta, porque não sei se nos veremos novamente. Não sei se morrerei nessa viagem".[69] Como ambas as cartas ainda estão em seu arquivo, a clínica de Asperger provavelmente jamais as enviou para seus entes queridos antes de transferi-la para Spiegelgrund.

Margarete teve uma experiência ainda mais penosa. As autoridades a tiraram de casa e a institucionalizaram três vezes entre 1941 e 1944 por mau comportamento, incluindo duas estadias na clínica de Asperger e duas estadias em Spiegelgrund. Margarete chegou ao Departamento de Educação Curativa pela primeira vez em 23 de agosto de 1941, permanecendo em observação durante quatro semanas. Como disseram Asperger e seu colega Luckesi, "A mãe, que tem outras três crianças pequenas, não pode supervisionar suficientemente a garota, a despeito de suas melhores intenções, porque ela foge seguidamente e se envolve em todo tipo de travessura". Embora o comissário distrital tivesse afirmado que Margarete era incontrolável, a clínica de Asperger terminaria rotulando-a com uma falha de caráter mais fundamental. Uma nota manuscrita resumia que a menina apresentava "risco de rebeldia (fingimento, atos constrangedores anormais e ausência de casa durante horas)."[70]

A clínica parece ter indicado Margarete para Spiegelgrund. Erwin Jekelius, na época diretor de Spiegelgrund, visitou a clínica em 19 de setembro de 1941, enquanto percorria as clínicas vienenses em busca de jovens para sua instituição. De acordo com as notas clínicas da ala de Asperger, Margarete foi "apresentada" a Jekelius, sugerindo que pode ter sido pré-selecionada. Foi transferida para Spiegelgrund no mesmo dia.[71]

Assim começaram suas desconcertantes rodadas de institucionalização, transferência e alta. Em Spiegelgrund, as doutoras Margarethe Hübsch e Helene Jockl, envolvidas no assassinato de centenas de crianças, diagnosticaram-na com "esquizofrenia com fases maníaco-depressivas". Elas disseram que sua "expressão facial é notavelmente vazia, mesmo durante conversas aparentemente animadas". Ela "ria sem razão", sempre com um "pequeno esgar" que era "rígido e artificial".[72] Hübsch e Jockl decidiram que a garota era "mentalmente doente e requer estadia permanente em uma instituição mental", devido a suas "dificuldades educacionais e risco moral".[73] Em maio de 1942, solicitaram sua transferência para Steinhof, a instituição vienense que supervisionava a eutanásia adulta. Também sugeriram que "a esterilização é apropriada". Margarete esteve em Steinhof até 7 de outubro de 1942, quando recebeu alta por razões incertas.[74] Ela sobrevivera às duas instituições mais letais de Viena: Spiegelgrund e Steinhof.

Um mês depois, em novembro de 1942, a polícia a recolheu às 21h30 "perto da estação ferroviária Leste, onde conversava com soldados". Embora Margarete, então com 15 anos, tivesse um emprego respeitável como funcionária não qualificada na firma Kletzer, supostamente "ficava nas ruas até de madrugada" e roubara cigarros da mãe para dar a um homem que conhecia. Também era "atrevida com a mãe e não a obedecia em absoluto".

A famosa clínica psiquiátrica de Otto Pötzl a avaliou em 10 de dezembro de 1942. Foi determinado que Margarete enfrentava "sério risco moral e dificuldade no ambiente de trabalho". A clínica duvidava que fosse "capaz de realizar qualquer trabalho" e recomendou sua "imediata transferência para o pavilhão 17 (dr. Illing)" em Spiegelgrund, uma prescrição letal.[75]

Margarete voltou a Spiegelgrund em 13 de janeiro de 1943, onde o diretor Illing a avaliou positivamente. Embora a achasse "muito impulsiva" e "muito inquieta e distraída", Illing reverteu o diagnóstico anterior de suas colegas Hübsch e Jockl, declarando: "Não há evidência de doença mental (esquizofrenia, doença maníaco-depressiva, etc.)." Ele até mesmo ralhou com as colegas, dizendo que "as entradas no histórico médico feitas naquela época não provam esquizofrenia". Illing sentia que Margarete podia ser "experimentalmente devolvida aos pais". Ela era "provisoriamente educável".[76] Assim, recebeu alta outra vez.

Como supostamente ainda "fugia de casa e vagava pelas ruas", foi enviada à clínica de Asperger pela segunda vez. De 18 de abril de 1944 a 30 de maio de 1944, esteve na clínica quase que exatamente no mesmo período que Elfriede. Uma enfermeira a levou para tomar banho assim que chegou. Aparentemente angustiada, Margarete relatou os horrores de suas inúmeras institucionalizações. Como narrou a enfermeira em uma nota escrita à mão, "Imediatamente após entrar no banheiro, ela se tornou bastante loquaz". Margarete falou "muito sobre sua vida". "Ela fora presa e não gostava de se lembrar de seu tempo na cela. Após a punição, esteve em uma instituição na qual tinha de trabalhar pesado." A enfermeira parecia irritada por ter de ouvir sobre os infortúnios de Margarete: "Ao ser questionada sobre seus crimes, relata detalhadamente um monte de trivialidades, mas não o essencial. Testa a paciência do ouvinte. Fiquei feliz quando terminou." A enfermeira também notou que o corpo de Margarete "não estava particularmente sujo, mas tinha muitas espinhas".[77] Críticas físicas eram importantes para a equipe da clínica, que observou que, embora Margarete "já tenha formas femininas muito pronunciadas", "não tem o tônus e o turgor da juventude" e sua "aparência geral é muito pouco feminina". Além disso, seus "movimentos são bastante desajeitados, sem qualquer graça".[78]

Margarete parecia nervosa durante seu tempo na clínica de Asperger. Ela estava ansiosa para saber exatamente o que a equipe dizia a seu respeito. Um membro da equipe escreveu: "Sempre que conversamos sobre as crianças pela manhã, ela fica por perto." Sua preocupação certamente era compreensível, uma vez que as observações precedentes a haviam enviado duas vezes para Spiegelgrund. Uma enfermeira mencionou que, durante um exame físico com o dr. Feldmann, Margarete supostamente estava "constrangida, sensível, muitas vezes atrevida".[79]

Em face da avaliação constante, Margarete parecia ávida para demonstrar sua virtude e seu valor. Ela escreveu um bilhete à enfermeira Neuenteufel, prometendo, com vocabulário elevado e resolução: "Minha ambição é somente uma. Jamais fraquejar novamente. E tentar melhorar, sozinha e lentamente." Criticando a si mesma, implorou à enfermeira: "Por favor, perdoe o incômodo que causo. Ainda sou jovem e estúpida."[80] Margarete também estava nervosa com a opinião do pai sobre ela. Jurando ter comportamento exemplar, escreveu:

> Querido pai! Imagino meu futuro em casa com vocês. Quero trabalhar diligentemente. Gostaria de trabalhar com crianças, mas sei que, em tempos de guerra, não podemos escolher no que trabalhamos. Assim, farei o que me for pedido. Imagino quão bom seria se estivéssemos todos juntos novamente.[81]

Em seu segundo dia na clínica, Margarete fez um desenho comovente que capturou tanto sua autoimagem como pária quanto suas esperanças de um futuro mais cálido. Ela desenhou uma casa idílica, de cômodos iluminados e acolhedores. Havia uma mesa de jantar com toalha xadrez vermelha e branca e um tapete vermelho e branco, vasos de flores e um quadro retratando uma montanha na parede. Outro cômodo tinha papel de parede de bolinhas, a mesa da cozinha, com pernas amarelas, recoberta por uma toalha de flores azuis, uma tigela com maçãs sobre a mesa e cadeiras alaranjadas em torno. Um grande cavalinho de balanço amarelo e vermelho observava a cena. A única vida era uma figura solitária espremida no banheiro, no canto inferior esquerdo. A pessoa estava sentada em uma grande banheira

— como Margarete estivera um dia antes, ao ser internada na clínica — e era minúscula, somente a cabeça aparecendo. Um grande jato d'água saía do chuveiro sobre sua cabeça, obscurecendo-a, e a figura era separada do restante da casa pela espessa cortina do boxe.[82]

A clínica de Asperger duvidada que suas visões e seus esforços fossem sinceros. Uma observação dizia que Margarete parecia superficial e insincera: "Seu comportamento civilizado é determinado de maneira primitiva, por conveniência, e não por maior insight ou motivos éticos." Margarete só queria "causar boa impressão". Outro relatório até mesmo chamou suas súplicas de "suspeitosamente piedosas". Em função de sua motivação supostamente grosseira, o departamento decidiu: "Ela permanece completamente indigna de confiança, apesar de sua aparente melhora."[83]

No entanto, a ala de educação curativa concordou com a opinião de Illing em Spiegelgrund: Margarete não tinha uma doença mental totalmente desenvolvida. Meramente apresentar "personalidade pobremente diferenciada em um nível intelectual baixo, com alguns traços psicopáticos, mas certamente não uma psicose". Assim como nos casos de Elfriede e Christine, seus problemas podiam ser atribuídos ao gênero, com "uma reação desfavorável da garota à puberdade" e "humores pré-menstruais".[84] A clínica finalmente decidiu que ela podia ser um membro produtivo da sociedade, admitindo que "seu desempenho profissional é bom". A equipe a poupou de uma terceira institucionalização em Spiegelgrund — "uma vez que a garota é muito útil e eficiente para o trabalho" — e a designou para uma estadia em um lar em Luisenheim.[85]

Em três anos, os diagnósticos de Margarete percorreram toda a escala: de "rebeldia" a "insanidade maníaco-depressiva", esquizofrenia, problemas menstruais e ser "provisoriamente educável". As ordens dos médicos também percorreram a escala: de esterilização e estadia em Spiegelgrund (duas vezes) a liberação para voltar para casa (duas vezes). Letal em sua arbitrariedade, os diagnósticos psiquiátricos nazistas equivaliam a decisões individuais e critérios mutáveis, com palavras casuais e apressadas tendo enorme impacto no destino das crianças.

Felizmente, a despeito do que Margarete e Elfriede sofreram, parece que ambas sobreviveram a Spiegelgrund e à letal rede de instituições infantis de Viena. Ao menos não há registro de suas mortes entre as crianças que pereceram no programa de eutanásia. Mesmo assim, suas vidas foram marcadas para sempre. A observação da enfermeira que acompanhou o banho de Margarete em sua segunda estadia na clínica de Asperger diz que "seu desejo é cuidar de crianças, mas ela duvida que ainda seja possível depois de tudo isso".[86]

Enquanto Margarete e Elfriede foram sentenciadas a Spiegelgrund, Asperger tratou Fritz e Harro com paciência e extraordinário cuidado. O comportamento dos meninos parece ter sido mais problemático para a ala, mas eles eram vistos como tendo mais potencial. Asperger acreditava que Fritz tinha "uma chance genuína de educação corretiva". Embora, "com seus consideráveis problemas, não pudesse ser educado em uma turma", Asperger lhe concedeu um "tutor pessoal na ala", dando-se ao trabalho de antes obter "o consentimento da autoridade educacional" de Viena. Com terapia intensiva, o departamento conseguiu que Fritz passasse no exame da escola estadual. E então o ajudou a frequentar o terceiro ano de uma escola primária como "aluno externo", a fim de que não perdesse o ano.[87]

Os elaborados programas de intervenção que Asperger desenvolveu para apoiar o estilo único de aprendizado de Fritz se parecem com os empregados hoje em dia. Asperger sugeriu que a criança com psicopatia autista podia se beneficiar de um auxiliar individual na sala de aula e podia "precisar de um acompanhante até o fim dos anos escolares e frequentemente além disso". Ele também recomendou que pais e educadores implementassem agendas claras, "estabelecendo um horário exato no qual, desde o momento de acordar, cada ocupação e dever esteja definido em detalhes".[88]

Acima de tudo, Asperger disse que os cuidadores deviam desenvolver fortes laços emocionais com a criança que sofria de psicopatia autista — o que, repetindo, é um grande contraste com o tratamento frio que Margarete e Elfriede receberam em sua clínica. Ele declarou que era preciso demonstrar "genuíno cuidado e gentileza se quisermos conseguir alguma coisa". O jovem com psicopatia autista podia "ser guiado e ensinado somente por aqueles que lhe dedicam verdadeiro entendimento e genuína afeição".[89]

Em resumo, Asperger sentia que crianças com psicopatia autista deviam ser tratadas com *Gemüt*. A criança devia experimentar "reciprocidade ininterrupta com o cuidador, que constantemente constrói e modifica suas respostas de acordo com o resultado positivo ou negativo dos encontros". Assim, a conexão entre ambos geraria um *Gemüt* que seria transferido para o jovem. Essa conexão era metafísica: uma "unidade viva que existe entre o líder e a criança", uma "unidade de reação um ao outro em inumeráveis relações conscientes e inconscientes".[90] Embora a clínica duvidasse que Elfriede e Margarete fossem capazes de conexão social e acreditasse que exigiam isolamento, o *Gemüt* dos meninos com psicopatia autista podia ser estimulado com um investimento de extraordinária atenção e sensibilidade.

Asperger interpretou as dificuldades de relacionamento e a impulsividade dos meninos como psicopatia autista, ao passo que sua equipe clínica, acompanhando tendências da psiquiatria europeia e americana, considerou as dificuldades de relacionamento e a impulsividade das meninas como histéricas e femininas, relacionadas a seus ciclos menstruais. Enquanto o departamento tratou as meninas como irremediáveis e as enviou para Spiegelgrund, o comportamento aparentemente pior dos meninos na clínica recebeu cuidado intensivo. Eles estavam no lado favorável da moeda eugenista da psiquiatria nazista e podiam ser integrados ao *Volk*.

Qual era a causa da diferença de tratamento de meninos e meninas? Em sua tese de 1944 sobre o autismo, Asperger afirmou que, nas "mais de duzentas" crianças autistas identificadas por sua clínica durante dez anos, "nunca encontramos uma menina com um caso totalmente desenvolvido de psicopatia autista".[91] Sua vaga referência a "mais de duzentos" casos não soa muito precisa. Mas ele afirmou categoricamente que a psicopatia autista era um diagnóstico masculino. Admitiu que as mães de algumas crianças autistas apresentavam "características autistas" e algumas meninas tinham "perturbações de contato que lembram a psicopatia autista". Mas deduziu que esses sintomas se deviam aos hormônios, não a uma condição subjacente: "Pode ser que os traços autistas no sexo feminino só se tornem evidentes após a puberdade."[92]

A distinção entre meninos e meninas, como Asperger a via, resumia-se à inteligência. Expandindo os estereótipos de gênero de sua época, ele baseou a ideia de psicopatia autista nas diferenças em suas capacidades cognitivas. Para ele, psicopatia autista era pensamento abstrato por excelência. "A abstração é tão altamente desenvolvida que o relacionamento com o concreto, com objetos e pessoas, foi amplamente perdido."[93] E eram os meninos que tinham capacidade de pensamento de ordem elevada. Meninos tinham "talento para a habilidade lógica, a abstração, o pensamento e a formulação precisos e para a investigação científica independente"; meninas, por sua vez, eram adequadas "ao concreto e ao prático e ao trabalho organizado e metódico".

Dito de modo simples, "a abstração é compatível com os processos de raciocínio masculinos, ao passo que os processos de raciocínio femininos se baseiam mais intensamente em sentimentos e instintos". Essas eram o que Asperger chamou de fundamentais "diferenças sexuais em termos de inteligência". Assim, "a personalidade autista é uma variante extrema da inteligência masculina" e mesmo "do caráter masculino".[94]

Ele certamente não estava sozinho em suas ideias sobre as habilidades cognitivas especiais dos meninos. No âmbito da psiquiatria nazista, provavelmente estava familiarizado com a obra de Wilhelm Weygandt, que fora treinado por Werner Villinger, proeminente em seus círculos sociais. Weygandt escrevera sobre os "imbecis talentosos", elaborando a pesquisa prévia de Moritz Tramer e Max Kirmsse sobre pessoas com talentos incomuns em matemática, música, artes, memória e conhecimento factual, a despeito de outras deficiências cognitivas — indivíduos que Asperger poderia diagnosticar como autistas. Weygandt proclamara que somente 10% das pessoas com tais habilidades especiais eram mulheres. E enfatizara, em palavras similares às de Asperger, que as mulheres eram "instintivas, emocionais, improdutivas [e] subjetivas", citando a "idiotia fisiológica das fêmeas".[95]

Asperger devotou grande parte de seu tratado sobre o autismo aos testes de inteligência e às especulações sobre as habilidades autistas. Não há testes com Elfriede, Christine ou Margarete nos arquivos, somente desenhos e fragmentos de textos pessoais.[96] Mas, embora as garotas exibissem comportamentos similares aos de Fritz e Harro, a clínica interpretou apenas as idiossincrasias dos meninos como sinais de inteligência superior.

A fala atípica, por exemplo, assinalava capacidades excepcionais no que Asperger chamava de "casos favoráveis" de psicopatia autista.[97] As crianças autistas tinham "uma atitude especialmente criativa em relação à linguagem". Podiam "expressar sua própria experiência original em uma forma linguística original". Embora fossem "muito frequentemente obscuras", suas "expressões recém-formadas ou parcialmente reestruturadas" demonstravam um insight único.[98]

Quando Asperger perguntou a Fritz, durante seu teste de inteligência, qual era a diferença entre uma mosca e uma borboleta, ficou deliciado ao ouvir o menino dizer: "A borboleta é nevada, nevada com neve" e "Ela é vermelha e azul e a mosca é marrom e preta", pois essas pareciam respostas revigorantemente criativas.[99] Também elogiou a maneira como Harro "cunhou cada palavra para se adequar ao momento". Quando Asperger perguntou a diferença entre um fogão e um forno, Harro disse que "o fogão é o que se tem no cômodo como portador do fogo".[100] Tal uso de "palavras incomuns" era um "exemplo de introspecção autista".[101]

Todavia, a clínica não considerou os neologismos de Margarete nem incrivelmente charmosos nem espertos. Uma observação escrita à mão diz que ela não tinha "imaginação" e não era "nem bem-humorada nem inteligente, apenas desagradável". Em Spiegelgrund, sua "criação de palavras" foi simplesmente uma "maneira estranha e artificial de se expressar". Sua "tendência a fazer rimas e encadear palavras" podia "sugerir insanidade maníaco-depressiva".[102]

Mesmo suas conversas maduras indicavam inferioridade. "Sua fala é precoce, sábia demais", relatou a equipe, e seu uso de "expressões empoladas e frases banalizadas" derivava não de sua inteligência superior, mas de um "certo refinamento primitivo". Embora a maneira de falar "não infantil" de Margarete fosse primitiva, Asperger considerava genuíno o refinamento dos meninos.[103] Ele celebrou o modo como Fritz, de 6 anos, falava "como um adulto" e como se podia conversar com Harro, de 8 anos, "como se fosse adulto". Mesmo Ernst, que Asperger acreditava ser mais deficiente, falava "como um adulto".[104]

Os meninos também demonstraram inteligência autista ao falar longamente sobre assuntos de seu próprio interesse, sem muita consideração pelo interlocutor. Asperger escreveu, referindo-se a Fritz: "Só raramente aquilo que ele dizia era resposta a uma pergunta." E Harro "não respondeu às perguntas, mas deixou sua fala seguir obstinadamente por seus próprios caminhos". Mesmo Ernst falava "independentemente das perguntas que lhe eram feitas", mas "seus 'apartes' eram muito notáveis".[105] Mas a Clínica de Educação Curativa julgou a fala digressiva de Margarete uma inadequação: "Ela faz relatos longos e tortuosos" que "jamais chegam ao fim". Em vez de ser um sinal de inteligência, isso mostrava "sua maneira acrítica e descontrolada de pensar".[106] Margarete era volúvel, ao passo que os meninos demonstravam acuidade.

O fato de Asperger ter dado tanta atenção à inteligência dos meninos é ainda mais notável quando se considera quanto ela era difícil de mensurar. A despeito da resistência dos meninos, ele se esforçou muito para provar suas capacidades. "Os testes eram extremamente difíceis de realizar" com Fritz, por exemplo. Ele "constantemente pulava ou dava um tapa na mão do experimentador" e "repetidamente descia da cadeira para o chão e gostava de ser recolocado na cadeira com firmeza". Quando apresentado ao sistema Lazar, tradicional na clínica, Fritz se recusou a imitar os ritmos e a solucionar os problemas matemáticos. Quando perguntado sobre a diferença entre uma árvore e um arbusto, respondeu apenas que "há uma diferença". Quando perguntado sobre a diferença entre uma vaca e um bezerro, respondeu "chatochatochato..."[107]

E, mesmo assim, Asperger estava disposto a atribuir a Fritz habilidades que ele não demonstrou durante os testes. Quando o garoto repetiu até seis números de memória, Asperger comentou: "Fiquei com a forte impressão de que ele poderia ir além, mas não estava com vontade." Asperger baseou a afirmação de que o menino tinha "habilidades extraordinárias de cálculo" em conversas com seus pais e, mais tarde, na instrução individualizada na ala.[108] As habilidades de Fritz não teriam sido reveladas sem os intensos esforços de Asperger e seus colegas.

Segundo ele, testar Harro foi tão difícil quanto testar Fritz. "Muita energia era gasta simplesmente para convencê-lo a realizar as tarefas", uma vez que "se fechava completamente quando uma pergunta não o interessava". Mas Asperger, como fizera com Fritz, deu ao menino o benefício da dúvida. Ele considerou suas respostas incomuns um sinal de inteligência incomum. Sobre a diferença entre um lago e um rio, Harro explicou: "Bem, o lago não se move, jamais pode ser tão comprido e ter tantas ramificações, e sempre tem um fim em algum lugar."[109]

Asperger teria se dado ao trabalho de pedir respostas a Elfriede e Margarete se testá-las tivesse se provado tão desafiador? É difícil imaginar que ele e seus colegas teriam considerado tais respostas pouco claras tão cativantes se tivessem vindo delas. É mais provável que tivessem sido julgadas similarmente a Christine, que Asperger determinou — sem nenhum teste registrado — ter inteligência abaixo da média, com "muito pouco interesse nas demandas intelectuais".[110]

Ele também declarou que os meninos autistas apresentavam poderes únicos de percepção: uma "visão especialmente clara" que era "encontrada somente neles", com habilidades especiais para "se engajar em um tipo particular de introspecção e ser um juiz de caráter". Asperger defendeu que sua "clareza psicopática de visão" era assombrosa, quase miraculosa.[111]

Um "traço distintivo" que ele destacou foi a "rara maturidade de gosto artístico" dos meninos autistas. Enquanto as "crianças normais" gravitavam na direção do "desenho bonitinho e kitsch, com flores cor-de-rosa e céu azul", as crianças autistas "podem ter uma compreensão especial de obras de arte que são difíceis mesmo para muitos adultos". Em sua opinião, elas eram especialmente boas em "escultura românica ou pinturas de Rembrandt".[112] Asperger não forneceu nenhuma prova dessas alegações de "visão especialmente clara" na psicopatia autista. Certas ou erradas, é pouco provável que sua clínica tenha dado a Elfriede ou Margarete a oportunidade de julgar pinturas de Rembrandt ou esculturas românicas.

Para além das conjecturas sobre a inteligência autista masculina, Asperger foi obscuro a respeito de muitos aspectos do diagnóstico. Para ele, as condições da psicopatia autista podiam se manifestar de várias maneiras. Como escreveu sobre as crianças autistas, "Nem todas elas apresentam todos os traços" e "São grandes as diferenças individuais no interior do tipo". Os jovens diferiam "no grau de falha de contato, no nível de habilidades intelectuais e pessoais, mas também em numerosas características individuais, modos especiais de reação, interesses especiais".[113]

Em relação à fala, por exemplo, ele não estabeleceu padrões para o que contava como autista. Havia "muitas possibilidades". A voz podia ser "suave e distante", "refinada e nasal", "aguda de estourar os tímpanos", "excessivamente modulada" ou "cantarolada". Embora ele reconhecesse que seus critérios eram difusos, havia unidade nessa desunião: "Todos eles têm uma coisa em comum: a linguagem não parece natural." Aparentemente, uma das maneiras pelas quais Asperger determinava o que era ou não "natural" era o potencial de humor dos erros da criança. Sua fala "frequentemente é como uma caricatura que provoca ridículo no ouvinte nativo".[114]

Do mesmo modo, ele afirmou que, embora as crianças autistas tivessem vários tipos corporais e diferentes habilidades físicas, todas estavam de algum modo aquém dos ideais físicos masculinos da época. Harro era mais baixo que a média e "seus braços e pernas pareciam curtos demais para o corpo". Sua "postura também era estranha" e ele "ficava em pé com os braços afastados do corpo, como um homem corpulento ou um boxeador fariam". Fritz tinha "constituição delicada" e suas veias eram visíveis sob a pele, que era "de uma palidez amarelo-acinzentada". Sua "musculatura era fracamente desenvolvida" e sua "postura era curvada, com os ombros caídos para a frente e as omoplatas salientes".[115] Em sua curta descrição de Hellmuth, Asperger escreveu que sua "aparência era grotesca". Ele "tinha uma salivação notavelmente aumentada e, quando falava, era possível ouvir a saliva borbulhando em sua boca". Também era "grotescamente gordo". Desde os 11 anos, tinha "'seios e quadris' distintamente formados", assim como "joelhos tortos e pés chatos" e, "ao apertar sua mão, parecia que não havia ossos e ela era feita de borracha".[116]

Asperger escreveu que os desvios de algumas crianças podiam parecer cômicos. Sua "conduta, sua maneira de falar e seus modos frequentemente grotescos pedem para ser ridicularizados". Harro supostamente era "objeto de ridículo" e "causa direta da provocação" das outras crianças em função de sua "dignidade estranha e ligeiramente engraçada" e seu "comportamento estranho e cômico".[117] Asperger notou "inaptidão motora" em "quase todos os indivíduos autistas".[118] Fritz e Harro, assim como Ernst e Hellmuth, eram "muito desajeitados" e atletas ruins, incapazes de participar de esportes em grupo. Os movimentos de Harro "eram feios e angulares" e ele certamente "não era um lutador talentoso".[119] Asperger declarou que "crianças autistas também não têm uma atitude adequada em relação a seus próprios corpos". Enumerando as falhas de cuidado pessoal dos meninos, ele generalizou, afirmando que as crianças autistas não tinham "limpeza e cuidado físico. Mesmo como adultos, podem ser vistos por aí desarrumados e sem tomar banho".[120]

Sua ideia de inteligência autista, que era central para o diagnóstico, chegou a outra não definição. Ele admitiu que era difícil generalizar sobre as crianças autistas, uma vez que "as descobertas podem ser contraditórias, e diferentes testes podem levar a diferentes estimativas de inteligência". A ideia central da psicopatia autista — achar as interações sociais difíceis de navegar — também era nebulosa. Ela significava, basicamente, não se adaptar: "No início da infância, há dificuldades para aprender habilidades práticas simples e adaptação social. Essas dificuldades surgem da mesma perturbação que, em idade escolar, causa problemas de aprendizado e conduta, na adolescência causa problemas de emprego e desempenho e na idade adulta causa conflitos sociais e maritais."[121]

Em outras palavras, a ideia de psicopatia autista era um diagnóstico totalizante, mas totalmente amorfo. Asperger o usou com algumas crianças para sugerir sua humanidade e, com outras, para negá-la. O diagnóstico se revelava "na aparência física, nas funções expressivas e, de fato, em todo o comportamento" e significava julgar a própria existência da criança.[122] Nenhum detalhe era irrelevante, nenhum domínio da vida era independente. A psicopatia autista abrangia todos os cantos do universo psíquico, dos hábitos irrefletidos e da emoção extrema ao intelecto. Ela abrangia múltiplos meios, da mente à fisiologia, da escola à família e à comunidade. Estava no centro do que significava ser humano no Terceiro Reich.

Na conclusão de seu tratado, Asperger argumentou que crianças com psicopatia autista podiam ser valiosas para a sociedade. "Pessoas autistas têm seu lugar no organismo da comunidade social", declarou, e "desempenham bem seu papel, melhor que qualquer outro poderia fazer".[123] Ele também defendeu as crianças com diferenças de desenvolvimento em geral, pois "personalidades anormais podem ser capazes de desenvolvimento e ajuste" e havia "possibilidades de integração social com que jamais poderíamos sonhar no curso do desenvolvimento". Em um trecho frequentemente citado, reiterou o pronunciamento de 1938 de que os médicos tinham "o direito e o dever de falar por essas crianças com toda a força de sua personalidade. Acreditamos que somente um educador absolutamente dedicado e amoroso pode obter sucesso com indivíduos difíceis".[124]

Embora muitos tenham interpretado suas palavras benevolentes como oposição às crueldades do Terceiro Reich, as observações caridosas surgem apenas no fim da tese, marcando uma mudança abrupta de tom, e parecem quase um anexo. A maior parte do tratado — em tom e detalhes — depreciava as crianças autistas. Com exceção das especulações sobre a inteligência autista, suas descrições dos jovens eram duras.

Além disso, a generosa retórica de Asperger era similar à de seus colegas da psiquiatria nazista — mesmo os diretamente envolvidos com eutanásia infantil —, que faziam proclamações benevolentes sobre as crianças deficientes. Seu mentor homicida, Franz Hamburger, enfatizava a importância de defender os jovens deficientes, "mesmo acreditando que não há razão para otimismo". Ele advertiu contra o diagnóstico muito apressado e sua comunicação prematura às autoridades governamentais. Com "tratamento assíduo e otimista", disse Hamburger, o médico "pode fazer muito bem". Era preciso investir intensamente: "Os sentimentos de alegria e confiança que o professor desperta são da maior importância para tais crianças."[125] Mesmo Erwin Jekelius, como diretor de Spiegelgrund, apregoava o valor dos jovens deficientes. O objetivo da educação curativa era "integrar tantas crianças e jovens quanto possível ao processo alemão de trabalho e vida", e ele afirmava que o ensino cuidadoso já ajudara "muitas crianças antes 'difíceis'" que, de outro modo, "provavelmente teriam se degradado". Jekelius esperava que, com cuidado adequado, tais crianças pudessem "um dia receber a Cruz de Ferro por bravura".[126]

Embora Asperger, como seus colegas no sistema de eutanásia, defendesse a capacidade de algumas crianças, ele também via uma nítida hierarquia eugenista. Assim, delineou uma "escala" de "níveis de habilidade" e valor social. E enfatizou isso nos termos mais diretos, afirmando que pessoas com psicopatia autista iam "do gênio altamente original, passando pelo excêntrico esquisito que vive em um mundo próprio e realiza muito pouco, até o indivíduo com o mais severo transtorno de contato, mentalmente retardado e autômato".[127]

Essencialmente, a psicopatia autista tinha traços positivos e negativos, e era possível manter um livro-razão para determinar o valor de uma criança. Asperger defendia que as crianças na ponta "mais favorável" da "escala" podiam ser superiores às "crianças normais". Como adultos, iriam "obter um sucesso tão extraordinário que até se poderia concluir que somente elas seriam capazes de tais realizações". Isso ocorria "usualmente em profissões acadêmicas altamente especializadas, frequentemente em posições muito elevadas", como "matemáticos, tecnólogos, químicos industriais e funcionários públicos de alto escalão".[128] Ele enfatizou traços que eram valiosos para o Estado nazista, e isso pode ter sido uma tentativa estratégica de defender as crianças da perseguição. Mas também atribuiu a elas alguns traços — como gosto artístico em pinturas de Rembrandt e escultura românica — que seria curioso destacar se não acreditasse neles. Nesse sentido, seu tratado pode ser lido menos como defesa das crianças deficientes e mais como reivindicação agressiva das "habilidades especiais" de algumas crianças com seu diagnóstico.[129]

Ao mesmo tempo, sua avaliação geral das crianças com psicopatia autista era derrogatória. "Na maioria dos casos", argumentou, "os aspectos positivos dos traços autistas não superam os negativos." Asperger defendeu que as crianças autistas tinham potencial para realizações somente se estivessem "intelectualmente intactas", e devotou a maioria de suas descrições a tais "indivíduos autistas capazes".[130] Como não se demorou na ponta "menos favorecida" da "escala", sua ênfase em um tipo de criança levou à enganosa impressão de que era isso que significava a psicopatia autista em geral. Paradoxalmente, foi o foco eugenista nos "casos favoráveis" em sua tese que obscureceu a extensão de seu eugenismo.

Asperger estabeleceu uma linha rígida entre as crianças de valor positivo e as crianças de valor negativo. Fritz e Harro, a quem devotou a maior parte da tese, estavam na ponta "mais favorável" do espectro autista. Ernst era o que ele chamava de "caso intermediário"; não estava claro "se Ernst era particularmente hábil ou retardado mental". Asperger concluiu que, nessa área "intermediária" do espectro, "os aspectos negativos superam os positivos".[131]

Ele foi inequívoco sobre as crianças que considerava mais deficientes: elas tinham pouco valor social. "Desse grupo intermediário, há uma transição suave, ao longo da escala, para as pessoas com retardo mental que apresentam comportamento autômato e altamente estereotipado." Esses indivíduos poderiam "ter interesses excêntricos sem nenhum uso prático", como a "decoreba" de datas do calendário e rotas de trens.[132]

Asperger foi brutal sobre esses "casos menos favoráveis". Evocando a imagem dos indivíduos "associais" e "dissociais" da psiquiatria nazista, ele profetizou que essas crianças cresceriam para "vaguear pelas ruas sendo 'originais', grotescas e dilapidadas, falando alto consigo mesmas ou despreocupadamente com os passantes".[133]

Além disso, negou a humanidade das crianças autistas que via como mais deficientes. Ao longo de sua tese, referiu-se a elas como "autômatos inteligentes" e falou da "natureza automatizada de sua personalidade". Chamou Hellmuth de "autômato autista".[134] Seu conceito de autômato se referia não apenas à ausência de valor produtivo para a sociedade dessas crianças, mas também à sua incapacidade de sentimento social. Aquelas na ponta "desfavorável" da escala de psicopatia autista permaneceriam fora da comunidade nacional.

Asperger chegou a afirmar que essas crianças, que ele considerava não poderem "ser parte integral do mundo", seriam "*incapazes de aprender*" (grifo no original). Esse termo estava em consonância com o conceito de "ineducável" da psiquiatria nazista, um critério-chave para o assassinato no programa de eutanásia.[135] Ao apagar a individualidade das crianças, tais rótulos as tornavam irreconhecíveis como seres humanos, que dirá como indivíduos. Eram sentenças psiquiátricas de morte proferidas contra crianças que se viam encaminhadas aos centros de assassinato e tinham de enfrentar a morte real.

8

A vida cotidiana da morte

Friedrich Zawrel observou os assassinatos de Spiegelgrund dia após dia. O adolescente conseguia ver o pavilhão 15, o pavilhão da morte, através do riscado vidro fosco de sua janela no pavilhão 17. "Eu frequentemente via, de minha janela, os corpos das crianças serem levados embora", lembrou ele mais tarde. Da primeira vez, "Eu falei com a enfermeira a respeito e ela me ameaçou com o carrinho [que levava os corpos] se eu não me comportasse".[1] Zawrel também rastreava o número de mortos no interior do dormitório. Quando caminhava entre as camas até o local em que esvaziava seu penico, ele explicou, "Sabia exatamente quando alguém do pavilhão 17 fora designado para assassinato [...] e podia até mesmo contá-los. Eu sabia que na cama do canto havia uma criança pequena, era impossível determinar se menino ou menina, de cabelo loiro e, dois dias depois, lá estava uma criança de cabelo negro. E não havia camas adicionais, elas estavam todas vazias. E elas sempre eram levadas para o pavilhão 15 às 14 horas".[2]

A equipe registrava as mortes no "Livro dos Mortos", um despretensioso caderno preto e branco contendo a data de admissão, a data de nascimento e a data de morte das vítimas. Spiegelgrund era o segundo maior centro de assassinatos do Reich; apresentava a mais alta taxa de mortes e treinava equipes de assassinato para outras "alas de crianças especiais". Como noventa pessoas trabalhavam lá em todos os turnos, incluindo quatro ou cinco médicos inicialmente liderados pelo diretor Erwin Jekelius e então pelo diretor Ernst Illing, tratava-se de um grande empreendimento.[3]

O programa de eutanásia infantil foi criado para assassinar crianças com supostas deficiências biológicas, mas Spiegelgrund também se preocupava com o pertencimento social. Os médicos avaliavam as crianças de acordo com sua percebida habilidade de se unirem ao *Volk*, e a deficiência física era somente um dos critérios para assassinato. Estar "alienado da comunidade", ou *Gemeinschaftsfremd*, era outro critério.[4] Com base no comportamento da criança e na posição da família, os médicos profetizavam sua futura habilidade de trabalhar e ser assimilada pela comunidade nacional. Isso provavelmente também era verdade em outras instalações de assassinato do Reich, nas quais transgressões como molhar a cama, fornecer respostas erradas nos testes e delinquência juvenil podiam levar à morte. Mas, em Spiegelgrund, até 70% das crianças assassinadas não apresentavam disfunções fisiológicas quantificáveis. A equipe emitia pareceres subjetivos de baixo funcionamento cognitivo ou sequer fornecia um diagnóstico específico. A maioria das crianças que pereceram em Spiegelgrund — três em cada cinco — tinha diagnósticos amorfos de "imbecilidade" e "idiotia". Dez por cento não tinham diagnóstico específico.[5]

Socializar as crianças era uma das missões declaradas de Spiegelgrund. Hans Krenek, "diretor educacional e psicológico", vangloriava-se dos métodos da instituição. Ele descreveu como Spiegelgrund dividia as crianças "particularmente difíceis", mas "ainda não irremediáveis" em três grupos, nos quais elas aprendiam como "se integrar à comunidade". A equipe conseguia isso por meio "do refinamento, da disciplina estrita, da terapia ocupacional contínua e do cuidado muito especial com o senso de comunidade [*Gemeinschaftssinn*]".[6] O destino das crianças, portanto, dependia de sua capacidade de se ajustar. Crianças "irremediáveis" não podiam ser integradas à comunidade.

Estritamente falando, Spiegelgrund era um prestador de serviços sociais, não uma instalação médica. Pertencia ao cada vez mais amplo sistema de bem-estar social de Viena e, em diferentes pavilhões e diferentes momentos do Terceiro Reich, fez o papel de instituição educacional, reformatório e "clínica de educação curativa", e foi apenas um nodo em um labirinto muito maior de brutais orfanatos e instituições correcionais.

De fato, numerosas crianças chegaram a Spiegelgrund pela horripilante rede de orfanatos, frequentemente sofrendo anos de abuso. O sobrevivente de Spiegelgrund Alfred Grasel, cuja mãe, solteira e sem-teto, o entregou ao sistema de bem-estar social quando ele tinha duas semanas de vida, descreveu como sua infância era "somente lembranças de orfanatos, todos aqueles orfanatos. Foram tantos que nem me lembro mais, como Dreherstraße, o Lar Infantil Central em Bastiengasse, o Orfanato Mödling, o Orfanato Hyrtl, Spiegelgrund, depois o Serviço de Adoção, Dreherstraße, Juchgasse, o orfanato de aprendizes e então o campo de concentração".[7]

A instituição de bem-estar social que mais enviava crianças para Spiegelgrund era o Serviço de Acolhimento Familiar de Viena (*Kinderübernahmestelle* ou KÜST), o centro de admissão dos jovens órfãos, agredidos e supostamente problemáticos da cidade. Em uma amostra de 312 crianças assassinadas em Spiegelgrund, o Serviço de Acolhimento Familiar enviou quase um terço.[8] Era uma sombria ironia que tivesse se tornado um eixo do sistema nazista de assassinatos, pois fora uma instituição-modelo da Viena socialista dos anos 1920. A mesma instituição progressista que tentara cuidar das crianças negligenciadas pelo sistema agora as condenava por não se encaixarem no sistema.

O foco nos fatores sociais refletia a preocupação de Asperger e seus colegas com a assimilação ao grupo e com o *Gemüt*, estigmatizando as crianças que não se adequavam como "estranhas à comunidade". O status social fazia diferença. O Serviço de Acolhimento Familiar frequentemente transferia para Spiegelgrund crianças de famílias pobres que estavam à margem da sociedade. As autoridades nazistas não hesitavam em remover os filhos de pais desfavorecidos que os oficiais podiam rotular de "associais" ou "hereditariamente inferiores". Em um estudo de 207 crianças assassinadas em Spiegelgrund, considera-se que ao menos 40% vieram de famílias com "problemas sérios".[9]

Os pais podiam inserir voluntariamente os filhos no sistema de bem-estar social, se não conseguissem cuidar deles. Muitos viam isso como medida temporária, esperando que as instituições ou os lares adotivos cuidassem de seus filhos até que eles fossem capazes de conseguir uma casa ou um emprego melhor. A mãe de Ferdinand Schimatzek, por exemplo, colocou-o em um lar temporário quando era bebê, mas, quando ele tinha quase 4 anos, sentiu que era capaz de pegá-lo de volta. Porém, tendo de enfrentar longas horas trabalhando em uma retificadora de metal, ela o devolveu ao Serviço de Acolhimento Familiar. Lá, a equipe relatou que Schimatzek tinha "problemas comportamentais" e "queimaduras no braço e no antebraço", talvez de seu período anterior em lares adotivos, e ele foi transferido para Spiegelgrund.[10]

Várias crianças em Spiegelgrund vinham de lares com apenas um dos pais. Na amostra de 207 crianças assassinadas, 60% delas eram criados por apenas um dos pais, 30% tinham pais na guerra, 10% haviam perdido um dos pais e 20% haviam nascido fora do casamento, o que carregava um grande estigma na época. Alois Kaufmann explicou que, quando nasceu, "foi um desastre" para sua mãe solteira e ela ficou "totalmente desesperada". O avô teria dito a ela: "Pegue seu filho e pule com ele no rio Mur, será melhor." A mãe de Kaufmann o entregou a um monastério e, após uma série de lares adotivos, ele se viu no Serviço de Acolhimento Familiar, que o transferiu, aos 9 anos, diretamente para o pavilhão 15 de Spiegelgrund. Kaufmann comentou: "Eu não sabia que aquele era o pavilhão da morte." Após duas ou três semanas de observação, os médicos decidiram que ele teria permissão para viver e o transferiram para outra ala.[11]

Às vezes, os pais que entregavam os filhos ao sistema de bem-estar social *eram* capazes de cuidar deles, mas não queriam. O pai e a madrasta de Franz Pulkert o entregaram ao Serviço de Acolhimento Familiar de Viena quando tiveram seu próprio filho biológico. Pulkert lembra como a madrasta costumava espancá-lo com um batedor de tapetes. "Esses métodos eram comuns, mas não [me incomodavam] muito, porque, para mim, ela era a mãe e as mães eram assim." O Serviço de Acolhimento Familiar o transferiu para Spiegelgrund quando Pulkert tinha 3 anos, e ele permaneceu no pavilhão 15, a ala da morte. Por fim, foi considerado digno de viver e recebeu alta após dois anos. Mas sua madrasta não o queria em casa e o devolveu a Spiegelgrund menos de um ano depois.[12]

As crianças também eram levadas ao Serviço de Acolhimento Familiar por suposta delinquência. Isso incluía uma variedade de comportamentos. Aos 8 anos, Ernst Pacher se viu em um centro de acolhimento e depois em Spiegelgrund após ter acenado para um avião inimigo. Karl Uher, que tivera uma série de pais adotivos desde que era bebê, foi enviado aos 8 anos por supostamente ter incendiado um celeiro; três meses depois, provou-se que era inocente, mas já era tarde demais. Ele estava em Spiegelgrund. Friedrich Zawrel, considerado "hereditariamente defeituoso" por causa do alcoolismo do pai e sofrendo bullying dos colegas, disse que faltava às aulas e "andava por Viena o dia inteiro".[13] Karl Hamedler fugiu de casa porque "Eu estava sendo espancado o tempo todo, não conseguia mais aguentar". Mas a polícia militar o recolheu na estação ferroviária Norte e o enviou ao Serviço de Acolhimento Familiar, de onde ele foi transferido para Spiegelgrund e passou algum tempo nos pavilhões 15 e 17.

Certamente muitos jovens eram transferidos para os pavilhões 15 e 17 por causa de sua biologia: 30% das crianças que pereceram em Spiegelgrund foram diagnosticadas com deficiências físicas. Uma em dez tinha síndrome de Down, com números menores recebendo rótulos de paralisia cerebral, hidrocefalia, epilepsia e danos ou distúrbios cerebrais.[14] Mas mesmo um diagnóstico físico direto podia ser recoberto de pronunciamentos sociais e subjetivos. Karl Jakubec foi enviado ao pavilhão 15 por ter pé torto, mas as autoridades não resumiram a isso seus supostos defeitos. Os médicos declararam que, embora ainda fosse bebê, era "moderadamente débil mental". Também se relatou que vinha de uma "família hereditariamente inferior", que sua mãe fora diagnosticada com "psicopatia com epilepsia" após uma tentativa de suicídio e que seu pai era "nervoso e irritadiço".[15] Walter Steyneck, de 3 meses, tinha síndrome de Down — o que, em Spiegelgrund, era o bastante para assassinar uma criança —, mas Ernst Illing justificou adicionalmente o pedido para matá-lo enviado ao comitê do Reich em Berlim dizendo que seu pai era ex-alcoólatra e "sexualmente impulsivo", tendo quatorze filhos, e sua mãe tinha um "distúrbio da fala". O bebê morreu duas semanas depois, ostensivamente de pneumonia, enquanto os pais o visitavam.[16]

A ênfase de Spiegelgrund na assimilação social e sua integração ao sistema de bem-estar social de Viena era evidente não apenas em suas práticas de admissão, mas também nas experiências das crianças mantidas lá. Os sobreviventes enfatizaram como as medidas adotadas em Spiegelgrund diferiam pouco dos outros orfanatos de Viena, tanto antes quanto depois do Terceiro Reich. Spiegelgrund, como muitas instituições da época, significava arregimentação brutal, condições estarrecedoras e disciplina violenta. Franz Pulkert, que passou a infância em múltiplos orfanatos, disse que "havia dezenas de instituições onde exatamente as mesmas coisas aconteciam". Karl Uher concordou: "Eu enfatizo que não era somente em Spiegelgrund, embora seja a única instituição que eles reconhecem. Mas as instalações onde estive, como Mödling, que se acredita serem meros orfanatos, não eram diferentes [...] nada era diferente. Minhas punições eram mais duras que as de uma prisão." A diferença entre Spiegelgrund e os outros orfanatos, é claro, é que Spiegelgrund era um centro nazista de extermínio.

As entrevistas e memórias dos sobreviventes de Spiegelgrund dão alguma voz às vítimas, fornecendo um esboço das vidas, das mortes e dos traumas de crianças que sofreram.[17] Como lembranças, moldadas pela época e pela audiência para a qual foram expressas, são fontes complicadas. As recentes entrevistas com sobreviventes feitas no Centro de Documentação da Resistência Austríaca, em especial, são registros produzidos por dois lados, em um diálogo no qual um dos lados não é ouvido. Além disso, as lembranças não representam todas as experiências das crianças vitimizadas em Spiegelgrund. Nenhum dos entrevistados, com exceção de Karl Jakubec, com um pé torto, foi rotulado como portador de defeitos físicos. Eles estavam em Spiegelgrund por razões ligadas à posição social e/ou ao comportamento social. Esses sobreviventes também são todos do sexo masculino, com exceção de um, mesmo que a proporção de meninas e meninos assassinados pareça ter sido equilibrada.[18] E, finalmente, embora cinco dos doze entrevistados tenham tido encontros com a morte durante suas estadias nos pavilhões 15 e 17 e testemunhado os horrores que lá sucederam, eles não podem reproduzir o suplício das 789 crianças que foram silenciadas para sempre.

A chegada a Spiegelgrund ficou marcada na memória de muitos sobreviventes. Rudolf Karger lembra que era "um lindo dia de outono" em setembro de 1941. Ele viu "um belo corredor, com tudo limpo e em ordem, uma sala de atividades agradável, um dormitório com vinte ou 25 camas, uma salinha, que era o escritório do encarregado, um banheiro e um corredor menor". Ele notou que também havia "pequenas celas, do tamanho de uma cela regular, com tranca e postigo, e pensei que era onde, sei lá, eles trancavam os idiotas. Sim, chamou minha atenção, mas, no começo, achei que parecia bem agradável". Karger estava otimista. "As enfermeiras me cumprimentaram e eu pensei 'Bom, não pode ser tão ruim, porque meu tio me batia e aqui ao menos irão me deixar em paz'. Mas foi o oposto, e já no dia seguinte eu sabia que aquele não era um bom lugar."[19]

Franz Pulkert teve um mau pressentimento ao chegar e lembrou que "tudo era sombrio". Johann Gross notou que "os pavilhões pareciam iguais. Fachadas de tijolos vermelhos, e todos cercados". Ele reparou que "todas as janelas tinham grades, e a maioria tinha um vidro através do qual não se podia ver".[20]

Ernst Pacher disse que foi levado a um banheiro com uma grande porta de ferro; a equipe lhe disse para tirar a roupa e o colocou em uma banheira de água gelada. No interior dos pavilhões, como descreveu Ferdinand Schimatzek, havia "grandes dormitórios iluminados por uma luz azulada e cortante que brilhava em cada canto e fissura".[21] Leopoldine Maier lembrou: "O dormitório era como um corredor e, à esquerda e à direita, havia camas de aço, quero dizer, camas de metal com inserções de metal e colchões extremamente ásperos. [...] Nossas cabeças ficavam na janela, nossos pés perto do meio e ficávamos alinhados um depois do outro com um 'Kotze'; era assim que chamávamos aqueles cobertores ásperos e puídos."

Os sobreviventes disseram que a rotina diária era como um relógio. Após acordar às 6 horas, contou Maier, "Tínhamos de levantar, ficar em pé ao lado da cama e então ir até o lavatório. Havia banheiras somente com torneiras de água fria e tínhamos de tomar banho." As crianças escovavam os dentes com um bloco duro de dentifrício. Uma vez, confessou Maier, "Eu estava com tanta fome que comi o bloco inteiro". Ela foi punida, "é claro".[22]

Arrumar a cama era trabalhoso. As cobertas tinham de estar "retas e precisas como uma régua, ou eram arrancadas da cama e você tinha de arrumar tudo de novo", disse Ferdinand Pauer. Ele explicou que as crianças podiam ser punidas por qualquer passo em falso. "Unhas, por exemplo. Quando ela chegava, você tinha de mostrar os dedos. Palmada, outra palmada. No dia seguinte, sua comida estava cancelada." Pauer descreveu o uniforme de calças curtas e paletó, listrado ou verde, com meias compridas, assim como a falta de vestuário. "Não tínhamos casacos de inverno, eu nem sabia que eles existiam. Nem calças compridas, de nenhum tipo." Sem aquecimento nos quartos, Leopoldine Maier acrescentou, "congelávamos até os ossos. Você ficava toda gelada por dentro".[23]

Então vinha o café da manhã, que era escasso. No relato de Alois Kaufmann, as crianças brincavam que suas fatias de pão eram tão finas que "dava para ver até Paris". Elas também chamavam um dos líquidos que recebiam regularmente de "Danúbio", porque era azul. Mas isso ainda era melhor que mais tarde na guerra, quando "as circunstâncias ficaram muito, muito piores" e a rala sopa de repolho vinha com larvas boiando.[24] As crianças eram inventivas na hora de conseguir sustento. Ferdinand Pauer descreveu como iam até a cerca e colhiam madressilvas: "Nós enrolávamos as folhas, espremíamos e comíamos; comíamos folhas de limão; colhíamos sementes, abríamos e, quando tínhamos umas dez, colocávamos na boca. Ou então, esqueci como se chama, alho-dos-ursos. Comíamos tudo que era possível."[25]

Embora os sobreviventes de Spiegelgrund tenham falado da fome constante, as crianças tinham sorte quando conseguiam manter a comida no estômago. Leopoldine Maier relatou que, se "você vomitasse, era forçado a comer o vômito, colher por colher, até ter engolido tudo. É claro que eu vomitava novamente e tinha de comer de novo. Era um pesadelo. Ainda sonho com isso às vezes". Rudolf Karger lembrou de uma criança que não conseguia tolerar a semolina com leite desnatado que a equipe servia às terças-feiras. Toda semana, "dois auxiliares o seguravam e o alimentavam à força e o que quer que ele vomitasse era empurrado de volta até o prato estar vazio".[26]

A equipe podia distribuir "injeções de vômito" como punição. Essas injeções de apomorfina induziam horas de dores estomacais, vômitos e náusea.[27] Johann Gross retratou o efeito inicial da droga como "um soco no estômago; eu tinha tanta câimbra que mal conseguia respirar. Quando a náusea começava, eu já estava no vaso sanitário e meu café da manhã já tinha ido embora. Eu tinha engulhos".[28] A equipe também dava às crianças o "tratamento de enxofre", injeções de enxofre e compostos relacionados que causavam dor extrema e paralisia. Johann Gross também recebeu essas injeções. Ele afirmou que "primeiro parecia que havia gelo em suas coxas, e depois era como agulhadas". Após alguns minutos, ele já não conseguia ficar sentado e "finalmente caía no chão."[29] Friedrich Zawrel afirmou ter recebido o "tratamento de enxofre" oito vezes e disse que a dor muscular durava até duas semanas.[30] A equipe também mantinha as crianças muito sedadas. Lutando para encontrar palavras, Alfred Grasel explicou: "Eu ficava... não inconsciente, não diria isso, mas não me lembro de nada daquela época. Eu estava na cela, apático. Dormia, mas não dormia. Não sei explicar."[31] Karl Hamedler deu voz à mesma confusão: "Eu recebia injeções constantemente, uma após a outra, de modo que estava em estado permanente de delírio."[32]

A vida diária das crianças variava muito, dependendo do pavilhão. Algumas delas frequentavam uma espécie de escola, embora os sobreviventes admitam que pouco aprenderam. Segundo Franz Pulkert, "Eles contavam a história do Reich alemão e coisas assim. Mas não me lembro de nenhuma aula de verdade". As crianças podiam ter algum tempo livre do lado de fora ou no interior de uma espartana sala de recreação com um punhado de jogos. Mas os esportes obrigatórios podiam ser tortuosos, afirmou Ferdinand Pauer. "Éramos todos emaciados, não tínhamos forças."[33]

A vida era mais dura para Rudolf Karger, que estava no pavilhão 11, a ala correcional. Ele estava entre os adolescentes que chamou de "inquietos e perturbados" devido a suas circunstâncias de vida, assim como alguns "claramente histéricos, de gênio ruim e coisas assim, que não podiam ser controlados". Os jovens faziam exercícios absurdos, como longas horas de marcha em torno do pátio. Ou, afirmou Karger, "Durante horas ou um dia inteiro eles nos forçavam a desmanchar nossas camas e arrumá-las direito, desmanchar e arrumar". As crianças enfrentavam "punições, sempre punições, punições, punições", repetiu ele. "Eram punições bestiais, sádicas."[34]

A rotina noturna em todos os pavilhões era estrita. Um grande medo era ter de ir ao banheiro. Leopoldine Maier relatou as duras repercussões de sair da cama, como surras, duchas frias e possivelmente nenhuma comida no dia seguinte. No entanto, molhar a cama significava outras penalidades, como "ficar de joelhos, ficar sobre uma perna só durante horas; e a punição era mais dura se você chorasse [...] Correr em círculos, pular no mesmo lugar, fazer flexões, e tudo isso usando uma camisa fina". Ela continuou: "Aquele que tinha molhado a cama era chamado à frente de toda a turma — não, à frente de todo o dormitório — e atacado, amaldiçoado e assim por diante." A humilhação era o corretivo padrão para acidentes com urina e excrementos. Ferdinand Pauer odiava a inspeção semanal das roupas de baixo. "Você ficava lá em pé, nu, entregava suas roupas de baixo, mas de uma maneira que todo mundo podia ver se houvesse uma mancha marrom", lembrou ele. "Trinta meninos observavam" e então "todos riam".[35]

Os sobreviventes odiavam como Spiegelgrund colocava as crianças umas contra as outras. "O pior em situações assim é que você se transforma em algo inumano", disse Leopoldine Maier. "Você não podia conversar com as outras crianças, era assim que funcionava. Você estava realmente por sua conta e totalmente sozinho com seus medos. Para qualquer criança, isso é horrível." Rudolf Karger concordou: "Eles cuidavam para que ninguém fizesse amigos e, sempre que nos puniam, costumavam dizer 'Por isso, você pode agradecer àquele garoto!'" O atrito podia rapidamente se transformar em violência. "Valia a lei da selva", lamentou Karl Uher.[36] Nas palavras de Alois Kaufmann:

> Era horrível. Nós batíamos uns nos outros, os mais fortes batiam nos mais fracos e os supervisores queriam isso, gostavam. Nós afastávamos as camas para que o outro garoto caísse, batíamos uns nos outros, [forçávamos a cabeça] do outro na água. Sim, fazíamos uns aos outros todas as coisas que os nazistas gostavam que fizéssemos. Não havia solidariedade [...] Brigava-se por dois décimos de uma concha de sopa, pela menor sobra de comida. Alguém dizia "Se você me der um pão" — eu não devia dizer isso em voz alta — "Se você me der um pão, vou fazer... com você na cama" e assim por diante; bem, essas eram as circunstâncias. [...] Éramos realmente sádicos. Éramos treinados para sermos sádicos mesmo uns contra os outros.[37]

Ferdinand Pauer deplorou a maneira como a equipe desumanizava as crianças. "Você era um número, ponto." Karl Jakubec concordou: "Eles destruíam nossa dignidade. Não era possível ter dignidade." Então, "quando você achava que podia ter um pouquinho, imediatamente eles o empurravam para baixo de novo, era inacreditável".³⁸

Algumas crianças se habituaram à violência. Karl Uher afirmou que preferia apanhar que se conformar aos métodos de Spiegelgrund: "Eu sei que era desobediente e travesso, eu admito. [...] as regras que eles impunham não eram regras, não para mim. Não me pergunte por quê. Eu preferia apanhar ou estar no grupo de punição." Alois Kaufmann explicou os estágios de adaptação: "Primeiro, você chorava quando levava um tapa ou apanhava. Mas, em pouco tempo, não chorava mais. Esse tipo de comportamento desaparece muito rapidamente e é substituído por uma fase de riso. Mais tarde, nós só ríamos. Realmente ríamos dos supervisores. O que, por sua vez [...], mas nós gostávamos. Quanto mais [furiosos] eles ficavam, mais nós ríamos, embora as surras doessem para valer."³⁹

Aos 14 anos, Friedrich Zawrel recebeu punições ainda mais extremas por sua recalcitrância. Depois que se recusou a tomar os comprimidos que devia ingerir à noite e conversou com um auxiliar de enfermagem sobre fugir, a equipe o submeteu a um método asilar conhecido como "tratamento do embrulho".

> Dois dias, lençóis secos, lençóis molhados, totalmente nu, e os lençóis eram enrolados como em uma múmia, em você todo [...], somente a cabeça era deixada de fora, e você era preso com cintos e deixado deitado na cela, eles me colocavam no chão e eu só olhava para o céu, isto é, para o teto. Eu não conseguia me virar para a esquerda, não conseguia me virar para a direita, não conseguia esticar as pernas nem encolher as pernas. Todo mundo devia tentar fazer isso, ver quanto tempo consegue ficar deitado na cama sem se virar. E eu já disse, eu frequentemente, e mais uma vez [...], durante algum tempo, eu deixara de rezar porque achava que ninguém me ajudava mesmo, mas então recomecei e até pedi perdão por não ter rezado por tanto tempo, porque achei que seria ajudado, mas não fui. E quando eles deixavam você sair, os lençóis nunca estavam secos, porque você estava deitado em sua própria urina. Isso era especialmente atroz,

porque, por causa disso, começava a coçar, e você não conseguia alcançar e tinha de aguentar até que a coceira passasse sozinha; era brutal o que eles faziam.

Mais tarde, os auxiliares de enfermagem foram buscar Zawrel para levá-lo ao pavilhão 15, que ele sabia ser o pavilhão de assassinato. Tentando verbalizar seu pânico, Zawrel explicou: "Só sei de uma coisa, há experiências que você não consegue relatar. Elas são tão horríveis que é impossível encontrar [palavras]." Quando os auxiliares lhe disseram para tirar a roupa, Zawrel se convenceu de que estava prestes a ser assassinado. Fatalisticamente, pensou: "Minha vida era uma bagunça, eu não teria perdido muita coisa."

O diretor de Spiegelgrund, Ernst Illing, foi buscar Zawrel em sua cela, nu, e o levou até um pódio em uma sala cheia de jovens estudantes de enfermagem. Zawrel reviveu o incidente: "Illing explicou com um bastão o que, em minha aparência física, indicava que eu era genética e fisicamente inferior. As orelhas eram grandes demais, a distância entre os braços era muito grande e ele apontava para tudo, certo? Eu estava tão envergonhado." No fim, lembrou Zawrel, "Ele bateu na minha bunda com o bastão." Aumentando a degradação, "quase trinta garotas estavam rindo. Para elas, era como um show de circo".[40] Zawrel se tornou um espécime frequente para estudantes. "Eu estava tão assustado, chocado e tão terrivelmente constrangido que só percebi o que estava acontecendo comigo na sexta ou sétima vez. [...] levou muito tempo para que eu lidasse com a humilhação."[41]

As coisas ficaram ainda piores para Zawrel. Quando ele insultou um médico de Spiegelgrund, foi punido com rodadas de espancamento severo e "injeções de vômito". Uma enfermeira chamada Rosa ficou com medo do que mais poderiam fazer com ele e o ajudou a fugir, avisando que os guardas estavam conversando com as enfermeiras no escritório e a porta do pavilhão estava aberta. Zawrel fugiu para o centro de Viena e adotou uma existência oculta e tênue. À noite, ele se encontrava secretamente com a mãe no mercado Rochus, "sempre após o início do blackout de tempos de guerra". A mãe lhe dava alguma comida e uns trocados, mas Zawrel não queria colocá-la em risco e decidiu não se encontrar mais com ela. Movido pela fome, certa noite roubou um pacote na estação ferroviária Norte e foi pego pela polícia. Foi sentenciado à prisão Kaiserebersdorf, "que se pode dizer que era quase um campo de concentração".

Outras crianças também conseguiram fugir de Spiegelgrund, ao menos durante algum tempo. Aos 15 anos, Alfred Grasel foi encarregado de entregar comida nos pavilhões em um pequeno trem elétrico que percorria a propriedade. Certo dia, enquanto fazia as entregas, escalou o sanatório de tuberculose, pulou a cerca "e, durante vários dias, estava livre". Mas sua madrasta o devolveu a Spiegelgrund. Grasel conseguiu fugir novamente e, dessa vez, escondeu-se no famoso parque Prater, no centro de Viena. Mas a Polícia da Ordem o apanhou enquanto dormia no interior de um barco. Quando Karl Hamedler fugiu de Spiegelgrund, também foi para Prater, que o atraía "como um ímã". Hamedler estava caminhando com uma enfermeira de Spiegelgrund pelo distrito Ottakring, depois da parada final da Linha 46, quando impulsivamente se virou na direção de um bonde e "subi nele". Foi pego após dois dias, embora tenha conseguido escapar de novo, dessa vez através do pomar atrás do corpo de bombeiros. Após três dias, foi pego novamente.[42]

Quando as crianças que fugiam eram pegas, enfrentavam horrendas consequências. Rudolf Karger fugiu enquanto andava de bonde com duas enfermeiras. "Sentindo saudades de casa", simplesmente desceu do bonde em movimento. Foi até o apartamento da avó, mas as enfermeiras apareceram duas horas depois para levá-lo de volta a Spiegelgrund. Ao retornar, contou Karger, "Eles me empurraram para uma cadeira e rasparam minha cabeça; bom, eles puxaram meu cabelo, em vez de raspar, até eu estar careca". A equipe o mergulhou repetidamente em água gelada. Esse era o "tratamento de imersão", um método asilar que Friedrich Zawrel descreveu como "água, para baixo, para cima, para baixo, para cima, para baixo, até você achar que vai sufocar". Karger também foi submetido, nu, ao que era chamado Sazergasse, em referência a uma rua de Viena. Como descreveu: "Havia garotos em pé à esquerda e à direita e você tinha de caminhar entre eles enquanto eles batiam em você, isso era o Sazergasse."

Karger ficou semanas em observação nos pavilhões 15 e 17, ostensivamente sendo avaliado para morrer. Ele terminou no pavilhão 11, o grupo correcional. Sua avó fazia visitas regulares, assim como as famílias de outras crianças. Mas Karger não mencionou o abuso. "Eles colocavam bancos no corredor, onde nossos parentes se sentavam com a gente, e os auxiliares andavam de um lado para o outro dizendo como eram gentis conosco." Quando os visitantes partiam, a equipe confiscava a comida e os presentes, e a violência era retomada. Karger comentou: "Nunca contei à minha avó o que eles faziam, pois ela certamente teria ido até lá [...] e provavelmente também terminaria em um campo. Então não contei. Só disse a ela que estávamos bem e coisas assim. Subconscientemente, eu já recebera a mensagem."[43]

Mas as visitas podiam se provar importantes se os familiares descobrissem a verdade. Leopoldine Maier falou de uma enfermeira que aconselhou sua mãe a visitá-la todos os domingos e avisou que "as crianças que não recebem visitas desaparecem e perecem em algum lugar". Assim, a mãe de Maier fazia a jornada até Spiegelgrund todas as semanas, partindo de Mödling, fora de Viena, em uma jornada "horrível" de várias horas de transporte público. Maier não tinha permissão para ver a mãe se tivesse vomitado sua comida naquela semana, não comido ou perdido peso. Mas a mãe ia até lá mesmo assim. Maier ficava angustiada. "Eu sabia que ela estava lá, na sala de visitantes, e não podia ficar com ela. É uma sensação... É um desespero, uma raiva e um medo horríveis." Sua mãe conseguiu tirá-la de Spiegelgrund no fim de 1944. Ela foi salva.[44]

Mas os familiares desesperados nem sempre conseguiam ir até Spiegelgrund para verificar a condição de seus filhos, oferecer conforto e insistir na liberação. De longe, só podiam enviar cartas de partir o coração, preservadas nos registros das crianças, como a carta da mãe de Anna Luise Lübcke, de 9 anos, enviada no Natal de 1943. Anna Luise fora transferida para Viena de uma instituição infantil em Hamburgo. Sua mãe escreveu: "Minha querida Anneliese, meus pensamentos estão sempre com você, mamãe vai vê-la em breve, o que será uma grande alegria [...] Agora, minha querida Anneliese, continue a se comportar e ser muito boazinha até que possamos nos ver novamente; os melhores votos do fundo do meu coração." Os médicos de Spiegelgrund condenaram a menina devido à paralisia espasmódica nos quatro membros. Embora a dra. Marianne Türk tenha observado que "as habilidades mentais da criança são surpreendentemente boas" e que ela era "extremamente inquisitiva, fazendo todo tipo de pergunta a qualquer um que esteja por perto", o dr. Ernst Illing enviou seu arquivo a Berlim, solicitando permissão para matá-la. Sua condição física, disse Illing, a tornava "incapaz de educação ou treinamento prático e exclui mesmo a mais remota possibilidade de que possa trabalhar no futuro". Anna Luise morreu em Spiegelgrund no início da manhã de 13 de janeiro de 1944, com pneumonia listada como causa da morte. A mãe conseguira visitá-la um dia antes.[45]

Em outra tragédia, Ernst Ossenkamp foi separado da família, que vivia em Mönchengladbach, na Alemanha. Após fazer uma pegadinha em um bonde com seis amigos da escola, Ernst foi institucionalizado por "periculosidade para o público". Ele foi transferido aos 12 anos para Spiegelgrund, onde Ernst Illing peticionou Berlim por seu assassinato por ser "ineducável e provavelmente em necessidade permanente de institucionalização". A família de Ernst tentou desesperadamente permanecer em contato, enviando cartas e pacotes. Sua irmã Marianne escreveu para ele em 28 de outubro de 1943: "Hoje, a vovó fez biscoitos muito gostosos. Espero que você goste. As peras estavam boas? Em breve enviaremos um pacote de frutas. Assim que entrar em férias na escola, irei vê-lo e levarei você para casa. Contanto que você seja bom, irei em breve." Mas Ernst morreu no dia seguinte, supostamente de inflamação febril do intestino e pneumonia.[46]

Erika Maria Stanzl, de 17 anos, escreveu para a mãe sobre seus medos no pavilhão 15, a ala da morte. Erika fora enviada para Spiegelgrund por desobedecer a mãe e fugir de casa, mas, comovedoramente, agora implorava: "Na nova ala em que estou, muitas crianças não têm visitantes. Por favor, mamãe, traga algo para elas também." Erika estava com medo das horríveis condições da ala da morte, dizendo à mãe: "Tudo aqui é confuso. É uma coisa depois da outra. Uma criança caiu da cama, bateu os dentes de cima e sangrou. Até agora estou bem. Só vomitei uma vez, ao ver uma criança com orelhas ulceradas, e tive de ficar na cama." Mas Erika, como as crianças pelas quais temia no pavilhão 15, também morreu, oficialmente de pneumonia. A dra. Helene Jockl escrevera ao comitê do Reich em Berlim dizendo que Erika era "totalmente desenvolvida fisicamente, mas quase incapaz de trabalhar. Muito boa retenção, mas falta de pensamento crítico, inibições e objetividade. Discernimento infantil". Essas eram razões suficientes para matar.[47]

Na época em que o programa de assassinatos de Spiegelgrund estava no auge, em meados do outono de 1942, quase duas vezes mais crianças eram assassinadas nos pavilhões da morte que deixadas vivas. Nos dois anos e meio seguintes, aproximadamente trezentas crianças receberam alta ou foram transferidas dos pavilhões 15 e 17, ao passo que 540 pereceram.[48] O Reich também expandiu o conjunto das crianças que podiam ser vítimas de assassinato. Embora o programa de eutanásia infantil inicialmente visasse a crianças com menos de 3 anos, o teto subiu com o tempo para 8, 12 e, finalmente, 16 anos.[49]

A equipe de Spiegelgrund tinha mais participação na escolha de quais crianças iriam morrer que o pessoal de quase todas as outras "alas para crianças especiais" do Reich. Usualmente, as crianças consideradas portadoras de deficiência eram primeiro reportadas por médicos ou autoridades ao comitê do Reich em Berlim, que então ordenava sua transferência para um centro de assassinatos. Em Spiegelgrund, todavia, o processo era inverso. Os próprios médicos reportavam a Berlim as crianças que achavam que deviam ser mortas. E podiam passar ao assassinato sem esperar autorização formal.

O segundo diretor de Spiegelgrund, Ernst Illing, infligia às crianças práticas diagnósticas que podiam ser letais. A encefalografia pneumática, por exemplo, era um procedimento excruciante que injetava ar no cérebro da criança após a remoção de fluido espinal a fim de realizar raios X mostrando os ventrículos cerebrais.[50] Os médicos também coletavam partes de corpos para pesquisa. O mais notório era o dr. Heinrich Gross, que preservou os cérebros de mais de quatrocentas crianças em frascos meticulosamente organizados e rotulados em prateleiras no porão, que usou em sua pesquisa durante os anos 1980. Na verdade, partes dos corpos das crianças assassinadas em Spiegelgrund eram distribuídas entre várias instituições, fornecendo a base para pesquisas muito depois da guerra.[51]

Certamente, as crianças mantidas em Spiegelgrund eram assombradas pelo espectro da morte. Elas tinham graus diferentes de conhecimento sobre os assassinatos — de sussurros entreouvidos a encontros em primeira mão —, mas muitas sentiam o perigo que as rondava. O medo e a incerteza eram parte da vida cotidiana.

Alois Kaufmann foi intimidado pelas assustadas conversas entre as crianças. "Eu não ousava dizer uma palavra, porque ouvira que aqueles que se queixavam eram levados embora e assim por diante; havia rumores." Gravadas na memória de Kaufmann estão as seleções que ocorriam a cada duas ou três semanas, quando o dr. Heinrich Gross "ia até lá, apontava para alguns de nós e dizia 'Você, você, você e você'. As crianças eram levadas do grupo. As primeiras que selecionaram foram as que molhavam a cama, tinham lábio leporino ou eram lentas de raciocínio". Kaufmann continuou: "Não ousávamos perguntar para onde eram levadas. Jamais as víamos de novo."[52] Ernst Pacher ousou perguntar para onde as crianças eram levadas. "Às vezes alguns meninos desapareciam e, quando você perguntava algo como 'Ele não vai voltar?' ou 'Ele foi para casa?', a resposta era 'Não faça perguntas estúpidas ou você também vai terminar lá!' Essas eram as respostas que recebíamos frequentemente dos auxiliares de enfermagem." Rudolf Karger também enfatizou como enfermeiras e auxiliares indicavam que haveria terríveis consequências em caso de desobediência. "Eles constantemente nos ameaçavam com o que aconteceria conosco", disse Karger. "'Sim, vocês vão ver.'"[53]

Os sobreviventes falaram sobre os ominosos carrinhos que carregavam corpos de crianças pelo terreno de Spiegelgrund. Rudolf Karger sabia que eles eram usados para "transportar pessoas mortas", mas disse: "Não sabíamos quem estava lá dentro." Ernst Pacher contou o que aconteceu quando passou por trabalhadores empurrando um carrinho. "Estávamos curiosos, é claro, e os encaramos, e um deles sorriu e perguntou: 'Você também queria estar aqui?' Ficamos com muito medo, porque só o sorriso dele já parecia sinistro." Certo dia, Alois Kaufmann tomou coragem e olhou para dentro de um carrinho quando não tinha ninguém por perto. Ao abrir a tampa, viu "o pequeno Karl W., que estava deitado naquele carrinho verde. Ele estava morto. Ele se sentava na carteira atrás da minha na escola".[54] A cena testemunhada por Johann Gross foi ainda mais macabra. Quando um trabalhador empurrando um carrinho passou por um grupo de crianças caminhando pelo terreno de Spiegelgrund, Gross descreveu, "No carrinho não havia nada além de criancinhas mortas! Elas estavam atravessadas umas sobre as outras como bonecas jogadas fora, com os membros torcidos em posições pouco naturais. A maioria dos corpinhos tinha uma cor muito peculiar. Era um tipo de vermelho-verde-azul". De acordo com Gross, a enfermeira que cuidava das crianças temeu que a visão pudesse deixá-las agitadas e gritou: "Quietos aí na frente! Ou vocês querem dar uma volta com eles?"[55]

Entre os relatos de medo e horror dos sobreviventes, há algumas histórias de membros compassivos da equipe que se esforçaram para proteger as crianças, como a enfermeira que ajudou Friedrich Zawrel a fugir ou aquela que aconselhou a mãe de Leopoldine Maier a visitá-la toda semana a fim de garantir sua liberação. Ernst Pacher lembrou de uma enfermeira que o salvou diretamente da morte. Ele tinha um grave abcesso sob o braço esquerdo e corria o risco de envenenamento do sangue. A enfermeira da noite, a sra. Windhager, drenou secretamente o abcesso. Pacher contou: "Eu não pesava nada, pois éramos somente pele e osso, e ela me carregou e disse 'Quietinho, não diga uma palavra, pois não devemos ser notados'." E acrescentou: "'Você sabe que há um médico que coloca você em uma lista e então você recebe uma injeção, mas vou impedir isso."[56]

Mas tais histórias de magnanimidade são raras. E essas mesmas enfermeiras, no entanto, trabalhavam em uma instituição de assassinato sistemático. Sem a aquiescência delas e de outros membros da equipe, o assassinato infantil não teria sido possível. Como sugeriu a experiência de quase morte de Karl Jakubec no pavilhão 15, o destino das crianças era selado por um fluxo infindável de funcionários impassíveis:

> Eles sempre nos davam injeções; se você estivesse meio agitado ou, como acontece com as crianças, um pouco mais ativo em alguns dias, ou se estivesse chorando mais que o costume ou algo assim, ou estivesse com dor por causa de alguma coisa, eles simplesmente aplicavam injeções de sedativos; o que eles aplicavam na verdade não importa, o principal é que eles aplicavam e as coisas ficavam quietas por algum tempo. E era terrível para nós, e alguns morriam logo depois. [...] A gente já nem se importava mais, porque havíamos nos tornado tão fleumáticos que não ligávamos para o que eles faziam. Das primeiras vezes que eles vinham, você ficava receoso, com medo [...], "Jesus, eles estão vindo de novo, e o que aconteceu dessa vez",

mas, com o tempo, ficava tão fleumático que dizia "Bom, não posso mudar as coisas, tenho que aceitar".[57]

Em face das medonhas histórias dos sobreviventes, é difícil compreender as ações e crenças daqueles que gerenciavam o centro de assassinatos. Com pouca documentação, as perspectivas dos perpetradores estão amplamente perdidas para a história. O que resta é um punhado de declarações feitas por réus de Spiegelgrund logo após a guerra. Pareá-las com as entrevistas das vítimas é problemático, claro. Os perpetradores estavam preocupados com a autoexoneração em face da pena de morte. Os interrogatórios ocorreram em um clima político adverso logo após os crimes e não foram — como as entrevistas das vítimas — concebidos com o intuito de entender os eventos décadas depois. Mesmo assim, a própria estratégia de defesa dos perpetradores é reveladora e parte da história de Spiegelgrund.

Muitos perpetradores de eutanásia disseram ver o assassinato de crianças em Spiegelgrund como parte da dupla missão nazista de ajudar as consideradas redimíveis e purgar as que não eram. Erwin Jekelius explicitou isso em seu interrogatório, em 1948, pela polícia secreta soviética (NKVD) em Moscou: "Toda a atividade da clínica seguia duas direções, ajudar as crianças doentes e matar as que estavam em estado terminal."[58] A dra. Marianne Türk, de 31 anos, afirmou que as seleções eram baseadas em firmes princípios da ciência nazista. Em sua audiência de outubro de 1945 em Viena, ela declarou que "isso devia ser algo completamente novo, basear o tratamento adequado em observações, a fim de que as crianças fossem encaminhadas corretamente".[59] Em Spiegelgrund, "observação" significava determinar a potencial utilidade de uma criança para o *Volk*. A equipe eliminava aquelas consideradas um fardo para a comunidade nacional, física e/ou comportamentalmente incapazes de educação ou futuro emprego.

Os médicos usavam a linguagem da utilidade social para substanciar as solicitações de morte que faziam ao comitê do Reich em Berlim. A vasta maioria das solicitações rotulava as crianças com termos abrangentes como "ineducável", "incapaz de trabalhar" e "precisando de cuidados contínuos". Só raramente a dúvida invadia esses pronunciamentos e, quando o fazia, isso não necessariamente modificava o resultado. Quando Ernst Illing reportou Hannelore Fuchs, um bebê de 2 meses que tinha síndrome de Down, a Berlim em julho de 1943, ele disse que sua "cura ou melhoria" era "improvável, embora ainda não se possa dizer com certeza"; apesar da ambiguidade, Hannelore morreu dois dias depois, com a causa oficial da morte sendo "debilidade". Talvez as doses usuais de barbitúricos tenham agido mais rapidamente no bebê, como os médicos de Spiegelgrund explicaram que acontecia às vezes.[60]

Illing enviou a Berlim uma petição ainda mais ambivalente sobre Peter Pörzgen, de 7 anos. Ao mesmo tempo em que detalhou graficamente os efeitos da tuberculose da articulação do quadril de Peter, das fístulas cheias de pus à desfigurante supuração do osso, Illing elogiou suas qualidades pessoais. "A criança mantém bom contato, apresenta compreensão da linguagem e seu vocabulário é adequado", escreveu. "Ele está sempre em silêncio, amigável e confortável."[61] Mas o raro elogio não foi suficiente para poupar Peter, que morreu duas semanas depois.

Ainda que o assassinato de crianças fosse parte permanente do sistema nazista de assistência médica, ele devia ser conduzido em segredo. Jekelius retratou assim o processo: "Antes que começássemos a matar crianças, organizei uma reunião secreta com a equipe médica (dez médicos e enfermeiras), expliquei a situação e fiz com que jurassem manter estrito segredo sobre todas as medidas relacionadas."[62] Durante seu depoimento de 1946 em Viena, a enfermeira Anna Katschenka disse que entendera a mensagem: Jekelius supostamente "me explicou que eu jamais deveria falar sobre os incidentes na instituição, nem fazer perguntas desnecessárias".[63] Katschenka acrescentou, dois anos depois, que Jekelius dissera haver "um decreto secreto do Ministério do Interior do Reich ordenando que tais pacientes incuráveis sofressem eutanásia (em relação a crianças de até 16 anos). Considerei o decreto mandatório, como lei pública, e vi nele minha justificativa". E concluiu: "No tocante à eutanásia, jamais estive consciente de estar agindo contra a lei."[64]

Os perpetradores falaram com naturalidade durante os julgamentos, retratando o assassinato de crianças como prática clínica profissional. Marianne Türk enfatizou: "Não me portei descuidadamente, sempre considerando longa e escrupulosamente se devia ou não reportar uma criança."[65]

Os assassinatos faziam parte de um protocolo científico. Ernst Illing elogiou essa abordagem durante seu interrogatório no pós-guerra: "Eu considerava as novas doutrinas sérias e responsáveis."[66] Ele sugeriu que Spiegelgrund prestava valiosos serviços, pois "nenhuma das crianças, em minha opinião, seria remotamente capaz de educação ou trabalho".[67] Os assassinatos ofereciam mais um método para aperfeiçoar o *Volk*.

As mortes também se tornaram parte da rotina diária.[68] Marianne Türk e Heinrich Gross até mesmo moravam no terreno de Spiegelgrund, e Ernst Illing escolheu viver com a família no pavilhão 15, a ala da morte.[69] Após a guerra, Türk refletiu sobre como se habituara à vida de assassinatos, receitando overdoses de Luminal, Veronal e morfina em injeções e comprimidos moídos que eram acrescentados ao achocolatado ou outros alimentos dos quais as crianças gostavam. "Em casos assim, dos quais havia dezenas na instituição, pôr fim à miséria humana era um pensamento automático." Türk destacou como a implementação das ordens para matar também era automática:

> As enfermeiras — que eram de fato as responsáveis pela execução, uma vez que acrescentavam as pílulas para dormir à comida — tinham acesso ao armário de remédios. Eu ou o dr. Illing dizíamos que a decisão sobre a criança X ou Y chegara e elas sabiam o que fazer.[70]

Ao mesmo tempo em que ofereciam frias explicações, os réus de Spiegelgrund também argumentavam que os assassinatos eram atos de compaixão. Anna Katschenka, por exemplo, afirmou que Jekelius dissera que "as crianças que já não podiam ser ajudadas recebiam um remédio para dormir, a fim de que pudessem 'adormecer' de modo indolor".[71] O assassinato era praticado, defendeu ela, de uma "posição puramente humana", nos casos em que não havia "perspectiva de melhora e a agonia desnecessária das crianças devia ser abreviada".[72] Marianne Türk insistiu que as crianças não sofriam uma "morte agonizante", mas "adormeciam" gentilmente, uma vez que o assassinato era "um ato de misericórdia".[73]

Os pais das crianças que morreram em Spiegelgrund tiveram diferentes reações. Muitos acreditaram — ou escolheram acreditar — nos comunicados de falecimento que chegaram pelo correio, informando que o filho morrera de pneumonia ou outras causas naturais. Outros podem ter suspeitado; afinal, o conhecimento sobre o assassinato de deficientes era disseminado em Viena.

Alguns pais que temiam que os filhos pudessem ser condenados à morte tentaram desesperadamente resgatá-los. Os pais de Günther Karth, por exemplo, entregaram os cinco filhos ao sistema de bem-estar social de Viena; eles eram pobres e considerados parte de uma "família associal". Quando Günther ficou doente, aos 6 anos, ele foi transferido para o pavilhão 15 de Spiegelgrund. Alarmado, seu pai tentou levá-lo novamente para casa, evocando supostos princípios do Reich: "Não permitiremos isso, ele é sangue do nosso sangue e pertence a nós. Não descansaremos até termos nosso filho, pois estamos agora no Terceiro Reich, no qual a justiça deve reinar." A mãe de Günther escreveu um apelo emocional: "Eu imploro novamente para que me entreguem meu filho antes que seja tarde demais, eu peço e imploro, pois meu coração está partido pela angústia e pelo pesar." Não está claro o que ela quis dizer com "tarde demais", mas de fato já era. Günther morreu em junho de 1944.[74]

A mãe de Felix Janauschek foi mais explícita sobre as apostas de vida ou morte em Spiegelgrund. Aos 16 anos, Felix fora diagnosticado com o "mais alto grau de demência após paralisia cerebral", embora a equipe elogiasse seu fenomenal talento e sua paixão pelo piano. A mãe de Felix também evocou a justiça nazista, avisando que, como seu marido era membro do Partido Nazista havia muitos anos, ela apelaria ao líder distrital [*Gauleiter*] para conseguir a liberação do filho. Ela também afirmou que sabia o que podia acontecer a ele, exigindo: "Quero meu filho. Vivo."[75] Felix morreu em março de 1943.

Como enfermeira em Viena, Anny Wödl soube com antecedência que o filho Alfred seria assassinado e negociou os termos. Wödl enviara o filho a Gugging aos 4 anos porque ele tinha dificuldade para andar e falar. Ela ficou com medo quando ouviu sobre o assassinato de deficientes em Viena e se reuniu com outros pais para tomar alguma ação. Wödl levou suas preocupações diretamente a Hermann Linden, no Ministério do Interior do Reich em Berlim. Quando soube que o próprio Alfred enfrentava a perspectiva de "transporte", ela apelou novamente a Linden, que supostamente lhe disse:

"Podemos atender seu pedido como uma exceção. Permitiremos que seja trazido de Gugging para Spiegelgrund, mas ele precisa morrer."[76] Alfred foi transferido para Spiegelgrund em fevereiro de 1941; na fotografia, ele olha de soslaio para a câmera, com o rosto quase de perfil, cabelo castanho bem curto e as costelas visíveis. Após a guerra, Wödl testemunhou: "Implorei ao dr. Jekelius que, se a morte de meu filho não pudesse ser evitada, que fosse rápida e indolor. Ele prometeu." Todavia, após ver o corpo de Alfred, Wödl disse que ficou "chocada com a expressão de dor em seu rosto".[77]

A mãe de Herta Gschwandtner, Luise, confrontou abertamente a equipe de Spiegelgrund sobre os assassinatos. Herta nascera "mongoloide" e fora transferida para a instituição em 1943, com 1 ano e meio. Ela morreu onze dias após a transferência, aparentemente de pneumonia. Luise Gschwandtner não conseguia acreditar na velocidade da morte da filha. Ela escreveu a Ernst Illing e às enfermeiras: "Ainda não consigo entender por que minha querida Herta me deixou tão cedo e morreu tão rapidamente. [...] Ainda não conseguimos acreditar que nossa Herthi era incurável." E continuou: "Estou devastada, teria alegremente sacrificado minha vida por minha filha [...] Desculpem por minha escrita ruim, pois escrevo com lágrimas nos olhos." Em sua carta, ela chegou a sugerir que Herta fora assassinada: "Agora tenho de suportar essa dor duas vezes, pois as pessoas estão dizendo, na minha cara, que ela foi simplesmente envenenada; eliminada, por assim dizer."[78] Illing respondeu dizendo que não havia nada errado com a morte da menina. E avisou Gschwandtner de que iniciaria ações policiais se as mortes em Spiegelgrund continuassem a ser questionadas: "Também gostaria de lhe pedir para se opor vigorosamente a rumores dessa natureza; se necessário, farei uma queixa contra aqueles que os espalham."[79]

Mas os rumores sobre os assassinatos eram abundantes em Viena e exacerbavam a angústia das famílias pela morte dos filhos. Os pais de Hermine Döckl, de 2 meses, ficaram devastados quando a filha, diagnosticada como "mongoloide", morreu cinco semanas após a admissão em Spiegelgrund, supostamente de pneumonia. O médico da família, Hans Geyer, pediu que Illing fizesse um relato médico explicando a morte, a fim de aliviar o tormento dos familiares; ele disse que uma explicação adequada daria paz à família e "eliminaria todos os rumores e conjecturas sussurradas". A mãe de Hermine, avisou ele, estava "expressando intenções suicidas e não pode ser deixada sozinha". Illing respondeu simplesmente que a bebê apresentava "severa debilidade" e que o bom médico certamente sabia que crianças "mongoloides" tinham expectativas de vida mais curtas.[80]

A maioria das cartas de pais nos arquivos das crianças assassinadas em Spiegelgrund é de cortar o coração. Elas expressam pesar, descrença, raiva e frequentemente pedem mais informações sobre a morte. Havia, no entanto, uma ampla variedade de reações. Algumas famílias expressavam aceitação e mesmo aprovação pela morte precoce. Afinal, muitos no Reich buscavam internar os filhos nas alas de assassinato com a esperança de que perecessem.[81] Eles podiam se queixar do fardo de cuidar da criança, talvez enquanto enfrentavam problemas econômicos, com outras crianças em casa ou o marido longe na guerra. E, mesmo assim, a discussão sobre o assassinato infantil não se limitava aos esforços do Terceiro Reich. A ideia de pôr fim à "vida indigna de ser vivida" começou a circular muito antes de os nazistas chegarem ao poder. Em 1925, Ewald Meltzer, diretor de um asilo na Saxônia, ficou tão preocupado com a ética da questão que perguntou aos pais das crianças internadas em sua instituição: "Vocês concordariam com o indolor encurtamento da vida de seu filho se especialistas tivessem estabelecido que ele sofre de idiotia incurável?" Para sua consternação, 73% dos pais que participaram da pesquisa responderam "sim".[82]

A equipe de Spiegelgrund disse que alguns pais tinham conversas explícitas sobre a morte dos filhos. A mãe de uma menininha que Asperger transferiu para Spiegelgrund, Herta Schreiber, supostamente disse à dra. Margarethe Hübsch: "Seria melhor se ela morresse."[83] Marianne Türk comentou que a mãe de uma criança com epilepsia "achava que seria fonte de conforto e tranquilidade para ela se a filha pudesse fechar os olhos para sempre".[84] Ambas as crianças foram assassinadas.

Os pais não necessariamente concordavam sobre o melhor curso para os filhos. Como Ilse Philippovic sofria de epilepsia, o médico de seu internato teria aconselhado a seu pai que "seria melhor para a criança terminar como termina toda carne". O pai de Ilse iniciou seu processo de admissão em Spiegelgrund — uma semana antes de seu 11º aniversário — "sem dizer nada à esposa." Ilse morreu um mês depois, supostamente de causas "desconhecidas".[85]

As atitudes parentais não deveriam ser um fator na seleção de crianças para a morte, pois os procedimentos em Spiegelgrund seguiam princípios alegadamente científicos. Durante seu julgamento, Marianne Türk insistiu que os médicos agiam independentemente da pressão parental: "Quando os pais pediam eutanásia, e isso acontecia, sempre negávamos."[86] Ernst Illing explicou que era importante manter o processo na mão dos profissionais da área médica: "Também havia pais que me procuravam para fazer uso da eutanásia e eu recusava, porque os critérios não haviam sido atendidos. Os perigos desse novo método foram removidos, em minha opinião, porque somente pessoas responsáveis foram encarregadas dessas coisas."[87]

Embora os relatos da equipe de Spiegelgrund possam ser vistos com ceticismo, as cartas de alguns pais sugerem que eles aprovavam a morte dos filhos. Essa aprovação surge em várias formas. A mais frequente era de pais falando das mortes prematuras como misericordiosas. Quando Rosa Schörkhuber, de 6 anos, morreu um mês após sua chegada a Spiegelgrund — pois Ernst Illing relatara ao comitê do Reich em Berlim que "nenhuma possibilidade de emprego é esperada" —, sua mãe escreveu a Heinrich Gross: "Foi melhor para ela, pois já sofrera muito com as convulsões." Mas comentou: "Não consigo acreditar em quão rapidamente ela partiu."[88] Como Marion Eisenach, de 10 anos, fotografada com uma arrumada blusa xadrez, cabelo curto e franja, tinha síndrome de Down, Illing escreveu ao comitê do Reich dizendo que "a criança é ineducável e, com probabilidade beirando a certeza, não será capaz de trabalhar". Depois que Marion morreu, sua mãe escreveu a Ernst Illing: "O Todo-Poderoso fez uma boa coisa, e agora minha filha está em boas mãos, muito obrigada pelo cuidado amoroso que o senhor deu à minha pequena Marion."[89]

Alguns familiares iam além da retórica formal da aceitação e enviavam arrepiantes cartas de agradecimento. Duas cartas envolvem adolescentes: Max Reichmann, de 14 anos, que era surdo e supostamente apresentava desenvolvimento deficiente, e Hubert Imkamp, de 16 anos, que era paralítico e cego de um olho. Jekelius justificou a morte de Max Reichmann para o comitê do Reich dizendo que "nenhuma capacidade para o trabalho era esperada" e ele era "judeu" — um de ao menos quatro jovens designados como judeus que foram assassinatos em Spiegelgrund. A tia de Max não mediu palavras, dizendo: "Não acho que minha irmã ficará infeliz porque seu filho infeliz foi libertado!" Ela foi inequívoca: "É melhor agora, que ele já não está vivo. Agradeço novamente."[90] Quando Hubert Imkamp morreu seis semanas após ser transferido para Spiegelgrund, seu pai não poupou elogios a Ernst Illing. "Permita-nos expressar nosso mais profundo agradecimento ao senhor e a sua instituição pelos valiosos serviços que prestaram a nosso filho Hubert, com tanto sacrifício. Infelizmente, não pudemos ir ao enterro devido às péssimas condições de transporte. Estejam certos de que sempre terão nossa sincera gratidão e estima."[91] A extensão em que esses familiares deduziram a causa real da morte dos jovens não está clara, mas o subtexto satisfeito de suas cartas certamente está.

A sobrevivente Leopoldine Maier, contemplando sua experiência em Spiegelgrund, sugeriu que a cumplicidade na crueldade — e no sistema nazista como um todo — era generalizada e inescapável. Ela afirmou que o potencial de depravação das pessoas a atormentaria durante toda a vida:

> Toda pessoa suscita uma questão para mim: você está a meu favor ou contra mim? Sempre foi uma questão de sobrevivência. E essa questão ainda está comigo quando conheço alguém: ao lado de quem ele está agora e ao lado de quem estava na época? Será que teria me ajudado, se soubesse, ou não teria feito nada? [...] Não estou zangada com ninguém, pois como posso ficar zangada com alguém quando o mal não tem nome, quando o mal é somente uma parte da vida, como era o caso lá? Mas o mal pertencia àquele lugar, era a vida cotidiana, e ninguém o questionava.[92]

9

A serviço do *Volk*

A missão de eliminar as crianças indesejáveis espelhava a ambição do Reich de eliminar as populações indesejáveis. Enquanto os psiquiatras nazistas matavam as crianças em casa, atrás das paredes de hospitais e sanatórios, o Reich iniciava o apocalipse no continente.

A Segunda Guerra Mundial foi tão destrutiva que os historiadores têm dificuldade para estimar o número de mortes. Mais de 60 milhões de pessoas pereceram em todo o globo — 15 milhões em batalha e 45 milhões de civis —, cerca de 3% da população mundial. A guerra envolveu setenta nações e se espalhou por mares, oceanos e quatro continentes. A escala é difícil de compreender. A guerra e a ocupação foram mais duras na Europa Oriental, tirando a vida de 27 milhões de cidadãos soviéticos (14% da população) e até 5,8 milhões de poloneses (mais de 16% da população). A Alemanha perdeu entre 6,6 e 8,8 milhões de pessoas, ao menos 8% de sua população.[1]

O Estado nazista queria estabelecer uma nova ordem na Europa. De 1939 a 1942, esse objetivo pareceu estar à vista. O Reich ocupou territórios, criou Estados-satélite e forjou alianças na Europa Oriental e Ocidental, da Bulgária à Estônia, da Noruega à França. A Alemanha também tinha aspirações na África do Norte, lutando no Marrocos, na Argélia, na Tunísia, na Líbia e no Egito.

Em Viena, muitas pessoas, incluindo Asperger, apoiavam o Reich. Muitas estavam satisfeitas com o investimento do Estado nazista na reconstrução da economia austríaca; quando a Alemanha incorporou a Áustria a sua máquina de guerra, o desemprego caiu, as grandes empresas se multiplicaram, o comércio se modernizou e as pessoas passaram a ter empregos bem remunerados na indústria e maior mobilidade social. Mas os austríacos se ressentiam da maneira como o Reich desmantelara a autonomia austríaca e mesmo a Áustria como entidade. A ex-nação se transformou em sete distritos do Reich, ou *Reichsgaue*, que eram coletivamente chamados de *Ostmark* e, após 1942, de "distritos danubianos e alpinos do Reich". As novas fronteiras triplicaram o tamanho da Grande Viena, tornando-a a segunda maior cidade do Reich — e, no entanto, o regime reduziu o poder de Viena de capital a cidade provinciana e, no geral, manteve a Áustria em posição periférica no interior do Reich.

Os habitantes de Viena aceitaram a perseguição e a expulsão em massa dos judeus, no momento em que a extrema violência antissemita que acompanhou a anexação nazista foi seguida de medidas mais metódicas. Inicialmente, o regime encorajou os judeus austríacos a emigrarem, uma iniciativa do Gabinete Central para a Emigração Judaica em Viena, sob liderança de Adolf Eichmann. A emigração envolvia uma papelada assustadora e taxas exorbitantes, mas 117 mil dos 192 mil judeus vivendo na Áustria, ou seis em dez, conseguiram partir entre 1938 e 1940. Para aqueles que permaneceram, a vida se tornou cada vez mais dolorosa. Os judeus foram forçados a usar a estrela de Davi amarela e foram banidos do transporte público, das lojas e dos parques. Eles perderam seus empregos, suas empresas e suas casas.

A emigração judaica se tornou mais difícil após o início da guerra e, em outubro de 1941, o Reich adotou uma política de extermínio. O regime começou a transportar os judeus austríacos à força para guetos e campos de concentração na Europa Oriental, em um total de aproximadamente 47.555 pessoas. As deportações eram particularmente assuntos públicos em Viena, mais que na Alemanha, com multidões reunidas para observar e escarnecer dos judeus expulsos para o leste.

As maiores ambições do Reich estavam na Europa Oriental, onde tentava criar um paraíso racial hierárquico para os alemães. Sob o "Plano Geral do Leste" [*Generalplan Ost*], a guerra criaria "espaço vital", ou *Lebensraum*, para os cidadãos do Reich, que colonizariam e controlariam as populações nativas. A Alemanha começou a implementar o plano depois de invadir a Polônia em 1939, tendo assinado um pacto de não agressão com a União

Soviética. O Estado nazista expulsou quase 1 milhão de poloneses e judeus da Polônia para o leste — obrigando-os a abandonar suas casas — e moveu cerca de 600 mil alemães étnicos de outros lugares da Europa Oriental para o território esvaziado.

O Reich encontrou oportunidades adicionais de remodelar a Europa Oriental com a invasão da União Soviética em junho de 1941. Na operação Barbarossa, a Wehrmacht chegou a 20 quilômetros de Moscou. Conforme avançavam, as forças alemãs subjugavam os eslavos, destruíam populações e estabeleciam domínio racial sobre imensos territórios. As forças alemãs também transformaram 5,7 milhões de soviéticos em prisioneiros de guerra, dos quais 3,3 milhões morreram — o segundo maior grupo populacional assassinado pelo Reich.

Mas remodelar a Europa Oriental se provou um pesadelo logístico. O caos radicalizou as políticas populacionais nazistas e, combinado ao pernicioso antissemitismo, aumentou a segregação e o assassinato de judeus. A decisão de aniquilar os judeus da Europa na Solução Final foi finalizada na Conferência de Wannsee em janeiro de 1942. Unidades móveis de assassinato mataram aproximadamente 1 milhão durante fuzilamentos em massa. Cerca de 3 milhões pereceram em campos de concentração, 800 mil em guetos e centenas de milhares em vagões de gás, batalhões de trabalho, marchas de evacuação e operações nos Bálcãs. No total, 6 milhões de judeus, dois terços dos judeus da Europa, morreram no Holocausto.

Os austríacos desempenharam um papel desproporcional nas operações nazistas de assassinato. Embora fossem somente 8% da população da Grande Alemanha, representavam 14% das afiliações à SS e 40% do pessoal dos programas de extermínio.[2] Parte desse desequilíbrio se devia ao fato de os alemães nazistas pegarem os melhores empregos na Áustria e designarem os austríacos para os territórios ocupados na Europa Oriental, mas muito se devia ao virulento antissemitismo doméstico. Além disso, em se tratando de perseguição racial e biológica, os médicos e oficiais vienenses passaram a ocupar uma posição única no regime. Como segunda maior cidade do Reich, perto da Europa Oriental e com uma grande população judaica, Viena esteve na vanguarda de políticas e iniciativas letais.

Muitos austríacos passaram a se identificar com o Estado nazista e se tornaram cada vez mais ligados a ele em função da experiência da guerra. Eles ficaram entusiasmados com os triunfos iniciais do Reich entre 1939 e 1942 e desapontados quando a maré virou, com a derrota nas imensas batalhas de Stalingrado e Kursk em 1943 e a invasão da Normandia por americanos e britânicos no Dia D, em junho de 1944. As apostas existenciais da guerra ligaram os indivíduos ao regime.

A opinião pública em Viena se ressentia das condições do dia a dia. As pessoas resmungavam sobre privações, rações e falta de comida. Diferentes segmentos da população tinham diferentes queixas. Os fazendeiros perderam trabalhadores para a indústria e o serviço militar; os operários enfrentavam cada vez mais controles; os católicos deploravam os ataques nazistas à igreja. Os nazistas austríacos se queixavam por serem deixados de lado por nazistas alemães, que assumiam os papéis de liderança no governo e relegavam os austríacos a posições menos importantes. Após anos de conflito clandestino, os nacional-socialistas austríacos sentiam que mereciam mais. Como em todo o Reich, as pessoas gostavam e desgostavam de diferentes aspectos do domínio nazista, com base em região, classe e interesses. Assim, a despeito da insatisfação disseminada, a sociedade apoiou o regime — uma vez que não havia alternativa — e a maioria dos cidadãos permaneceu leal até o fim.

Para Asperger e seus associados em Viena, a qualidade de vida permaneceu relativamente alta durante a guerra. Os cidadãos do Reich viviam bem, em comparação com as populações que subjugavam, e tipicamente dormiam melhor, moravam melhor e eram poupados da devastação dos campos de batalha. Ao contrário da Primeira Guerra Mundial, quando Viena enfrentara catastrófica escassez de alimentos, fome e inquietação civil, a população permaneceu abastecida e em paz. Viena também foi poupada da pior parte dos bombardeios. Os Aliados lançaram explosivos contra 61 cidades do Reich durante a guerra, destruindo uma em cada cinco casas e matando cerca de 600 mil civis; os bombardeios de Hamburgo e Dresden aumentaram a temperatura nas ruas para mais de 1.500 graus, transformando as pessoas em cinzas em apenas alguns segundos. Mas Viena, conhecida como "abrigo antiaéreo do Reich", esteve fora de alcance até que os Aliados estabeleceram frotas de bombardeiros na Itália, na primavera de 1944. As missões então se dirigiram contra alvos estratégicos na cidade, e não ao bombardeio de varredura, e mataram 24 mil civis.

Mesmo quando a Europa entrou em colapso, alemães e austríacos continuaram a apoiar o Reich. Asperger e seus colegas trabalharam durante toda a destruição, publicando, debatendo e dando palestras uns para os outros. A psiquiatria infantil nazista foi somente um pequeno bolsão de atividade no interior dos esforços do regime para remodelar a Europa. Mas seus praticantes levavam sua tarefa a sério e continuaram a trabalhar com empenho mesmo quando o continente afundou na chacina em massa.

O Terceiro Reich canalizou uma curiosa justaposição de esforços, de guerra total *versus* debates eruditos, de genocídio *versus* artigos de jornal. Mas a tarefa de moldar a mente era importante e os psiquiatras continuaram a discutir os pontos mais sutis da filosofia nazista enquanto a carnificina ocorria à sua volta.

• • •

Durante a guerra, Franz Hamburger tentou promover sua faculdade e a pesquisa no Hospital Infantil da Universidade de Viena. Como purgara os médicos judeus e liberais, o número de professores associados caiu de 23 em 1930 para dezessete em 1938 e para uma média de oito durante os anos do Terceiro Reich. O número de arquivos de pesquisa caiu de 36 para 25 e depois para uma média de oito por ano. Hamburger se apressou em preencher o vácuo. Em rápida sucessão, nove de seus orientandos, incluindo Asperger, foram promovidos entre 1940 e 1945. Os estudantes de Hamburger passavam menos tempo trabalhando em suas teses que seus predecessores sob Pirquet, em uma média de dez *versus* treze anos, e eram mais jovens quando as concluíam.[3] Asperger, como seus colegas, parece ter se beneficiado da expulsão de judeus e liberais, escrevendo sua tese após sua partida.

Aos 37 anos, Asperger pode ter trabalhado apressadamente, sem tempo suficiente, entre suas outras atividades, para realizar uma pesquisa detalhada. Em dezembro de 1942, Hamburger comentou com a administração da universidade que, dada sua "excepcional dedicação às crianças que lhe são confiadas", ele não passara muito tempo trabalhando em sua tese de pós-doutoramento e estava se dedicando à pesquisa "somente agora".[4] No fim, essa pesquisa parece ter sido superficial. Embora Asperger afirmasse ter visto "mais de duzentos" casos de psicopatia autista em dez anos de prática, ele não elaborou sobre essa nebulosa base de dados e, para além dos quatro meninos estudados, mencionou poucas crianças em sua tese.[5]

Ele apresentou sua tese de pós-doutoramento em psicopatia autista logo antes de ser convocado para o serviço militar em uma unidade médica de Viena, em outubro de 1943. Alguns meses depois, foi enviado para trabalhar como médico de campo em uma divisão de infantaria da Wehrmacht, no Estado-fantoche do Eixo, a Croácia, ex-Iugoslávia, que foi um dos mais medonhos teatros da Segunda Guerra Mundial. Trabalhando lá até agosto de 1945, presenciou grandes atrocidades, violência de guerrilha, ferozes retaliações da Wehrmacht e a limpeza étnica de mais de 320 mil sérvios.[6] Até 11% da população iugoslava foi morta, em uma das mais altas taxas nacionais de letalidade na Europa. Asperger, de acordo com a filha, escreveu sobre o perigo constante em seu diário e sobre os ferimentos e as mortes de camaradas e inimigos.[7]

Pessoalmente, no entanto, parece ter tido uma experiência positiva na Iugoslávia. Sua filha afirmou que seu diário está cheio de descrições das montanhas que ele tanto amava, assim como dos habitantes locais que conheceu: seus festivais, costumes e trajes tradicionais. Ele não sofreu nenhum ferimento para além de uma crise de disenteria. Também forjou fortes laços com seus camaradas, enfatizando que a guerra era "onde você precisa se importar com os outros".[8]

Mais tarde, Asperger falou sobre o que ganhara em seu tempo na Iugoslávia, destacando a coragem e o heroísmo. Ecoando antigos ideais masculinos de provar o próprio valor em batalha, lembrou:

> Eu estava na Croácia, na guerra dos *partisans*. Não gostaria de ter perdido nenhuma daquelas experiências. É bom saber como você se comporta quando confrontado com o perigo, quando as balas assobiam à sua volta — também é um lugar no qual você é testado.[9]

Aparentemente, Asperger encontrou realização pessoal em meio à carnificina e à notoriamente cruel conduta da Wehrmacht na Iugoslávia. A política de retaliação do Reich consistia em assassinar cem civis para cada soldado alemão morto. Mas Asperger insistiu ser inocente de qualquer violência. Foi "um grande presente do destino o fato de jamais ter precisado atirar em ninguém", afirmou ele após a guerra.[10] Assim, embora estivesse cercado pelo assassinato em massa, não foi um perpetrador direto e, portanto, não foi comprometido. Ele chegou a chamar a si mesmo de herói. Disse ter salvado o dia quando sua unidade se perdeu recuando para oeste ao fim da guerra:

> Devo dizer que levei toda minha unidade até a fronteira com a Áustria usando métodos do *Wandervogel* [grupo de jovens], com um pouco de sorte, é claro, mas servi de guia porque sabia me orientar pela *Busole* [bússola] e pelas estrelas, e os outros não sabiam. Finalmente, estávamos salvos.[11]

Durante o período na Iugoslávia, Asperger conseguiu manter conexões com a clínica, trocando cartas com a equipe dos departamentos e se mantendo atualizado sobre o trabalho, as notícias e os pacientes. Três artigos seus foram publicados enquanto estava afastado: um em meados de 1944, sobre síndrome pós-encefalítica, e dois no começo de 1944, derivados de seu trabalho no pós-doutorado, incluindo o tratado seminal sobre psicopatia autista.[12]

A tese de pós-doutoramento de Asperger, "A 'psicopatia autista' na infância", pode ser lida como culminação de suas experiências durante o Terceiro Reich. À medida que o regime se radicalizava, o mesmo acontecia com seus textos. Sua definição de psicopatia autista se aguçou ano após ano, conforme ele a descrevia em termos cada vez mais críticos, sociais e eugenistas e incorporava ainda mais elementos da psiquiatria infantil nazista. Em diferentes momentos, escreveu:

> 1937 — "Há tantas abordagens [para o desenvolvimento infantil] quanto há diferentes personalidades. É impossível estabelecer um conjunto rígido de critérios para um diagnóstico."

1938 — "Esse bem caracterizado grupo de crianças que chamamos de 'psicopatas autistas' — porque o confinamento do self (*autos*) levou a um estreitamento das relações com seu ambiente."

1941 — "Um grupo de crianças anormais, às quais nos referimos como 'psicopatas autistas' [...] elas vivem suas próprias vidas, sem relacionamento emocional com o ambiente."

1944 — "O autista é somente ele mesmo (*autos*), e não um membro ativo de um organismo maior pelo qual é influenciado e que influencia constantemente."[13]

Em 1937, Asperger fora contra a criação de diagnósticos; em 1938, somente meses após a anexação nazista da Áustria, descreveu o autismo como "bem caracterizado grupo de crianças". Em 1941, o autismo se tornou "um grupo de crianças anormais". Em 1944, Asperger empregou a retórica fascista do *Volk*, afirmando que as crianças autistas não pertenciam ao "organismo maior".

Ele também aumentou as apostas na conectividade social. O que em 1938 chamara de "estreitamento das relações com o ambiente" das crianças autistas se transformou, em 1941, no mais áspero "sem relacionamento emocional com o ambiente". E que, em 1944, se transformou no ainda mais áspero estado de solipsismo total: "O autista é somente ele mesmo."

Asperger se tornou mais crítico em relação às crianças autistas. Em outra publicação de 1944, "O Centro de Educação Curativa", no *Semanário Clínico Vienense*, desdenhou "daqueles que seguem seu próprio caminho, os autistas, que não conseguem se integrar e constantemente entram em atrito com a comunidade". Ele declarou que sua clínica ensinaria às crianças "uma assimilação passável", a fim de que pudessem "crescer corretamente no interior da comunidade".[14] Os pais podiam prejudicar a socialização das crianças. Alinhado com as visões do Estado nazista, Asperger enfatizou a importância de substituir os laços familiares pelos laços grupais, assim como a centralidade, para esse processo, da Juventude Hitlerista, da Liga das Moças Alemãs e das escolas e centros dirigidos pelo Estado.[15] Nos casos em que se suspeitava que os pais representavam um "perigo" para a integração da criança, a clínica ordenava "monitoramento regular" e mesmo "visitas domésticas".[16]

Em sua tese de 1944, Asperger enfatizou o conceito de *Gemüt* e a conectividade social da psiquiatria nazista. Como a introdução ao tratado não foi incluída na tradução publicada em inglês, ela não é conhecida entre os anglófonos.[17] Assim, embora tenha citado figuras eminentes como Ernst Kretschmer, Ludwig Klages e Carl Jung no corpo da tese — e sua obra tenha sido interpretada nos termos dessas figuras mais convencionais —, na introdução ele alinhou sua obra às ideias dos psiquiatras infantis nazistas e ao conceito de *Gemüt*. E foram esses conceitos do Reich que forneceram a base para sua definição de psicopatia autista.[18]

Asperger apresentou o *Gemüt* como "lado mais importante" do caráter. Ao adotar essa terminologia, rompeu com a tradição de Erwin Lazar na Clínica de Educação Curativa do Hospital Infantil de Viena; mais tarde, explicou que Schröder e Heinze, líderes da "escola de psiquiatria infantil de Leipzig", haviam "criticado Lazar" porque ele não empregava "expressões estabelecidas" como *Gemüt*.[19] A despeito de ter começado sua carreira na clínica de Lazar, Asperger se alinhou a Schröder e Heinze em 1944. Ele citou Hans Heinze — o principal líder da eutanásia — em sua primeira referência ao *Gemüt*, na terceira página de seu tratado.

Então, a partir de "Sobre a fenomenologia do *Gemüt*" de Heinze, Asperger passou a dar muita atenção a Paul Schröder, discutindo-o em cinco das oito páginas da introdução. Explicando como "a avaliação do *Gemüt* é de importância central para a obra de Schröder", adotou a definição de *Gemüt* como "lado espiritual 'que contém as relações com outras pessoas, a habilidade de se interessar pelos outros, sentir empatia, estar com eles'".[20]

Em um comentário informal, brincou que Schröder, "ao discutir o *Gemüt*, sempre retorna à palavra ágape!" Essa era a palavra grega para amor altruísta que adquirira um significado teológico no banquete ágape do cristianismo inicial, uma refeição ritual que celebrava o amor cristão ou fraterno. Schröder usava o termo "ágape" para descrever a aptidão das crianças para o apego, o afeto, a empatia, a generosidade de espírito e o sentimento de comunidade, como consequência social e espiritual de um *Gemüt* saudável. Heinze também ficou preocupado com a "falta de ágape" [*Agapemangel*] nas crianças.[21]

Antes da tese de 1944, o *Gemüt* fora bastante periférico na obra de Asperger. Embora ele tenha passado a evocar o objetivo funcional da psiquiatria infantil nazista — a integração ao coletivo —, raramente usou esse termo. Em seus artigos de 1938 a 1943, ele citara o *Gemüt* mais frequentemente ao descrever a teoria de Hamburger sobre "automatismo timogênico". Hamburger afirmara que o *Gemüt* superior do educador podia ser transferido para o *Gemüt* da criança, como se fosse algo que se pudesse pegar.[22] Hamburger também defendera a transmissão de *Gemüt* entre os indivíduos de uma sociedade, por meio de instituições estatais como a Juventude Hitlerista e as forças armadas. Como declarou que o *Gemüt* até mesmo levava a "mudanças em nossos corpos" — melhorando a pele, a musculatura e a função cardíaca —, Hamburger defendia que era responsabilidade dos médicos conceder *Gemüt* para "um clima psíquico saudável na Grande Alemanha".[23]

Os pronunciamentos sobre *Gemüt* do próprio Asperger foram mínimos antes de 1944. Ele não o mencionou em seu artigo de 1937. No artigo de 1938, mencionou *Gemüt* apenas de passagem, afirmando que poderia ser um de vários fatores para se decidir pela esterilização de uma criança e criticando a "malícia sem *Gemüt*" de algumas delas. O artigo de 1942 mencionou o *Gemüt* no contexto das prioridades de Schröder, que afirmara que "as qualidades de *Gemüt*" eram de "importância decisiva" para o "prognóstico social" de uma criança. O artigo de 1943, "Experiência e personalidade", foi um pouco mais longe, dizendo que as "qualidades do *Gemüt*" eram uma "questão decisiva" na "avaliação de cada personalidade".[24]

Mas, em seu tratado de 1944, Asperger afirmou que o *Gemüt* era da maior importância. Ele chegou a argumentar que "Toda a personalidade de uma pessoa fala do *Gemüt*". Ele o colocou no centro de seu diagnóstico de psicopatia autista: "São uma alteridade qualitativa, uma desarmonia de sentimentos, de *Gemüt*, e muitas vezes contradições completamente surpreendentes que causam a desordem de adaptação."[25]

Ao elevar o papel do *Gemüt*, Asperger espelhou a maneira como as ideias de seus colegas mais experientes na psiquiatria infantil nazista evoluíram durante o Terceiro Reich. Depois que Heinze e Schröder disseminaram o conceito de *Gemüt* nos anos 1930, figuras proeminentes da eutanásia nazista passaram a considerá-lo uma característica crítica. Em 1939, o importante psiquiatra infantil Werner Villinger, que em breve se tornaria um "especialista" do T4 selecionando adultos para a eutanásia, dissecou a "competência comunitária" [*Gemeinschaftsfähigkeit*] das crianças e desenvolveu uma matriz 3 x 4 de "caracterologia" que discriminava aquelas que eram "menos acessíveis, com naturezas mais frias", determinadas pela qualidade de seu "*Gemüt*".[26] O psiquiatra e neurologista Friedrich Panse, também "especialista" do T4, escreveu em 1940 sobre as ideias prevalentes a respeito de "psicopatas sem *Gemüt*".[27] Gerhard Kujath — um proponente da educação curativa que era médico-chefe da clínica de eutanásia Wiesengrund, em Berlim-Wittau — tentou corrigir o "defeito do *Gemüt*". Como afirmou em seus artigos de 1942, a educação curativa significava "ensinar comunidade", despertar a "alma coletiva dentro do indivíduo" e o "impulso fundamental" das crianças "de assimilar e se alinhar ao Gestalt do nós". Dependendo de sua capacidade, os jovens podiam ser encaminhados a instituições que iam de reformatórios e centros de detenção a campos de concentração. O próprio Kujath presidiu experimentos médicos e as mortes de ao menos 81 crianças.[28] Mas, usando a retórica compassiva comum à psiquiatria nazista, urgiu seus colegas a "abordarem cada criança imparcialmente, com total fé pedagógica, acreditando que o impossível ainda pode ser possível". Com "inspeção atenta", o psiquiatra podia descobrir os "vários talentos" de uma criança e "aspectos plenos de *Gemüt*".[29]

Durante a década de 1940, os líderes da eutanásia em Viena também consideraram o *Gemüt* central para o valor individual. Como diretor de Spiegelgrund, Erwin Jekelius perguntou aos participantes da primeira reunião da Sociedade de Educação Curativa de Viena, em 1941: "Qual a utilidade da maior inteligência e da maior coragem se há total pobreza de *Gemüt* [*Gemütsarmut*] e ímpeto antissocial?"[30] Jekelius até mesmo encaminhou uma adolescente para a morte potencial em Steinhof por causa de sua "personalidade antissocial, com traços dissociais (insolente, indisciplinada)", que se somava à sua "pobreza de *Gemüt*".[31]

Ernst Illing, que sucedeu Jekelius como diretor clínico de Spiegelgrund, também insistiu que as crianças tinham *Gemüt*. Em um discurso à Sociedade de Higiene Racial na Universidade de Viena, publicado em 1943, Illing citou Schröder e Heinze ao definir *Gemüt* como a habilidade de forjar "qualquer conexão emocional com outras pessoas". Em sua opinião, era possível perceber crianças com escassez de *Gemüt* [*Gemütsmangel*] desde os 3 ou 4 anos de idade. Embora tais crianças pudessem ser intelectualmente "dotadas", elas "não têm a habilidade de serem atenciosas. Não têm amigos verdadeiros e não desenvolvem laços com familiares ou valores objetivos. Elas não se apegam, não têm necessidade de afeto e não demonstram compaixão".[32]

Para Illing, a falta de sentimento social das crianças se traduzia em falta de espírito coletivo. Isso representava um problema para o Reich. As crianças não se sentiriam parte da comunidade nacional e não teriam "patriotismo e amor pela pátria". Soldados, em particular, precisavam de "*qualidades bem definidas de* Gemüt" (grifo no original) para demonstrar "entusiasmo, atitudes honradas, absoluta confiabilidade e lealdade, camaradagem genuína e compaixão humana". Afinal, ter *Gemüt* era o que significava ser alemão. Illing defendeu que os membros do *Volk* tinham uma profundidade de *Gemüt* [*gemütstiefe*] que "britânicos e anglo-americanos" não tinham; que os "bolcheviques" careciam de *Gemüt* [*gemütsarm*] ou, ao menos, seu *Gemüt* era "considerado atrofiado".[33]

Illing sugeriu consequências catastróficas para Raimund H., de 16 anos, que descreveu como "rudemente carente de *Gemüt* [*gemütsarm*], não exibindo nenhum apego a pessoas ou coisas". Isso significa que era muito desligado de seu ambiente, mostrava-se "objetivamente desinteressado" e seu humor era "consistentemente indiferente". Illing recomendou sua transferência para o brutal Campo Juvenil de Proteção da SS em Moringen.[34] Também denunciou Friedrich Zawrel, de 12 anos, em 1943 por causa de "sua monstruosa pobreza de *Gemüt*". O médico Heinrich Gross, de Spiegelgrund, considerou esse pronunciamento de Illing em 1943 importante o suficiente para repeti-lo, palavra por palavra, ao fornecer seu parecer especializado sobre Zawrel três décadas depois, em 1975.[35]

Embora Asperger tenha adotado a ênfase de seus colegas sobre o *Gemüt* em sua tese de 1944, ele lhe deu maior dimensionalidade. Em vez de vê-lo como traço definido que a criança tinha ou não, ele argumentou que "o *Gemüt* não é uma constante, que está simplesmente presente em diferentes quantidades em diferentes pessoas", mas sim "uma função extremamente complexa" que apresenta "grandes diferenças qualitativas entre várias personalidades".[36]

Na visão de Asperger, não era a falta de *Gemüt*, mas um *Gemüt* anômalo que causava a psicopatia autista. Isso pode soar generoso, concedendo às crianças autistas ao menos alguma forma de *Gemüt*, mas sua descrição do *Gemüt* dessas crianças era muito perturbadora. Asperger avisou aos leitores, já no início de seu tratado, quanto "Pais, orientadores e amigos devem suportar, ou melhor, aprender — quão diferente é o *Gemüt* dos psicopatas autistas".[37]

E, todavia, ele se contradisse quanto à psicopatia autista estar relacionada a um *Gemüt* diferente ou deficitário. Na introdução, insistiu que "Se você quer julgar *Gemüt*, as contradições são impossíveis de classificar ou mensurar com os termos 'pobreza de *Gemüt*' [*Gemütsarmut*] ou 'riqueza de *Gemüt*' [*Gemütsmreichtum*]". Porém, mais tarde, afirmou que "a maldade e a crueldade" das crianças autistas "falam claramente da pobreza de *Gemüt* [*Gemütsarmut*]".[38] Essa discrepância sugere que Asperger pode não ter pensado claramente sobre a adoção do *Gemüt* em 1944. Também podia não se sentir tão compassivo em relação às crianças autistas quanto mais tarde afirmou ser.

Ele inseriu ideias de *Gemüt* em sua tese para espelhar a suprema preocupação da psiquiatria nazista com o sentimento comunitário, enfatizando a importância do pertencimento coletivo e identificando progressivamente as crianças que acreditava não terem espírito social. Considerando que as "crianças normais interagem adequadamente com as outras como membros integrados de suas comunidades", as crianças que não se integravam à comunidade mais ampla tinham psicopatia autista. Elas podiam se comportar "incrivelmente mal" quando estavam "em um grupo que deve seguir um comando comum" ou "carecer completamente de qualquer respeito pelas outras pessoas".[39] Os jovens autistas podiam colocar a comunidade em risco com seu egocentrismo, por "seguir apenas suas próprias vontades, interesses e impulsos espontâneos, sem considerar restrições ou prescrições impostas de fora".[40] Eles eram incapazes de se unir ao *Volk*.

Assim como o nazismo insistia que o indivíduo devia ser levado para a (ou extirpado da) comunidade, Asperger defendeu que a criança autista "é como um estranho, indiferente aos ruídos e movimentos circundantes e inacessível em suas preocupações".[41] A criança era inacessível porque "o transtorno fundamental dos indivíduos autistas é a limitação de seu relacionamento com o ambiente". Isso a separava das outras, de modo que ela parecia "sozinha no mundo" e vivia "entre as pessoas como se fosse uma estranha".[42]

Em resumo, Asperger estava descrevendo a mente presa em si mesma. Na página final de sua tese, ele chegou ao ponto de dizer que a "introversão, se é uma restrição do self e um estreitamento das relações com o ambiente, pode muito bem ser autismo (*Autismus*) em essência".[43] Basicamente, ele estava definindo o autismo e o nazismo como estados inversos do ser. Enquanto a raiz do fascismo (*fascio*) era o feixe, ou grupo, a raiz do autismo era *autos*, a condição do self. Como especialista em grego e latim, ele pode muito bem ter tido essa oposição em mente quando modificou suas definições da psicopatia autista durante o Terceiro Reich.

O que explica essa mudança nas definições da psicopatia autista? Os diagnósticos psiquiátricos frequentemente são influenciados por tendências da sociedade — como os diagnósticos históricos de histeria e homossexualidade —, e as definições evoluem. Mas, no caso de Asperger, as mudanças foram rápidas e pronunciadas. Entre 1938 e 1944, seu diagnóstico da psicopatia autista se tornou tão alinhado aos conceitos de seus associados mais experientes na psiquiatria infantil nazista que pode parecer resultado de suas circunstâncias imediatas, e não da evolução da pesquisa autônoma e do pensamento independente.

Não está claro se Asperger estava convicto das mudanças que fizera na definição de psicopatia autista ou mesmo em relação à psiquiatria infantil nazista em geral. O fim do Terceiro Reich traria enormes transformações em suas abordagens de ambos os temas.

10

Acerto de contas

A queda do Terceiro Reich não causou um final feliz para as crianças que sofreram nas mãos da psiquiatria nazista. Quando o exército soviético entrou em Viena em abril de 1945, enquanto Asperger estava na Iugoslávia, a equipe de Spiegelgrund disse às crianças para temerem o pior, fazendo alertas apavorantes da propaganda nazista como "Eles vão cortar seu nariz e suas orelhas".[1] A invasão soviética foi uma época aterrorizante e tumultuada, embora alguns sobreviventes se lembrem dos soldados do Exército Vermelho como mais agradáveis e generosos que seus compatriotas em Spiegelgrund, oferecendo-lhes pão, maçãs e até mesmo cigarros, uma mercadoria valiosa na época.

Muitos pais de crianças mantidas em Spiegelgrund foram até lá para levá-las para casa. Quando seu pai chegou, Alois Kaufmann estimou estar uns 11 quilos abaixo do peso normal. Ele contou que não conseguiu atravessar a ponte Spetter e implorou: "Pai, não consigo, não consigo, estou com medo da ponte." Depois que ele começou a chorar, o pai "me pegou no colo e foi assim que atravessamos". Ernst Pacher teve de permanecer em Spiegelgrund, que continuou a operar, embora de maneira menos homicida. Ele observou que muitas crianças voltaram para casa, "Mas algumas permaneceram, e minha mãe não foi me buscar, ela disse apenas: 'Eles cuidaram bem de você por lá'". Todavia, Pacher acrescentou: "Nós os encontramos de novo mais tarde; os mesmos auxiliares de enfermagem, homens e mulheres, estavam de novo nas instituições."[2]

A crueldade e a violência continuaram. Suspeitava-se que médicos e enfermeiras negligenciavam deliberadamente algumas crianças, deixando-as morrer. As condições pareciam diferentes do lado de fora, para o público, mas, do lado de dentro, os jovens ainda enfrentavam uma realidade pavorosa. Mesmo quando Spiegelgrund foi fechado em 1950, as crianças e a equipe simplesmente foram transferidas para o castelo Wilhelminenberg, ali perto. Pouca coisa mudou: os cobertores das crianças ainda traziam a inscrição "SPIEGELGRUND".[3]

O espectro de Spiegelgrund permaneceu uma realidade conceitual muito depois de a instituição ser fechada. Os cuidadores nos lares infantis de Viena ameaçavam enviar as crianças para lá, como se ainda existisse. Como lembrou uma mulher que fora institucionalizada: "Sempre, quando algo acontecia — e é claro que acontecia, naquela atmosfera, né —, o que eles diziam? 'Vocês vão todos para Spiegelgrund!' Eu não tinha ideia do que era Spiegelgrund. Eu sabia que existia e devia ser algo real."[4] Ameaçar crianças indisciplinadas com Spiegelgrund virou uma espécie de expressão idiomática vienense, totalmente abstrata; décadas após a guerra, os professores assustariam alunos malcomportados com essa sinistra possibilidade.

Os sobreviventes de Spiegelgrund continuaram a sofrer após receber alta. Para Franz Pulkert, a vida não melhorou muito. "A violência era comum na época; quero dizer, com meus pais, não era nada diferente, porque minha mãe agia do mesmo jeito." Friedrich Zawrel lembrou: "Meu pai continuou a beber. Em casa, as coisas eram tão ruins quanto antes." Karl Hamedler, que estava na adolescência, sentia-se amargo. "Naquela idade, você não sabe o que fazer consigo mesmo. Você está no mundo e todos estão cagando para você, para falar sem rodeios." Mesmo Leopoldine Maier, cuja mãe ia até Spiegelgrund toda semana para visitá-la, tinha problemas. Ela confessou: "Eu fugia da minha mãe com muita frequência. Sempre tinha uma sacola com sobras de comida, para não passar fome."[5]

Alois Kaufmann enfatizou o trauma e o estigma persistentes de Spiegelgrund. "Tínhamos vergonha, literalmente tínhamos vergonha de dizer que havíamos estado em uma instituição correcional, em uma [unidade de] eutanásia, mantínhamos a boca fechada." Ele disse que a madrasta o advertiu: "Não ouse contar a ninguém. Não há nada do que se orgulhar."

Kaufmann carregou o horror de Spiegelgrund durante toda a vida. "Eu não conseguia andar pelas ruas, não conseguia andar", repetiu ele. "Eu estava sempre com medo e chorava o tempo todo." Ele afirmou que "levou anos, anos" para que a ansiedade melhorasse. Mesmo assim, "O medo é meu companheiro diário até hoje. Um medo cruel da morte".

Outros sobreviventes declararam ter se distanciado das experiências de infância. Alfred Grasel as retirou da memória, explicando: "Eu, como posso dizer, apaguei tudo do meu cérebro. Reprimi tudo. Porque não adianta nada." Grasel apresentou o esquecimento como estratégia de sobrevivência: "Olhe, quando vim para Viena, eu estava sozinho. E agora tenho de viver." Ernst Pacher descreveu um relacionamento mais estratificado com o passado. "As coisas que vi passam por mim como se fossem um filme", refletiu ele. "Minha mulher diz que eu frequentemente choro durante a noite. Não sei por que, simplesmente não sei por quê. [...] É loucura. Tudo isso significa que, como é mesmo que os psicólogos dizem, que essas coisas voltam de uma maneira poderosa quando você fica mais velho, e isso realmente é verdade. Às vezes isso me atormenta, é loucura."[6] Rudolf Karger também reviveu o trauma mais tarde. Após ler seu arquivo em Spiegelgrund depois de adulto, ele descreveu como a dor o atingiu subitamente e com força total:

> Foi um desastre para mim. Durante um ano, fui incapaz de falar sobre isso. Eu me afastei completamente de tudo e chorava como uma criança porque não conseguia entender como as pessoas puderam ser tão más e nos enviar para lá, sabendo o que acontecia lá, em Spiegelgrund. [...] Eu desmoronei. Durante um ano, eu desmoronei.[7]

Friedrich Zawrel levou um susto ainda maior ao ficar face a face com o martírio de Spiegelgrund — literalmente. Zawrel foi enviado para um psiquiatra indicado pelo tribunal quando foi preso por furto em 1975. Ele se viu sentado em frente a um dos médicos de Spiegelgrund, Heinrich Gross. O homem responsável por assassinar centenas de crianças se tornara um médico celebrado que emitia milhares de pareceres especializados para o Estado austríaco.

Zawrel admitiu que "meu primeiro pensamento foi: Heinrich, você está gordo". Então ele disse ter castigado Gross: "Mas você consegue dormir bem à noite? Você não ouve aquelas criancinhas chorando na sacada do lado de fora? Aquelas que foram assassinadas?" Segundo Zawrel, "Ele se encolheu todo. Ficou branco igual ao teto. Então ele se inclinou para a frente e parecia ter envelhecido cinquenta anos. 'Você esteve lá?' Eu respondi: 'De onde você acha que eu o conheço?'"

Gross acertou as contas com Zawrel ao fornecer seu parecer para o tribunal. Ele não apenas recomendou que Zawrel recebesse uma longa sentença de prisão como também empregou uma frase escrita por Ernst Illing em seus registros em Spiegelgrund três décadas antes: "O indivíduo examinado se origina de uma família genética e sociologicamente inferior."[8] Mas Zawrel não se deixou intimidar e iniciou um esforço que duraria décadas para levar Gross aos tribunais.

Para Leopoldine Maier, o reconhecimento legal foi um frio conforto. Ela ainda estava "paralisada pelas memórias da infância". "Quando não estou prestando atenção, sempre encolho o pescoço, como se estivesse constantemente com medo de ser atingida com uma vara ou algo assim. [...] Sempre que acordo pela manhã, digo a mim mesma que sou velha, que aquilo já passou e jamais acontecerá comigo novamente. Esse é meu ritual todas as manhãs. Eu digo a mim mesma que já passou e eu sobrevivi."

Maier dedicou a vida a promover a vida. Ela se tornou enfermeira em Viena e, como disse: "Eu adoraria ter tido um filho, apenas para poupá-lo das coisas pelas quais passei." Mas suas trompas de falópio estavam bloqueadas. Apesar de não haver registro em seu arquivo, ela suspeita ter sido esterilizada durante o Terceiro Reich. Assombrada pela violência física e mental em Spiegelgrund, confidenciou: "A expressão 'vida indigna' ainda soa em meus ouvidos. Ainda há um sinal sobre minha vida que diz que, estritamente falando, eu não tenho o direito de viver."

Embora os sobreviventes de Spiegelgrund tenham sofrido durante a vida adulta, a maioria dos perpetradores se safou após a guerra. A onda de ultraje público imediatamente após 1945 atingiu apenas algumas figuras proeminentes, não as legiões de funcionários de Spiegelgrund que continuaram a trabalhar com crianças nas casas da cidade. Três médicos foram a julgamento entre 15 e 18 de julho de 1946: Marianne Türk, Margarethe Hübsch e Ernst Illing. O *Nova Áustria* publicou uma fotografia dos três sentados com os braços cruzados e olhando para longe da câmera, com a manchete "Os assassinos de crianças de Steinhof no banco dos réus".[9] O Tribunal Popular sentenciou Illing à morte, Türk a dez anos de prisão (ela cumpriu somente dois) e inocentou Hübsch por falta de provas. Em abril de 1948, a enfermeira Anna Katschenka foi sentenciada a oito anos de prisão por homicídio culposo (cumpriu apenas dois).[10] Entrementes, Erwin Jekelius, que dirigiu Spiegelgrund de 1940 até o fim de 1941, foi capturado pelas forças soviéticas, sentenciado em Moscou a 25 anos de prisão e morreu de câncer da bexiga em 1952. Ironicamente, um de seus colegas prisioneiros relatou que "Jekelius era o melhor camarada que se pode imaginar! Ele consolava todo mundo. Vivia pelos mais altos padrões morais que se possa conceber".[11]

Muitos outros perpetradores ficaram praticamente impunes. Mesmo figuras importantes da eutanásia em todo o Reich, como Hans Heinze e Werner Villinger, tiveram prósperas carreiras no pós-guerra como principais psiquiatras da Alemanha. Franz Hamburger, que se tornara emérito em 1944, jamais foi a julgamento.[12] O enorme papel que o Hospital Infantil de Hamburger desempenhou no sistema de assassinatos também não foi reconhecido. Elmar Türk, aluno de Hamburger que conduzira com ele os experimentos de tuberculose em crianças, exerceu a profissão até os anos 1990 e utilizou seus experimentos humanos do Terceiro Reich. As partes de corpos de crianças assassinadas em Spiegelgrund continuaram a circular pelos laboratórios de pesquisa de Viena, e foram a base das publicações de cientistas por décadas.[13]

O médico Heinrich Gross publicou 38 artigos em 25 anos, vários com base nos cérebros preservados de mais de quatrocentas crianças que colheu em Spiegelgrund durante o Terceiro Reich, colaborando com associados (como Andreas Rett, que deu nome à síndrome de Rett).[14] Gross se tornou um médico proeminente na Áustria e recebeu do governo a Cruz Honorária de Ciência e Artes em 1975. A despeito dos procedimentos legais contra ele em 1948 e 1981, conseguiu escapar da condenação por assassinato. Um caso sólido contra ele finalmente chegou aos tribunais em 2000, mas Gross foi considerado incapaz de ser julgado em razão da demência avançada, uma condição da qual muitos observadores discordaram. Ele morreu em 2005, aos 90 anos.[15]

Os sobreviventes de Spiegelgrund só começaram a obter reconhecimento e compensação na década de 1990, quando o clima político e social liberalizante na Alemanha e na Áustria levou a um maior escrutínio do Terceiro Reich. A atenção da mídia ao julgamento de Gross contribuiu para aumentar a consciência pública.[16] Em 2002, os restos mortais das vítimas de Spiegelgrund foram enterrados e receberam um memorial, incluindo os cérebros que Gross coletou, que foram descobertos no porão de Spiegelgrund, em frascos de vidro cuidadosamente alinhados. Houve exposições, livros e simpósios sobre Spiegelgrund, agora visto como um dos maiores crimes da Áustria durante o Terceiro Reich. Spiegelgrund foi até mesmo tema de uma ópera transmitida ao vivo no edifício do Parlamento austríaco em 2013, mostrando adultos em berços gradeados e sujeitados a tortura. Houve um acerto parcial de contas com a psiquiatria nazista.

Asperger foi inocentado de qualquer transgressão após a guerra. A maioria de seus colegas que haviam se filiado ao Partido Nazista foi desqualificada de posições de liderança no período imediatamente após o fim da guerra; Asperger se beneficiou do vácuo e foi nomeado diretor interino do Hospital Infantil da Universidade de Viena entre 1946 e 1949.[17]

A Clínica de Educação Curativa foi reconstruída. Ela fora destruída por um bombardeio aliado em 10 de setembro de 1944 que matara a enfermeira-chefe Viktorine Zak, encontrada com os braços em torno de uma criança depois de ter enviado outras crianças da clínica para um abrigo antiaéreo. A reconstrução foi meticulosa. Um dos antigos médicos da equipe, Georg Frankl, que emigrara em 1937, visitou a clínica em 1949 e achou estranho encontrar a ala "inalterada". Frankl explicou que a clínica "foi restaurada com acuidade fotográfica [...] Você não pode imaginar como é estranho ver que ela é absolutamente idêntica".[18]

A abordagem intuitiva de Asperger também permaneceu inalterada. Ele continuou a tradição de Hamburger de pediatria emocional e pessoal, em vez de retornar à ênfase de Pirquet na ciência sistemática. Também continuou a defender o instinto acima do intelecto ao tratar as condições e os caracteres das crianças. Asperger teve uma longa carreira. Em 1957, foi nomeado diretor do Hospital Infantil da Universidade de Innsbruck; em 1962, seguiu os passos de Hamburger como diretor permanente do Hospital Infantil da Universidade de Viena. Ele escreveu um livro didático, *Heilpädagogik*, que teve sucesso em várias edições, e seu campo de "educação curativa" se expandiu e assumiu a direção da dominante "educação especial".[19]

A Clínica de Educação Curativa enviou crianças para a instituição sucessora de Spiegelgrund, Wilhelminenberg. Uma delas foi Erika Thaler, que contou como, em 1951, a equipe a considerou judia por causa de seu cabelo escuro e a espancou repetidamente, além de mantê-la em confinamento solitário. Thaler foi hospitalizada várias vezes em razão dos ferimentos. Anna Theresia Kimmel, vista na clínica de Asperger, mais tarde descreveu seu encontro com ele. "Eu fiquei em pé de frente para um homem muito alto em um jaleco branco. Cabelo claro. A diferença de altura era enorme. E eu só vi que ele cumprimentou minha mãe, então olhou para mim e me deu um soco no estômago com toda a força. Minha reação não foi uivar de dor, nada, mas provavelmente olhei para ele com raiva. E então ele disse a mim e à minha mãe que eu tinha agressividade." Kimmel contou que foi institucionalizada e mantida em uma cama com grades por um mês. Mais tarde, refletiu: "Nunca mais ouvi falar de Asperger novamente. Não sei, eu era parte de um teste? Era uma pessoa? Um pedaço de madeira? Uma cobaia? Não tenho ideia."[20]

Uma cuidadora do Serviço de Acolhimento Familiar de Viena explicou que a Clínica de Educação Curativa de Asperger tinha uma reputação de severidade em suas referências. Ela lidara regularmente com a equipe de Asperger, e suas discussões se tornavam tão "terríveis" que, "frequentemente", ela e a psicóloga da instituição "saíam da sala". Ela disse que, durante a década de 1970, a clínica de Asperger "focou nos problemáticos", o que ela achava "antiquado". As opiniões sobre o próprio Asperger, em sua visão, não eram "das piores", mas ele "usava antolhos".[21]

Asperger afirmou, após a guerra, que resistira ao programa nazista de eutanásia infantil, que chamou de "totalmente desumano".[22] Como declarou em uma entrevista de 1977 — na terceira pessoa — "o negro [católico] Asperger não relatou aqueles com danos cerebrais para extermínio".[23]

Ele alegou que sua recusa em denunciar as crianças o colocou em risco durante o Terceiro Reich, dizendo, em 1974: "Nunca estive disposto [...] a notificar a Secretaria da Saúde sobre as crianças débeis mentais, como éramos instruídos a fazer, e isso foi realmente perigoso para mim."[24] Na mesma entrevista, afirmou que a Gestapo tentara prendê-lo duas vezes, mas Hamburger, a despeito de suas diferenças ideológicas, o defendera. Hamburger, que era "nacional-socialista convicto [...] conhecia minha atitude, mas me protegeu com todo seu ser. Eu lhe concedo grande crédito por isso".[25] Embora até o momento nenhum registro desses incidentes tenha sido encontrado, Asperger desenvolveu a reputação de ter resistido ao nazismo e mesmo de ter sido vítima do regime. Ele declarou, em 1977: "Se os nazistas tivessem vencido a guerra, isso teria custado minha cabeça."[26]

Ainda que ele possa muito bem ter tentado proteger algumas crianças que poderiam enfrentar a morte, mesmo assim está documentado que recomendou a transferência de outras para Spiegelgrund, dezenas das quais foram assassinadas. Ele pode ter considerado, como disse, que estava em uma "situação realmente perigosa" e se sentido pressionado a participar do programa de eutanásia. Qualquer um em seu meio, com colegas como os seus, teria se sentido pressionado. Isso dito, Asperger escolheu esse meio e esses colegas. Ele tinha numerosos e volitivos laços com o programa de eutanásia, que permeava seu mundo profissional.

Se Asperger estava em grave perigo ou sofreu perseguição durante esse período, isso não parece ter prejudicado sua carreira, que prosperou. Permanecer fora do partido não o impediu de assumir posições de liderança no mundo acadêmico e nos cargos estatais de Viena. E, embora tenha dito que sua reputação antinazista atrasou sua promoção para *Dozent*, ou professor-associado, ele obteve a posição ainda jovem, aos 37 anos, em outubro de 1943.[27]

Suas alegações inequívocas de que resistiu ao nazismo suscitam a questão de como lidou com suas ações durante o Terceiro Reich. Suas publicações do pós-guerra podem fornecer algum *insight* sobre como entendia seu papel no sistema de eutanásia, sugerindo a maneira como se debateu com esse papel e, finalmente, passou a aceitá-lo. Asperger escreveu muito sobre a alma das crianças, as mortes infantis e o livre-arbítrio. Ele focava em jovens que eram pacientes terminais ou à beira da morte natural, não em crianças saudáveis consideradas deficientes. Ligar seus artigos do pós-guerra ao sistema de assassinatos do Reich é puramente especulativo; todavia, suas meditações revelam suas atitudes em relação aos parâmetros da morte infantil e da moralidade.

Em 1969, Asperger escreveu um artigo incomum intitulado "Completude espiritual precoce em crianças em estado terminal" que ligava suas preocupações religiosas à morte infantil precoce. Ele argumentou que havia "uma legalidade do curso da vida, não há acaso quando se trata de doença e morte". Mesmo as mortes causadas por "acidente ou guerra" estavam "incluídas nessa lei".[28] Ele afirmou que as mortes infantis também emergiam de "leis internas".[29]

Asperger disse que as almas das crianças em estado terminal "sempre são muito diferentes do 'normal'". Em suas palavras: "Sua tênue diferenciação espiritual resulta do enfraquecimento de sua vitalidade primitiva por meio da doença existente — uma consequência da doença."[30] Em outras palavras, a doença modificava a alma das crianças e a envelhecia prematuramente, completando seu desenvolvimento. Era apropriado que perecessem mais cedo que as outras. Em seu artigo de 1975, "A criança moribunda", ele evocou as escrituras para concluir, citando o Livro da Sabedoria de Salomão: crianças que morrem cedo "vivem uma longa vida em um curto período".[31]

Os diagnósticos "incuráveis" discutidos no Terceiro Reich não tinham nenhuma relação com doenças terminais, mas Asperger pode ter se justificado para si mesmo com uma definição mais ampla do que significava estar em estado terminal. Se aplicou a ideia de "completude espiritual precoce em crianças em estado terminal" àquelas que considerava incuráveis, isso significava que a alma dessas crianças estava no fim da vida. As crianças estariam prontas para a morte: essa era a "legalidade do curso da vida". Esse raciocínio pode tê-lo ajudado a estabelecer a quadratura do círculo em termos de religiosidade e assassinato. Como afirmou que a morte da criança "está nas mãos de Deus", seu fatalismo retirou a responsabilidade pelo destino da criança das mãos do médico.[32] Em sua visão, o papel do médico era guiar a criança e seus pais, particularmente a mãe enlutada, até o caminho da morte, a fim de "cumprir seu nobre dever de guia até o reino natural".[33]

Em seu artigo de 1975, "A criança moribunda", Asperger também escreveu que o médico devia "servir na morte". Não está claro o que quis dizer exatamente com essa expressão, mas ele a justapôs ao que chamou de "eutanásia ativa". Embora tenha dito que a "eutanásia ativa" das crianças significava "interferir nos mecanismos da vida com uma mão sacrílega", imediatamente depois defendeu que o médico mesmo assim deve oferecer uma mão orientadora:

> E há situações nas quais devemos, no caso de uma criança moribunda, servir na morte [dem Kind im Sterben, zum Sterben dienen] — o médico, a enfermeira, os pais, todos nós, quando somos chamados a fazê-lo. É um dever difícil, mas humanidade é difícil.[34]

Asperger foi oblíquo sobre o que "servir na morte" significava exatamente. Podia significar simplesmente confortar a criança. Mas sua comparação com a "eutanásia ativa" é curiosa, e pode ser que "servir na morte" significasse algo mais, especialmente por se tratar de um "dever difícil". Talvez seja revelador que ele tenha tido o cuidado de distinguir entre essas duas ações, condenando a "eutanásia ativa" e elogiando a "humanidade" de "servir na morte". É claro que é um exagero aplicar o artigo de 1975 a sua participação no programa de eutanásia trinta anos antes, especialmente porque os dois parecem se aplicar a categorias inteiramente diferentes: crianças em estado terminal *versus* crianças supostamente difíceis ou deficientes. Mas é possível que Asperger considerasse as crianças que diagnosticava como ineducáveis ou severamente deficientes como em estado terminal. Assim, quando as enviava para Spiegelgrund, ele pode ter acreditado — ou querido acreditar, em retrospecto — que era isso que significava "servir na morte". Ele estava ajudando Deus, não bancando Deus.

Suas publicações do pós-guerra sobre valores pessoais são igualmente intrigantes. Em contraste com seus textos durante o Terceiro Reich, Asperger escreveu muito sobre moralidade, escolha e religião no período do pós-guerra. Conforme se afastava do vocabulário da era nazista e renegava o "determinismo genético" da higiene racial e da pesquisa psiquiátrica nazista, criticando a modernização, a tecnologia e as normas sociais em evolução, ele exaltava os valores e as virtudes da sociedade tradicional.[35]

Ele começou por incorporar temas religiosos a sua obra, citando as escrituras, apelando a seus leitores como cristãos, vendo cuidadores como cristãos e explicando os resultados médicos como vontade divina.[36] Citando repetidamente a ideia de "liberdade de um cristão" de Martinho Lutero, Asperger escreveu em 1948, somente três anos após a queda do Reich, que era possível uma pessoa ser absolvida de um ato imoral se admitisse para si mesma que o ato era errado.[37] Em seu artigo "Determinantes do livre-arbítrio: uma descoberta científica", ele argumentou que os indivíduos tinham liberdade de ação limitada e, consequentemente, livre-arbítrio limitado. Todavia, como tinham total liberdade de pensamento, os pensamentos eram sua verdadeira medida. Retratar-se de um ato imoral — para si mesmo — era mais significativo que cometer o próprio ato imoral. Como Asperger explicou:

> Há uma liberdade muito menos restrita que a de ação, e é por isso que a consideramos um dever ainda maior: a liberdade, depois do ato realizado, de assumir uma posição em relação a ele. [...] Trata-se de uma decisão: se a pessoa aceita o princípio moral, submete-se a ele e assume a responsabilidade ou se o rejeita por despeito ou para enganar a si mesma, o que nunca funciona. Aí jaz a vindicação ou condenação final, a medida última de seu valor como ser humano [...] trata-se de uma decisão interna; externamente, não é preciso fazer nada, nenhuma ação, palavra ou gesto.[38]

Assim, Asperger defendeu que, no fim das contas, o que importava não era agir errado, mas saber que era errado. Tratava-se de um estado mental interno, sem necessidade de expiação externa. Três anos após a queda do regime nazista, em meio às purgas e desgraças de seus colegas nazistas, ele estava preocupado com os parâmetros da integridade pessoal.

Estivessem ou não seus artigos do pós-guerra relacionados ao Terceiro Reich e ao programa de eutanásia, está claro que questões sobre morte infantil precoce, "eutanásia ativa" *versus* "servir na morte", livre-arbítrio, moralidade e expiação estavam em sua mente. Também está claro que ele estava tentando criar um sistema para julgar indivíduos nesses campos e parecia pensar que o julgamento era necessário.

• • •

Talvez mais que qualquer outro período da história, a era nazista convida ao julgamento dos indivíduos. É tentador classificar as ações das pessoas como morais ou imorais, inocentes ou criminosas, em vez de incluir cada ato em um balanço, com um resultado negativo ou positivo ao final.

Para muitas pessoas sob o nazismo, entretanto, a vida não foi vivida em termos de princípios abstratos. Em vez de habitar um mundo em preto e branco, a maioria dos indivíduos no Reich operava em tons de cinza. As pessoas enfrentavam incontáveis decisões todos os dias. Alguém poderia passar por uma placa de "Judeus não são bem-vindos" em uma loja e não dizer nada, mas comprar na loja de um judeu, na esquina seguinte, em razão de seus preços favoráveis. Alguém poderia ajudar um vizinho ameaçado pelo regime e desviar o olhar quando outro vizinho desaparecesse. As pessoas navegavam por suas escolhas cotidianas conforme elas se apresentavam, improvisando em suas esferas pessoais e profissionais. Pega no redemoinho da vida, uma pessoa podia se conformar, resistir e mesmo causar danos, tudo na mesma tarde. A crueldade do mundo nazista era inescapável.

Dadas as infinitas e impensadas decisões da vida cotidiana, pode ser enganoso classificar as pessoas muito rigidamente, mesmo em relação a ações superficialmente claras. Havia muitas facetas em se viver sob o nazismo. Além disso, a vida no Terceiro Reich mudava o tempo todo. As decisões tomadas logo após a ascensão nazista ao poder não necessariamente tinham o mesmo significado alguns anos depois, quando os termos do domínio nazista estavam estabelecidos, nem o mesmo significado quando a guerra começou. Aqueles que escolheram se filiar ao Partido Nazista, por exemplo, enfrentaram um cenário político mutável. Quanto mais de perto olharmos, mais variações veremos.

As pessoas trilharam caminhos únicos através do regime, acumulando escolhas e hábitos cujo resultado eram vidas improvisadas. Esse elemento de improvisação significa que o Terceiro Reich não era um regime inexorável, estático e abstrato; ele era composto de indivíduos abrindo caminho e tomando decisões sobre outros indivíduos.

Os observadores se debateram com o problema de avaliar culpa e responsabilidade pessoal desde a queda do Terceiro Reich. Em 1945, as ações legais caracterizavam diferentes níveis de responsabilidade no interior da população. Os julgamentos de Nuremberg, o primeiro tribunal internacional do mundo, focaram nos "crimes contra a humanidade" cometidos por líderes nazistas. Entrementes, os procedimentos de "desnazificação" olhavam para toda a população — milhões de membros do Partido Nazista e cidadãos de destaque — como potencialmente cúmplice do regime. Os conselhos locais de desnazificação, usando questionários, investigações e testemunhos de caráter, catalogaram os indivíduos em uma escala de 1 a 5, indo de "grandes infratores" a "exonerados". Na realidade, poucos foram responsabilizados. Mais de 90% daqueles julgados nas zonas ocidentais de ocupação aliada na Alemanha foram considerados "simpatizantes" (os segundos menos culpados) ou "exonerados"; similarmente, as medidas de desnazificação na Áustria consideraram mais de 90% dos 487.067 ex-membros do Partido Nazista "infratores menores" [*Minderbelastet*].[39]

Os historiadores também tentaram avaliar culpabilidade no Terceiro Reich. Em contraste com os julgamentos legais, que frequentemente se resumiam à responsabilidade individual e à quantificação do nível de dano, os acadêmicos focaram no contexto e na agência individual, perguntando em que extensão os indivíduos tomaram a iniciativa e em que extensão foram vítimas das circunstâncias ou mesmo coagidos. Eles avaliaram os parâmetros do possível.

Há vários sistemas conhecidos de perpetração do Holocausto. Christopher Browning, por exemplo, descreveu a transformação dos "homens comuns", acompanhando como os alemães na frente oriental participaram do fuzilamento em massa de judeus — embora não participar fosse possível — por estarem cumprindo ordens, sentirem a pressão do grupo, terem se tornado insensíveis com o tempo e consumirem copiosas quantidades de álcool.[40] Jan Gross descreveu a transformação dos "vizinhos" em uma comunidade da Polônia na qual os habitantes massacraram judeus não porque cumpriam ordens, mas porque, no curso das sucessivas ocupações soviética e nazista, foram levados de roldão pela violência coletiva no contexto da guerra.[41] Primo Levi descreveu a "zona cinza" na qual vítimas do Holocausto se transformaram em perpetradores, como os prisioneiros de campos de concentração judaicos que participavam dos *Sonderkommandos*, os esquadrões especiais que ajudavam a operar as câmaras de gás e os crematórios.[42] No extremo oposto, Hannah Arendt descreveu os desinteressados "assassinos de escrivaninha" que trabalhavam na burocracia do sistema de campos, operando a maquinaria do Holocausto por meio do que ela chamou de "banalidade do mal".[43]

São todos paradigmas poderosos. As ações dos perpetradores da eutanásia infantil, todavia, não se encaixam muito bem nas categorias do Holocausto. Os médicos e as enfermeiras nas alas de crianças especiais não eram anônimos nem haviam sido arrebatados pelo frenesi — nem, tampouco, eram vítimas potenciais de violência. Enquanto o Estado nazista decidiu que os judeus tinham de ser aniquilados como raça, em um genocídio indiscriminado, as equipes de eutanásia infantil tinham a autonomia quase divina de determinar se uma criança merecia viver, decidindo vida e morte em bases íntimas e individuais. Médicos e enfermeiras não estavam seguindo regras claras, mas estabelecendo padrões por si mesmos, em um regime diagnóstico que estimulava o improviso individual.

Embora os fatos da vida de Asperger estejam bem documentados, seu significado está sujeito à interpretação. Os leitores podem diferir em seus julgamentos. Mesmo a extensão na qual poderíamos, ou deveríamos, fazer julgamentos morais é uma questão em aberto. Asperger foi uma figura menor no programa nazista de eutanásia infantil, nem de longe tão ativo quanto alguns de seus associados. Não participou pessoalmente dos assassinatos e o número de mortes nas quais esteve envolvido parece baixo, se comparado aos milhões de pessoas que morreram durante o Holocausto. Aqueles que examinaram seu relacionamento com o Terceiro Reich e o sistema de eutanásia infantil o viram de várias maneiras: como resistente que resgatava crianças, como perpetrador determinado ou como seguidor passivo.[44] Herwig Czech, um historiador vienense muito familiarizado com sua obra, o vê como "parte do aparato".[45]

Todas essas interpretações são convincentes. E, no entanto, as ações de Asperger talvez fossem menos diretas do que qualquer um desses rótulos sugere. Ele navegou pelas decisões de maneira proativa e individual, fazendo escolhas conscientes de resistir a alguns aspectos do regime e participar de outros. Suas decisões de não se filiar ao Partido Nazista e de permanecer católico dedicado foram difíceis e incomuns para alguém em sua posição, mas ele optou por participar de uma miríade de organizações e instituições que promoviam os princípios políticos, as políticas de higiene racial e os assassinatos do Terceiro Reich. Oficiais de alta patente do Partido Nazista e colegas consideraram Asperger confiável e partilharam com ele informações delicadas. Figuras importantes da eutanásia em Viena o incluíram em seu círculo íntimo, assim como na liderança de seu campo. O que emerge não é um tipo de pessoa, mas um indivíduo, que deve ser julgado pelo acúmulo de suas decisões, evoluindo e flutuando com o tempo.

No que diz respeito ao programa de eutanásia infantil, Asperger não surge como figura submissa, trabalhando no interior de um sistema para além de sua influência. Nem parece ter sido coagido, uma vez que muitas de suas escolhas foram eletivas. Embora conhecesse o programa de eutanásia, Asperger publicamente urgiu seus colegas a enviarem crianças para Spiegelgrund; participou de numerosas instituições do Reich que enviavam crianças para lá; e as enviou diretamente de sua clínica. Ele conheceu muitos dos jovens pessoalmente, conversou com seus pais e os estudou de perto. Os registros disponíveis sugerem que ele enviou para Spiegelgrund dezenas de crianças que pereceram e numerosas outras que correram risco de morte, mas sobreviveram. Nenhuma dessas ações foi simples ou comum. Elas exigiram iniciativa, determinação e improvisação.

As ações de Asperger talvez reflitam mais a natureza da perpetração no Terceiro Reich que as ações de figuras mais proeminentes. Os sistemas de extermínio do Reich dependiam de pessoas como ele, que manobravam, talvez sem senso crítico, a partir de suas posições. Indivíduos como Asperger não eram assassinos convictos e não estavam diretamente envolvidos no momento da morte. Mas, mesmo na ausência de convicções homicidas, eles tornaram possíveis os sistemas de assassinato.

No fim, a escolha de cooperar em um programa de extermínio foi um momento moral crítico partilhado por todos os perpetradores do Reich, independentemente de seu papel específico. Contrariamente à imagem de Asperger no pós-guerra, ele estava longe de ser um pesquisador insular, isolado em sua clínica e imune à influência nazista. Ele era ativo em seu meio; todos os dias, tinha múltiplos pontos de contato com o regime. A magnitude de suas ações pode parecer pequena, mas, em se tratando de um sistema de assassinatos, é questionável se o número exato daqueles que pereceram como resultado direto de suas decisões sequer importa. Não se pode fugir do fato de que Asperger trabalhou no interior de um sistema de assassinato em massa como participante consciente, muito ligado a seu mundo e seus horrores.

Epílogo

Após a queda do Terceiro Reich, Asperger se afastou de seu trabalho da era nazista sobre a psicopatia autista. Apesar de ter escrito mais de trezentos artigos no período do pós-guerra, muito poucos tratavam do diagnóstico pelo qual mais tarde se tornou famoso. Ele não parece ter conduzido pesquisa sistemática adicional sobre essa condição; ao menos, não mencionou nenhuma em 35 anos, até sua última publicação sobre o tópico em 1979. Analisando sua longa lista de publicações, jamais se pensaria que a psicopatia autista foi sua principal contribuição para a psiquiatria.[1]

Asperger reciclou duas obras sobre psicopatia autista após 1945, que reeditou em algumas publicações. A primeira foi uma seção de 27 páginas de seu livro didático de 306 páginas, *Heilpädagogik*.[2] Publicada em 1952, a vasta maioria da seção foi retirada integralmente de sua tese de 1944 sobre o autismo, embora os nomes dos meninos estudados tenham sido removidos. Subsequentes edições de *Heilpädagogik* — em 1956, 1961, 1965 e 1968 — eram praticamente iguais.

O diagnóstico de Asperger permaneceu pouco conhecido fora de sua rede profissional imediata; ele publicava em alemão e não viajava para conferências internacionais. Foi a definição de autismo de Leo Kanner, publicada nos Estados Unidos em 1943, que prevaleceu no mundo anglófono. Os psiquiatras aplicaram o diagnóstico de autismo de Kanner a crianças e adultos que acreditavam apresentar deficiências cognitivas significativas, e eram menos verbais e socialmente interativas que as crianças descritas por Asperger.

O reconhecimento internacional da obra de Asperger ocorreu lentamente. Ele desenvolveu uma segunda e mais curta versão de sua obra sobre psicopatia autista para a edição especial de 1968 de *Acta Paedopsychiatrica*, o jornal oficial da Associação Internacional de Psiquiatria Infantil e Adolescente e Profissões Aliadas. O volume, que contava com dez autores, tratava do estado das pesquisas sobre autismo. Leo Kanner iniciou a discussão com um artigo meticuloso; Asperger o seguiu com um artigo com um quarto do comprimento, comparando sua ideia de psicopatia autista com a obra de outros autores. Então republicou esse material, de maneira abreviada, em cinco artigos curtos na década seguinte. Dois deles foram newsletters e um foi uma palestra na Associação Suíça de Pais de Crianças Autistas, em Friburgo.[3]

Em sua palestra de 1977 para a associação de pais suíços, Asperger admitiu que não estivera trabalhando com psicopatia autista ou refletindo sobre ela. Ele disse à plateia que o convite para falar "me dá a oportunidade de pensar novamente nesse fascinante problema, conseguir maior clareza e ajudar a esclarecer outros".[4]

Mas seus artigos posteriores sobre psicopatia autista diferem de sua obra durante a era nazista em dois aspectos principais. Primeiro, ele se distanciou da ideia de *Gemüt* da psiquiatria infantil nazista. Em 1962, até mesmo criticou o que chamou de "ideia de 'pobreza de *Gemüt*' da escola de Schröder", por ser "simples" demais.[5] Após a guerra, não citou Paul Schröder nem Hans Heinze, o líder do programa de eutanásia infantil que fora autor de "Sobre a fenomenologia do *Gemüt*", embora as obras de ambos tivessem sido proeminentes em sua tese de 1944.[6]

Do mesmo modo, seus artigos pós-1968 são muito menos críticos em relação às crianças que diagnosticou como psicopatas autistas que a obra que produziu durante o Terceiro Reich. Ao descrever as dificuldades das crianças, seus textos são muito mais benevolentes e enfatizam imensamente suas habilidades especiais. Se Asperger realmente enfatizou as habilidades das crianças autistas durante o Terceiro Reich a fim de protegê-las do programa de eutanásia infantil, é notável que seus elogios a elas tenham se tornado mais hiperbólicos após a guerra, quando suas vidas já não estavam em jogo.

Talvez para o próprio Asperger algo de fato estivesse em jogo. Em seus artigos sobre psicopatia autista, ele procurou distinguir seu diagnóstico da mais conhecida ideia de "autismo infantil precoce" de Kanner. Ele insistiu que as crianças que estudou eram superiores às descritas por Kanner. Embora admitisse que os dois grupos tinham certos traços em comum, especialmente o contato social atípico, seus artigos repetiram que "o autismo infantil precoce de Kanner é um estado quase psicótico ou mesmo psicótico", ao passo que "os casos típicos de Asperger são crianças muito inteligentes, com extraordinária originalidade de pensamento e espontaneidade de atividade".[7]

Asperger também minimizou sua ideia da era nazista de psicopatia autista como uma psicopatia. Ele passou a chamar a condição de "anomalia de caráter" ou "variante de caráter".[8] E disse que *qualquer um* poderia "comportar-se autisticamente", sobretudo em um estado depressivo ou "de grande criatividade e atividade mental".[9] Em contraste, o autismo de Kanner era "uma condição patológica severa".[10]

Embora Asperger não tenha realizado pesquisas empíricas adicionais para esses artigos, ele introduziu pequenas qualificações em seu diagnóstico. Afirmou que a psicopatia autista era mais pronunciada nas cidades que no campo porque os indivíduos tinham mais oportunidade de desenvolver seus interesses individuais, com mais recursos para suas "realizações culturais e artísticas", e assim podiam "fazer as coisas notáveis às quais seus caracteres os predestinam".[11] Além disso, mesmo tendo continuado a dizer que a psicopatia autista era uma "variante extrema" da inteligência masculina, presente "apenas em meninos" na Áustria, admitiu que havia alguns casos femininos nos Estados Unidos, onde as mulheres se tornaram mais "masculinizadas".[12]

O fato de ter escrito pouco sobre psicopatia autista após o Terceiro Reich e não ter realizado pesquisas sistemáticas adicionais suscita a questão sobre até que ponto Asperger acreditava em seu trabalho da era nazista. Se os acadêmicos internacionais não tivessem descoberto e comparado seu diagnóstico com o de Kanner na década de 1960, podemos nos perguntar se ele teria publicado os artigos posteriores sobre psicopatia autista. É claro que seus interesses e suas convicções podem ter evoluído com o tempo. Mas, dada a rapidez com que adotou a linguagem da psiquiatria infantil nazista e aprimorou suas definições do diagnóstico entre 1937 e 1944, é possível que, ao menos em certa extensão, tenha modelado sua tese de 1944 na ideologia da época, sem plena convicção no que escrevia.

Quão inusitado, então, que, embora Asperger pareça não ter mantido sua definição de 1944 sobre a psicopatia autista no pós-guerra, outros o tenham feito.

A psiquiatra britânica Lorna Wing publicou o diagnóstico de psicopatia autista de Asperger quase quarenta anos depois, em 1981. Wing passara para o campo da psiquiatria infantil quando sua filha, Susie, fora diagnosticada com autismo. Tendo conduzido extensas pesquisas com jovens que ela sentia não se encaixarem na ideia de autismo de Kanner, Wing ficou intrigada quando ouviu falar da obra de Asperger.[13] Ela procurou sua tese de 1944 — que seu marido traduziu — e reconheceu em suas descrições comportamentos que observara em várias crianças. Wing achou que Kanner e Asperger estavam descrevendo aspectos diferentes da mesma condição e que ambas as obras se encaixavam no "espectro" autista.

Asperger discordou de Wing. No fim da década de 1970, os dois se encontraram na cafeteria do Hospital Maudsley, em Londres, e discutiram a questão "durante o chá". Wing descreveu como "o professor Asperger ouviu com grande cortesia meus argumentos e cordialmente discordou". Asperger queria uma distinção mais clara entre as crianças que descrevera, que dizia terem habilidades "extraordinárias", das crianças potencialmente "psicóticas" estudadas por Kanner.[14]

Wing sustentou que Kanner e Asperger estavam descrevendo partes diferentes do mesmo autismo. Ironicamente, o título de seu artigo seminal sobre o assunto em 1981, "A síndrome de Asperger: um relato clínico", terminaria estabelecendo a síndrome de Asperger como categoria própria. Usar o nome de Asperger foi uma cortesia profissional, pois Wing publicara muito mais nesse campo que ele. Mas Asperger morrera no ano anterior, em 1980, e Wing achou vantajoso distinguir o tipo de criança que ele descrevera. Todavia, mais tarde disse que cunhar o termo *síndrome de Asperger* fora como "abrir a caixa de Pandora", porque houve muita discussão sobre a possibilidade de ela ser um diagnóstico potencialmente separado.[15]

Outro aspecto crítico do título de Wing é a palavra *síndrome*. Embora Asperger tivesse chamado o autismo de "psicopatia", Wing acreditava que ele queria dizer "anormalidade da personalidade", e não "comportamento sociopático". Ela queria usar um "termo neutro" e selecionou a palavra *síndrome*. Mas Asperger não usara um termo neutro. A psicopatia, na psiquiatria alemã, conotava desvio social e recalcitrância, ambos embutidos em seu diagnóstico da era nazista.[16] Assim, quando sua obra se tornou conhecida, ela foi purificada desse contexto histórico. Aliás, talvez tenha se tornado conhecida porque foi purificada desse contexto histórico.

Durante a década de 1980, a síndrome de Asperger se tornou cada vez mais conhecida no interior da comunidade psiquiátrica britânica. Uta Frith, uma psicóloga do desenvolvimento alemã que trabalhava em Londres, traduziu sua tese de 1944 para o inglês em 1991.[17] A tradução também suavizou o contexto histórico do diagnóstico. Ela, como Wing, renegou o termo "psicopatia autista" e traduziu o diagnóstico como "autismo", que Asperger não usou. Ela também não incluiu o prefácio da tese, que se engajava com os psiquiatras infantis nazistas e situava o diagnóstico no interior da estrutura intelectual do Terceiro Reich.

A ideia da síndrome de Asperger decolou na década de 1990. Em 1992, a Organização Mundial da Saúde a incluiu como diagnóstico distinto na *Classificação Internacional de Doenças, Décima Revisão (CID-10)* e, em 1994, a Associação Americana de Psiquiatria a acrescentou ao *Manual Diagnóstico e Estatístico de Transtornos Mentais (DSM-IV)*. Parece que nenhuma das duas analisou a vida de Asperger durante o Terceiro Reich antes de dar seu nome ao diagnóstico. Organizações assim tipicamente fazem pesquisas sobre figuras históricas antes de designar diagnósticos epônimos, a fim de evitar dar a uma condição o nome de alguém que esteve envolvido em ações ignóbeis. A ética dos rótulos diagnósticos tem sido muito discutida e numerosas condições que receberam o nome de médicos da era nazista que estiveram implicados em programas de extermínio agora têm nomes alternativos.[18]

A introdução da obra de Asperger expandiu a noção de espectro autista para incluir muitos tipos diferentes de criança. As definições do *DSM-IV*, de 1994, tornaram-se bastante complicadas. A ampla categoria de transtorno global do desenvolvimento (TGD) incluía autismo, síndrome de Asperger e transtorno global do desenvolvimento sem outra especificação (TGD-SOE). Para abreviar, profissionais e pais começaram a classificar jovens como tendo autismo de "baixa funcionalidade", "média funcionalidade" e "alta funcionalidade", replicando a hierarquia exposta por Asperger em sua tese. Como a síndrome de Asperger passou a ser cada vez mais vista como uma forma de autismo de "alta funcionalidade", a Associação Americana de Psiquiatria eliminou esse diagnóstico (e o de TGD-SOE) e apresentou somente o diagnóstico mais amplo de transtorno do espectro autista no *DSM-V* em 2013.

Quando a ideia de espectro autista começou a expandir os critérios, as taxas de diagnóstico dispararam. O autismo se tornou a deficiência de desenvolvimento com a mais alta taxa de crescimento nos Estados Unidos. As fontes estatísticas são alvo de debate, mas, de acordo com os Centros de Controle e Prevenção de Doenças (CDC), uma medida comum, o número de crianças diagnosticadas com um transtorno do espectro autista, subiu de 6% para 15% ao ano na década de 2000, chegando a 1 em 68 crianças em 2016. Os jovens rotulados com essa condição podem ter pouquíssima semelhança uns com os outros, seja em tipo de deficiência ou personalidade. De acordo com o *DSM-V*, o que eles partilham são "déficits em comunicação social e interação social" e "padrões restritos e repetitivos de comportamento, interesses ou atividades".[19] Esses são critérios bastante amplos, cujo denominador comum é o conceito de Asperger de não se adequarem a uma comunidade social.

No fim, Lorna Wing se arrependeu de ter levado as ideias de Asperger para o mundo anglófono e mudado a face do autismo. Antes de sua morte em 2014, ela afirmou: "Eu gostaria de não ter feito isso. Queria jogar todos os rótulos fora, incluindo a síndrome de Asperger, e me mover na direção de uma abordagem dimensional. Os rótulos nada significam, porque existe uma variedade tão ampla de perfis."[20]

O nome de Asperger agora é parte de nossas vidas diárias. É um termo que aplicamos a entes queridos, um adjetivo que as pessoas usam para descrever aqueles que veem como socialmente desajeitados e até mesmo uma personalidade arquetípica da cultura popular. Embora a síndrome de Asperger já não seja um diagnóstico psiquiátrico oficial no *DSM-V* da Associação Americana de Psiquiatria, o termo provavelmente persistirá como rótulo social. E, internacionalmente, ainda é um diagnóstico oficial na *CID-10*.[21]

Mas a definição original de psicopatia autista de Asperger não pode ser removida de seu contexto histórico. Ela foi produto de sua era, forjada em uma série de reviravoltas políticas e intelectuais. O socialismo da Viena

Vermelha na década de 1920 levou à assistência social intervencionista que estabeleceu a clínica de Asperger. Na década de 1930, o austrofascismo levou ao isolamento de seu hospital na extrema direita. A equipe da Clínica de Educação Curativa desenvolveu coletivamente o termo "autístico" como descritor — não como patologia — de crianças que enfrentavam desafios sociais. Todavia, meses após a tomada nazista da Áustria em 1938, Asperger, que anteriormente argumentara contra a aplicação de diagnósticos a crianças, introduziu o autismo como psicopatia. Acompanhando seus colegas mais importantes da psiquiatria infantil nazista, ele refinou o diagnóstico ano após ano e progressivamente identificou crianças que acreditava não terem espírito social, desenvolvendo o conceito de autismo como oposto psicológico do nazismo.

Vista como um todo, a história de Asperger, do autismo e de Viena expõe a trágica trajetória da ciência da individualidade. A geração de Sigmund Freud, de famosos psicanalistas e psiquiatras, deu à luz uma geração de crianças que estiveram entre as mais observadas, reguladas e perseguidas da história. Os assistentes sociais da Viena do entreguerras criaram um renomado sistema de bem-estar social que, no fim, destruiu as crianças das quais cuidava. Os elementos mais sombrios da psiquiatria e da assistência social vienense vieram à tona, de modo que, no Terceiro Reich, novos padrões criaram um regime diagnóstico no qual definir ainda mais defeitos exigiu ainda mais medidas invasivas. Essa foi uma profecia autorrealizável que resultou, para algumas crianças, em ação corretiva — e, para outras, em extermínio.

O filósofo Ian Hacking descreveu como os diagnósticos levam à "fabricação de pessoas".[22] A definição de um diagnóstico emerge de interações cumulativas entre médicos, pacientes e forças sociais e, em um loop contínuo de feedback, muda com o tempo. Múltiplos fatores modelaram nossas atuais abordagens do autismo, como o financiamento de pesquisas, a legislação para deficientes, os serviços públicos, as políticas educacionais, o ativismo dos pais, as campanhas de conscientização, as organizações sem fins lucrativos e a representação na mídia. Em seguida, os termos do diagnóstico podem influenciar a percepção das pessoas diagnosticadas: as ações de uma criança diagnosticada com autismo, por exemplo, podem ser lidas através das lentes do diagnóstico como sendo intrinsecamente autistas, o que pode obscurecer a singularidade dessa criança como indivíduo. Em pouco tempo, o comportamento mutável das crianças afeta a percepção mutável do diagnóstico, o que afeta o comportamento das crianças, e assim por diante.

O Terceiro Reich estava "fabricando pessoas" no sentido mais extremo da expressão. Em seu elaborado regime diagnóstico, os psiquiatras infantis baseavam seus diagnósticos mais em preocupações ideológicas com o *Volk* do que nas características reais das crianças diante deles. Como o Estado nazista em geral, a psiquiatria nazista foi uma estratégia para modelar a humanidade ao negar a humanidade. A psiquiatria infantil nazista tinha o poder, falando de modo bastante literal, de destruir pessoas.

Os estudos do Holocausto revelaram como a morte social precedia a morte física dos indivíduos, por meio das generalizações, das exclusões e da desumanização dos judeus que tornaram o assassinato em massa possível.[23] A eutanásia infantil envolveu uma progressão similar. A psiquiatria nazista apagou a individualidade de milhares de crianças, declarando-as irredimíveis, afastando-as de seus amigos e sua família, e isolando-as em instituições pavorosas que pavimentavam o caminho que levaria à sua morte biológica.

A história de Asperger e seu diagnóstico indica a elasticidade e o improviso por trás das políticas e das ações individuais do Reich. Sua vida e sua obra canalizaram as tendências históricas de sua era, pouco a pouco incorporando seus valores e pressões. Embora as definições de psicopatia autista fossem fluidas, a descrição final de 1944 teve impacto duradouro. As palavras de Asperger sobreviveram, modelando a vida e a autoimagem de milhões de indivíduos.

A maneira pela qual a obra de Asperger se conecta ao presente é uma questão em aberto. Este livro não traz respostas definitivas, mas apresenta fatos históricos e perspectivas, idealmente fornecendo um contexto mais amplo para as conversações sobre autismo hoje.

Por que a ideia de autismo de Asperger decolou em meados da década de 1990? Como um diagnóstico nascido dos ideais nazistas de conformidade e espírito social encontrou ressonância em uma sociedade individualista do fim do século XX? Deixando de lado os possíveis fatores médicos por trás do crescimento do diagnóstico de autismo (um tópico que este livro não explora), parece que a década de 1990 deu origem a seu próprio regime diagnóstico, no qual o crescente escrutínio das crianças levou a mais rótulos de defeitos.[24] A aceleração das pressões na cultura de atenção parental, cuidados mentais e aconselhamento escolar levou a padrões mais altos de desenvolvimento infantil. A falha dos jovens em atingir os marcos prescritos alimentou o crescimento dos diagnósticos psiquiátricos, mais notadamente o transtorno do déficit de atenção com hiperatividade (TDAH) e o distúrbio do déficit de atenção (DDA), levando a uma geração de crianças criadas com Ritalina e outros medicamentos psiquiátricos. A expansão da psiquiatria infantil também se tornou manifesta na ideia de um "espectro autista" que inclui crianças enfrentando desafios cada vez mais amenos.

Hoje, assim como para Asperger e seus contemporâneos, a ideia de autismo se baseia na ansiedade sobre a integração em um mundo perfeccionista e em rápida mutação. O espectro autista exagera a variedade de possíveis lugares para uma criança na sociedade. Em uma ponta, um jovem com autismo pode enfrentar uma vida de severa deficiência e isolamento e, na outra, pode se adaptar e ser percebido como possuidor de habilidades superiores. Com a prevalência da tecnologia em nossas vidas cotidianas, o autismo se alimenta do medo do distanciamento e da incapacidade de se ajustar, assim como do sonho de ter habilidades cobiçadas nesses novos tempos de *savants* engenheiros, cientistas e programadores. Projetamos um espectro bidimensional bifurcado, mantendo a distinção de Asperger entre aqueles que podem ser assimilados e aqueles que não podem. O diagnóstico de autismo sugere problemas, ao passo que a síndrome de Asperger ou "autismo de alta funcionalidade" sugere pessoas que podem ser incorporadas e se mostrar produtivas e mesmo superiores. A concepção de um espectro cada vez mais amplo vai ao encontro de nossas maiores esperanças e medos em relação a nossas crianças e nossa sociedade.

Outros aspectos da obra de Asperger também sobreviveram. A ideia de autismo ainda se relaciona primariamente a meninos. Asperger afirmou que o autismo "é uma variante extrema da inteligência masculina" e "do caráter masculino", e a proporção entre meninos e meninas diagnosticados com autismo é de quase cinco para um, existindo até mesmo uma "teoria do cérebro extremamente masculino" no autismo.²⁵ No tratamento, a abordagem intensamente cognitiva e baseada no relacionamento da clínica de Asperger está no cerne das terapias atuais. Ela enfatiza a importância do sentimento social e do potencial de transformar crianças. O objetivo de imbuir jovens com diferentes sentimentos, pensamentos e interações com o mundo é central nas visões comuns do diagnóstico. Alguns falam em "curar" ou "recuperar" as crianças. Essa esperança de metamorfose total frequentemente não estava presente em outros diagnósticos infantis, como deficiência intelectual, que decresceram conforme aumentavam as taxas de diagnóstico de autismo. Um estudo de 2015 sugere que a reclassificação dos diagnósticos poderia responder por 64% do aumento das taxas de autismo entre 2000 e 2010.²⁶ A substituição diagnóstica sugere resultados mais felizes, dado que, para muitos, implícita à ideia de autismo está a promessa de progresso e uma sensação de potencial poder e controle sobre a mente.

De modo mais significativo, o autismo é frequentemente um diagnóstico do comportamento, e não de uma condição fisiológica subjacente. Na verdade, cada vez mais a ciência reconhece que o autismo é heterogêneo: embora as crianças autistas partilhem características, essas características podem ter causas biológicas diferentes. Os pesquisadores sugerem que o autismo provavelmente inclui muitas condições fisiológicas diferentes que, um dia, serão separadas em diferentes diagnósticos. Hoje, *autismo* serve como diagnóstico genérico.

Um termo genérico do século XIX e início do século XX que agrupava condições biológicas díspares — como epilepsia, ansiedade, esquizofrenia e sífilis — era histeria feminina. Havia um amplo espectro de supostas manifestações de histeria. O que todas as mulheres diagnosticadas com histeria tinham em comum, acreditava o establishment médico, era a inabilidade de controlar suas emoções. Em uma época na qual as mulheres estavam exercendo papéis visíveis na vida pública, a imagem da mulher histérica capturou a mente do público.²⁷

Como no caso da histeria, os indivíduos diagnosticados com autismo podem ter pouca semelhança entre si. Os debates públicos sobre autismo também parecem ser sobre lidar com normas culturais, geracionais, sociais e de gênero que passam por profundas mudanças. Enquanto a histeria era um diagnóstico de mulheres supostamente superemotivas, o autismo pode ser visto como diagnóstico de meninos supostamente subemotivos. Embora as crianças classificadas com a condição possam ter formas muito dissimilares de deficiência, as imagens na mídia frequentemente as estereotipam. Como as mulheres diagnosticadas com histeria, os meninos com autismo são na maioria das vezes retratados como desconectados da sociedade, como figuras solitárias predominantemente de classe média branca, presas em suas próprias mentes. As imagens populares amiúde obscurecem a diversidade de pessoas por trás dos rótulos.

A heterogeneidade dos rótulos de histeria e autismo mostra os desafios de classificar a mente de outras pessoas. A sociedade desempenha um papel no desenvolvimento de diagnósticos que definem outros. Indivíduos e profissões específicas podem dar nome a essas condições, mas elas não nos são simplesmente impingidas. Nós as aceitamos, as perpetuamos e participamos de sua criação. Ao evocarmos o rótulo de autismo, deveríamos ter pleno conhecimento de suas origens e implicações.

A sociedade está se tornando cada vez mais sensível a nuances em questões de raça, religião, gênero, sexualidade e nacionalidade. Conforme cresce a apreciação da neurodiversidade, talvez comecemos a ver os perigos de um rótulo totalizante baseado em traços variados, uma vez que os rótulos afetam o tratamento dos indivíduos e esse tratamento afeta suas vidas. A história de Asperger e do autismo deveria ressaltar a ética de se respeitar a mente de cada criança e tratá-la com cuidado, ao mostrar como uma sociedade pode modelar um diagnóstico.

Agradecimentos

Sou grata a muitos indivíduos que apoiaram este livro ao longo dos anos.

Margaret Lavinia Anderson, John Connelly, Robert Moeller e James Sheehan me encorajaram a investigar um tópico que inicialmente pareceu improvável. Ao iniciar minha pesquisa em Viena, Kathrin Hippler, Roxanne Sousek, Herwig Czech, Katja Geiger, Thomas Mayer e Carola Sachse generosamente me introduziram ao mundo da psiquiatria vienense. Por sua assistência nas pesquisas, agradeço a Berthold Konrath e Rudolf Jerabek, dos Arquivos Estatais Austríacos; Andrew Simon e Susanne Fritsch-Rübsamen, dos Arquivos da Cidade de Viena e Região; e Thomas Maisel, dos Arquivos da Universidade de Viena. Também agradeço a Kathleen M. Smith, das Bibliotecas de Stanford, assim como a Mary Louise Munill, que conseguiu localizar fontes que eu achava não existirem.

Este livro se beneficiou imensamente das trocas acadêmicas. A bolsa de Ciências Humanas de Stanford facilitou um diálogo de um ano com colegas de múltiplas disciplinas. Pesquisas no Projeto de História Espacial de Stanford, sob a orientação de Zephyr Frank, Jason Heppler e Matt Bryant, permitiram que eu e Michelle Kahn usássemos abordagens digitais. Este livro também deve muito aos professores e estudantes que participaram das apresentações da obra, notadamente Tara Zahra, Michael Geyer, Eleonor Gilburd e Stephen Haswell Todd, da Universidade de Chicago; Gary Cohen, Howard Louthan e Daniel Pinkerton, da Universidade de Minnesota; Astrid Eckert e Sander Gilman, da Universidade Emory e do Festival de Ciências de Atlanta, assim como Ami Klin, do Centro de Autismo Marcus; Jennifer Allen e Stefan-Ludwig Hoffmann, do grupo de trabalho sobre história alemã da Universidade da Califórnia, em Berkeley; e Norma Feldman e Beverly Kay Crawford, do Centro de Estudos Alemães e Europeus da Universidade da Califórnia, em Berkeley.

Estou em dívida para com os colegas que ofereceram extensas sugestões ao manuscrito: James T. Campbell, Gary Cohen, Sander Gilman, James C. Harris, David Holloway, Norman Naimark, Robert Proctor e Richard Roberts. J. P. Daughton leu e comentou numerosos esboços. Greg Eghigian, Emily Banwell e Nastassja Myer ofereceram ajuda material com o projeto. O agente Don Fehr foi fundamental na publicação e a editora Alane Mason ofereceu revisões absolutamente inspiradas. Agradecimentos especiais a meus interlocutores acadêmicos Anne Lester, Alan Mikhail, Tara Zahra e Lisa Zwicker. E sou grata pelas discussões vivazes e inestimáveis com meus alunos de graduação Ian Beacock, Michelle Chang, Benjamin Hein, Samuel Huneke e Michelle Kahn.

Eu tinha a esperança de que meu falecido pai, Robert Replogle, pudesse ver este livro publicado. Como médico, ele acreditava profundamente em sua missão. Sou grata a Patricia e Alan Sheffer por seu contínuo engajamento e por seus conselhos, e à minha mãe, Carol Replogle, que viveu este manuscrito comigo de múltiplas maneiras, lendo cada esboço com palavras de amor e sabedoria. Valorizo imensamente o apoio incondicional e os insights de meu marido Scott, assim como o entusiasmo de minha filha Alice, que se sentava ao meu lado enquanto eu escrevia e tentava amenizar o que chamou de um assunto muito deprimente.

Meu amado filho Eric queria que eu dedicasse um livro a ele; eu o faço com prazer. Eric foi diagnosticado com autismo quando tinha 17 meses. Ele enfrentou grandes dificuldades durante os anos e demonstrou mais iniciativa e tenacidade do que já vi em qualquer outra pessoa. Aos 13 anos, Eric se irrita com a ideia de autismo. Embora muitos, é claro, se identifiquem com o diagnóstico, Eric queria acrescentar sua voz a este livro:

> O autismo não é real; todos temos problemas. Contudo, alguns são mais evidentes que outros. O autismo não é uma deficiência ou um diagnóstico, é um estereótipo para certos indivíduos. As pessoas com autismo deveriam ser tratadas como todas as outras, porque, se não forem, isso as tornará ainda menos sociáveis. Os pais de todas as crianças, autistas ou não, deveriam pensar por meio da perspectiva de seus filhos e ajudá-los a partir dela.

Na quarta série, vi o autismo representado em um desenho animado por de uma criança brincando com trenzinhos e pensei *isso é meio parecido comigo*, por causa dos sintomas que notei, como ausência de contato visual e de comportamento sociável. Isso fez com que eu me sentisse humilhado e eu quis acabar com o rótulo de autismo.

Como este é um livro sobre o ato de classificação, as palavras de Eric sugerem o efeito que rótulos podem ter sobre aqueles que são rotulados. Quer outras pessoas partilhem ou não da perspectiva de Eric, podemos concordar que rótulos são poderosos, com histórias e consequências que vão muito além dos indivíduos que os emitem.

Abreviaturas

Arquivos da cidade de Viena e região

Wiener Stadt-und Landesarchiv
1.3.2.202.A5 Personalakten 1. Reihe / Asperger. *WStLA 1.3.2.202.A5 P: A*
1.3.2.202.A5 Personalakten 1. Reihe / Franz Hamburger. *WStLA 1.3.2.202.A5 P: H*
1.3.2.209.1.A47 prov-Kinderklinik; Heilpädagogische Station: Krankengeschichten, Christine Berka. *WStLA 1.3.2.209.1.A47 HP: CB*
1.3.2.209.1.A47 prov-Kinderklinik; Heilpädagogische Station: Krankengeschichten, Elfriede Grohmann. *WStLA 1.3.2.209.1.A47 HP: EG*
1.3.2.209.1.A47. B.H.2-B.J.A.2/L. prov-Kinderklinik; Heilpädagogische Station: Krankengeschichten, Margarete Schaffer. *WStLA 1.3.2.209.1.A47 HP: MS*
3.13.A1-A. Arquivo biográfico, Hans Asperger. *WStLA 3.13.A1-A: A*

Arquivos estatais austríacos

Österreichischen Staatsarchiv
(AdR) K 10/02. Bundesministerium für Unterricht/Personalakten, Prof. Dr. Hans Asperger, vols. D, I & II. *ÖStA (AdR) K 10/02 BfU: A*
(AdR 02) Zl36.055. Gauakt—Asperger. *ÖStA (AdR 02) Zl36.055. G: A*

Arquivos da Universidade de Viena

Archiv der Universität Wien
MED PA 17 Arquivo pessoal, Decano da Faculdade de Medicina

Jornais selecionados

American Journal of Orthopsychiatry (AJO)
Archiv für Kinderheilkunde (AfK)
Der Erbarzt (DE)
Der Nervenarzt (DN)
Die deutsche Sonderschule (dS)
Erziehung und Unterricht (EU)
Heilpädagogik (HP)
Heilpädagogische Schul- und Elternzeitung (HS-E)
International Council of Nurses (ICN)
Journal of Child Neurology (JCN)
Journal of Pediatrics (JP)
Kinderärztliche Praxis (KP)
Klinische Wochenschrift (KW)
Medizinische Klinik (MK)
Monatsschrift für Kinderheilkunde (MfK)
Monatsschrift für Psychiatrie und Neurologie (MfPN)
Münchner Medizinische Wochenschrift (MMW)
Österreichische Zeitschrift für Kinderheilkunde und Kinderfürsorge (OZfKK)
Praxis der Kinderpsychologie und Kinderpsychiatrie (PdKK)
Psychiatrisch-Neurologische Wochenschrift (P-NW)
Wiener Archiv für Innere Medizin (WAfIM)
Wiener klinische Wochenschrift (WkW)
Wiener Medizinische Wochenschrift (WMW)
Zeitschrift für die gesamte Neurologie und Psychiatrie (ZfNP)
Zeitschrift für Heilpädagogik (Zf H)
Zeitschrift für Kinderforschung (ZfK)
Zeitschrift für Kinderpsychiatrie (ZfKp)
Zeitschrift für Kinderschutz und Familien- und Berufsfürsorge (ZfKFB)
Zeitschrift für Kinderschutz und Jugendfürsorge (ZfKJ)
Zeitschrift für Pädagogik (ZfP)

Notas

Introdução

1. Asperger, Hans. "Die 'Autistischen Psychopathen' im Kindesalter". *Archiv für Psychiatrie und Nervenkrankheiten* 117, n. 1 (1944): p. 76-136; p. 99 (54). Neste livro, a maioria das citações da tese de Asperger foi retirada da tradução padrão para o inglês de Uta Frith, com as páginas entre parênteses: Asperger, Hans. "'Autistic Psychopathy' in Childhood" (1944). In: *Autism and Asperger Syndrome*. Edição e tradução de Uta Frith. Cambridge: Cambridge UP, 1991, p. 37-92. As citações que não apresentam parênteses são de tradução da própria autora. Este livro traduz o título da tese de Asperger como "A 'psicopatia autista' na infância".
2. Idem, p. 135 (89).
3. Idem p. 96, 97 (50).
4. Idem p. 100, 133 (55, 88).
5. Idem, p. 101, 102, 97 (56, 57, 52).
6. Idem, p. 132, 118, 135, 132 (87, 74, 90).
7. Idem, p. 99 (54).
8. Bleuler, Eugen. *Dementia praecox, oder Gruppe der Schizophrenien*. Leipzig: Deuticke, 1911. Visão geral: Feinstein, Adam. *A History of Autism: Conversations with the Pioneers*. Chichester, West Sussex, UK; Malden: Wiley-Blackwell, 2010, p. 4-8. A psiquiatra soviética Grunya Sukhareva recebeu muita atenção por sua obra sobre "psicopatia esquizoide", que mais tarde chamou de "psicopatia (de evitação patológica) autista". Ssucharewa, Grunya Efimovna [nome grafado errado no original]. "Die schizoiden Psychopathien im Kindesalter". *MfPN* 60 (1926): p. 235-61.
9. Kanner, Leo. "Autistic Disturbances of Affective Contact". *Nervous Child* 2 (1943): p. 217-50.

10. Organização Mundial da Saúde. *Classificação Internacional de Doenças, Décima Revisão, (CID-10)*. 1992-2017. "Síndrome de Asperger", Código diagnóstico 84.5.
11. Baoi, Jon. "Prevalence of Autism Spectrum Disorder Among Children Aged 8 Years—Autism and Developmental Disabilities Monitoring Network, 11 Sites, United States, 2010". *Morbidity and Mortality Weekly Report*. [United States Centers for Disease Control] 63, SS02 (2014): p. 1-21.
12. Asperger, "Die 'Autistischen Psychopathen'", p. 120-21, 136 (77, 90). American Psychiatric Association. *Diagnostic and Statistical Manual of Mental Disorders (DSM-V)*. Arlington, VA: American Psychiatric Association, 2013, 299.00 (F84.0).
13. Por exemplo, Silberman, Steve. *NeuroTribes: The Legacy of Autism and the Future of Neurodiversity*. Nova York: Avery; Random House, 2015, p. 141; Attwood, Anthony. *The Complete Guide to Asperger's Syndrome*. Londres: Jessica Kingsley, 2006, p. 10, 341; Schirmer, Brita. "Hans Aspergers Verteidigung der 'autistischen Psychopathen' gegen die NS-Eugenik". *Neue Sonderschule* 6 (2002): p. 450-54.
14. Por exemplo, ORF Radio Österreich 1. "Interview mit dem Kinderarzt und Heilpädagogen Hans Asperger" [24 de dezembro de 1974]. Retransmissão em 28 de março de 1978. http://www.mediathek.at/atom/01782B10-0D9-00CD5-00000BEC-01772EE2.
15. Herwig Czech também fez extensa pesquisa sobre as atividades de Asperger. Sua obra é creditada neste livro e também em John Donvan e Caren Zucker. *In a Different Key: The Story of Autism*. Nova York: Crown, 2016.
16. Asperger, "'Psychopathen'", p. 132, 133 (87, 88).
17. Burleigh, Michael e Wolfgang Wippermann. *The Racial State: Germany 1933—1945*. Cambridge: Cambridge UP, 1991. Debate: Pendas, Devin, Mark Roseman e Richard F. Wetzell (ed.). *Beyond the Racial State: Rethinking Nazi Germany*. Nova York: Cambridge UP, 2017.
18. Fritzsche, Peter. *Life and Death in the Third Reich*. Cambridge: Belknap, 2008, p. 113-14.
19. Kater, Michael H. *Doctors under Hitler*. Chapel Hill: UNC Press, 1990; Müller-Hill, Benno. *Murderous Science: Elimination by Scientific Selection of Jews, Gypsies, and Others, Germany 1933—1945*. Tradução de George Fraser. Oxford: Oxford UP, 1988; Aly, Götz, Peter Chroust e Christian Pross. *Cleansing the Fatherland: Nazi Medicine and Racial Hygiene*. Tradução de

Belinda Cooper. Baltimore: Johns Hopkins UP, 1994; Proctor, Robert. *Racial Hygiene: Medicine under the Nazis*. Cambridge: Harvard UP, 1988 e Proctor, Robert. *The Nazi War on Cancer*. Princeton: Princeton UP, 1999; Weindling, Paul. *Health, Race, and German Politics between National Unification and Nazism, 1870—1945*. Cambridge: Cambridge UP, 1989; Szöllösi-Janze, Margit. *Science in the Third Reich*. Oxford: Berg, 2001.

20. Kondziella, Daniel. "Thirty Neurological Eponyms Associated with the Nazi Era". *European Neurology* 62, n. 1 (2009): p. 56-64.

21. Psiquiatria nazista: Beddies, Thomas e Kristina Hübener (ed.). *Kinder in der NS-Psychiatrie*. Berlim-Brandemburgo: Be.bra, 2004; Hamann, Matthias, Hans Asbek e Andreas Heinz (ed.). *Halbierte Vernunft und totale Medizin: zu Grundlagen, Realgeschichte und Fortwirkungen der Psychiatrie im Nationalsozialismus*. Berlim; Göttingen: Schwarze Risse; Rote Strasse, 1997; Blasius, Dirk. *Einfache Seelenstörung: Geschichte der deutschen Psychiatrie, 1800-1945*. Frankfurt: Fischer, 1994; Klee, Ernst. *Irrsinn Ost— Irrsinn West: Psychiatrie in Deutschland*. Frankfurt: Fischer, 1993; Brink, Cornelia. *Grenzen der Anstalt: Psychiatrie und Gesellschaft in Deutschland 1860—1980*. Göttingen: Wallstein, 2010, p. 270-359.

22. Eley, Geoff. *Nazism as Fascism: Violence, Ideology, and the Ground of Consent in Germany 1930—1945*. Londres: Routledge, 2013; Paxton, Robert O. *The Anatomy of Fascism*. Nova York: Knopf, 2004; Griffin, Roger. *The Nature of Fascism*. Londres: Routledge, 1993.

23. Leiter, Anna. "Zur Vererbung von asozialen Charaktereigenschaften". *ZfNP* 167 (1939): p. 157-60.

24. No verão de 1941, o programa T4 afirmou ter "desinfetado" o Reich de 70.273 adultos inadequados.

25. Megargee, Geoffrey P. (ed.). *The United States Holocaust Memorial Museum Encyclopedia of Camps and Ghettos, 1933—1945*, vol. 1 e 2. Bloomington: Indiana UP, 2009-2012.

1. Entram os especialistas

1. Asperger, "'Psychopathen'", p. 76.
2. von Goethe, Johann Wolfgang, *Faust*, Parte II, V/IV; Felder, Maria Asperger. "'Zum Sehen geboren, zum Schauen bestellt': Hans Asperger (1906-1980: Leben und Werk)". In: Rolf Castell (ed.). *Hundert Jahre Kinder-und*

Jugendpsychiatrie. Göttingen: Vandenhoeck & Ruprecht, 2008, p. 99-119. Felder, Maria Asperger. "'Zum Sehen geboren, zum Schauen bestellt'", p. 38-43; Sousek, Roxanne. "Hans Asperger (1906—1980)—Versuch einer Annäherung", p. 15-23, 21. Ambos em Arnold Pollack (ed.). *Auf den Spuren Hans Aspergers*. Stuttgart: Schattauer, 2015, p. 21.

3. ORF Radio, Asperger, 1974. "Lebenslauf", 1b, WStLA 1.3.2.202.A5. P: A.
4. Felder, Maria Asperger. "Foreword". In: James McPartland, Ami Klin e Fred Volkmar (ed.). *Asperger Syndrome: Assessing and Treating High-functioning Autism Spectrum Disorders*. Nova York: Guilford, 2014, p. x; Zweymüller, E. "Nachruf für Herrn Dr. H. Asperger". *WkW* 93 (1981): p. 33-34; 33; ORF Radio, Asperger, 1974.
5. Felder, "'Sehen'" (2015), p. 38-39; Frith, Uta. "Asperger and his Syndrome". In: *Autism and Asperger Syndrome*, p. 1-36; 9-10; ORF Radio, Asperger, 1974; Asperger, Hans. "Problems of Infantile Autism". *Communication* (1979): p. 45-52; p. 49; Asperger, Hans. *Probleme des kindlichen Autismus*. Lüdenscheid: Gerda Crummenerl, 1977, p. 2; Asperger, Hans. "Die Jugendgemeinschaften als Erziehungsfaktor". In: Alfred Brodil (ed.). *Jugend in Not*. Viena: Schriften zur Volksbildung des Bf U, 1959, p. 121-36, 130.
6. Felder, "'Sehen'" (2008), p. 100. Eles se casaram em julho de 1935. Fragebogen für den Personalkataster, Abteilung V., 27 de novembro de 1940. WStLA 1.3.2.202. A5, P: A.
7. Sousek, "Hans Asperger", p. 20-21; Lyons, Viktoria e Michael Fitzgerald. "Did Hans Asperger (1906—1980) have Asperger Syndrome?" *Journal of Autism and Developmental Disorders* 37, n. 10 (2007): p. 2020-21; Asperger, "Infantile Autism", p. 49; também "Frühkindlicher Autismus". *MK* 69, n. 49 (1974): p. 2024-27; 2026.
8. Felder, "'Sehen'" (2008), p. 101. Também ORF Radio, Asperger, 1974.
9. Schorske, Carl. *Fin-de-siècle Vienna: Politics and Culture*. Nova York: Knopf, 1979; Kandel, Eric. *The Age of Insight: The Quest to Understand the Unconscious in Art, Mind, and Brain, from Vienna 1900 to the Present*. Nova York: Random House, 2012.
10. Healy, Maureen. *Vienna and the Fall of the Habsburg Empire: Total War and Everyday Life in World War I*. Cambridge: Cambridge UP, 2004; Maderthaner, Wolfgang e Lutz Musner. *Unruly Masses: The Other Side of Fin-de-Siècle Vienna*. Nova York: Berghahn, 2008; Boyer, John. *Political Radicalism in Late Imperial Vienna: Origins of the Christian Social Movement, 1848—1897*.

Chicago: University of Chicago Press, 1981; Boyer, John. *Culture and Political Crisis in Vienna: Christian Socialism in Power, 1897—1918*. Chicago: University of Chicago Press, 1995; Judson, Pieter. "'Where our Commonality is Necessary ...': Rethinking the End of the Habsburg Monarchy". *Austrian History Yearbook* 48 (2017): p. 1-21; Judson, Pieter M. *The Habsburg Empire: A New History*. Cambridge, MA: Belknap, 2016; Deak, John. *Forging a Multinational State: State Making in Imperial Austria from the Enlightenment to the First World War*. Stanford: Stanford UP, 2015.

11. Wasserman, Janek. *Black Vienna: The Radical Right in the Red City, 1918—1938*. Ithaca: Cornell UP, 2014.

12. McEwen, Britta. "Welfare and Eugenics: Julius Tander's Rassenhygienische Vision for Interwar Vienna". *Austrian History Yearbook* 41 (2010): p. 170-90; Gruber, Helmut. *Red Vienna: Experiment in Working-Class Culture, 1919—1934*. Nova York: Oxford UP, 1991.

13. Löscher, Monika. *"—der gesunden Vernunft nicht zuwider—?": katholische Eugenik in Österreich vor 1938*. Innsbruck: Studien, 2009; Wolf, Maria. *Eugenische Vernunft: Eingriffe in die reproduktive Kultur durch die Medizin 1900—2000*. Viena: Böhlau, 2008; Baader, Gerhard, Veronika Hofer e Thomas Mayer (ed.). *Eugenik in Österreich: biopolitische Strukturen von 1900—1945*. Viena: Czernin, 2007; Logan, Cheryl. *Hormones, Heredity, and Race: Spectacular Failure in Inter-war Vienna*. New Brunswick: Rutgers UP, 2013; Gabriel, Eberhard e Wolfgang Neugebauer (ed.). *Vorreiter der Vernichtung?: Eugenik, Rassenhygiene und Euthanasie in der österreichischen Diskussion vor 1938. Zur Geschichte der NS-Euthanasie in Wien*, vol. 3. Viena: Böhlau, 2005.

14. Tandler, Julius. *Gefahren der Minderwertigkeit*. Viena: Verlag des Wiener Jugendhilfswerks, 1929, e *Ehe und Bevölkerungspolitik*. Viena: Perles, 1924; McEwen, "Welfare", p. 187 e *Sexual Knowledge: Feeling, Fact, and Social Reform in Vienna, 1900—1934*. Nova York: Berghahn, 2012, p. 145; Turda, Marius. *The History of East-Central European Eugenics, 1900—1945: Sources and Commentaries*. Londres: Bloomsbury, 2015, p. 21.

15. Gruber, Helmut. "Sexuality in 'Red Vienna': Socialist Party Conceptions and Programs and Working-Class Life, 1920-34". *International Labor and Working-Class History* 31 (1987): p. 37-68; Sieder, Reinhard. "Housing Policy, Social Welfare, and Family Life in 'Red Vienna,' 1919—34". *Oral History* 13, n. 2 (1985): p. 35-48; Gruber, Helmut e Pamela Graves. "The 'New Woman': Realities and Illusions of Gender Equality in Red Vienna". In: Helmut Gruber

e Pamela Graves (ed.). *Women and Socialism, Socialism and Women: Europe between the two World Wars.* Nova York: Berghahn, 1998, p. 56-94; Wegs, Robert. *Growing up Working Class: Continuity and Change among Viennese Youth, 1890—1938.* University Park: Pennsylvania State UP, 1989.

16. Dickinson, Edward Ross. *The Politics of German Child Welfare from the Empire to the Federal Republic.* Cambridge: Harvard UP, 1996, p. 48-79. Internacional: Dekker, Jeroen. *The Will to Change the Child: Re-Education Homes for Children at Risk in Nineteenth Century Western Europe.* Frankfurt: Peter Lang, 2001; Rosenblum, Warren. *Beyond the Prison Gates: Punishment and Welfare in Germany, 1850—1933.* Chapel Hill: UNC Press, 2012. Foucault, Michel. *History of Madness.* Edição de Jean Khalfa. Londres: Routledge, 2006 e *Madness and Civilization: A History of Insanity in the Age of Reason.* Nova York: Pantheon, 1965; Blackshaw, Gemma e Sabine Wieber (ed.). *Journeys into Madness: Mapping Mental Illness in the Austro-Hungarian Empire.* Nova York: Berghahn, 2012.

17. Fadinger, Biljana. "Die vergessenen Wurzeln der Heilpädagogik: Erwin Lazar und die Heilpädagogische Station an der Universitäts-Kinderklinik in Wien". Universidade de Viena, 1999, p. 91; Lazar, Erwin. "Die heilpädagogische Abteilung der k. k. Universitäts-Kinderklinik in Wien und ihre Bedeutung für die Jugendfürsorge". *ZfKJ* 5 n. 11 (1913): p. 309-13; Bruck, Valerie, Georg Frankl, Anni Weiß e Viktorine Zak. "Erwin Lazar und sein Wirken". *ZfK* 40 (1932): p. 211-18; p. 211-12.

18. Biewer, Gottfried. *Grundlagen der Heilpädagogik und inklusiven Pädagogik.* Stuttgart: UTB, 2010; Moser, Vera. "Gründungsmythen der Heilpädagogik". *ZfP* 58, n. 2 (2012): p. 262-74. Material de base: Georgens, Jan e H. Deinhardt. *Die Heilpädagogik: mit Berücksichtigung der Idiotie und der Idiotenanstalten.* Leipzig: Fleischer, 1863; Heller, Theodor. *Grundriss der Heilpädagogik.* Leipzig: Engelmann, 1904.

19. Frankl, Georg. "Die Heilpädagogische Abteilung der Wiener Kinderklinik". *ZfKFB* 29, n. 5-6 (1937): p. 33-38; p. 33; Heller, Theodor. "Nachruf, Erwin Lazar". *ZfK* 40 (1932): p. I-III; Heller, Theodor. "Fürsorgeerziehung und Heilpädagogik in Deutschland und Österreich". *Zentralblatt für Jugendrecht und Jugendwohlfahrt* 22, n. 10/11 (1931): p. 369-75.

20. Schröder, Paul. "Kinderpsychiatrie und Heilpädagogik". *ZfK* 49 (1943): p. 9-14; p. 10; Asperger, Hans. "Tagungsbericht: Erziehungsfragen im Rahmen der Kinderkundlichen Woche". *DN* 14, n. 2 (1941): p. 28-31; p. 29. Asperger na

história: "Pädiatrie—Kinderpsychiatrie—Heilpädagogik". *WkW* 87 (1975): p. 581-82; "Heilpädagogik in Österreich". *HP* 1 (1958): p. 2-4; "Die medizinische Grundlagen der Heilpädagogik". *MfK* 99, n. 3 (1950): p. 105-7.

21. Wagner, Richard. *Clemens von Pirquet: His Life and Work*. Baltimore: Johns Hopkins, 1968, p. 118; Neuburger, Max. "The History of Pediatrics in Vienna". Tradução de Robert Rosenthal. *Medical Record* 156 (1943): p. 746-51.

22. Von Pirquet, Clemens Peter. "Die Amerikanische Schulausspeisung in Österreich". *WkW* 31, n. 27 (1921): p. 323-24; von Pirquet, Clemens Peter. "Die Amerikanische Kinderhilfsaktion in Österreich". *WMW* 70 n. 19 e 20 (1920): p. 854, 858; p. 908-9; Obrowsky, Louis. *Historische Betrachtung der sozialmedizinischen Einrichtungen in Wien vom Beginn des 20. Jahrhunderts bis zum Ende der Ersten Republik*. Frankfurt: Lang, 2005, p. 74-81; Schick, Béla. "Pediatric Profiles: Pediatrics in Vienna at the Beginning of the Century". *JP* 50, n. 1 (1957): p. 114-24, 121.

23. Hubenstorf, Michael. "Pädiatrische Emigration und die 'Hamburger Klinik' 1930—1945", p. 69-220; 78 e Gröger, Helmut. "Der Entwicklungsstand der Kinderheilkunde in Wien am Beginn des 20. Jahrhunderts", p. 53-68, ambos em Kurt Widhalm e Arnold Pollak (ed.). *90 Jahre Universitäts-Kinderklinik in Wien*. Viena: Literas-Universitätsverlag, 2005.

24. Rudolph, Clarissa e Gerhard Benetka. "Kontinuität oder Bruch? Zur Geschichte der Intelligenzmessung im Wiener Fürsorgesystem vor und in der NS-Zeit". In: *Verfolgte Kindheit: Kinder und Jugendliche als Opfer der NS-Sozialverwaltung*. Edição de Ernst Berger e Else Rieger, p. 15-40. Viena: Böhlau, 2007, p. 36 (34-39); Lazar, Erwin. "Die Aufgaben der Heilpädagogik beim Jugendgericht". *HS-E* 10 Nr. 1-2 (1919): p. 1-9; Fadinger, "Wurzeln", p. 39-137; Brezinka, Wolfgang. "Heilpädagogik in der Medizinischen Fakultät der Universität Wien: ihre Geschichte von 1911—1985". *ZfP* 43, n. 3 (1997): p. 395-420; Fadinger, "Wurzeln"; Skopec, Manfred e Helmut Wyklicki. "Die Heilpädagogische Abteilung der Universitätsklinik in Wien". *HP* 24, n. 1 (1981): p. 98-105.

25. Bruck, Frankl, Weiß e Zak, "Erwin Lazar", p. 212; Zak, Viktorine. "Die Entwicklung der klinischen Heilpädagogik in Wien". *ICN* 3, n. 4 (1928): p. 348-57; p. 356; Malina, Peter. "Zur Geschichte des Spiegelgrunds". In: *Verfolgte Kindheit*, p. 159-92; 183; Malina, Peter. "Im Fangnetz der NS-'Erziehung': Kinder- und Jugend-'Fürsorge' auf dem 'Spiegelgrund' 1940—1945". In: *Von der Zwangssterilisierung zur Ermordung—zur Geschichte der NS-Euthanasie in Wien*, vol. 2. Edição de Eberhard Gabriel e Wolfgang Neugebauer, p. 77-98. Viena: Böhlau, 2002, p. 91-92.

26. *Neue deutsche Biographie*, p. 14, "Lazar, Erwin", p. 8-9; Teller, Simone. "Zur Heilpädagogisierung der Strafe: oder Geschichte der Wiener Jugendgerichtshilfe von 1911 bis 1928". Universidade de Viena, 2009.
27. Rudolph e Benetka, "Kontinuität", p. 35; Lazar, Erwin. "Über die endogenen und exogenen Wurzeln der Dissozialität Jugendlicher". *HS-E* 4 (1913). Parte 1: n. 11, p. 199-205; Parte 2: n. 12, p. 218-25; Lazar, Erwin. *Medizinische Grundlagen der Heilpädagogik*. Viena: Springer, 1925. Uma história compreensiva da clínica está sendo preparada na dissertação de Ina Friedmann, "Hans Asperger und die Heilpädagogische Abteilung der Wiener Universitäts-Kinderklinik. Konzepte und Kontinuitäten im 20. Jahrhundert". Universidade de Viena.
28. Dorffner, Gabriele e Gerald Weippl. *Clemens Freiherr von Pirquet: ein begnadeter Arzt und genialer Geist*. Strasshof-Viena: Vier-Viertel, 2004, p. 143.
29. Feldner, Josef. "Wer war Lazar?" *Zf H* 24 (1932): p. 36-38; p. 36, 37; Frankl, Georg. "Die Heilpädagogische Abteilung der Wiener Kinderklinik". *ZfKFB* 29, n. 7-8 (1937): p. 50-54; p. 51.
30. Groh, Ch., E. Tatzer e M. Weninger. "Das Krankengut der Heilpädagogischen Abteilung im Wandel der Zeit". *HP* 24, n. 4 (1981): p. 106-111; p. 108; Bruck, Frankl, Weiss e Zak, "Erwin Lazar", p. 212. Citado em Wolf, *Vernunft*, p. 434. Bruck, Valerie. "Die Bedeutung der Heilpädagogik für die Jugendgerichtshilfe". In: *Festschrift der Wiener Jugendgerichtshilfe zur Erinnerung an die 25. Wiederkehr ihrer Gründung*, p. 26-27. Viena, 1937, p. 37.
31. Löscher, *Eugenik*; Wolf, *Vernunft*; Baader, Gerhard, Hofer e Mayer (ed.). *Eugenik*; Logan, *Hormones*.
32. Sieder, Reinhard e Andrea Smioski. "Gewalt gegen Kinder in Erziehungsheimen der Stadt Wien: Endbericht". Stadt Wien, Amtsführender Stadtrat Christian Oxonitsch, 2012, p. 27-29. Termos: *Verwahrlosung, Gefährdung, Asozialität, Erziehungsschwierigkeiten*.
33. Sieder e Smioski, "Gewalt", p. 40. Wolfgruber, Gudrun. *Zwischen Hilfestellung und Sozialer Kontrolle: Jugendfürsorge im Roten Wien, dargestellt am Beispiel der Kindesabnahme*. Viena: Ed. Praesens, 1997.
34. Baader, Gerhard, Hofer e Mayer (ed.). *Eugenik*.
35. Citado em Midgley, Nick. *Reading Anna Freud*. Londres: Routledge, 2012, p. 5.
36. Danto, Elizabeth Ann. *Freud's Free Clinics: Psychoanalysis & Social Justice, 1918—1938*. Nova York: Columbia UP, 2005, p. 17.
37. Danto, *Clinics*, p. 4.

38. Aichhorn, August. *Verwahrloste Jugend: die Psychoanalyse in der Fürsorgeerziehung: zehn Vorträge zur ersten Einführung*. Internationaler Psychoanalytischer Verlag, 1925, p. 123, 124, 144; Adler, Alfred. *Guiding the Child: On the Principles of Individual Psychology*. Londres: Routledge, 2013.

39. Psiquiatria de língua alemã: Engstrom, Eric. *Clinical Psychiatry in Imperial Germany: A History of Psychiatric Practice*. Ithaca: Cornell UP, 2003; Blasius, *Seelenstörung*; Brink, *Grenzen*; Schaffner-Hänny, Elisabeth. *Wo Europas Kinderpsychiatrie zur Welt kam: Anfänge und Entwicklungen in der Region Jurasüdfuss*. Dietikon: Juris Druck + Verlag, 1997; Engstrom, Eric e Volker Roelcke. *Psychiatrie im 19. Jahrhundert: Forschungen zur Geschichte von psychiatrischen Institutionen, Debatten und Praktiken im deutschen Sprachraum*. Basel: Schwabe, 2003; Roelcke, Volker. "Continuities or Ruptures? Concepts, Institutions and Contexts of Twentieth-Century German Psychiatry and Mental Health Care". In: Marijke Gijswijt-Hofstra, Harry Oosterhuis e Joost Vijselaar (ed.). *Psychiatric Cultures Compared: Psychiatry and Mental Health Care in the Twentieth Century: Comparisons and Approaches*. Amsterdam: Amsterdam UP, 2005, p. 163-65; Müller-Küppers, Manfred. "Die Geschichte der Kinder-und Jugendpsychiatrie unter besonderer Berücksichtigung der Zeit des National-sozialismus". *Forum der Kinder-und Jugendpsychiatrie und Psychotherapie* 11, n. 2 (2001). Elos transnacionais: Eghigian, Greg. *From Madness to Mental Health: Psychiatric Disorder and its Treatment in Western Civilization*. New Brunswick: Rutgers UP, 2010; Remschmidt, Helmut e Herman van Engeland. *Child and Adolescent Psychiatry in Europe: Historical Development, Current Situation, Future Perspectives*. Darmstatt: Steinkopff, 1999; Berrios, German e Roy Porter. *A History of Clinical Psychiatry: The Origin and History of Psychiatric Disorders*. Londres: Athlone, 1995; Roelcke, Volker, Paul Weindling e Louise Westwood (ed.). *International Relations in Psychiatry: Britain, Germany, and the United States to World War II*. Rochester: University of Rochester Press, 2010; Eghigian, Greg. "Deinstitucionalizing the History of Contemporary Psychiatry". *History of Psychiatry* 22 (2011): p. 201-14. Neurologia austríaca: Jellinger, Kurt A. "Highlights in the History of Neurosciences in Austria—Review". *Clinical Neuropathology* 5 (2006): p. 243-52; Jellinger, Kurt A. "A Short History of Neurosciences in Austria". *Journal of Neural Transmission* 113: p. 271-82.

40. Interseções: Hoffmann-Richter, Ulrike. "Die Wiener akademische Psychiatrie und die Geburt der Psychoanalyse". In: Brigitta Keintzel e Eberhard Gabriel (ed.). *Gründe der Seele: die Wiener Psychiatrie im 20. Jahrhundert*. Viena: Picus, 1999, p. 49-72; Benetka, Gerhard. *Psychologie in Wien: Sozial-und Theoriegeschichte des Wiener Psychologischen Instituts, 1922—1938*. Viena: WUV-Universitätsverlag, 1995 e *Zur Geschichte der Institutionalisierung der Psychologie in Österreich: die Errichtung des Wiener Psychologischen Instituts*. Viena: Geyer-Edition, 1990.
41. Essas descobertas derivam de um projeto de história digital do Projeto de História Espacial de Stanford conduzido por Edith Sheffer e Michelle Kahn, "Forming Selves: The Creation of Child Psychiatry from Red Vienna to the Third Reich and Abroad". A pesquisa rastreou conexões profissionais e pessoais entre cinquenta figuras importantes de Viena, indexando sua educação, treinamento, pertencimento organizacional e círculos sociais em uma base de dados que inclui as décadas de 1920, 1930 e 1940.
42. Hubenstorf, Michael. "Tote und/oder Lebendige Wissenschaft: die intellektuellen Netzwerke der NS-Patientenmordaktion in Österreich". In: *Zwangssterilisierung zur Ermordung*, vol. 2, p. 237-420; p. 287-88; Gröger, "Entwicklung"; Danto, *Clinics*.
43. *Neue deutsche Biographie*, "Lazar, Erwin", p. 8; Skopec e Wyklicki, "Abteilung", p. 102; Fadinger, "Wurzeln", p. 91.
44. Frankl, "Abteilung", p. 34, 35; Frankl, Georg. "Die Wirkungskreis der ärztlichen Heilpädagogik". *Volksgesundheit* 6 (1932): p. 180-85.
45. Roazen, Paul. *Helene Deutsch: A Psychoanalyst's Life*. New Brunswick: Transaction, 1992, p. 102, 106. A psicanalista infantil Rosetta Hurwitz também trabalhou por algum tempo na Clínica de Educação Curativa, assim como, de acordo com Asperger, Hermine Hug-Hellmuth, uma eminente psicanalista infantil. Asperger, "Erwin Lazar und seine Heilpädagogische Abteilung der Wiener Kinderklinik". *HP* 3 (1962): p. 34-41, 39.
46. Detalhes: Hubenstorf, "Emigration", p. 80-86; Wagner, *von Pirquet*.
47. Mayer, Thomas. "Akademische Netzwerke um die 'Wiener Gesellschaft für Rassenpflege (Rassenhygiene)' von 1924 bis 1948". Universidade de Viena, 2004, p. 94-95, 98.
48. *Der Abend*, 15 de março de 1929, p. 3. Citado em Dorffner e Weippl, *von Pirquet*, p. 282 (debates sobre a sucessão: p. 275-82).
49. Berger, Karin. *Zwischen Eintopf und Fliessband: Frauenarbeit und Frauenbild im Faschismus, Österreich, 1938—1945*. Viena: Gesellschaftskritik, 1984;

Bischof, Günter, Anton Pelinka e Erika Thurner (ed.). *Women in Austria*. New Brunswick: Transaction, 1988; Hamburger, Franz A. "Lebenslauf von Univers.- Professor Dr. Hamburger, Vöcklabruck". *MmW* 96, n. 33 (1954): p. 928.
50. "100 Jahre Wiener Kinderklinik". *Medical Tribune*, 11 de maio de 2011; Hamburger, Franz A., "Lebenslauf", p. 928.
51. Hamburger, Franz. "Festvortrag: Nationalsozialismus und Medizin". *WkW* 52 (1939): p. 133-38; 137.
52. Hubenstorf, "Emigration", p. 99, 93.
53. Hubenstorf, "Wissenschaft", p. 320.
54. "Lebenslauf", 1b, 4b, WStLA 1.3.2.202.A5. P: A. ORF Radio, Asperger, 1974.
55. "Lebenslauf", 1b, 4b, WStLA 1.3.2.202.A5. P: A. Asperger, "Erlebtes Leben", 216. Arquivo pessoal de Asperger na Universidade de Viena: MED PA 17.
56. Citado em Felder, "'Sehen'" (2008), p. 101. Asperger, Hans. "Erlebtes Leben: fünfzig Jahre Pädiatrie". *Pädiatrie und Pädagogik* 12 (1977): p. 214-23; p. 216.
57. Löscher, *Eugenik*, p. 18, 217; Gröger, Helmut. "Zur Ideengeschichte der medizinischen Heilpädagogik". In: *Auf den Spuren Hans Aspergers*, p. 30-37; 31. "Lebenslauf", 1b, 4b, WStLA 1.3.2.202.A5 P: A.
58. Hubenstorf, "Emigration", p. 108. Afiliações nacional-socialistas de Jekelius: Ertl, Karin Anna. "NS-Euthanasie in Wien: Erwin Jekelius—der Direktor vom 'Spiegelgrund' und seine Beteiligung am NS-Vernichtungsprogramm". Universidade de Viena, 2012, p. 134-35; início da carreira: p. 113-15. Conexões com Asperger: Hubenstorf, "Tote", p. 319-20.
59. Ertl, "NS-Euthanasie", p. 114.
60. Bischof, Günther, Anton Pelinka e Alexander Lassner (ed.). *The Dollfuss-Schuschnigg Era in Austria: A Reassessment*. New Brunswick: Transaction, 2003; Lewis, Jill. *Fascism and the Working Class in Austria, 1918—1934: The Failure of Labour in the First Republic*. Nova York: Berg, 1991; Lauridsen, John. *Nazism and the Radical Right in Austria, 1918—1934*. Copenhagen: Royal Library, Museum Tusculanum, 2007; Beniston, Judith e Robert Vilain (ed.). *Culture and Politics in Red Vienna*. Leeds: Maney, 2006; Holmes, Deborah e Lisa Silverman (ed.). *Interwar Viena: Culture between Tradition and Modernity*. Rochester: Camden House, 2009.
61. Large, David Clay. *Between Two Fires: Europe's Path in the 1930s*. Nova York: W. W. Norton, 1991, p. 77.
62. Thorpe, Julie. *Pan-Germanism and the Austrofascist State, 1933—38*. Nova York: Oxford UP, 2011, p. 91. Partido nazista na Áustria: Pauley, Bruce. *Hitler and the Forgotten Nazis: A History of Austrian National Socialism*. Chapel Hill: UNC Press, 1981.

63. Burgwyn, James. *Italian Foreign Policy in the Interwar Period, 1918—1940*. Westport: Praeger, 1997, p. 88.
64. Membro número B 134831. "Lebenslauf", 1b, WStLA 1.3.2.202.A5. P: A.
65. Dr. Asperger Hans, 7 de outubro de 1940. WStLA 1.3.2.202.A5. P: A. Ernst, Edzard. "A Leading Medical School Seriously Damaged: Vienna 1938". *Annals of Internal Medicine* 122, n. 10 (1995): p. 789-92; p. 790.
66. Löscher, Monika. "Eugenics and Catholicism in Interwar Austria". In: Marius Turda e Paul Weindling (ed.). *"Blood and Homeland": Eugenics and Racial Nationalism in Central and Southeast Europe, 1900—1940*. Budapeste: Central European UP, 2007, p. 308-9.
67. Löscher, "Eugenics", p. 308-9. Afiliações: Czech, Herwig. "Hans Asperger und die 'Kindereuthanasie' in Wien—mögliche Verbindungen". In: *Auf den Spuren Hans Aspergers*, p. 24-29; Hager, Christa, "Hans Asperger—'Er war Teil des Apparats'". Entrevista com Herwig Czech. *Wiener Zeitung*, 31 de março de 2014; Beniston, Judith e Ritchie Robertson. *Catholicism and Austrian Culture*. Edinburgh: Edinburgh UP, 1999.
68. Asperger, "Erlebtes Leben", p. 215.
69. Gráfico: Hubenstorf, "Tote", p. 271.

2. O diagnóstico da clínica

1. Frith, "Asperger", p. 9; Felder, "'Sehen'" (2015), p. 40-41. Rosenmayr, E. "Gedanken zur Pirquet'schen Klinik und ihrem Umfeld". In: *90 Jahre Universitäts-Kinderklinik*, p. 31-39; 34. *Neue deutsche Biographie*, p. 14, "Lazar, Erwin", p. 8.
2. Asperger, Hans. "Erwin Lazar—der Mensch und sein Werk". *EU* (1958): p. 129-34; p. 130, 133; Asperger, "Erwin Lazar", p. 38.
3. Zak, "Entwicklung", p. 355, 366.
4. Zak, Viktorine. "Die heilpädagogische Abteilung unter Lazar". *Zf H* 24 (1932): p. 38-40; p. 40, 39; Mühlberger, Theresa. "Heilpädagogisches Denken in Österreich zwischen 1945 und 1980". Universidade de Viena, 2012, p. 45.
5. Zak, "Heilpädagogische Abteilung", p. 39, 40.
6. Asperger, Hans. *Heilpädagogik: Einführung in die Psychopathologie des Kindes für Ärzte, Lehrer, Psychologen und Fürsorgerinnen*. Viena: Springer, 1952 [1956, 1961, 1965 e 1968], iv; Asperger, Hans. "Schwester Viktorine Zak". *EU* (1946): p. 155-58; 157.

7. Asperger, "Schwester Zak", p. 157.
8. Asperger, "Erwin Lazar—Mensch", p. 131.
9. Asperger, "Schwester Zak", p. 156.
10. Hubenstorf, "Emigration", p. 118-19.
11. Bruck, Frankl, Weiß e Zak, "Erwin Lazar", p. 213. Descrição de Hamburger: Hamburger, Franz. "Prof. Erwin Lazar (Nachruf zum Tode von Erwin Lazar)". *WkW* 45 (1932): p. 537-38. Bruck, "Bedeutung", p. 37. Bruck-Biesok, Valerie, Clemens von Pirquet e Richard Wagner. "Rachitisprophylaxe". *KW* 6, n. 20 (1927): p. 952.
12. Frankl, "Wirkungskreis", p. 185. Georg Frankl não deve ser confundido com o filósofo e psicanalista George Frankl, que também era de Viena, mas fugiu para a Inglaterra em 1939, após ser enviado a Dachau.
13. Braiusch-Marrain, A. e Hans Asperger. "Über den Einfluss von Ultraviolettbestrahlung auf die Pirquet-und die Schickreaktion". *MK* 2 (1932): p. 1310-12; Siegl, Josef e Hans Asperger. "Zur Behandlung der Enuresis". *AfK* (1934): p. 88-102; Asperger, Hans. "Leuzin und Tyrosin im Harn bei Lungengeschwulsten". *WkW* 43 (1930): p. 1281-84; Risak, Erwin e Hans Asperger. "Neue Untersuchungen über das Auftreten von Melaninreaktionen im Menschlichen Harn nach Sonnenbestrahlung". *KW* 11, n. 4 (1932): p. 154-56; Löscher, "*Katholische Eugenik*", p. 217. Em 1939: Asperger, Hans. "Eczema Vaccinatum". *WkW* 52 (1939): p. 826.
14. Asperger, "Erwin Lazar", p. 38; Asperger, "Erwin Lazar—Mensch", p. 130. Tipologias de Feldner: Feldner, Josef. "Gesellschaftsfeindliche Schulkinder". In: *Festschrift der Wiener Jugendgerichtshilfe zur Erinnerung an die 25. Wiederkehr ihrer Gründung*, p. 24-26. Viena, 1937.
15. Michaels, Joseph. "The Heilpedagogical Station of the Children's Clinic at the Universidade de Viena". *AJO* 5, n. 3 (1935): p. 266-75; p. 266, 271.
16. Idem, p. 274, 275.
17. Idem, p. 266; Zak, "Entwicklung", p. 354.
18. Idem, p. 268.
19. Idem, p. 271.
20. Idem, p. 272.
21. Idem, p. 274, 267.
22. Citado em Felder, "'Sehen'" (2008), p. 102.
23. Michaels, "Heilpedagogical Station", p. 270.
24. Frankl, Georg. "Befehlen und Gehorchen". *ZfK* 42 (1934): p. 463-74; 478.

25. Frankl, Georg. "Über postenzephalitischen Parkinsonismus und verwandte Störungen im Kindesalter". *Zf K* 46, n. 3 (1937): p. 199-249; p. 208, 212, 247, 244-45; Frankl, Georg. "Triebhandlungen bei Dissozialität nach Encephalitis epidemica und anderen psychopathischen Störungen des Kindesalters". *Zf K* 46 n. 5 (1937): p. 401-48; p. 423, 425. Também Frankl, "Heilpädagogische Abteilung", p. 54.
26. Weiss, Anni B. "Qualitative Intelligence Testing as a Means of Diagnosis in the Examination of Psychopathic Children". *AJO* 5, n. 2 (1935): p. 154-79; p. 155.
27. Idem, p. 155.
28. Idem, p. 158, 156.
29. Idem, p. 160, 167, 156.
30. Idem, p. 160, 161, 157, 160.
31. Idem, p. 173.
32. Tramer, Moritz. "Einseitig talentierte und begabte Schwachsinnige". *Schweizerische Zeitschrift für Gesundheitspflege* 4 (1924): p. 173-207.
33. Asperger, "'Psychopathen'", p. 118 (75).
34. Teachers College, Columbia University. *Teachers College Record* 37, n. 3 (1935): p. 252; p. 38, n. 2 (1936): p. 161-62. Teachers College, Columbia University. *Advanced School Digest* 1-6 (1936).
35. Teachers College, Columbia University. *The Advanced School Digest* 7 (1941): 18. Imigração judaica e política do Reich: Zahra, Tara. *The Great Departure: Mass Migration from Eastern Europe and the Making of the Free World*. Nova York: W. W. Norton, 2016.
36. Robison, John. "Kanner, Asperger, and Frankl: A Third Man at the Genesis of the Autism Diagnosis". *Autism* (setembro de 2016): p. 1-10; Silberman, *NeuroTribes*, p. 167-69.
37. Kanner, Leo. *Child Psychiatry*. Springfield, IL: Charles C. Thomas, 1935.
38. Silberman, *NeuroTribes*, p. 141; Feinstein, *History*, p. 10-12; Schirmer, Brita. "Autismus—von der Außen—zur Innenperspektive". *Behinderte in Familie, Schule und Gesellschaft* 3 (2003): p. 20-32.
39. Druml, Wilfried. "The *Wiener klinische Wochenschrift* from 1938 to 1945: On the 50th Anniversary of its Reappearance". *WkW* 110, n. 4-5 (1998): p. 202-5; p. 202, 203; Birkmeyer, W. "Über die Vererbung der Nervenkrankheiten—aus den Schulungsabenden der Ärzteschaft des SS-Oberabschnittes 'Donau'". *WkW* 51, n. 46 (1938): p. 1150-51; p. 1051.
40. Silberman, *NeuroTribes*, p. 168; Robison, "Kanner", p. 4.

41. Por exemplo, Kanner, Leo. "Play Investigation and Play Treatment of Children's Behavior Disorders". *JP* 17, n. 4 (1940): p. 533-46.
42. Kanner, "Autistic Disturbances", p. 219-21.
43. Robison, "Kanner", p. 6. Kanner, "Autistic Disturbances"; Frankl, George. "Language and Affective Contact". *Nervous Child* 2 (1943): p. 251-62.
44. Frankl, "Language", p. 261.
45. Idem, p. 261, 258, 260.
46. Idem, p. 258, 260, 256.

3. Psiquiatria nazista e espírito social

1. Citado em Felder, "'Sehen'" (2008), p. 102-3.
2. Rempel, Gerhard. *Hitler's Children: The Hitler Youth and the SS*. Chapel Hill: UNC Press, 1989; Reese, Dagmar. *Growing up Female in Nazi Germany*. Ann Arbor: University of Michigan Press, 2006; Kater, Michael H. *Hitler Youth*. Cambridge: Harvard UP, 2004.
3. Kuhn, Hans-Werner, Peter Massing e Werner Skuhr. *Politische Bildung in Deutschland: Entwicklung, Stand, Perspektiven*. Opladen: Leske + Budrich, 1990, p. 90.
4. Fritzsche, *Life*, p. 113-14.
5. Tornow, Karl e Herbert Weinert, *Erbe und Schicksal: von geschädigten Menschen, Erbkrankheiten und deren Bekämpfung*. Berlim: Metzner, 1942, p. 159.
6. *Richtlinien für die Leibeserziehung in Jungenschulen*. Berlim: Weidmann'sche Verlagsbuchhandlung, 1937, p. 7-8.
7. "Führer". *Deutsches Lesebuch für Volksschulen. 3. u. 4. Schuljahr*. Munique: Oldenbourg, 1937, p. 272.
8. *Deutsches Lesebuch für Volksschulen. 5. u. 6. Schuljahr*. Nuremberg: F. Korn, 1936, p. 361-63.
9. Razumovsky, Maria, Dolly Razumovsky e Olga Razumovsky. *Unsere versteckten Tagebücher, 1938—1944: drei Mädchen erleben die Nazizeit*. Viena: Böhlau, 1999, p. 16.
10. Williams, John A. *Turning to Nature in Germany: Hiking, Nudism and Conservation, 1900—1940*. Stanford: Stanford UP, 2007, p. 203. Kater, *Hitler Youth*.
11. Cesarani, David e Sarah Kavanaugh. *Holocaust: Hitler, Nazism and the "Racial State"*. Londres: Routledge, 2004, p. 371.
12. Good, David, Margarete Grandner e Mary Jo Maynes (ed.). *Austrian Women in the Nineteenth and Twentieth Centuries: Cross-Disciplinary Perspectives*.

Providence: Berghahn, 1996; Bischof, Pelinka e Thurner (ed.). *Women*; Bischof, Günter, Anton Pelinka e Dagmar Herzog (ed.). *Sexuality in Austria*. New Brunswick: Transaction, 2007.

13. Tantner, Anton. *"Schlurfs": Annäherungen an einen subkulturellen Stil Wiener Arbeiterjugendlicher*. Morrisville: Lulu, 2007; Mejstrik, Alexander. "Urban Youth, National-Socialist Education and Specialized Fun: The Making of the Vienna Schlurfs, 1941—44". In: Axel Schildt e Detlef Siegfried (ed.). *European Cities, Youth and the Public Sphere in the Twentieth Century*. Aldershot: Ashgate, 2005, p. 57-89.

14. Fritz, Regina. "Die 'Jugendschutzlager' Uckermark und Moringen im System nationalsozialistischer Jugendfürsorge". In: *Verfolgte Kindheit*, p. 303-26; 314; Malina, Peter. "Verfolgte Kindheit. Die Kinder vom 'Spiegelgrund' und ihre 'Erzieher'". In: Robert Sommer (ed.). *Totenwagen: Kindheit am Spiegelgrund von Alois Kaufmann*. Viena: Uhudla, 1999, p. 102; Schikorra, Christa. "Über das Zusammenspiel von Fürsorge, Psychiatrie und Polizei bei der Disziplinierung auffälliger Jugendlicher". In: Thomas Beddies e Kristina Hübener (ed.). *Kinder in der NS-Psychiatrie*. Berlim-Brandemburgo: Be.bra, 2004, p. 93-95.

15. Steinberg, Holger, "Rückblick auf Entwicklungen der Kinder-und Jugendpsychiatrie: Paul Schröder". *PdKK* 48 (1999): p. 202-6, 204; Ettrich, K. U. "Gottlieb Ferdinand Paul Schröder—wissenschaftliches Denken und praktische Bedeutung". In: K. U. Ettrich (ed.). *Bewahren und Verändern. 75 Jahre Kinder-und Jugendpsychiatrie an der Universität Leipzig*, p. 14-25. Leipzig: Klinik und Poliklinik für Psychiatrie, Psychotherapie und Psychosomatik, 2002; Laube, S. "Zur Entwicklung der Kinder-und Jugendpsychiatrie in Deutschland von 1933 bis 1945". Leipzig: tese de Medicina, 1996.

16. Bürger-Prinz, Hans. *Ein Psychiater berichtet*. Hamburgo: Hoffmann und Campe, 1971, p. 113; Steinberg, "Rückblick", p. 205; Thüsing, Carina. "Leben und wissenschaftliches Werk des Psychiaters Paul Schröder unter besonderer Berück-sichtigung seines Wirkens an der Psychiatrischen und Nervenklinik der Universität Leipzig". Universidade de Leipzig, 1999, p. 27.

17. Dahl, Matthias. "Aussonderung und Vernichtung—der Umgang mit 'lebens-unwerten' Kindern während des Dritten Reiches und die Rolle der Kinder-und Jugendpsychiatrie". *PdKK* 50, n. 3 (2001): p. 170-91; p. 185. Steinberg, Holger e M. C. Angermeyer. "Two Hundred Years of Psychiatry at Leipzig University: An Overview". *History of Psychiatry* 13, n. 51 (2002): p.

267-83; p. 277; Castell, Rolf e Uwe-Jens Gerhard. *Geschichte der Kinder-und Jugendpsychi-atrie in Deutschland in den Jahren 1937 bis 1961*. Göttingen: Vandenhoeck & Ruprecht, 2003, p. 441. Thüsing, "Leben", p. 47-50.
18. Schepker, Klaus e Heiner Fangerau. "Die Gründung der Deutschen Gesellschaft für Kinderpsychiatrie und Heilpädagogik". *Zeitschrift für Kinder-und Jugendpsychiatrie und Psychotherapie* 44, n. 3 (2016): p. 180-88; p. 181-82.
19. Idem, p. 182, 183.
20. Asperger, Hans. "'Jugendpsychiatrie' und 'Heilpädagogik'". *MmW* 89, n. 16 (1942): p. 352-56.
21. Rudert, Johannes. "Gemüt als charakterologischer Begriff". In: Adolf Daümling e Philipp Lersch (ed.). *Seelenleben und Menschenbild*. Munique: Barth, 1958, p. 53-73; Scheer, Monique. "Topographies of Emotion", p. 44 e Gammerl, Benn. "Felt Distances", p. 195, ambos em Monique Scheer, Anne Schmidt, Pascal Eitler et al. (ed.). *Emotional Lexicons: Continuity and Change in the Vocabulary of Feeling, 1700—2000*. Oxford: Oxford UP, 2014.
22. Barbara Cassin, Emily Apter, Jacques Lezra e Michael Wood (ed.). *Dictionary of Untranslatables: A Philosophical Lexicon*. Princeton: Princeton UP, 2014, p. 374. Scheer, "Topographies", p. 49, 56; Bonds, Mark Evan. *Absolute Music: The History of an Idea*. Nova York: Oxford UP, 2014, p. 150, 151.
23. Frevert, Ute. "Defining Emotions: Concepts and Debates over Three Centuries". In: *Emotional Lexicons*, p. 26-28; Rudert, "Gemüt", p. 55.
24. Diriwachter, Rainer e Jaan Valsiner (ed.). *Striving for the Whole: Creating Theoretical Syntheses*. New Brunswick: Transaction, 2011, p. 26-27.
25. Ash, Mitchell G. *Gestalt Psychology in German Culture, 1890—1967: Holism and the Quest for Objectivity*. Cambridge: Cambridge UP, 1998, p. 342.
26. Goebbels, Joseph. *Die Tagebücher von Joseph Goebbels*, parte 1, vol. 1, Munique: K. G. Saur, 2004, p. 110.
27. Asperger, "Problems of Infantile Autism", p. 46 e *Probleme des kindlichen Autismus*, p. 3. Citações de Klages feitas por Asperger em sua tese de 1944: Klages, Ludwig. *Die Grundlagen der Charakterkunde*. Leipzig: Barth, 1936 e Klages, Ludwig. *Grundlegung der Wissenschaft vom Ausdruck*. Leipzig: Barth, 1936; Lebovic, Nitzan. *The Philosophy of Life and Death: Ludwig Klages and the Rise of a Nazi Biopolitics*. Nova York: Palgrave Macmillan, 2013; Ash, *Gestalt*, p. 345.
28. Geuter, Ulfried. *The Professionalization of Psychology in Nazi Germany*. Cambridge; Nova York: Cambridge UP, 1992, p. 169. Citações de Asperger:

Jaensch, Erich. *Der Gegentypus: Psychologisch-anthropologische Grundlagen deutscher Kulturphilosophie*. Leipzig: Barth, 1938 e Jaensch, Erich. *Grundformen menschlichen Seins*. Berlim: Elsner, 1929.

29. Wetzell, Richard F. *Inventing the Criminal: A History of German Criminology, 1880—1945*. Chapel Hill: UNC Press, 2000, p. 181, 297; Schneider, Kurt. *Die psychopathischen Persönlichkeiten*. Leipzig: Deuticke, 1923.
30. Stumpfl, Friedrich. "Kriminalität und Vererbung". In: Günther Just (ed.). *Handbuch der Erbbiologie des Menschen*, vol. 2. Berlim: J., Springer, 1939—1940; p. 1257; Wetzell, *Inventing*, p. 151, 152; 191-208.
31. Frevert, "Defining", p. 26; Bailey, Christian. "Social Emotions". In: *Emotional Lexicons*, p. 201-29; 207. Outra tradução: Scheer, "Topographies", p. 50.
32. Discurso durante a reunião de líderes da SS em Posen (4 de outubro de 1943), em: Röttger, Rüdiger. *Davon haben wir nichts gewusst: jüdische Schicksale aus Hochneukirch/Rheinland 1933—1945*. Düsseldorf: DTP, 1998, p. 181.
33. Bailey, "Social", p. 201-29, 216, 225-26 (1933); Scheer, "Topographies", p. 55.
34. Schröder, Paul e Hans Heinze. *Kindliche Charaktere und ihre Abartigkeiten, mit erläuternden Beispielen von Hans Heinze*. Breslau: Hirt, 1931, p. 30, 33.
35. Schröder, Paul. "Kinderpsychiatrie". *MfPN* 99 (1938): p. 269-93; p. 287, 291. Terminologia de Schröder: Nissen, Gerhardt. *Kulturgeschichte seelischer Störungen bei Kindern und Jugendlichen*. Stuttgart: Klett-Cotta, 2005, p. 455-56; Thüsing, "Leben", p. 32-37, caracterologia: p. 80-84; Rudert, "Gemüt", p. 57.
36. Citado em Felder, "'Sehen'" (2008), p. 102.
37. Felder, "'Sehen'" (2015), p. 39 e (2008), p. 102-3.
38. Schröder e Heinze, *Kindliche Charaktere*, p. 33.
39. Schröder e Heinze, *Kindliche Charaktere*; Asperger, "Erwin Lazar", p. 37.
40. Heinze, Hans. "Zur Phänomenologie des Gemüts". *ZfK* 40 (1932): p. 371-456; Asperger, "'Psychopathen'", p. 78.
41. Heinze, "Phänomenologie", p. 395, 384-85 e "Psychopathische Persönlichkeiten. Allgemeiner und klinischer Teil". *Handbuch der Erbkrankheiten* 4 (1942): p. 154-310; p. 179-84.
42. Schultz, Heinz. "Die hypomanischen Kinder: Charakter, Temperament und soziale Auswirkungen". *ZfK* 45 (1936): p. 204-33. Leiter, "Zur Vererbung" e "Über Erbanlage und Umwelt bei gemütsarmen, antisozialen Kindern und Jugendlichen". *ZfK* 49 (1943): p. 87-93.
43. Kramer, Franz e Ruth von der Leyen. "Entwicklungsverläufe 'anethischer, gemütloser' psychopathischer Kinder". *ZfK* 43 (1934): p. 305-422. Interlocução com Schröder: *ZfK* 44 (1935): p. 224-28.

44. Lange, Klaus, Susanne Reichl, Katharina Lange, Lara Tucha e Oliver Tucha. "The History of Attention Deficit Hiperactivity Disorder". *Attention Deficit and Hyperactivity Disorders* 2, n. 4 (2010): p. 241-55; p. 247-48; Müller-Küppers, "Geschichte", p. 23; Neumärker, Klaus-Jürgen. "The Kramer-Pollnow Syndrome: A Contribution on the Life and Work of Franz Kramer and Hans Pollnow". *History of Psychiatry* 16, n. 4 (2005): p. 435-51; Fuchs, Petra e Wolfgang Rose. "Kollektives Vergessen: die Diagnose Psychopathie und der Umgang mit dem schwierigen Kind im Verständnis von Franz Kramer und Ruth von der Leyen". In: Heiner Fangerau, Sascha Topp e Klaus Schepker (ed.). *Kinder- und Jugendpsychiatrie im Nationalsozialismus und in der Nachkriegszeit: zur Geschichte ihrer Konsolidierung*. Berlim: Springer, 2017, p. 187-208.
45. A resposta alemã foi de 99,08%. Bukey, Evan Burr. *Hitler's Austria: Popular Sentiment in the Nazi Era, 1938—1945*. Chapel Hill: UNC Press, 2000, p. 38.
46. Bukey, *Hitler's Austria*, p. 74, 55; Tálos, Emmerich, Ernst Hanisch, Wolfgang Neugebauer e Reinhard Sieder (ed.). *NS-Herrschaft in Österreich*. Viena: öbv & htp, 2000.
47. Bukey, *Hitler's Austria*, p. 131. Pauley, Bruce F. *From Prejudice to Persecution: A History of Austrian Anti-Semitism*. Chapel Hill: UNC Press, 1992; Vyleta, Dan. *Crime, Jews and News: Vienna, 1895—1914*. Nova York: Berghahn Books, 2012.
48. ORF Radio, Asperger, 1974.
49. Pernkopf, "Nationalsozialismus und Wissenschaft", *WkW* 51, n. 20 (1938): p. 547-48. Citado em Medizinische Universität Wien. http://www.meduniwien.ac.at/geschichte/anschluss/an_pernkopf.html. Neugebauer, "Racial Hygiene".
50. Malina, Peter e Wolfgang Neugebauer. "NS-Gesundheitswesen und-Medizin". In: Emmerich Tálos, Ernst Hanisch e Wolfgang Neugebauer (ed.). *NS-Herrschaft in Österreich. Ein Handbuch*. Viena: öbv & htp, 2000, p. 696-720. Dos 173 professores dispensados, 26 o foram por razões políticas.
51. Dois terços dos médicos dispensados emigraram para os Estados Unidos e 15% emigraram para o Reino Unido; outros cometeram suicídio ou foram deportados e assassinados em campos de concentração. Ernst, "Medical School", p. 790; Merinsky, Judith. "Die Auswirkungen der Annexion Österreichs durch das Deutsche Reich auf die Medizinische Fakultät der Universität Wien im Jahre 1938". Universidade de Viena, 1980; Lehner, Martina. "Die Medizinische Fakultät der Universität Wien 1938—1945". Universidade de Viena, 1990.
52. Hubenstorf, "Emigration", p. 71-72, 132. Seidler, Eduard. "Das Schicksal der Wiener jüdischen Kinderärzte zwischen 1938 und 1945". *WkW* 111, n. 18 (1999):

p. 754-63 e *Jüdische Kinderärzte, 1933—1945: Entrechtet/geflohen/ermordet*. Basel: Karger, 2007; Feikes, Renate. "Veränderungen in der Wiener jüdischen Ärzteschaft 1938". Universidade de Viena, 1993. Detalhes específicos: Gröger, Helmut. "Zur Vertreibung der Kinderheilkunde: zwischen 1918 und 1938 lehrende Privatdozenten für Kinderheilkunde der Universität Wien". In: Arnold Pollak (ed.). *100 Jahre Universitätsklinik für Kinder-und Jugendheilkunde*. Viena, 2011, p. 55-66.

53. Kater, *Doctors*, p. 58. Cientistas vienenses: Ash, Mitchell G. e Alfons Söllner (ed.). *Forced Migration and Scientific Change: Emigré German-Speaking Scientists and Scholars after 1933*. Nova York: Cambridge UP, 1995; Heiss, Gernot, Siegfried Mattl, Sebastian Meissl, Edith Saurer e Karl Stuhlpfarrer (ed.). *Willfährige Wissenschaft: die Universität Wien 1938—1945*. Viena: Gesellschaftskritik, 1989; Ash, Mitchell G., Wolfram Niess e Ramon Pils (ed.). *Geisteswissen-schaften im Nationalsozialismus: das Beispiel der Universität Wien*. Göttingen: V & R Unipress; Vienna UP, 2010; Stadler, Friedrich (ed.). *Kontinuität und Bruch 1938—1945—1955: Beiträge zur österreichischen Kultur- und Wissenschaftsgeschichte*. Viena: Jugend und Volk, 1988.

54. Hubenstorf, "Tote", p. 258.

55. Mühlleitner, Elke e Johannes Reichmayr. "The Exodus of Psychoanalysts from Vienna". In: Peter Weibel e Friedrich Stradler (ed.). *Vertreibung der Vernunft: The Cultural Exodus from Austria*. Viena: Löcker, 1993, p. 111; Peters, Uwe Henrik. *Psychiatrie im Exil: die Emigration der Dynamischen Psychiatrie aus Deutschland 1933—1939*. Düsseldorf: Kupka, 1992, p. 65-103; Ash, Mitchell G. "Diziplinentwicklung und Wissenschaftstransfer—deutschsprachige Psychologen in der Emigration". *Berichte zur Wissenschaftsgeschichte* 7 (1984): p. 207-26.

56. Mühlleitner, Elke e Johannes Reichmayr. "Following Freud in Viena: The Psychological Wednesday Society and the Viennese Psychoanalytical Society 1902—1938". *International Forum of Psychoanalysis* 6, n. 2 (1997): p. 73-102; 79, 80; Reichmayr, Johannes e Elke Mühlleitner. "Psychoanalysis in Austria after 1933—34: History and Historiography". *International Forum of Psychoanalysis* 12 (2003): p. 118-29.

57. Geuter, *Professionalization*; Ash, Mitchell G. e Ulfried Geuter. *Geschichte der deutschen Psychologie im 20. Jahrhundert: ein Überblick*. Opladen: Westdeutscher Verlag, 1985; Cocks, Geoffrey. *Psychotherapy in the Third Reich: The Göring Institute*. New Brunswick: Transaction, 1997; Ash, Mitchell

G. e Thomas Aichhorn. *Psychoanalyse in totalitären und autoritären Regimen*. Frankfurt: Brandes & Apsel, 2010; Goggin, James e Eileen Brockman Goggin. *Death of a "Jewish Science": Psychoanalysis in the Third Reich*. West Lafayette: Purdue UP, 2001; Fallend, Karl, B. Handlbauer e W. Kienreich (ed.). *Der Einmarsch in die Psyche: Psychoanalyse, Psychologie und Psychiatrie im Nationalsozialismus und die Folgen*. Viena: Junius, 1989.
58. König, Karl. *The Child with Special Needs: Letters and Essays on Curative Education*. Edinburgh: Floris, 2009, p. 41; Brennan-Krohn, Zoe. "In the Nearness of Our Striving: Camphill Communities Re-Imagining Disability and Society". Brown University, 2009; Mühlberger, "Heilpädagogisches Denken", p. 44.
59. Asperger, Hans, 7 de outubro de 1940. WStLA 1.3.2.202.A5. P: A.
60. Atividades de Asperger: ÖStA (AdR) K 10/02 BfU: A. Czech, "Hans Asperger"; Hager, "Hans Asperger"; Feinstein, *History*, p. 15; Hubenstorf, "Emigration", p. 76, 120.
61. Hamburger, "Festvortrag", p. 134; Hubenstorf, "Emigration", p. 111.
62. Asperger, Hans. "Das psychisch abnorme Kind". *WkW* 50 (1937): p. 1460-61; p. 1461.
63. Asperger, Hans. "Das psychisch abnorme Kind". *WkW* 49/51 (1938): p. 1314-17; p. 1316.
64. Mejstrik, Alexander. "Die Erfindung der deutschen Jugend. Erziehung in Wien, 1938-1945". In: Tálos, Hanisch, Neugebauer e Sieder (ed.). *NS-Herrschaft in Österreich*, p. 494-522; Gehmacher, Johanna. *Jugend ohne Zukunft: Hitler-Jugend und Bund Deutscher Mädel in Österreich vor 1938*. Viena: Picus, 1994.
65. "News and Comment". *Archives of Neurology & Psychiatry* 37, n. 5 (1937): p. 1171; "News and Notes". *American Journal of Psychiatry* 94, n. 3 (1937): p. 720-36, 727, 729; Castell e Gerhard, *Geschichte*, p. 48-49, 45-46; Schröder, "Kinderpsychiatrie", p. 9; Dahl, "Aussonderung", p. 186; Schepker e Fangerau, "Gründung", p. 183. Moritz Tramer, da Suíça, foi selecionado como secretário-geral.
66. Asperger, "Das psychisch abnorme Kind" (1938), p. 1314.
67. Ibid.
68. Idem, p. 1314, 1317. Asperger também elogiou uma crítica ao livro de 1939 de Franz Günther von Stockert, *Introduction to the Psychopathology of Childhood*, que defendia veementemente a esterilização e estabelecia as con-

dições para sua realização. Asperger, "Bücherbesprechungen: F. G. v. Stockert, *Einführung in die Psychopathologie des Kindesalters*". *AfK* 120 (1940): p. 48; Castell e Gerhard, *Geschichte*, p. 48.
69. Idem, p. 1314.
70. Idem, p. 1317, 1314.
71. Idem, p. 1316.
72. Ibid.
73. Ibid.
74. Ibid.
75. Eghigian, Greg. "A Drifting Concept for an Unruly Menace: A History of Psychopathy in Germany". *Isis* 106, n. 2 (2015): p. 283-309; Schmiedebach, Heinz-Peter. *Entgrenzungen des Wahnsinns: Psychopathie und Psychopathologisierungen um 1900*. Berlim: Walter de Gruyter, 2016.
76. Schneider, *Persönlichkeiten*, p. 16.
77. Wetzell, *Inventing*, p. 149-52; p. 203-5. Steinberg, Holger, Dirk Carius e Hubertus Himmerich. "Richard Arwed Pfeifer—A Pioneer of 'Medical Pedagogy' and an Opponent of Paul Schröder". *History of Psychiatry* 24, n. 4 (2013): p. 459-76; p. 471.
78. Asperger, "Das psychisch abnorme Kind" (1938), p. 1314.
79. Idem, p. 1315.
80. Ibid.
81. Idem, p. 1316.
82. Idem, p. 1315.
83. Schröder, "Kinderpsychiatrie", p. 9. Procedimentos: Hanselmann, Heinrich e Therese Simon (ed.). *Bericht über den I. Internationalen Kongress für Heilpädagogik*. Zurique: Leemann, 1940, p. 11, 201; Asperger, Hans. "Kurze Geschichte der Internationalen Gesellschaft für Heilpädagogik". *HP* 14 (1971): p. 50-52; p. 50. Resumos: Hanselmann, Heinrich. "Erster Internationaler Kongreß für Heilpädagogik". *ZfK* 48 (1940): p . 142-48; Castell e Gerhard, *Geschichte*, p. 367-77; p. 375.

4. Indexando vidas

1. Bornefeld, Adele. "Entstehung und Einsatz des Gesundheitswagens". *WkW* 53 (1940): p. 704-5; Czech, Herwig. "Zuträger der Vernichtung? Die Wiener Universitäts-Kinderklinik und die NS-Kindereuthanasieanstalt 'Am Spiegelgrund'". In: *100 Jahre Universitätsklinik*, p. 23-54; 40; Hubenstorf, "Emigration",

p. 152-61. Centros de aconselhamento materno em Viena: Czech, Herwig. "Geburtenkrieg und Rassenkampf: Medizin, 'Rassenhygiene' und selektive Bevölkerungs-politik in Wien 1938 bis 1945". *Jahrbuch des Dokumentationsarchivs des österreichischen Widerstandes* (2005): p. 52-95; p. 59-61.

2. Hans Asperger para H. Hoberstorfer, Verwaltung des Reichsgaues Wien. Gesundheitsamt, 14 de setembro de 1940, 3a. WStLA 1.3.2.202.A5. P: A.

3. Hamburger, Franz. "Der Gesundheitswagen (Motorisierte Mütterberatung)". *WkW* 53 (1940): p. 703-4; p. 704; Goll, Heribert. "Erfahrungen mit dem ersten Gesundheitswagen im Kreise Zwettl, Niederdonau". *WkW* 53 (1940): p. 705-9; p. 705; Asperger para Hoberstorfer, 14 de setembro de 1940, 3a. WStLA 1.3.2.202.A5. P: A.

4. Goll, "Erfahrungen". Em 1940, havia 25 iniciativas similares de aconselhamento no distrito do Baixo Danúnio, 15 no distrito do Alto Danúbio e 37 em outros lugares da Áustria. Wolf, *Vernunft*, p. 351-53.

5. Hubenstorf, "Emigration", p. 156-58; Koszler, Viktor. "Franz Hamburger 70 Jahre". *WkW* 57, n. 31/32 (1944): p.391-92; 391; Hamburger, "Gesundheitswagen", p. 704.

6. Bornefeld, "Entstehung", p. 704.

7. Goll, "Erfahrungen", p. 705.

8. Asperger para Hoberstorfer, 14 de setembro de 1940; Hubenstorf, "Emigration", p. 158.

9. Häupl, *Kinder*, p. 118.

10. Asperger, Hans. "Zur Erziehungstherapie in der Jugendfürsorge". *MfK* 87 (1941): p. 238-47; p. 240.

11. Ibid.

12. Asperger, "Das psychisch abnorme Kind" (1938), p. 1315.

13. Asperger, "Zur Erziehungstherapie", p. 240, 245 e "Tagungsbericht: Erziehungsfragen im Rahmen der Kinderkundlichen Woche." *DE* 14, n. 2 (1941): p. 28-31; p. 28-29.

14. Hamburger, "Festvortrag", p. 134.

15. SS-Sturmbahnführer (Jahrmann) to Gemeindeverwaltung des Reichsgaues Wien, Personalamt, 14 de novembro de 1940, 11. WStLA 1.3.2.202.A5. P: A.

16. Ertl, "NS-Euthanasie", p. 12.

17. Felder, "'Sehen'" (2008), p. 104.

18. Por exemplo, Asperger para Hauptgesundheitsamt der Stadt Wien, WStLA 1.3.2.202.A5. P: A. Donvan e Zucker, *Different*, p. 341, citando Herwig Czech.

19. SS-Sturmbahnführer to Gemeindeverwaltung des Reichsgaues Wien, 14 de novembro de 1940.
20. Parkinson, Fred. *Conquering the Past: Austrian Nazism Yesterday & Today*. Detroit: Wayne State UP, 1989, p. 139; Spicer, Kevin. "Catholic Life under Hitler". In: Lisa Pine (ed.). *Life and Times in Nazi Germany*. Londres: Bloomsbury, 2016, p. 241.
21. Gauamt für Volksgesundheit, "Politische Beurteilung", 2 de maio de 1939. ÖStA (AdR 02) Zl36.055. G: A.
22. Kamba (Gauhauptstellenleiter, Gauleitung Wien) para Scharizer (Stellvertretenden Gauleiter), 11 de julho de 1940, p. 36. Similar: Marchet. 1938. Ambos: ÖStA (AdR 02) Zl36.055. G: A.
23. ÖStA (AdR 02) Zl36.055. G: A; WStLA 1.3.2.202.A5, 7.
24. SS-Sturmbahnführer to Gemeindeverwaltung des Reichsgaues Wien, 14 de novembro de 1940, p. 11.
25. "Schwer erziehbare Jugend findet zur Gemeinschaft". *Neues Wiener Tagblatt*, 7 de agosto de 1940.
26. Asperger para Hauptgesundheitsamt der Stadt Wien, 1º de outubro de 1940, 4a; Gemeindeverwaltung des Reichsgaues Wien, Personalamt, 9 de novembro de 1940, 6a. WStLA 1.3.2.202.A5. P: A. Atividades de Asperger: ÖStA (AdR) K 10/02 Bf U: A. Hüntelmann, Axel, Johannes Vossen e Herwig Czech. *Gesundheit und Staat: Studien zur Geschichte der Gesundheitsämter in Deutschland, 1870—1950*. Husum: Matthiesen, 2006.
27. Gemeindeverwaltung des Reichsgaues Wien, Personalamt, 9 de novembro de 1940, 6a; Vellguth, Stadtmedizinaldirektor, Hauptgesundheits-und Sozialamt to Personalamt, Abteilung 2, 10 de outubro de 1940, 4c; Erneuerung des Dienstvertrages, 25 de outubro de 1954. WStLA 1.3.2.202.A5. P: A. Evans, Richard. *The Third Reich at War*. Nova York: Penguin, 2008, p. 429.
28. Czarnowski, Gabriele. "The Value of Marriage for the '*Volksgemeinschaft*': Politics towards Women and Marriage under National Socialism". In: Richard Bessel (ed.) *Fascist Italy and Nazi Germany*. Cambridge: Cambridge UP, 1996, p. 98.
29. Malina e Neugebauer, "NS-Gesundheitswesen". Häupl, *Massenmord*, p. 23.
30. Czech, Herwig. "Venereal Disease, Prostitution e the Control of Sexuality in World War II Vienna". *East Central Europe* 38 (2011): p. 64-78; p. 71.
31. Burleigh, *Death*, p. 56.
32. Com 5 mil e 10 mil como mais baixa e mais alta estimativas. Malina e Neugebauer, "NS-Gesundheitswesen"; Neugebauer, Wolfgang. "Zwangssterilisierung und

'Euthanasie' in Österreich 1940—1945". *Zeitgeschichte* 19, n. 1/2 (1992): p. 17-28. Viena: Spring, Claudia. *Zwischen Krieg und Euthanasie: Zwangssterilisationen in Wien 1940—1945*. Viena: Böhlau, 2009. Reich: Bock, Gisela. *Zwangssterilisation im Nationalsozialismus: Studien zur Rassenpolitik und Frauenpolitik*. Opladen: Westdeutscher Verlag, 1986.

33. Aly, Götz e Karl Heinz Roth. *The Nazi Census: Identification and Control in the Third Reich*. Tradução de Edwin Black e Assenka Oksiloff. Filadélfia: Temple UP, 2004, p. 104.
34. Fritzsche, *Life*, p. 117. Proctor, *Racial Hygiene*, p. 106 [*Hitlerschnitt*].
35. Gellately, Robert e Nathan Stoltzfus (ed.). *Social Outsiders in Nazi Germany*. Princeton: Princeton UP, 2001, p. 149. Na Áustria, 43,2% foram esterilizados por "debilidade mental" (dois terços dos quais eram mulheres), 28% por esquizofrenia, 17,8% por epilepsia e 37% por transtorno maníaco-depressivo, assim como pequenas porcentagens rotuladas com malformações físicas, surdez, cegueira e alcoolismo. Spring, Claudia. "'Patient tobte und drohte mit Selbstmord': NS-Zwangssterilisationen in der Heil-und Pflegeanstalt Am Steinhof und deren Rechtfertigung der Zweiten Republik." *Zwangssterilisierung zur Ermordung*, vol. 2, p. 41-76; 56.
36. Torrey, E. Fuller e Robert Yolken. "Psychiatric Genocide: Nazi Attempts to Eradicate Schizophrenia". *Schizophrenia Bulletin* 36, n. 1 (2010): p. 26-32. Cerca de 132 mil pessoas diagnosticadas com esquizofrenia foram esterilizadas.
37. Dr. A. Marchet, 1938; Hauptstellenleiter Stowasser to Gemeindeverwaltung des Reichsgaues Wien, 1º de novembro de 1940, 7. WStLA 1.3.2.202.A5. P: A.
38. Asperger, Hans. "Über einen Fall von Hemichorea bei einem eineiigen Zwillingspaar." *DE* 6 (1939): p. 24-28; Asperger, Hans e Heribert Goll. "Über einen Fall von Hemichorea bei einem eineiigen Zwillingspaar; Gleichzeitung ein Beitrag zum Problem der Individualität bei erbleichen Zwillingen". *AfK* 116-18 (1939): p. 92-115; Löscher, *Eugenik*, p. 217-19; Proctor, *Racial Hygiene*, p. 104-6.
39. Asperger, "Das psychisch abnorme Kind" (1938), p. 1315.
40. "Nimm ein haarsieb und spare—auch mit Menschenseelen!" *Das Kleine Volksblatt*, 11 de setembro de 1940, p. 8.
41. Asperger, "Zur Erziehungstherapie", p. 239, 245-46; Asperger, "'Jugendpsychiatrie'", p. 353.
42. Lista completa: Aly e Roth, *Nazi Census*, p. 2-3.
43. Czarnowski, "Value", p. 99.

44. Spring, "'Patient'", p. 51. Visão geral dos esforços do Reich: Roth, Karl Heinz. "'Erbbiologische Bestandsaufnahme': ein Aspekt 'ausmerzender' Erfassung vor der Entfesselung des Zweiten Weltkrieges". In: Karl Heinz Roth (ed.). *Erfassung zur Vernichtung: von der Sozialhygiene zum "Gesetz über Sterbehilfe"*. Berlim: Verlagsgesellschaft Gesundheit, 1984, p. 57-100; Nitschke, Asmus. *Die "Erbpolizei" im Nationalsozialismus: zur Alltagsgeschichte der Gesundheitsämter im Dritten Reich*. Berlim: Springer, 2013.
45. "Erbbestandsaufnahme: Meldungen der Universitätskliniken an die Gesundheitsämter". *Deutsche Wissenschaft, Erziehung und Volksbildung: Amtsblatt des Reichsministeriums für Wissenschaft, Erziehung und Volksbildung und der Unterrichtsverwaltungen der Länder* (5, 1939): p. 289-90; p. 289.
46. "Erbbestandsaufname", *Deutsche Wissenschaft, Erziehung und Volksbildung*, p. 290.
47. *WAfIM* 34-35 (1940): p. 327, 328.
48. Kresiment, Max. "Massnahmen durch Staat und Gemeinden: Erbbestandsaufnahme", p. 76-79 (1940). In: Carl Flügge, Hans Reiter e Bernhard Möllers (ed.). *Carl Flügge's Grundriss der Hygiene: für Studierende und Praktische Ärzte, Medizinal-und Verwaltungsbeamte*. Berlim, Heidelberg: Springer, 2013, p. 79.
49. Wolf, *Vernunft*, p. 359. Malina e Neugebauer, "NS-Gesundheitswesen."
50. Czech, Herwig. "Die Inventur des Volkskörpers: die 'erbbiologische Bestandsaufnahme' im Dispositiv der NS-Rassenhygiene in Wien". In: Baader, Hofer e Mayer (ed.). *Eugenik in Österreich*, p. 284-311; p. 291-98; Czech, Herwig. "From Welfare to Selection: Vienna's Public Health Office and the Implementation of Racial Hygiene Policies under the Nazi Regime". In: *"Blood and Homeland"*, p. 317-33; p. 324-25.
51. Czech, "Inventur", p. 304-5; Czech, *Selektion und Auslese*, p. 55-59; Aly e Roth, *Nazi Census*, p. 106-7.
52. Czech, "Welfare", p. 325.
53. *WAfIM* 34-35 (1940): p. 326.

5. Teorias fatais

1. Burleigh, Michael. *Death and Deliverance: "Euthanasia" in Germany c. 1900—1945*. Cambridge: Cambridge UP, 1994, p. 105.
2. Visão geral: Beddies e Hübener (ed.). *Kinder*; Benzenhöfer, Udo. *Der gute Tod? Geschichte der Euthanasie und Sterbehilfe*. Göttingen: Vandenhoeck & Ruprecht,

2009; Benzenhöfer, *Der Fall Leipzig (alias Fall Kind Knauer) und die Planung der NS-Kindereuthanasie*. Münster: Klemm & Oelschläger, 2008; Benzenhöfer, *Kinderfachabteilungen und NS-Kindereuthanasie*. Wetzlar: GWAB, 2000; Burleigh, *Death*, p. 101-3; Friedlander, Henry. *The Origins of Nazi Genocide: from Euthanasia to the Final Solution*. Chapel Hill: UNC Press, 1995; Aly, Götz. *Aktion T4, 1939—1945: die "Euthanasie"-Zentrale in der Tiergartenstrasse 4*. Berlim: Hentrich, 1987; Lifton, Robert Jay. *The Nazi Doctors: Medical Killing and the Psychology of Genocide*. Nova York: Basic, 1988; 2000; Mostert, Mark. "Useless Eaters: Disability as Genocidal Marker in Nazi Germany". *Journal of Special Education* 36, n. 3 (2002): p. 157-70; Schmidt, Gerhard e Frank Schneider. *Selektion in der Heilanstalt 1939-1945*. Berlim: Springer, 2012.

3. Mende, Susanne. "Die Wiener Heil-und Pflegeanstalt am Steinhof in der Zeit des NS-Regimes in Österreich". In: Eberhard Gabriel e Wolfgang Neugebauer (ed.). *NS-Euthanasie in Wien*, vol. 1. Viena: Böhlau, 2000, p. 61-73; Schwartz, Peter. "Mord durch Hunger: 'Wilde Euthanasie' und 'Aktion Brandt' am Steinhof in der NS-Zeit". In: *Zwangssterilisierung zur Ermordung*, vol. 2, p. 113-141; Kepplinger, Brigitte, Gerhart Marckhgott e Hartmut Reese. *Tötungsanstalt Hartheim*. Viena: OÖLA, 2008. O número declarado de mortos no castelo Hartheim foi de 18.269 pessoas. O número total de mortes por eutanásia na Áustria, incluindo crianças, foi em torno de 25 mil. Cerca de 62% dos pacientes das instituições psiquiátrias estatais da Áustria morreram no programa T4. Kepplinger, Brigitte. "The National Socialist Euthanasia Program in Austria: Aktion T4". In: Günther Bischof, Fritz Plasser e Barbara Stelzl-Marx (ed.). *New Perspectives on Austrians and World War II*. New Brunswick: Transaction, 2009, p. 238; Hartheim: Kepplinger, Brigitte, Irene Leitner e Andrea Kammerhofer (ed.). *Dameron Report: Bericht des War Crimes Investigating Teams, n. 6824 der U.S. Army vom 17.7.1945 über die Tötungsanstalt Hartheim*. Innsbruck: Studien, 2012. "Eutanásia desenfreada" na Áustria: Czech, Herwig. "Vergessene Opfer der NS-Zeit: 'wilde Euthanasie' in psychiatrischen Anstalten in den 'Donau-und Alpenreichsgauen'". *Pflegen: Psychosozial* 1 (2010): p. 42-47. Idosos na Áustria: Arias, Ingrid, Sonia Horn e Michael Hubenstorf (ed.). *"In der Versorgung": vom Versorgungshaus Lainz zum Geriatriezentrum "Am Wienerwald"*. Viena: Verlagshaus der Ärzte, 2005. Mapas: Häupl, Waltraud. *Der organisierte Massenmord an Kindern und Jugendlichen in der Ostmark 1940—1945: Gedenkdokumentation für die Opfer der NS-Euthanasie*. Viena: Böhlau, 2008, p. 11-14.

4. Pavilhão 17: Czech, Herwig. "Selektion und Auslese". In: *Von der Zwangssterilisierung zur Ermordung*, vol. 2. Viena: Böhlau, 2002, p. 186. Nos cinco anos seguintes, Spiegelgrund passaria por uma série de mudanças: de nome, de liderança e de estrutura. A instituição começou como Instituição Municipal de Bem-Estar Juvenil [*Wiener Städtische Jugendfürsorgeanstalt "Am Spiegelgrund"*] e foi dirigida por Erwin Jekelius entre 1940 e 1941. Na primeira metade de 1942, Hans Bertha e Margarethe Hübsch se tornaram diretores provisórios da Clínica de Educação Curativa Spiegelgrund do Município de Viena [*Heilpädagogische Klinik der Stadt Wien "Am Spiegelgrund"*]. Ernst Illing dirigiu Spiegelgrund entre 1º de julho de 1942 e 1945. Em novembro de 1942, Spiegelgrund foi dividido em instituições separadas. Os pavilhões 15 e 17, com 220 leitos, se tornaram a Clínica Mental para Crianças do Município de Viena, supervisionada pelo conselheiro municipal Max Gundel. Os outros pavilhões, com 680 leitos, tornaram-se o Reformatório Spiegelgrund do Município de Viena [*Wiener Städtische Erziehungsanstalt "Am Spiegelgrund"*]. Detalhes adicionais: Neugebauer, Wolfgang. "Die Klinik 'am Spiegelgrund' 1940—1945—eine 'Kinderfachabteilung' im Rahmen der NS-'Euthanasie'". *Jahrbuch des Vereins für Geschichte der Stadt Wien* 52/53 (1996/1997): p. 289-305; p. 294-97.

5. Dahl, Matthias. *Endstation Spiegelgrund: die Tötung behinderter Kinder während des Nationalsozialismus am Beispiel einer Kinderfachabteilung in Wien 1940 bis 1945*. Viena: Erasmus, 1998, p. 97; Cervik, Karl. *Kindermord in der Ostmark: Kindereuthanasie im Nationalsozialismus 1938—1945*. Münster: Lit, 2001.

6. Interrogatório de Ernst Illing, 22 de outubro de 1945. Citado em Dahl, *Endstation*, p. 41.

7. Interrogatório de Erwin Jekelius, 7 de julho de 1948. Citado em Ertl, "NS-Euthanasie", p. 151.

8. Häupl, *Kinder*, p. 14.

9. Häupl, Waltraud. *Die ermordeten Kinder vom Spiegelgrund: Gedenkdokumentation für die Opfer der NS-Kindereuthanasie in Wien*. Viena: Böhlau, 2006, p. 537.

10. Häupl, *Kinder*, p. 154-55.

11. Idem, p. 476.

12. Stutte, Hermann. "30 Jahre Deutsche Vereinigung für Jugendpsychiatrie". *DN* 41 (1970): p. 313-17; p. 313.

13. Müller-Küppers, "Geschichte"; Schröder, "Kinderpsychiatrie", p. 9; Castell e Gerhard, *Geschichte*, p. 46, 60-62; "Geschäftssitzung", ZfK 49 (1943): p. 118.
14. Schröder, "Kinderpsychiatrie", p. 11.
15. Schröder, "Kinderpsychiatrie", p. 12. Asperger, "Tagungsbericht", p. 29.
16. Schröder, "Kinderpsychiatrie", p. 14.
17. Asperger, "Tagungsbericht"; Steinert, T. e B. Plewe. "Psychiatrie in 'Der Nervenarzt' von 1928-2000". *DE* 76, n. 1 (2005): p. 93-102; p. 98; Pfeiffer, Martina. "Das Erbgesundheitsgesetz im Spiegel der Publikationen aus der Zeitschrift 'Der Nervenarzt' in den Jahren von 1928 bis 1945". Universidade Ludwig Maximilian, Munique, 2008; Hübel, Stefan. "Vergleichende Darstellung der psychiatrischen und neurologischen Begutachtung in der Zeitschrift 'Der Nervenarzt' in den Jahren 1928 bis 1944". Universidade Ludwig Maximilian, Munique, 2006.
18. Asperger, "Tagungsbericht", p. 29.
19. Schröder, "Kinderpsychiatrie", p. 10; Asperger, "Tagungsbericht", p. 29.
20. "Bericht über die 1. Tagung der Deutschen Gesellschaft für Kinderpsychiatrie und Heilpädagogik in Wien am 5. September 1940". *ZfK* 49 (1943): p. 1-118; p. 3.
21. V. B., "Ansprachen", *ZfK* 49 (1943): p. 4. Riedel, Heinz. "Kinderpsychiatrie und Psychotherapie in Wien". *MmW* 87 (1940): p. 1161-63. Reiter mais tarde foi julgado por crimes de guerra em Nuremberg, mas nunca condenado.
22. Asperger, "Tagungsbericht", p. 30.
23. A reunião de pediatria foi em 1º, 2 e 4 de setembro de 1940 e a reunição de psicoterapia foi em 6 de setembro de 1940. Registro dos eventos: Goebel, F. "Verhandlungen der siebenundvierzigsten ordentlichen Versammlung der Deutschen Gesellschaft für Kinderheilkunde in Wien 1940". *MfK* 87 (1941): p. 1-307; Bilz, Rudolf. *Psyche und Leistung: Bericht über die 3. Tagung der Deutschen allgemeinen ärztlichen Gesellschaft für Psychotherapie in Wien, 6.-7. Sept. 1940*. Stuttgart: Hippokrates-Verlag Marquardt, 1941. Resumos: "Berichte Kinderärztlicher Gesellschaften—Kinderkundliche Woche in Wien vom 1.-7. September 1940". *KP* 12, n. 1 (1941): p. 25-29; n. 2 (1941): p. 57-60; n. 3 (1941): p. 89-93; n. 4 (1941): p. 121-24.
24. Schepker e Fangerau, "Gründung", p. 185; Hamburger, Franz. "Willkommen zur ersten Kinderkundlichen Woche in Wien!" *WkW* 53, n. 35 (1940).
25. "Tagesgeschichtliche Notizen". *MmW*, 87(30) 1940. Citado em Schepker e Fangerau, "Gründung", p. 187.

26. "Glanzvoller Auftakt der Wiener Herbstmesse". *Wiener Illustrierte*, 11 de setembro de 1940, p. 4-5.
27. "Wiener Geschmack". *(Neuigkeits) Welt Blatt*, 5 de setembro de 1940, p. 4; Hofmann-Söllner, "Wiener Mode auf der Wiener Herbstmesse". *Wiener Illustrierte*, 11 de setembro de 1940, p. 23.
28. "Opfer der Jugend garantieren den Sieg". *Österreichische Volks-Zeitung*, 5 de setembro de 1940, p. 3.
29. "Mitteilung." *ZfK* 7 (1940): p. 63.
30. Há vasta literatura sobre psiquiatria e psicanálise em outros Estados autoritários. Visão geral: Damousi, Joy e Mariano Ben Plotkin (ed.). *Psychoanalysis and Politics: Histories of Psychoanalysis under Conditions of Restricted Political Freedom*. Nova York: Oxford UP, 2012; Eghigian, Greg, Andreas Killen e Christine Leuenberger (ed.). *The Self as Project: Politics and the Human Sciences*. Chicago: University of Chicago Press, 2007; Ash e Aichhorn, *Psychoanalyse*.
31. Schröder, "Kinderpsychiatrie", p. 9; Schröder, Paul. "Gründung und Erste Tagung der Deutschen Gesellschaft für Kinder-Psychiatrie und Heilpädagogik in Wien". *Zeitschrift für psychische Hygiene* 13, n. 5/6 (1940): p. 67-71; p. 68. Incluindo o Conselho Vienense de Educação, a Secretaria de Saúde Pública de Viena, a Secretaria de Orientações de Saúde da Liderança Jovem do Reich, o Conselho Alemão de Municipalidades, a Associação Alemã de Tribunais Juvenis e Serviços Judiciários Juvenis, a Associação Alemã de Bem-Estar Público e Privado e o Comitê Central da Missão Interna.
32. Schröder, "Gründung", p. 68.
33. Huber, Wolfgang. *Psychoanalyse in Österreich seit 1933*. Viena: Geyer-Ed., 1977, p. 60-3.
34. "Mitteilung", *ZfKp* 7 (1940): p. 63.
35. Resumo: Riedel, "Kinderpsychiatrie". Bolsas de estudos: Castell e Gerhard, *Geschichte*, p. 63-76; Schmuhl, Hans-Walter. *Die Gesellschaft Deutscher Neurologen und Psychiater im Nationalsozialismus*. Berlim, Heidelberg: Springer, 2015, p. 344-47; Dahl, "Aussonderung", p. 185-87; Hänsel, Dagmar. *Karl Tornow als Wegbereiter der sonderpädagogischen Profession: die Grundlegung des Bestehenden in der NS-Zeit*. Bad Heilbrunn: Julius Klinkhardt, 2008, p. 273-82.
36. Liehr-Langenbeck, M. (ed.). *Kurt Isemann, Arzt und Heilpädagoge: ein Lebensbild; (1886—1964)*. Neuburgweier/Karlsruhe: Schindele, 1969, p. 121.

37. Schulte, Walter. [Kurt Isemann]. In: *Kurt Isemann*, p. 21-32; 21.
38. Isemann, Kurt. "Aus der Praxis des Heilerziehungsheimes". In: Arthur Keller (ed.). *Kind und Umwelt, Anlage und Erziehung*. Leipzig: Deuticke, 1930, p. 231.
39. Ritter von Stockert. "Kurt Isemanns ärztlichpädagogische Aufgabe", p. 32--35; 33 e Spiekermann, F. Rosa Elisabeth, geb. Heckel, "Die Heckelgruppe", p. 61-65; p. 64, ambos em: *Kurt Isemann*. Isemann, "Praxis", p. 233.
40. Isemann, Kurt, "Psychopathie und Verwahrlosung", *ZfK* 49 (1943): p. 43-53; 45, 51-52.
41. Isemann, Kurt. "Arzt und Erzieher". In: *Bericht über den I. Internationalen Kongress für Heilpädagogik*, p. 258-67; p. 259, 260. Aqui Isemann se refere ao "autismo" como traço de caráter, em oposição à histeria, e não como diagnóstico independente.
42. Asperger, "Tagungsbericht", p. 29.
43. Leiter, "Erbanlage" e "Vererbung".
44. Ernst, Karl. "Psychiatrie des Kindes-und Jugendalters". In: Ernst Kretschmer (ed.). *Naturforschung und Medizin in Deutschland 1939-1946: Psychiatrie*, p. 215-240. Wiesbaden: Dietrich, 1948, p. 227, 229; Francke, Herbert. "Jugendkriminalität". *ZfK* 49, n. 3 (1943): p. 110-36; 111; Heinze, "Persönlichkeiten", p. 175, 236, 250; Dubitscher, Fred. "Leiter, Anna: zur Vererbung von asozialen Charaktereigenschaften". *Deutsche Zeitschrift für die gesamte gerichtliche Medizin* 33, n. 1 (1941): p. 80-81; Schorsch, Gerhard. "Psychopathische Persönlichkeiten und psychopathische Reaktionen". In: A. Bostoem e K. Beringer (ed.). *Fortschritte der Neurologie, Psychiatrie und ihrer Grenzgebiete*, p. 69-81. Leipzig: Thieme, 1942, p. 74; Schliebe, Georg e Karl Seiler. "Internationaler Literaturbericht für Erziehungswissenschaft". *Internationale Zeitschrift für Erziehung* 13, n. 4/5 (1944): p. 211-270; 248; Lange-Cosack. "Zeitschriftenschau". *Monatsschrift für Kriminalbiologie und Strafrechtsreform* 32, n. 11/12 (1941): p. 336-42; 337-38; Hans Thomae, *Persönlichkeit: eine dynamische Interpretation*. Bonn: Bouvier, 1955, p. 77, 80.
45. Leiter, "Erbanlage", p. 91, 92; 88; 92, 91.
46. Leiter, Anna. "Über bisherige Tätigkeit und Erfolg des Jugendpsychiaters im BDM". *Die Ärztin* 17 (1941), p. 218-23; 220; 218, 219.
47. Leiter, "Erbanlage", p. 92.
48. Idem, p. 88, 93.
49. Asperger, "Tagungsbericht", p. 30.

50. Steinberg, Carius e Himmerich, "Pfeifer", p. 471; Busemann, Adolf e Hermann Stutte. "Das Porträt: Werner Villinger, 65 Jahre alt." *Unsere Jugend* 4 (1952): p. 381-82; Holtkamp, Martin. *Werner Villinger (1887-1961): die Kontinuität des Minderwertigkeitsgedankens in der Jugend-und Sozialpsychiatrie*. Husum: Matthiesen, 2002.
51. Castell e Gerhard, *Geschichte*, p. 464, 468; Schmuhl, Hans-Walter. "Zwischen vorauseilendem Gehorsam und halbherziger Verweigerung: Werner Villinger und die nationalsozialistischen Medizinverbrechen". *DN* 73, n. 11 (2002): p. 1058-63; 1060.
52. Villinger, Werner. "Erfahrungen mit der Durchführung des Erbkrankenverhütungsgesetzes an männlichen Fürsorgezöglingen". *ZfK* 44 (1935): p. 233-48; 237, 245; Ellger-Rüttgardt, Sieglind. *Geschichte der Sonderpädagogik*. Munique: Reinhardt, 2008, p. 250; Klee, Ernst. *Die SA Jesu Christi: die Kirchen im Banne Hitlers*. Frankfurt: Fischer, 1989, p. 92; Schmuhl, "Gehorsam", p. 1060-61; Castell e Gerhard, *Geschichte*, p. 465-67.
53. Villinger, Werner. "Erziehung und Erziehbarkeit". *ZfK* 49 (1943): p. 17-27; 18, 21. Por exemplo, Villinger, *Die biologischen Grundlagen des Jugendalters*. Eberswalde-Berlim: R. Müller, 1933, p. 32; Triebold, Karl, Karl Tornow e Werner Villinger. *Freilufterziehung in Fürsorge-Erziehungsheimen*. Leipzig: Armanen, 1938, p. 14.
54. Idem, p. 21-22, 22-23.
55. Villinger, "Erziehung", p. 22. Villinger, Werner. "Die Notwendigkeit eines Reichsbewahrungsgesetzes vom jugendpsychiatrischen Standpunkt aus". *ZfK* 47 (1939): p. 1-20, 17.
56. Villinger, "Erziehung", p. 26.
57. Asperger, "Tagungsbericht", p. 29.
58. Nedoschill, Jan. "Aufbruch im Zwielicht—die Entwicklung der Kinder-und Jugendpsychiatrie in der Zeit von Zwangssterilisation und Kindereuthanasie". *PdKK* 58, n. 7 (2009): p. 504-16; 509-10; Schmuhl, "Gehorsam", p. 1062; Castell e Gerhard, *Geschichte*, p. 469-80.
59. Villinger, "Notwendigkeit", p. 16.
60. Wolfisberg, Carlo. *Heilpädagogik und Eugenik: zur Geschichte der Heilpädagogik in der deutschsprachigen Schweiz (1800—1950)*. Zurique: Chronos, 2002, p. 121-36; Gröschke, Dieter. *Heilpädagogisches Handeln: eine Pragmatik der Heilpädagogik*. Bad Heilbrunn: Klinkhardt, 2008, p. 148.

61. Moseley, Ray. *Mussolini's Shadow: The Double Life of Count Galeazzo Cian*. New Haven: Yale UP, 1999, p. ix-x; 254, 255.
62. Spieler, Josef, "Freiwillige Schweiger und sprachscheue Kinder", *ZfK* 49 (1943): p. 39-43; 39-40, 43, 44.
63. Repond, André. "Der ärztliche heilpädagogische Dienst des Kantons Wallis". *ZfK* 49 (1943): p. 100-11; 105.
64. Asperger, "'Jugendpsychiatrie'", p. 352; Asperger, Hans e Josef Feldner. "Bemerkungen zu dem Buche *Praktische Kinderpsychologie* von Prof. Charlotte Bühler". *ZfK* 47 (1939): p. 97-100. As posições de Asperger mudaram pouco após a guerra. Asperger, Hans. "Psychotherapie in der Pädiatrie". *OZfKK* 2 (1949): p. 17-25; 24.
65. Geuter, *Professionalization*; Ash e Geuter, *Geschichte*; Cocks, *Psychotherapy*; Göring, M. H. "Eröffnungsansprache". In: Bilz (ed.). *Psyche und Leistung*, p. 7-10.
66. Brill, Werner. *Pädagogik der Abgrenzung: die Implementierung der Rassenhygiene im Nationalsozialismus durch die Sonderpädagogik*. Bad Heilbrunn: Klinkhardt, 2011, p. 25-54, 120, 156; Ellger-Rüttgardt, *Geschichte*, p. 256-57; Poore, Carol. *Disability in Twentieth-Century German Culture*. Ann Arbor: University of Michigan Press, 2007, p. 84; Hänsel, Dagmar. *Die NS-Zeit als Gewinn für Hilfsschullehrer*. Bad Heilbrunn: Klinkhardt, 2006, p. 97-98.
67. Brill, *Pädagogik*, p. 55-86, 140-57; Hänsel, *NS-Zeit*; Hänsel, Dagmar. "Die Deutsche Gesellschaft für Kinderpsychiatrie und Heilpädagogik im Nationalsozialismus als verkappte Fachgesellschaft für Sonderpädagogik". In: *Kinder- und Jugendpsychiatrie*, p. 253-94.
68. Klee, Ernst. "Der blinde Fleck: wie Lehrer, Ärzte und Verbandsfunktionäre die 'Gebrechlichen' der Verstümmelung und der Vernichtung auslieferten". *Die Zeit*, 8 de dezembro de 1995; Brill, *Pädagogik*, p. 169, 177.
69. Brill, *Pädagogik*; Poore, *Disability*, p. 84; Zwanziger, Fritz. "Betr. Brauchbarkeit ehemaliger Hilfsschüler im jetzigen Kriege", *dS* 7 (1940): p. 297.
70. Zwanziger, Fritz. "Die Beschulung des gehör- und sprachgebrechlichen Kindes im neuen Deutschland". *ZfK* 49 (1943): p. 14-17; 15, 16.
71. Lesch, Erwin. "Sichtung der Schulversager—eine heilpädagogische Aufgabe". *ZfK* 49 (1943): p. 111-15, 112, 114.
72. Bechthold, Eduard. "Die Lage auf dem Gebiete des Blindenwesens". *ZfK* 49 (1943): p. 71-76; 74, 73; Bechthold, Eduard. "Die Blindenanstalt im neuen Staat". *dS* 1, n. 1 (1934): p. 42-46, 43-44; Bechthold, Eduard. "Die Blindenfürsorge im neuen Staat", p. 496; Brill, *Pädagogik*, p. 169, 177.

73. Tornow, Karl. "Völkische Sonderpadagogik und Kinderpsychiatrie". *ZfK* 49 (1943): p. 76-86; 81.
74. Ellger-Rüttgardt, *Geschichte*, p. 259-62; Hänsel, Dagmar. "'Erbe und Schicksal': Rezeption eines Sonderschulbuchs". *ZfP* 55, n. 5 (2009): p. 781-95; Tornow e Weinert, *Erbe*, p. 208, 159.
75. Tornow, "Sonderpadagogik", p. 86.
76. Tornow, "Sonderpadagogik", p. 80-81, 77; Landerer, Constanze. "Das sprachheilpädagogische Arbeitsfeld im Wechsel der politischen Systeme 1929—1949". TU Dortmund, 2013, p. 25-28, 255; Eberle, Gerhard. "Anmerkungen zu einer These Hänsels über das Verhältnis Tornows und Lesemanns während und nach der NS-Zeit". *Empirische Sonderpädagogik* 1 (2010): p. 78-94.
77. Tornow, "Sonderpadagogik", p. 81.
78. Asperger, "Tagungsbericht", p. 30, 29.
79. Dickinson, *Politics*; Wetzell, *Inventing*.
80. Francke, Herbert. "Ansprachen und Begrüssungen", *ZfK* 49 (1943): p. 6-8; 6, 7.
81. Willing, Matthias. *Das Bewahrungsgesetz (1918-1967): eine rechtshistorische Studie zur Geschichte der deutschen Fürsorge*. Tübingen: Siebeck, 2003.
82. Peukert, Detlev. *Grenzen der Sozialdisziplinierung: Aufstieg und Krise der deutschen Jugendfürsorge von 1878 bis 1932*. Cologne: Bund, 1986, p. 251; Dickinson, *Politics*, p. 198-99.
83. Um total de 137 crianças passou por essa instalação entre agosto de 1934 e o início de 1936, das quais 80% eram meninas.
84. Kuhlmann, Carola. *Erbkrank oder erziehbar?: Jugendhilfe als Vorsorge und Aussonderung in der Fürsorgeerziehung in Westfalen von 1933—1945*. Weinheim: Juventa, 1989, p. 44; Willing, *Bewahrungsgesetz*, p. 147, 117.
85. Fritz, "'Jugendschutzlager'", p. 314; Malina, "Kindheit", p. 102; Czech, "Selektion", p. 178. Schikorra, "Zusammenspiel", p. 93-95.
86. Dickinson, *Politics*, p. 221.
87. Hecker, Walther. "Neugliederung der öffentlichen Ersatzerziehung nach Erbanlage und Erziehungserfolg". *ZfK* 49 (1943): p. 28-39; 33-34.
88. Hecker, "Neugliederung", p. 33, 35; Köster, Markus. *Jugend, Wohlfahrtsstaat und Gesellschaft im Wandel: Westfalen zwischen Kaiserreich und Bundesrepublik*. Paderborn: F. Schöningh, 1999, p. 227, 227 fn 151.
89. Asperger, "Tagungsbericht", p. 29.
90. Hamburger, Franz. "Aussprache." *ZfK* 49 (1943): p. 116-17; 117.
91. Schröder, Paul. "Schluß", *ZfK* 49 (1943): p. 118.

92. Stutte, "30 Jahre", p. 314.
93. Stutte, "Anfänge", p. 190; Müller-Küppers, "Geschichte."
94. "Mitteilungen." *P-NW* 43, n. 21 (1941): p. 218; Rüden, Ernst, Pelte e H. Creutz. "6. Jahresversammlung der Gesellschaft Deutscher Neurologen und Psychiater, Würzburg". *P-NW* 43 (1941): p. 359-60; 359; Schröder, Paul. "Zu diesjährigen Tagung der Deutschen Gesellschaft für Kinderpsychiatrie und Sonderpädagogik". *dS* 8, n. 4 (1941): p. 248. A ser apresentado na Sexta Reunião Anual de Neurologia e Psiquiatria Alemãs (5 a 7 de outubro de 1941). Schröder, "Gründung."
95. Benzenhöfer, Udo. "Der Briefwechsel zwischen Hans Heinze (Görden) und Paul Nitsche (1943/44)". In: Thomas Beddies e Kristina Hübener (ed.). *Dokumente zur Psychiatrie im Nationalsozialismus*, p. 271-85. Berlim: Be.bra, 2003; Nedoschill, Jan e Rolf Castell. "Der Vorsitzende der Deutschen Gesellschaft für Kinderpsychiatrie und Heilpädagogik im Zweiten Weltkrieg". *PdKK* 3 (2001): p. 228-37; Castell e Gerhard, *Geschichte*, p. 77-87; Schepker, Klaus, Sascha Topp e Heiner Fangerau. "Wirren um Paul Schröder, Werner Villinger und Hans Heinze: die drei Vorsitzenden der Deutschen Gesellschaft für Kinderpsychiatrie und Heilpädagogik zwischen 1940 und 1945", *DE* 88, n. 3 (2017): p. 282-90; Schmuhl, *Gesellschaft*, p. 347-54.

6. Asperger e o sistema de assassinatos

1. Ela tinha pouca semelhança com a anterior "Sociedade Austríaca de Educação Curativa", fundada em 1935 por Theodor Heller, que cometera suicídio em seguida à Anschluss. Gröger, "Ideengeschichte", p. 34; Hubenstorf, "Emigration", p. 109; Ertl, "NS-Euthanasie", p. 127; Topp, Sascha. "Kinder-und Jugendpsychiatrie in der Nachkriegszeit." In: *Kinder-und Jugendpsychiatrie*, p. 309.
2. Ertl, "NS-Euthanasie", p. 132.
3. Czech, Herwig. *Erfassung, Selektion und "Ausmerze": das Wiener Gesundheitsamt und die Umsetzung der nationalsozialistischen "Erbgesundheitspolitik" 1938 bis 1945*. Viena: Deuticke, 2003, p. 95.
4. Jekelius, Erwin. "Grenzen und Ziele der Heilpädagogik". *WkW* 55, n. 20 (1942): p. 385-86, 386.
5. Idem, p. 385.
6. Ertl, "NS-Euthanasie", p. 6, 25. Hans Bertha era o outro "especialista" do T4 em Viena.

7. Ertl, "NS-Euthanasie", p. 72.
8. Dahl, *Endstation*, p. 35; Ertl, "NS-Euthanasie", p. 166; Frankl, Viktor E. *Man's Search for Meaning*. Boston: Beacon, 2006, p. 133.
9. "Schwer erziehbare Kinder sind noch lange nicht schlechte Kinder". *(Österreichische) Volks-Zeitung*, 20 de outubro de 1940, 4. Também "'Strawanzer' und 'Schulstürzer' sind noch keine Verbrecher" Kleine Volks-Zeitung. Domingo, 20 de outubro de 1940, n. 290, p. 9.
10. Schödl, Leo. "Borgia-Rummel in Lainz", *Völkischer Beobachter*, 2 de novembro de 1940, p. 7. Grifo no original.
11. Dahl, *Endstation*, 33. *Luftpost* 19, 23 de setembro de 1941. Citado em Czech, "Zuträger", p. 42.
12. Vörös, Lukas. "Kinder-und Jugendlicheneuthanasie zur Zeit des Nationalsozialismus am Wiener Spiegelgrund", Universidade de Viena, 2010, p. 47; Malina, "'Fangnetz'", p. 82; Neugebauer, Wolfgang. "Wiener Psychiatrie und NS-Verbrechen". Viena: DÖW, 1997.
13. *Neues Österreich*, 18 de julho de 1946. Citado em Ertl, "NS-Euthanasie", p. 147.
14. Ertl, "NS-Euthanasie", p. 100. (Jekelius para Novak, 07.09.1941, DÖW 20 486/4). Hubenstorf, "Emigration", p. 159-60.
15. Ertl, "NS-Euthanasie", p. 127. Frankl, *Man's Search*, p. 133.
16. Protocolo do interrogatório de Jekelius, 8 de julho de 1948. Citado em Ertl, "NS-Euthanasie", p. 149; Evans, Richard. *Lying about Hitler: History, Holocaust and the David Irving Trial*. Nova York: Basic, 2001, p. 129; Knopp, Guido. *Geheimnisse des "Dritten Reichs"*, Munique: Bertelsmann, 2011, p. 38-9; "Journal Reveals Hitler's Dysfunctional Family." *The Guardian*, 4 de agosto de 2005.
17. Ertl, "NS-Euthanasie", p. 141-42. Jekelius após 1942: Hubenstorf, Michael. "Kontinuität und Bruch in der Medizingeschichte: Medizin in Österreich 1938 bis 1955". In: *Kontinuität und Bruch*, p. 299-332; 328-29. Pessoal do T4 e a Solução Final: Friedlander, Henry. "Euthanasia and the Final Solution". In: David Cesarani (ed.). *The Final Solution: Origins and Implementation*, p. 51-61: Londres; Nova York: Routledge, 2002, p. 54-5; Berger, Sara. *Experten der Vernichtung: das T4-Reinhardt-Netzwerk in den Lagern Belzec, Sobibor und Treblinka*. Hamburgo: Hamburger Edition, 2013.
18. Arquivo pessoal: WStLA 1.3.2.202.A5 P: H.
19. Asperger, "Erlebtes Leben", p. 217.
20. Detalhes: Hubenstorf, "Emigration", p. 149-51. Seidler, Eduard. "... vorausgesetzt, dass Sie Arier sind...: Franz Hamburger (1874—1954) und die Deutsche

Gesellschaft für Kinderheilkunde". In: *90 Jahre Universitäts-Kinderklinik*, p. 44-52.
21. Por exemplo, Hamburger, "Die Mütterlichkeit". *WkW* 55, n. 46 (1942): p. 901-5; "Die Väterlichkeit". *WkW* 56, n. 17/18 (1943): p. 293-95; "Schonung und Leistung". *WkW* 51, n. 37 (1938): p. 986-87; "Aufzucht und Erziehung unserer Kinder". *WkW* 55, n. 27 (1942): 522-26; Hubenstorf, "Emigration", p. 136-47; Wolf, *Vernunft*, p. 418-35.
22. Hamburger, Franz, "Kindergesundheitsführung". *WkW* 52 (1939): p. 33-35, 33. A taxa de natalidade triplicou em Viena entre 1937 e 1940, passando de 10.032 para 30.330 por ano. Czech, "Welfare", p. 326.
23. Czech, "Zuträger", p. 35 (36-40).
24. Czech, Herwig. "Beyond Spiegelgrund and Berkatit: Human Experimentation and Coerced Research at the Vienna School of Medicine, 1939 to 1945". In: Paul Weindling (ed.). *From Clinic to Concentration Camp: Reassessing Nazi Medical and Racial Research, 1933-1945*. Nova York: Taylor & Francis, 2017, p. 141, 142; Türk, Elmar. "Vitamin-D-Stoß-Studien." *AfK* 125 (1942): p. 1-31.
25. Hamburger, Franz. "Protokoll der Wiener Medizinischen Gesellschaft". *WkW* 55, n. 14 (1942): p. 275-77, 275; Türk, Elmar. "Über BCG-Immunität gegen kutane Infektion mit virulenten Tuberkelbazillen". *MK* 38, n. 36 (1942): p. 846-47. Resumo: Czech, "Beyond", p. 141.
26. "Fachgruppe für ärztliche Kinderkunde der Wiener medizinischen Gesellschaft—Sitzung vom 11. November 1942". *Medizinische Klinik* 39 (1943): p. 224-25; 224; Häupl, *Kinder*, p. 177-78.
27. Essa pesquisa sobre tuberculose foi coordenada pela Secretaria de Saúde Pública de Viena e fez parte de uma iniciativa mais ampla do Reich. Outros importantes locais de pesquisa eram Kaufbeuren e Berlim. Dahl, Matthias. "'... deren Lebenserhaltung für die Nation keinen Vorteil bedeutet.' Behinderte Kinder als Versuchsobjekte und die Entwicklung der Tuberkulose-Schutzimpfung". *Medizinhistorisches Journal* 37, n. 1 (2002): p. 57-90. Czech, Herwig. "Abusive Medical Practices on 'Euthanasia' Victims in Austria during and after World War II". In: *Human Subjects Research after the Holocaust*. Cham: Springer, 2014, p. 112-20.
28. "Fachgruppe für ärztliche Kinderkunde", p. 224. Também Hamburger, "Verhandlungen", p. 275. Pós-guerra: Türk, Elmar. "Pockenschutzimpfung—kutan oder subkutan?" *OZfKK* 10, n. 3-4 (1954): p. 322-29; Türk, Elmar. "Über die spezifische Dispositionsprophylaxe im Kindesalter (Tuberkulose-Schutzimpfung)". *Deutsches Tuberkulose-Blatt* 18, n. 2 (1944): p. 1-28.

29. Koszler, "Franz Hamburger", p. 391; Chiari. "Lebensbild—Franz Hamburger zum 80. Geburtstag". *MmW* 96, n. 33 (1954): p. 928.
30. Citado em Czech, "Beyond", p. 143.
31. Czech, "Beyond", p. 143-44. Goll, Heribert. "Zur Frage: Vitamin A und Keratomalazie beim Säugling". *MmW* 88 (1941): p. 1212-14; Goll, Heribert e L. Fuchs. "Über die Vitamin A-Reserven des Säuglings". *MmW* 89 (1942): p. 397-400.
32. Hubenstorf, "Emigration", p. 120-1.
33. Franz A. Hamburger para Asperger, 5 de outubro de 1962. Citado em Hubenstorf, "Emigration", p. 192.
34. H. O. Glattauer, "Menschen hinter grossen Namen", Salzburg 1977, WStLA 3.13.A1-A: A; ORF Radio, Hans Asperger, 1974.
35. Asperger, "'Jugendpsychiatrie'", p. 355.
36. Castell, *Geschichte*, p. 349.
37. Asperger, "'Jugendpsychiatrie'", p. 355.
38. Castell, *Geschichte*, p. 349; Friedlander, *Origins*, p. 57.
39. *Völkischer Beobachter*, 8/1 (1942). Citado em Ertl, "NS-Euthanasie", p. 88.
40. Ibid. Nome: Heilpädagogische Klinik der Stadt Wien "Am Spiegelgrund".
41. Hubenstorf, "Tote", p. 418 (323).
42. Czech, Herwig, "Selektion und Kontrolle: 'Der Spiegelgrund' als zentrale Institution der Wiener Fürsorge". In: *Zwangssterilisierung zur Ermordung*, vol. 2, p. 171; Czech, "Zuträger", p. 33; Koller, Birgit. "Die mediale Aufarbeitung der Opfer-Täter-Rolle in der Zweiten Republik dargestellt anhand des Spielfilms *Mein Mörder*". Universidade de Viena, 2009, p. 69.
43. Thomas, Florian, Alana Beres e Michael Shevell. "'A Cold Wind Coming': Heinrich Gross and Child Euthanasia in Vienna". *JCN* 21, n. 4 (2006): p. 342-48; 344.
44. Hübener, Kristina e Martin Heinze. *Brandenburgische Heil-und Pflegeanstalten in der NS-Zeit*. Berlim: Be.bra, 2002; Falk, Beatrice e Friedrich Hauer. *Brandenburg-Görden: Geschichte eines psychiatrischen Krankenhauses*. Berlin-Brandenburg: Be.bra, 2007, p. 69-132. Gröger, Helmut e Heinz Pfolz. "The Psychiatric Hospital Am Steinhof in Vienna in the Era of National Socialism". In: Eberhard Gabriel, Helmut Gröger e Siegfried Kasper (ed.). *On the History of Psychiatry in Vienna*, p. 102-9. Viena: Brandstätter, 1997, p. 106; Friedlander, *Origins*, p. 49.

45. Dahl, *Endstation*, p. 44.
46. Asperger, "'Jugendpsychiatrie'", p. 355.
47. Czech, "Abusive", p. 116. Também Czech, Herwig. "Nazi Medical Crimes at the Psychiatric Hospital Gugging: Background and Historical Context". Viena: DÖW, 2008, p. 14-15; Neugebauer, Wolfgang. "Zur Rolle der Psychiatrie im Nationalsozialismus (am Beispiel Gugging)". In: Theodor Meißsel e Gerd Eichberger (ed.). *Aufgabe, Gefährdungen und Versagen der Psychiatrie*, p. 188-206. Linz: Edition pro mente, 1999.
48. Mühlberger, "Denken", p. 46; Czech, "Hans Asperger", p. 27; Hubenstorf, "Emigration", p. 172.
49. Por exemplo, os casos de Herman G., Johan Z. e Heinz P.; Malina, Peter. "Die Wiener städtische Erziehungsanstalt Biedermannsdorf als Institution der NS-Fürsorge—Quellenlage und Fallbeispiele". In: *Verfolgte Kindheit*, p. 263-76; 267; Malina, "Geschichte", p. 171; Malina, "Fangnetz", p. 85.
50. Malina, "Erziehungsanstalt", p. 267.
51. Dahl, *Endstation*, p. 57.
52. Häupl, *Kinder*, p. 18; Ertl, "NS-Euthanasie", p. 101.
53. Ertl, "NS-Euthanasie", p. 99. Böhler, Regina. "Die Auswertung der Kinderkarteikarten des Geburtenjahrganges 1931 der Wiener Kinderübernahmestelle", p. 226, 227 e Jandrisits, Vera. "Die Auswertung der Kinderkarteikarten des Geburtenjahrganges 1938 der Wiener Kinderübernahmestelle", p. 250. Ambos em *Verfolgte Kindheit*.
54. Häupl, *Kinder*, p. 316-17.
55. Idem, p. 98-99.
56. Idem, p. 125-26.
57. Idem, p. 344-45.
58. Hager, "Hans Asperger"; Ertl, "NS-Euthanasie", p. 100.
59. Dr. Rohracher (assinatura), Univ. Kinderklinik in Wien, "Grohmann Elfriede, geb. 16.5.1930", 22 de maio de 1944. WStLA 1.3.2.209.1.A47. HP: EG. Arche (Bezirkshauptmann) para Kinderübernahmsstelle, "Mj. Schaffer Margarete", 24 de setembro de 1941. WStLA 1.3.2.209.1.A47. B.H.2 _B.J.A.2/B. HP: MS.
60. Häupl, *Kinder*, p. 496.
61. Donvan e Zucker, *Different*, p. 339, citando Herwig Czech.
62. Häupl, *Kinder*, p. 496-97. Herwig Czech também documenta que Asperger transferiu Herta Schreiber diretamente para Spiegelgrund. Czech, "Hans Asperger", p. 28.

63. Idem, p. 495-96.
64. Häupl, *Kinder*, p. 495-96; Czech, "Selektion und Auslese", p. 182.
65. Ibid.

7. Meninas e meninos

1. Histórico familiar: Bezirkshauptmannschaft für den 24./25. Bezirk Wohlfahrtsamt, Dienstelle Liesing to heilpädagogische Abteilung der Kinderklinik, "Berka Christine", 30 de maio de 1942; Univ.-Kinderklinik in Wien, "Berka, Christine"; ambas as citações em WStLA 1.3.2.209.1.A47 HP: CB.
2. Reichart e Weigt, K.L.D. -Lager, "Hotel Roter Hahn", para Wohlfahrtsamt Liesig, 30 de maio de 1942. WStLA 1.3.2.209.1.A47. HP: CB.
3. Reichart e Weigt, 30 de maio de 1942.
4. 24./25. Bezirk Wohlfahrtsamt, Dienstelle Liesing, 30 de maio de 1942. Reichart e Weigt, 30 de maio de 1942.
5. Notas manuscritas; "Status", todas em WStLA 1.3.2.209.1.A47. HP: CB.
6. Berka, Christine, desenho. WStLA 1.3.2.209.1.A47. HP: CB.
7. Berka, Christine, declaração, WStLA 1.3.2.209.1.A47. HP: CB.
8. "Nimm ein haarsieb und spare—auch mit Menschenseelen!" *Das Kleine Volksblatt*, 11 de setembro de 1940, p. 8.
9. Asperger, "'Psychopathen'", p. 76.
10. Asperger, Hans, "Berka Christine, 30.6.1928", 14 de julho de 1942. WStLA 1.3.2.209.1.A47. HP: CB.
11. Asperger, Hans, diagnóstico manuscrito. Também Univ.-Kinderklinik in Wien, "Berka, Christine". Ambos em WStLA 1.3.2.209.1.A47. HP: CB.
12. Asperger, Hans, "Berka Christine, 30.6.1928".
13. "Gutachten über Berka, Christine, geb. 30.6.1928", 21 de maio de 1943 (183P 241/42). WStLA 1.3.2.209.1.A47. HP: CB.
14. Notas manuscritas. WStLA 1.3.2.209.1.A47. HP: CB.
15. Kreissachbearbeiterin f. Jugendhilfe, NSDAP Gau Niederdonau, Kreisleitung Neunkirchen, Amt für Volkswohlfahrt, Abt. III Jugend to Dr. Aßberger, z. Hd. Frau Dr. Rohracher, allgemeine Krankenhaus Klinik, "Jgl. Elfriede Grohmann", 5 de abril de 1944. WStLA 1.3.2.209.1.A47 WStLA 1.3.2.209.1.A47 HP: EG.
16. "Grohmann, Elfriede, geb. 16.5.1930", 22 de maio de 1944. WStLA 1.3.2.209.1.A47 HP: EG; Kreissachbearbeiterin f. Jugendhilfe, Kreisleitung Neunkirchen, "Jgl. Elfriede Grohmann", 5 de abril de 1944.

17. Kreissachbearbeiterin f. Jugendhilfe, Kreisleitung Neunkirchen, "Jgl. Elfriede Grohmann", 5 de abril de 1944.
18. Relatório manuscrito, "Grohmann Elfriede 13 ¾ J. aufg. am 11.IV.44".
19. Notas manuscritas, "Status", 15 de maio de 1944. WStLA 1.3.2.209.1.A47. HP: EG.
20. Kreissachbearbeiterin f. Jugendhilfe, Kreisleitung Neunkirchen, "Jgl. Elfriede Grohmann", 5 de abril de 1944.
21. Dr. *Rohracher* (assinatura), "Grohmann Elfriede", 22 de maio de 1944. Kreissachbearbeiterin f. Jugendhilfe, Kreisleitung Neunkirchen, "Jgl. Elfriede Grohmann", 5 de abril de 1944.
22. Rohracher, "Grohmann Elfriede", 22 de maio de 1944.
23. Illing, "Gutachtliche Äusserung über Margarete Schaffer, geb. 13.10.1927", 9 de março de 1943. WStLA 1.3.2.209.1.A47. HP: MS.
24. Arche para Kinderübernahmsstelle, "Mj. Schaffer Margarete", 24 de setembro de 1941. Bezirkshauptmann (Arche) para Universitäts-Kinderklinik (Heilpädagogische-Abteilung), "Schaffer Margarete", 21 de agosto de 1941. B.H. 2-B.J.A. 2/L, WStLA 1.3.2.209.1.A47. HP: MS.
25. Arche, "Schaffer Margarete", 21 de agosto de 1941.
26. Penkler para Kinderübernahmsstelle, "Mj. Schaffer Margarete", 22 de dezembro de 1942. WStLA 1.3.2.209.1.A47. B.H.2-B.J.A.2/L. HP: MS. Arche, "Schaffer Margarete", 21 de agosto de 1941.
27. Arche, "Schaffer Margarete", 21 de agosto de 1941.
28. Kreissachbearbeiterin f. Jugendhilfe, Kreisleitung Neunkirchen, "Jgl. Elfriede Grohmann", 5 de abril de 1944. Arche, "Schaffer Margarete", 21 de agosto de 1941.
29. Papel dos gêneros no Terceiro Reich: Heineman, Elizabeth. *What Difference Does a Husband Make? Women and Marital Status in Nazi and Postwar Germany*. Berkeley: University of California Press, 1999; Stephenson, Jill. *Women in Nazi Germany*. Harlow; Nova York: Longman, 2001; Bridenthal, Renate, Atina Grossmann e Marion Kaplan (ed.). *When Biology Became Destiny: Women in Weimar and Nazi Germany*. Nova York: Monthly Review Press, 1984; Stibbe, Matthew. *Women in the Third Reich*. Londres; Nova York: Arnold, 2003. Na Áustria: Gehmacher, Johanna. *Völkische Frauenbewegung: deutschnationale und nationalsozialistische Geschlechterpolitik in Österreich*. Viena: Döcker, 1998.
30. Asperger, "'Psychopathen'", p. 86 (40).

31. Idem, p. 86 (39).
32. Idem, p. 97 (51).
33. Idem, p. 96 (51).
34. Idem, p. 124, 121 (79, 77).
35. Idem, p. 109, 92, 121 (65, 47, 77). Similar: p. 113 (69).
36. Idem, p. 87, 88, 86 (43, 40).
37. Idem, p. 90, 86 (46).
38. Idem, p. 96 (51).
39. Idem, p. 105, 104 (61, 59).
40. Idem, p. 111, 109, 125, 121 (66, 65, 81, 77).
41. Pine, Lisa. *Nazi Family Policy, 1933-1945*. Oxford; Nova York: Berg, 1997, p. 117-46.
42. Asperger, "'Psychopathen'", p. 86, 87 (40, 41).
43. Idem, p. 87, 112 (42, 68).
44. Idem, p. 97 (51-52).
45. Idem, p. 128-29 (84).
46. Idem, p. 129 (84).
47. Idem, p. 76.
48. Dr. R., Univ. Kinderklinik in Wien para Gaujugendamt Wien, Abt. F 2-Scha-5/44, "Schaffer Margarete, geb. 13.10.1927", 13 de junho de 1944; Nota manuscrita, "Schaffer Margarete, geb. 13.10.1927", 18 de abril de 1944; ambos em WStLA 1.3.2.209.1.A47. HP: MS.
49. Dr. Rohracher, "Grohmann Elfriede", 22 de maio de 1944. Notas manuscritas, 1944. WStLA 1.3.2.209.1.A47; Notas manuscritas, "Status", 15 de maio de 1944. WStLA 1.3.2.209.1.A47; ambos em HP: EG.
50. Asperger, "'Psychopathen'", p. 88, 91, 86, (43).
51. Idem, p. 101, 102, 97 (56, 57, 52).
52. Idem, p. 105, 111, 110 (61, 67, 66).
53. Idem, p. 86 (40).
54. Idem, p. 101, 97 (57, 51).
55. Rohracher, "Grohmann Elfriede", 22 de maio de 1944. Relatório manuscrito, "Grohmann Elfriede 13 ¾ J. aufg. am 11.IV.44", WStLA 1.3.2.209.1.A47. HP: EG. Illing, "Gutachtliche Äusserung", 9 de março de 1943.
56. Asperger, "'Psychopathen'", p. 88, 96 (43, 51).
57. Rohracher, "Grohmann Elfriede", 22 de maio de 1944. Relatório manuscrito, "Grohmann Elfriede 13 ¾ J. aufg. am 11.IV.44".

58. Luckesi e Asperger, Univ.-Kinderklinik, "Schaffer Margarete, geb. 13.10.1927", 23 de agosto de 1941; B.H. 2-B.J.A.2/L. WStLA 1.3.2.209.1.A47. HP: MS.
59. Asperger, "'Psychopathen'", p. 97, 124 (79).
60. Relatório manuscrito, "Grohmann Elfriede 13 ¾ J. aufg. am 11.IV.44". Penkler, "Mj. Schaffer Margarete", 22 de dezembro de 1942.
61. Relatório manuscrito, "Grohmann Elfriede 13 ¾ J. aufg. am 11.IV.44". Notas manuscritas, "Status", 15 de maio de 1944.
62. Grohmann, Elfriede, para Katharina Grohmann; Grohmann, Elfriede, para Viktorine Zak. 5 de maio de 1944. Ambas: WStLA 1.3.2.209.1.A47. HP: EG.
63. Relatório manuscrito, "Grohmann Elfriede 13 ¾ J. aufg. am 11.IV.44".
64. Grohmann, Elfriede, para Dr. Auhlehner. WStLA 1.3.2.209.1.A47. HP: MS.
65. Relatório manuscrito, "Grohmann Elfriede 13 ¾ J. aufg. am 11.IV.44".
66. Rohracher, "Grohmann Elfriede", 22 de maio de 1944.
67. Ibid.
68. Ibid.
69. Grohmann, Elfriede, para Ferdinand [Grohmann]. WStLA 1.3.2.209.1.A47. HP: EG. Grohmann, Elfriede, para Katharina Grohmann.
70. Luckesi e Asperger, Univ.-Kinderklinik, "Schaffer Margarete, geb. 13.10.1927", 23 de agosto de 1941. Arche, "Mj. Schaffer Margarete", 24 de setembro de 1941; Luckesi e Asperger, "Schaffer Margarete, geb. 13.10.1927." 23 de agosto de 1941.
71. Arche, "Mj. Schaffer Margarete", 24 de setembro de 1941.
72. Dr. Margarethe Hübsch, Anstaltsoberärtzin e Dr. Helene Jockl, Abteilungsärztin, "Margarete Schaffer, geb.13.X.1927", Gutachtens der Wr. städt. Erziehungsanstalt am Spiegelgrund, 4 de maio de 1942. WStLA 1.3.2.209.1.A47. HP: MS.
73. Hübsch e Jockl, "Margarete Schaffer, geb.13.X.1927", 4 de maio de 1942; Direktor der Kinderübernahmsstelle to Direktion der Univ. Kinderklinik Wien Heilpäd. Station, 20 de abril de 1944. WStLA 1.3.2.209.1.A47. HP: MS. Penkler, "Mj. Schaffer Margarete", 22 de dezembro de 1942; Hübsch e Jockl, "Margarete Schaffer, geb.13.X.1927", 4 de maio de 1942.
74. Hübsch e Jockl, "Margarete Schaffer, geb.13.X.1927", 4 de maio de 1942. Esterilização em Steinhof: Spring, "'Patient'". Direktor der Kinderübernahmsstelle, 20 de abril de 1944.
75. Penkler, "Mj. Schaffer Margarete", 22 de dezembro de 1942.
76. Illing, "Gutachtliche Äusserung", 9 de março de 1943.
77. Direktor der Kinderübernahmsstelle, 20 de abril de 1944. Nota manuscrita, "Schaffer Margarete", 18 de abril de 1944.

78. R., Univ. Kinderklinik in Wien, "Schaffer Margarete", 13 de junho de 1944.
79. Nota manuscrita, "Schaffer Margarete", 18 de abril de 1944.
80. Schaffer, Margarete, para Schwester Neuenteufel [1944]. WStLA 1.3.2.209.1.A47. HP: MS.
81. Schaffer, Margarete, para Franz Schaffer, [1944]. WStLA 1.3.2.209.1.A47. HP: MS.
82. Schaffer, Margarete, Desenho. 19 de abril de 1944. WStLA 1.3.2.209.1.A47. HP: MS.
83. R., Univ. Kinderklinik in Wien, "Schaffer Margarete", 13 de junho de 1944. Nota manuscrita, "Schaffer Margarete", 18 de abril de 1944.
v84. R., Univ. Kinderklinik in Wien, "Schaffer Margarete", 13 de junho de 1944. Winkelmayer, "Gutachten der Erziehungsberatung über Margarete Schaffer, geb. 13.10.1927, seit 23.3.44 Luisenheim", 29 de março de 1944. WStLA 1.3.2.209.1.A47. HP: MS.
85. R., Univ. Kinderklinik in Wien, "Schaffer Margarete", 13 de junho de 1944. Universitäts-Kinderklinik in Wien, Informação biográfica. WStLA 1.3.2.209.1.A47. HP: MS. R., Univ. Kinderklinik in Wien, "Schaffer Margarete", 13 de junho de 1944. Também Nota manuscrita, "Schaffer Margarete", 18 de abril de 1944. Winkelmayer, "Gutachten der Erziehungsberatung", 29 de março de 1944.
86. Nota manuscrita, "Schaffer Margarete", 18 de abril de 1944.
87. Asperger, "'Psychopathen'", p. 95-96, 94 (50, 49).
88. Idem, p. 123, 103 (79, 58).
89. Idem, p. 93.
90. Idem, p. 90, 82-83. Aqui, Asperger estava elaborando a ideia de "automatismo timogênico" de Hamburger. Hamburger, Franz, *Die Neurosen des Kindesalters*. Viena: Urban & Schwarzenberg, 1939; Asperger, "'Psychopathen'", p. 93.
91. Idem, p. 128, 130 (84, 85).
92. Idem, p. 130, 129 (85, 84).
93. Idem, p. 130 (85).
94. Idem, p. 129 (85, 84).
95. Weygandt, Wilhelm. "Talentierte Schwachsinnige und ihre erbgesetzliche Bedeutung". *ZfNP* 161, n. 1 (1938): p. 532-34; 534; Tramer, "Einseitig"; Kirmsse, Max. *Talentierte Schwachsinnige: mit besonderer Berücksichtigung des Berner Gottfried Mind (Katzenraffael)*. Berna: Sonder-Abdrück, 1911; Weygandt, Wilhelm. *Der jugendliche Schwachsinn: seine Erkennung, Behandlung und*

Ausmerzung. Stuttgart: Enke, 1936, p. 94. Descrições dos "imbecis talentosos": p. 88-94. Schmuhl, "Gehorsam", p. 1059.
96. Schaffer, Margarete, Ditado e amostra de caligrafia. [1944] WStLA 1.3.2.209.1.A47. HP: MS.
97. Asperger, "'Psychopathen'", p. 106 (62).
98. Idem, p. 115 (70-71).
99. Idem, p. 89.
100. Idem, p. 97-98, 99 (52, 54).
101. Idem, p. 106, 115 (62, 71).
102. Nota manuscrita, "Schaffer Margarete", 18 de abril de 1944. Hübsch e Jockl, "Margarete Schaffer", 4 de maio de 1942.
103. R., Univ. Kinderklinik in Wien, "Schaffer Margarete", 13 de junho de 1944. Nota manuscrita, "Schaffer Margarete", 18 de abril de 1944.
104. Asperger, "'Psychopathen'", p. 86, 104, 97-98 (59, 52).
105. Idem, p. 87-88, 97-98, 105 (42, 52, 60-61).
106. R., Univ. Kinderklinik in Wien, "Schaffer Margarete", 13 de junho de 1944.
107. Asperger, "'Psychopathen'", p. 89 (45).
108. Idem, p. 89, 90 (44, 45).
109. Idem, p. 99 (53, 54).
110. Asperger, Hans, "Berka Christine", 14 de julho de 1942.
111. Asperger, "'Psychopathen'", p. 117, 116 (74, 73).
112. Idem, p. 116 (72-73).
113. Idem, p. 111-12.
114. Idem, p. 114 (70).
115. Idem, p. 97, 87 (52, 42). Similar: Ernst: p. 105 (60).
116. Idem, p. 111, 110 (67, 66, 65).
117. Idem, p. 123, 97, 96 (79, 52, 51).
118. Idem, p. 102 (57; 63).
119. Asperger, "'Psychopathen'", p. 89, 102, 96 (57, 63, 51). Similar: Hellmuth: p. 110 (66).
120. Idem, p. 126 (82).
121. Asperger, "'Psychopathen'", p. 93, 112 (45-46, 68).
122. Idem, p. 84 (37).
123. Idem, p. 135 (89-90).
124. Idem, p. 135 (90).
125. Hamburger, "Aussprache", p. 117.

126. Jekelius, "Grenzen", p. 386.
127. Asperger, "'Psychopathen'", p. 118 (74).
128. Asperger, "'Psychopathen'", p. 132, 133, 134 (87, 88, 89). Similar: p. 117 (74).
129. Asperger, "'Psychopathen'", p. 133 (88).
130. Idem, p. 118, 134, 133 (74, 89, 88).
131. Idem, p. 132, 108, 107 (87, 64, 62).
132. Idem, p. 118 (75).
133. Idem, p. 132 (87).
134. Idem, p. 103, 108, 111 (58, 64, 67).
135. Asperger, "'Psychopathen'", p. 107 (63). "Associais" em Viena: Seliger, Maren. "Die Verfolgung normabweichenden Verhaltens im NS-System. Am Beispiel der Politik gegenüber 'Asozialen' in Wien". *Österreichische Zeitschrift für Politikwissenschaft*. (1991): 409-29.

8. A vida cotidiana da morte

1. Lehmann, Oliver e Traudl Schmidt. *In den Fängen des Dr. Gross: das misshandelte Leben des Friedrich Zawrel*. Viena: Czernin, 2001, p. 68.
2. Gedenkstätte Steinhof, *The War Against the "Inferior": On the History of Nazi Medicine in Vienna*, "Friedrich Zawrel". Entrevistas: http://gedenkstaettesteinhof.at/en/interview.
3. Ertl, "NS-Euthanasie", p. 85. Riegele, Brigitte, "Kindereuthanasie in Wien 1940—1945". In: *Die ermordeten Kinder*, p. 25-46; 30. O "Livro dos mortos" está disponível no Arquivo da Cidade e do Estado de Viena (WStLA) e online em http://gedenkstaettesteinhof.at/en/BookoftheDead/book-dead.
4. Neugebauer, "Klinik", p. 302-303. Dahl, *Endstation*, p. 131.
5. Czech, "Zuträger", p. 29. Processo de seleção: Ertl, "NS-Euthanasie", p. 97, 102-4.
6. Krenek, Hans. "Beitrag zur Methode der Erfassung von psychisch auffälligen Kindern und Jugendlichen". *AfK* 126 (1942): p. 72-84; 73.
7. Gedenkstätte Steinhof, "Alfred Grasel".
8. Isso representava 60% das vítimas que haviam sido transferidas através de Viena. Dahl, *Endstation*, p. 57-58.
9. Dahl, *Endstation*, p. 55, 50-51.
10. Gedenkstätte Steinhof, "Ferdinand Schimatzek".
11. Gedenkstätte Steinhof, "Alois Kaufmann". Ver também USC Shoah Foundation Institute, depoimento de Alois Kaufmann. Código de en-

trevista VHA: 45476. http:// collections.ushmm.org/search/catalog/ vha45476. Kaufmann, Alois. *Spiegelgrund, Pavillion 18: ein Kind im NS-Erziehungsheim*. Viena: Gesellschaftskritik, 1993 e *Dass ich dich finde: Kind am Spiegelgrund; Gedichte*. Viena: Theodor-Kramer, 2006; Kaufmann, Alois, Mechthild Podzeit-Lütjen e Peter Malina. *Totenwagen: Kindheit am Spiegelgrund*. Viena: Mandelbaum, 2007.

12. Gedenkstätte Steinhof, "Franz Pulkert".
13. Gedenkstätte Steinhof, "Karl Uher", Zawrel.
14. Czech, "Zuträger", p. 29; Ertl, "NS-Euthanasie", p. 102-4. Definições de deficiência na Alemanha: Poore, *Disability*, p. 1-151. Ao menos quatro crianças que morreram em Spiegelgrund eram judias, mas os judeus não eram alvos nem uma categoria para eliminação no programa de eutanásia infantil. Neugebauer, Wolfgang. "Juden als Opfer der NS-Euthanasie in Wien 1940—1945". In: *Zwangssterilisierung zur Ermordung*, vol. 2, p. 105.
15. Gedenkstätte Steinhof, "Karl Jakubec".
16. Häupl, *Kinder*, p. 539.
17. A coleta de depoimentos dos sobreviventes, "Falam os sobreviventes de Spiegelgrund", foi conduzida pelo Centro de Documentação da Resistência Austríaca (DÖW) com apoio da cidade de Viena. As entrevistas estão disponíveis em inglês na página web do Memorial Steinhof. Gedenkstätte Steinhof, *The War Against the "Inferior": On the History of Nazi Medicine in Vienna*. "Spiegelgrund Survivors Speak Out." As traduções foram feitas pelos organizadores, com minúsculas alterações. Outras entrevistas estão disponíveis no documentário *Spiegelgrund*, dirigido por Angelika Schuster e Tristan Sindelgruber em 2000 (Viena: Schnittpunkt).
18. Na amostra de Matthias Dahl, em 312 crianças assassinadas, 161 eram meninas e 151 eram meninos. Dahl, *Endstation*, p. 49.
19. Gedenkstätte Steinhof, Karger.
20. Gedenkstätte Steinhof, Pulkert. Gross, Johann. *Spiegelgrund: Leben in NS-Erziehungsanstalten*. Viena: Ueberreuter, 2000, p. 62.
21. Gedenkstätte Steinhof, Pacher, Schimatzek.
22. Gedenkstätte Steinhof, Maier.
23. Gedenkstätte Steinhof, Pauer, Maier.
24. Gedenkstätte Steinhof, Kaufmann.
25. Gedenkstätte Steinhof, Pauer.
26. Gedenkstätte Steinhof, Maier, Karger.

27. Czech, "Abusive", p. 131.
28. Gross, *Spiegelgrund*, p. 69; também p. 96, 101.
29. Idem, p. 80-81.
30. Lehmann e Schmidt, *Fängen*, p. 58.
31. Gedenkstätte Steinhof, Grasel.
32. Gedenkstätte Steinhof, "Karl Hamedler".
33. Gedenkstätte Steinhof, Pulkert, Pauer.
34. Gedenkstätte Steinhof, Karger.
35. Gedenkstätte Steinhof, Maier, Pauer.
36. Gedenkstätte Steinhof, Maier, Karger, Uher.
37. Gedenkstätte Steinhof, Kaufmann.
38. Gedenkstätte Steinhof, Pauer, Jakubec.
39. Gedenkstätte Steinhof, Uher, Kaufmann.
40. Gedenkstätte Steinhof, Zawrel.
41. Lehmann e Schmidt, *Fängen*, p. 68-9.
42. Gedenkstätte Steinhof, Grasel, Hamedler.
43. Gedenkstätte Steinhof, Karger.
44. Gedenkstätte Steinhof, Maier.
45. Häupl, *Kinder*, p. 330-33.
46. Idem, p. 385-87.
47. Idem, p. 526-27.
48. Czech, "Zuträger", p. 27-28.
49. Durante a primeira metade de 1941, a idade média de morte em Spiegelgrund era de 2 anos e meio; na segunda metade daquele ano, a idade média de morte pulou para mais de 7 anos. Czech, "Zuträger", p. 172.
50. Publicações: Illing, Ernst. "Pathologisch-anatomisch kontrollierte Encephalographien bei tuberöser Sklerose". *ZfNP* 176, n. 1 (1943): p. 160-71 e "Erbbiologische Erhebungen bei tuberöser Sklerose". *Zeitschrift für die gesamte Neurologie und Psychiatrie* 165, n. 1 (1939): p. 340-45.
51. Czech, "Abusive", p. 112-20. Pesquisas cerebrais em vítimas de outros lugares da Alemanha: Karenberg, Axel. "Neurosciences and the Third Reich: Introduction". *Journal of the History of the Neurosciences* 15, n. 3 (2006): p. 168-72; p. 169-70.
52. Citado em Thomas, Beres e Shevell, "'Cold Wind", p. 344. Similar: Kaufmann, *Totenwagen*, p. 21-22.
53. Gedenkstätte Steinhof, Pacher, Karger.

54. Gedenkstätte Steinhof, Karger; Kaufmann, *Totenwagen*, p. 21.
55. Gross, *Spiegelgrund*, p. 75.
56. Gedenkstätte Steinhof, Pacher.
57. Gedenkstätte Steinhof, Jakubec.
58. Interrogatório de Erwin Jekelius, 9 de julho de 1948. Citado em Ertl, "NS-Euthanasie", p. 128.
59. Interrogatório de Marianne Türk, Landesgericht Wien, 16 de outubro de 1945. Citado em Malina, "Fangnetz", p. 86.
60. Häupl, *Kinder*, p. 133.
61. Idem, p. 419-20.
62. Interrogatório de Erwin Jekelius, 9 de julho de 1948. Citado em Ertl, "NS-Euthanasie", p. 151.
63. Interrogatório de Anna Katschenka, 24 de julho de 1946. Citado em Dahl, *Endstation*, p. 39.
64. Declaração de Anna Katschenka, 27 de julho de 1948. Citado em Neugebauer, "Klinik", p. 301.
65. Interrogatório de Marianne Türk, 12 de março de 1946. Citado em Dahl, *Endstation*, p. 43.
66. Interrogatório de Ernst Illing, 22 de outubro de 1945. Citado em Dahl, *Endstation*, p. 43.
67. Idem, *Endstation*, p. 41.
68. Häupl, "Einleitung", p. 14; Lehmann e Schmidt, *Fängen*, p. 79.
69. Ibid.
70. Interrogatório de Marianne Türk, 12 de março de 1946. Citado em Dahl, *Endstation*, p. 42.
71. Interrogatório de Anna Katschenka, 24 de julho de 1946. Citado em Dahl, Matthias. "Die Tötung behinderter Kinder in der Anstalt 'Am Spiegelgrund' 1940 bis 1945". In: *NS-Euthanasie in Wien*, vol. 1, p. 75-92; 79-80. Justificativa moral entre as enfermeiras de eutanásia: McFarland-Icke, Bronwyn Rebekah. *Nurses in Nazi Germany: Moral Choice in History*. Princeton: Princeton UP, 1999, p. 210-56. Enfermeiras e eutanásia: Fürstler, Gerhard e Peter Malina. *"Ich tat nur meinen Dienst": zur Geschichte der Krankenpflege in Österreich in der NS-Zeit*. Viena: Facultas, 2004, incluindo o julgamento de Katschenka, p. 305-10.
72. Declaração de Anna Katschenka, 27 de julho de 1948. Citado em Neugebauer, "Klinik", p. 301.

73. Butterweck, Hellmut. *Verurteilt und begnadigt: Österreich und seine NS-Straftäter.* Viena: Czernin, 2003, p. 71-72.
74. Häupl, *Kinder*, p. 256-58.
75. Idem, p. 230-31.
76. *Österreichische Pflegezeitschrift*, 3/03, 25. Citado em Ertl, "NS-Euthanasie", p. 106.
77. Testemunho de Anny Wödl, 1º de março de 1946. Citado em Totten, Samuel, William S. Parsons e Israel W. Charny (ed.). *Century of Genocide: Eyewitness Accounts and Critical Views.* Nova York: Routledge, 2013, p. 241.
78. Häupl, *Kinder*, p. 174-75.
79. Idem, p. 175.
80. Idem, p. 95-96.
81. Burleigh, *Death*, p. 101-3.
82. Burleigh, *Death*, p. 101-3; 11-42; 22-23; Meltzer, Ewald. *Das Problem der Abkürzung 'lebensunwerten' Lebens.* Halle: Marhold, 1925.
83. Häupl, *Kinder*, p. 496.
84. Dahl, *Endstation*, p. 106.
85. Häupl, *Kinder*, p. 406.
86. Interrogatório de Marianne Türk, 12 de março de 1946. Citado em Dahl, *Endstation*, p. 43.
87. Interrogatório de Ernst Illing, 22 de outubro de 1945. Citado em Dahl, *Endstation*, p. 43.
88. Häupl, *Kinder*, p. 494-95.
89. Idem, p. 106-8.
90. Idem, p. 439-40.
91. Idem, p. 227.
92. Gedenkstätte Steinhof, Maier.

9. A serviço do *Volk*

1. A Áustria perdeu cerca de 385 mil pessoas, quase 6% de sua população. Das mortes austríacas, ao menos 100 mil, ou uma em cada quatro, deveram-se à perseguição nazista e ao Holocausto. Cerca de dois terços, ou 261 mil, foram mortes militares.
2. Steininger, Rolf. *Austria, Germany, and the Cold War: From the Anschluss to the State Treaty 1933–1955.* Nova York: Berghahn, 2008, p. 14-15.

3. Hubenstorf, "Emigration", p. 124-25, 122; Widhalm e Pollak (ed.). *90 Jahre Universitäts-Kinderklinik*, p. 268-69. Faculdade de Medicina da Universidade de Viena: Ernst, "Leading", p. 790.
4. Löscher, *Eugenik*, p. 218.
5. Asperger, "'Psychopathen'", p. 128 (84).
6. Adicional: Shepherd, Ben. *Terror in the Balkans: German Armies and Partisan Warfare*. Cambridge: Harvard UP, 2012. Levy, Michele Frucht. "'The Last Bullet for the Last Serb': The Ustaša Genocide against Serbs: 1941—1945". *Nationalities Papers* 37, n. 6 (2009): p. 807-37.
7. Felder, "'Sehen'" (2008), p. 108.
8. Ibid.
9. Ibid.
10. Ibid.
11. Ibid.
12. Felder, "'Sehen'" (2008), p. 108. Asperger, Hans. "Der Heilpädagogische Hort". *WkW* 57, n. 31/32 (1944): 392-93; "Postenzephalitische Persönlichkeitsstörungen". *MmW* 91, n. 9/10 (1944): p. 114-17; e "'Psychopathen'".
13. Asperger, "Das psychisch abnorme Kind" (1937), 1461; Asperger, "Das psychisch abnorme Kind" (1938), p. 1316; Asperger, "Zur Erziehungstherapie", p. 244; Asperger, "'Psychopathen'", p. 84 (38).
14. Asperger, "Der Heilpädagogische Hort", p. 393.
15. Asperger, "Zur Erziehungstherapie", p. 243-44.
16. Asperger, "Der Heilpädagogische Hort", p. 392.
17. Asperger, "'Autistic Psychopathy' in Childhood". In: *Autism and Asperger Syndrome*. Editado e traduzido por Uta Frith, p. 37-92. A tradução começa no último parágrafo da "Apresentação do problema" e passa para a seção "Nome e conceito".
18. Kretschmer, Ernst. *Körperbau und Charakter*. Berlim: Springer, 1928; Klages, Ludwig. *Grundlagen*; Jung, Carl. *Psychologische Typen*. Zurique: Rascher, 1926. Stephen Haswell Todd situa Asperger nesse contexto intelectual em sua dissertação "The Turn to the Self: A History of Autism, 1910—1944", Universidade de Chicago, 2015.
19. Asperger, "Erwin Lazar—Mensch", p. 129.
20. Asperger, "'Psychopathen'", p. 78, 80.
21. Asperger, "'Psychopathen'", p. 80; Rudert, "Gemüt", p. 64, 65; Heinze, "Phänomenologie", p. 395.

22. Asperger, "Zur Erziehungstherapie", p. 246; "'Jugendpsychiatrie'", p. 355; "Das psychisch abnorme Kind" (1938), p. 1317.
23. Hamburger, Franz. "Psychisches Klima". *WkW* 55, n. 6 (1942): p. 105-8; 106, 108.
24. Asperger, "Das psychisch abnorme Kind" (1938), p. 1317; "'Jugendpsychiatrie'", p. 354; Asperger, Hans. "Erlebnis und Persönlichkeit". *ZfK* 49 (1943): p. 201-23; 217.
25. Asperger, "'Psychopathen'", p. 128.
26. Villinger, Werner. "Charakterologische Beurteilung der schwererziehbaren Jugendlichen, insbesondere der jugendlichen Psychopathen". In: Hanselmann (ed.). *Bericht über den I. Internationalen Kongress*, p. 250, 248-49.
27. Panse, Friedrich. "Erbpathologie der Psychopathen". In: Günther Just (ed.). *Handbuch der Erbbiologie des Menschen*, vol. 2. Berlim: Springer, 1939-1940, p. 1113, 1127, 1161.
28. Kujath, Gerhard. "Praktische Probleme der Jugendpsychiatrie und ihrer heilpädagogischen Auswirkungen". *MK* 38 (1942): p. 916-19; 917; Kujath, "Aufbau der Heim-und Sondererziehung im Rahmen der Jugendhilfe". *MK* 38 (1942): p. 1043-45; 1043, 1045; Hubenstorf, "Emigration", p. 173.
29. Kujath, "Probleme", p. 917.
30. Jekelius, "Grenzen", p. 385.
31. Ertl, "NS-Euthanasie", p. 133-34.
32. Illing, Ernst. "Characterkunde und Erbforschung, I". *DE* 11 (1943): p. 73-84; 78.
33. Illing, "Characterkunde", p. 79, 81, Illing, Ernst. "Characterkunde und Erbforschung, II". *DE* 11 (1943): 110-20; 113. Ideais: Bartov, Omer. *Hitler's Army: Soldiers, Nazis, and War in the Third Reich*. Nova York: Oxford UP, 1992.
34. Czech, "Selektion und Kontrolle", p. 177.
35. Koller, "Aufarbeitung", p. 84, 109.
36. Asperger, "'Psychopathen'", p. 80.
37. Idem, p. 80-81.
38. Idem, p. 81, 125.
39. Idem, p. 116 (73); 88, 105 (43, 61); 125 (81).
40. Idem, p. 125 (81).
41. Idem, p. 122 (78).
42. Idem, p. 120-21 (77, adaptado); 122 (78).
43. Asperger, "'Psychopathen'", p. 136 (90). Asperger evocou o "tipo introvertido" de Jung, Jung, *Psychologische Typen*.

10. Acerto de contas

1. Gedenkstätte Steinhof, Pauer.
2. Gedenkstätte Steinhof, Kaufmann, Pacher.
3. Gedenkstätte Steinhof, Pacher. Helige, Barbara, Michael John, Helge Schmucker e Gabriele Wörgötter. "Endbericht der Kommission Wilhelminenberg". Viena: Institut für Rechts-und Kriminalsoziologie, 2013, p. 84.
4. Mayrhofer, Hemma. "Zwischen rigidem Kontrollregime und Kontrollversagen: Konturen eines Systems des Ruhighaltens, Schweigens und Wegschauens rund um das ehemalige Kinderheim Wilhelminenberg in den 1970er Jahren". Viena: Institut für Rechts-und Kriminalsoziologie, 2013, p. 13; Sieder e Smioski, "Gewalt", p. 277 (164).
5. Brainin, Elisabeth e Samy Teicher. "Terror von außen am Beispiel Spiegelgrund: Traumatische Erfahrungen in der Kindheit und deren Folgen". *PdKK* 58, n. 7 (2009): p. 530-52. Gedenkstätte Steinhof, Hamedler, Maier.
6. Gedenkstätte Steinhof, Grasel, Pacher.
7. Gedenkstätte Steinhof, Karger.
8. Gedenkstätte Steinhof, Zawrel. Koller, "Aufarbeitung", p. 84, 109.
9. "Die Kindermörder vom Steinhof auf der Anklagebank" (e "Die Kindermörder vom Steinhof vor Gericht"), *Neues Österreich*, 14 de julho de 1946.
10. Haider, Claudia Kuretsidis. "Die Rezeption von NS Prozessen in Österreich durch Medien, Politik und Gesellschaft im ersten Nachkriegsjahrzehnt". In: Clemens Vollnhals (ed.). *NS-Prozesse und deutsche Öffentlichkeit: Besatzungszeit, frühe Bundesrepublik und DDR*. Göttingen: Vandenhoeck & Ruprecht, 2012, p. 420. Trecho de testemunho: Malina, "Fangnetz", p. 70-73. Vörös, "Kinder-und Jugendlicheneuthanasie", p. 70.
11. Trecho de testemunho: Totten, Parsons e Charny, *Century*, p. 239-42. Frankl, *Man's Search*, p. 134.
12. Atividades de Hamburger no pós-guerra: Seidler, "... vorausgesetzt", p. 52. Heinze foi sentenciado a sete anos de prisão na zona soviética na Alemanha e cumpriu cinco, trabalhando como médico de campo. Após 1952, foi nomeado diretor da psiquiatria infantil e juvenil do hospital Wunstorf, na Baixa Saxônia. O envolvimento de Villinger no programa T4 só foi conhecido em 1961, o ano no qual ele morreu, antes do que ele deteve numerosos títulos em instituições e organizações psiquiátricas. Outros

perpetradores notórios de Viena que tiveram carreiras bem-sucedidas no pós-guerra incluem Hans Krenek (diretor da seção "educacional" de Spiegelgrund após 1942) e Hans Bertha ("especialista" do T4 e diretor de Steinhof entre 1944 e 1945). Czech, "Zuträger der Vernichtung?", p. 30.
13. Hubenstorf, "Emigration", p. 174-81. Resumos em inglês: Angetter, Daniela. "Anatomical Science at Universidade de Viena 1938—45". *Lancet* 355, n. 9213 (2000): p. 1454-57; Hubenstorf, Michael. "Anatomical Science in Vienna, 1938—45". *Lancet* 355, n. 9213 (2000): p. 1385-86; Neugebauer, Wolfgang e Georg Stacher. "Nazi Child 'Euthanasia' in Vienna and the Scientific Exploitation of its Victims before and after 1945". *Digestive Diseases* 17, n. 5-6 (1999): p. 279-85; Spann, Gustav (ed.). *Untersuchungen zur Anatomischen Wissenschaft in Wien 1938—1945*. Viena: Akademischer Senat der Universität Wien, 1998. Detalhes: Czech, Herwig. "Forschen ohne Skrupel: die wissenschaftliche Verwertung von Opfern der NS-Psychiatriemorde in Wien". In: *Zwangssterilisierung zur Ermordung*, vol. 2, p. 157-60.
14. Ronen, Gabriel, Brandon Meaney, Bernhard Dan, Fritz Zimprich, Walter Stögmann e Wolfgang Neugebauer. "From Eugenic Euthanasia to Habilitation of 'Disabled' Children: Andreas Rett's Contribution". *JCN* 24, n. 1 (2009): p. 115-27; 120.
15. Resumos em inglês: Czech, "Abusive", p. 116-20; Seidelman, William. "Pathology of Memory: German Medical Science and the Crimes of the Third Reich". In: *Medicine and Medical Ethics in Nazi Germany: Origins, Practices and Legacies*. Nova York: Berghahn, 2002, p. 101-4. Linha do tempo: Neugebauer, Wolfgang e Peter Schwarz. *Der Wille zum aufrechten Gang*. Viena: Czernin, 2005, p. 267-95.
16. Levou até mesmo à realização de um documentário canadense, *Gray Matter*, dirigido por Joe Berlinger em 2004. Atitudes no pós-guerra: Neugebauer, Wolfgang. "Zum Umgang mit der NS-Euthanasie in Wien nach 1945". In: *NS-Euthanasie in Wien*, vol. 1, p. 107-25; Neugebauer, Wolfgang, Herwig Czech e Peter Schwarz. "Die Aufarbeitung der NS-Medizinverbrechen und der Beitrag des DÖW". In: Christine Schindler (ed.). *Bewahren, Erforschen, Vermitteln: das Dokumentationsarchiv des österreichischen Widerstandes*. Viena: DÖW, 2008, p. 109-24. Atitudes na Alemanha: Peiffer, Jürgen. "Phases in the Postwar German Reception of the 'Euthanasia Program' (1939—1945) Involving the Killing of the Mentally Disabled and its Exploitation by Neuroscientists". *Journal of the History of the Neurosciences* 15, n. 3 (2006): p. 210-44. Outros

crimes do Terceiro Reich na Áustria: Schulze, Heidrun, Gudrun Wolfgruber e Gertraud Diendorfer (ed.). *Wieder gut machen? Enteignung, Zwangsarbeit, Entschädigung, Restitution: Österreich 1938—1945/1945—1999*. Innsbruck: Studien, 1999.
17. Hubenstorf, "Emigration", p. 183-86. Hospital Infantil: Swoboda, W. "Die Nachkriegsperiode und die späteren Jahre". In: *90 Jahre Universitäts-Kinderklinik*, p. 257-60.
18. Asperger, "Erwin Lazar—Mensch", p. 133. Felder, "'Sehen'" (2008), p. 109.
19. Hubenstorf, "Emigration", p. 193, 191-96. Visão geral: Berger, H. "Professor Dr. Hans Asperger zum 70. Geburtstag". *Pädiatrie und Pädagogik* 11, n. 1 (1976): p. 1-4; Oehme, Johannes. "Hans Asperger (1906—1980)." *Kinderkrankenschwester* 7, n. 1 (1988): p. 12; Asperger, *Heilpädagogik*, 1956, 1961, 1965 e 1968.
20. Sieder e Smioski, "Gewalt", p. 173, 274-75.
21. Idem, p. 443. Na década de 1980, a Clínica de Educação Curativa diagnosticou cerca de 2% das crianças com "associabilidade" (comparadas às cerca de 10% nas décadas de 1950 e 1960). A equipe diagnosticou cerca de 30% com "transtornos de aprendizado e realizações" e 30% com "transtornos disciplinares". Groh, Tatzer e Weninger, "Krankengut", p. 108.
22. ORF Radio, Hans Asperger, 1974.
23. H. O. Glattauer, "Menschen hinter grossen Namen", Salzburg 1977, WStLA 3.13.A1-A: A; Olbing, "Eröffnungsansprache", p. 329; Topp, Sascha. *Geschichte als Argument in der Nachkriegsmedizin: Formen der Vergegenwärtigung der nationalsozialistischen Euthanasie zwischen Politisierung und Historiographie*. Göttingen: Vandenhoeck & Ruprecht, 2013, p. 116.
24. ORF Radio, Hans Asperger, 1974.
25. ORF Radio, Hans Asperger, 1974; Löscher, *Eugenik*, p. 218.
26. H.O. Glattauer, "Menschen hinter grossen Namen", Salzburg 1977, WStLA 3.13.A1-A: A; Olbing, Herman. "Eröffnungsansprache zur 77. Tagung der DGfK". *MfK* 130 (1982): p. 325-29; 329; Topp, *Geschichte*, p. 116.
27. Löscher, *Eugenik*, p. 218.
28. Asperger, Hans. "Frühe seelische Vollendung bei todgeweihten Kindern". *WkW* 81 (1969): p. 365-66; 366.
29. Asperger, Hans, "Das sterbende Kind". In: Hans Asperger e Franz Haider (ed.). *Befreiung zur Menschlichkeit: die Bedeutung des Emotionalen in der Erziehung*. Viena: Bundesverlag, 1976, p. 95.

30. Asperger, "Frühe seelische Vollendung", p. 366.
31. Livro da Sabedoria, 4:13, *Common English Bible*, "Früh vollendet, hat er viele Jahre erreicht"; Asperger, Hans. "Das sterbende Kind". *Internationale katholische Zeitschrift* 4, n. 6 (1975): p. 518-27; 522.
32. Asperger, "Frühe seelische Vollendung", p. 365.
33. Asperger, "Das sterbende Kind" (1976), p. 100.
34. Asperger, "Das sterbende Kind" (1975), p. 526.
35. Por exemplo, Asperger, Hans. "Das Leibesbewusstsein des Menschen in der Technischen Welt". In: Leopold Prohaska (ed.) *Erziehung angesichts der technischen Entwicklung*. Munique: Österreichischer Bundesverlag, 1965, p. 58-69; "Personale Entfaltung in der Geschlechtlichkeit". In: Hans Asperger e Franz Haider (ed.). *Bedrohung der Privatsphäre: Erziehung oder Manipulation in einer offenen Gesellschaft*, p. 91-100. Salzburg: Selbstverlag der Internationalen Pädagogischen Werktagung Salzburg, 1977; Asperger, Hans e Franz Haider. "Einleitung.". In: Das Werden sozialer Einstellungen in Familie, Schule und anderen Sozialformen. Viena: Bundesverlag, 1974.
36. Asperger, Hans. "Die Psychopathologie der jugendlichen Kriminellen". In: Friedrich Schneider (ed.) *Jugendkriminalität*. Salzburg: Otto Müller, 1952, p. 34; "Konstitution, Umwelt und Erlebnis in ihrer dynamischen Bedeutung für kriminelle Entwicklungen". *Österreichisches Wohlfahrtswesen* (1955): 1-4. Por exemplo, Asperger, "Determinanten", "Konstitution, Individualität und Freiheit". *Arzt und Christ* 4 (1958): p. 66-68; "Zur Einführung". In: Hans Asperger e Franz Haider (ed.). *Krise und Bewährung der Autorität*. Viena: Bundesverlag, 1972, p. 16. Relação entre religião e ciência: "Mensch und Tier". In: Hans Asperger, Charlotte Leitmaier e Ferdinand Westphalen (ed.). *Ein Chor der Antworten: Glaube und Beruf*. Viena: Herold, 1969, p. 9-25.
37. Asperger e Haider, "Einleitung", p. 7-9; Asperger, "Der Student vor Fragen der Sexualität". *Universität und Christ; evangelische und katholische Besinnung zum 500jährigen Bestehen der Universität* (1960): 164-81; 174; Asperger, "Determinanten des Freien Willens: ein naturwissenschaftlicher Befund". *Wort und Wahrheit* 3, n. 10 (1948), p. 256.
38. Asperger, "Determinanten", p. 255.
39. Bessel, Richard. *Nazism and War*. Nova York: Random House, 2009, p. 214.
40. Browning, Christopher. *Ordinary Men: Reserve Police Battalion 101 and the Final Solution in Poland*. Nova York: HarperCollins, 1993.

41. Gross, Jan. *Neighbors: The Destruction of the Jewish Community in Jedwabne, Poland*. Princeton: Princeton UP, 2001.
42. Levi, Primo. *The Drowned and the Saved*. Nova York: Summit, 1988.
43. Arendt, Hannah. *Eichmann in Jerusalem: A Report on the Banality of Evil*. Nova York: Penguin, 1963.
44. Mais recentemente argumentado, respectivamente, em Silverman, *NeuroTribes*; Donvan e Zucker, *Different*; e por Herwig Czech in Hager, "Hans Asperger".
45. Hager, "Hans Asperger".

Epílogo

1. Devido ao foco temático deste livro no autismo, as notas não representam a miríade de temas dos artigos de Asperger no pós-guerra.
2. Asperger, *Heilpädagogik*, 1952, 1956, 1961, 1965 e 1968. A numeração das páginas se refere à edição de 1968.
3. Asperger, Hans. "Zur die Differentialdiagnose des kindlichen Autismus". *Acta Paedopsychiatrica* 35, n. 4 (1968): p. 136-45; "Formen des Autismus bei Kindern". *Deutsches Ärzteblatt* 71, n. 14 (1974): p. 1010-12; "Frühkindlicher Autismus"; *Probleme des kindlichen Autismus*; "Problems of Infantile Autism", p. 48. Organizados postumamente por Franz Wurst: Asperger, "Kindlicher Autismus, Typ Asperger", p. 293-301 e "Kindlicher Autismus, Typ Kanner", p. 286-92. Ambos em Hans Asperger e Franz Wurst (ed.). *Psychotherapie und Heilpädagogik bei Kindern*. Munique: Urban & Schwarzenberg, 1982.
4. Asperger, *Probleme des kindlichen Autismus*, p. 2. Asperger evocou "autista" como adjetivo em algumas publicações do pós-guerra, como em uma série de atributos, e não como psicopatia. Por exemplo, "Heimweh des Erlebnis des Verlassenseins bei autistischen Kinder". In: *Psychologie et traitement pédagogique du sentiment d'abandon*. Leuven: Société internationale de l'orthopédagogie, 1962, p. 122; "Konstitution, Individualität", p. 3; "Die Psychopathologie"; "Seelische Abwegigkeiten als Ursachen der Jugendverwahrlosung". In: Friedrich Schneider (ed.). *Die Jugendverwahrlosung und ihre Bekämpfung*. Salzburg: Otto Müller, 1950, p. 21-36.
5. Asperger, "Heimweh", p. 18.
6. Asperger evoca o *Gemüt* em termos da "terapia timotrópica", que fora a ideia de Franz Hamburger de tratar as crianças com empatia; ele não cita Hamburger nessas referências. Por exemplo, "Suggestivtherapie". In: Hans

Asperger e Franz Wurst (ed.). *Psychotherapie und Heilpädagogik bei Kindern*. Munique: Urban & Schwarzenberg, 1982, p. 74-79.

7. Tradução da passagem repetida feita pelo próprio Asperger, Asperger, "Problems of Infantile Autism", p. 48; também: Asperger, "Formen des Autismus", p. 1010; *Probleme des kindlichen Autismus*, p. 6.
8. Asperger, "Kindlicher Autismus", p. 287; Asperger, "Formen des Autismus", p. 1010.
9. Por exemplo, Asperger, "Problems of Infantile Autism", p. 50-51, *Probleme des kindlichen Autismus*, p. 10, "Kindlicher Autismus", p. 286-92.
10. Por exemplo, Asperger, "Formen des Autismus", p. 1012.
11. Asperger, Hans. "Typische kindliche Fehlentwicklungen in der Stadt und auf dem Lande". In: Franz Wurst (ed.). *Das Landkind heute und morgen: Gegenwartsfragen der Landjugend*. Viena: Österreichischer Bundesverlag, 1963, p. 86, 89.
12. Asperger, *Heilpädagogik* (1968), p. 199. Também Asperger, "Kindlicher Autismus", p. 298.
13. van Krevelen, Dirk Arn. "Early Infantile Autism and Autistic Psychopathy". *Journal of Autism and Childhood Schizophrenia* 1.1 (1971): p. 82-86.
14. Wing, Lorna. "Reflections on Opening Pandora's Box". *Journal of Autism and Developmental Disorders* 35, n. 2 (2005): p. 197-203; 198. Asperger, "Problems of Infantile Autism", p. 48. Definições de Asperger e Kanner: Eyal, Gil *et al*. *The Autism Matrix: The Social Origins of the Autism Epidemic*. Cambridge: Polity, 2010, p. 214-21.
15. Wing, Lorna. "Asperger's Syndrome: A Clinical Account". *Psychological Medicine* 11.1 (1981): p. 115-29; "Reflections".
16. Wing, "Asperger's Syndrome", p. 115. Eghigian, "Drifting", p. 296-300.
17. Frith (ed.). *Autism and Asperger Syndrome*.
18. Vajda, F. J. E., S. M. Davis e E. Byrne, "Names of Infamy: Tainted Eponyms", *Journal of Clinical Neuroscience* 22, n. 4 (2015): p. 642-44. Como, por exemplo, síndrome de Reiter, granulomatose de Wegener, síndrome de Van Bogaert-Scherer-Epstein, síndrome de Cauchois-Eppinger-Frugoni, doença de Hallervorden-Spatz, doença de Seitlberger, "células Clara" e reação de Spatz-Stiefler. A ética dos diagnósticos epônimos e o Terceiro Reich: Strous e Edelman, "Eponyms and the Nazi Era: Time to Remember and Time for Change", *Israel Medical Association Journal* 9, n. 3 (2007): p. 207-14.

19. Associação Americana de Psiquiatria, *DSM-V*, "Transtorno do espectro autista", 299.00 (F 84.0).
20. Citado em Feinstein, *History*, p. 204.
21. Organização Mundial da Saúde, *CID-10*, "Síndrome de Asperger", Código diagnóstico 84.5.
22. Hacking, Ian. "Kinds of People: Moving Targets". British Academy Lecture. Londres, 11 de abril de 2006; Sontag, Susan. *Illness as Metaphor*. Nova York: Farrar, Straus and Giroux, 1978.
23. Termo: Kaplan, Marion A. *Between Dignity and Despair: Jewish Life in Nazi Germany*. Nova York: Oxford UP, 1998.
24. Influências sociais no diagnóstico de autismo: Nadesan, Majia Holmer. *Constructing Autism: Unravelling the 'Truth' and Understanding the Social*. Londres: Routledge, 2013; Hacking, Ian. *The Social Construction of What?* Cambridge: Harvard UP, 1999.
25. Asperger, "'Psychopathen'", p. 129, 130 (84, 85); Baron-Cohen, Simon. "The Extreme Male Brain Theory of Autism". *Trends in Cognitive Sciences* 6, n. 6 (2002): p. 248-54.
26. E até 97% entre jovens de 15 anos. Polyak, Andrew, Richard M. Kubina e Santhosh Girirajan. "Comorbidity of Intellectual Disability Confounds Ascertainment of Autism: Implications for Genetic Diagnosis". *American Journal of Medical Genetics, Part B: Neuropsychiatric Genetics* (2015): Parte B 9999, p. 3. Eyal *et al. Autism Matrix*, p. 46 -58.
27. Gilman, Sander. *Hysteria beyond Freud*. Berkeley: University of California Press, 1993; Goldstein, Jan E. *Console and Classify: The French Psychiatric Profession in the Nineteenth Century*. Chicago: University of Chicago Press, 2002; Arnaud, Sabine. *On Hysteria: The Invention of a Medical Category between 1670 and 1820*. Chicago: University of Chicago Press, 2015.

Índice

"A criança mentalmente anormal" (Asperger, 1937), 75, 201-202
"A criança mentalmente anormal" (Asperger, 1938), 53-54, 75, 76-77, 88, 202
"A criança moribunda" (Asperger), 218
A Noite, 38
"A 'psicopatia autista' na infância" (Asperger), 12, 201, 243n1
  ver também psicopatia autista, tese de pós-doutorado de Asperger
"A síndrome de Asperger" (Wing), 228
Aconselhamento Materno Motorizado, 81, 82-83
Acta Paedopsychiatrica, 225-226
Adler, Alfred, 36, 37
Aichhorn, August, 35, 36, 73, 102
alcoolismo, 16, 82, 91, 173
Ambulatório de Viena, 36
American Journal of Orthopsychiatry, 48
American Relief Administration, 32
Anschluss, 69-70, 195-196
  ver também Áustria, anexação
antissemitismo, 27, 38, 43, 53, 63, 71, 75, 196, 197
  e Asperger, 43, 65
Arendt, Hannah, 222
Arquivo Vienense de Medicina Interna, 91
"artistas da memória", 52
Asperger, Hans, 23-24, 159, 214
  aceitação do domínio nazista, 72
  afiliação a organizações de extrema direita, 42-43, 74, 223
  alegações no pós-guerra de ter se recusado a denunciar crianças, 215-216
  apoio à lei de esterilização do Reich, 77, 88-89
  carreira no pós-guerra, 182, 214-215
  como cofundador da Sociedade de Educação Curativa de Viena, 119, 120, 121, 128, 130, 132
  como diretor da Clínica de Educação Curativa, 40, 48, 74, 117
  como estudante de medicina, 25-26
  descrições, 23-24, 25
  estágio com Schröder, 57, 63, 98
  influência de Schröder, 66-67
  juventude, 24, 40
  mentoria de Hamburger, 39-40, 43, 77, 124, 128
  morte, 228
  na Croácia durante a Segunda Guerra Mundial, 142, 200-201

no período do pós-guerra, 225, 227-228, 229
papel nos assassinatos de crianças do Reich, 14, 18, 19, 128-129, 132-136, 137-138, 158, 217-218, 223-224
posição na Secretaria de Saúde Pública, 85, 121, 133
relatório sobre a conferência de Viena em 1940, 99, 104, 106, 108, 114, 116
relatórios nazistas sobre, 85
religião, 14, 71, 74, 84-85, 217, 218-219, 223
reputação, 10-11, 14, 84
retórica eugenista, 76-77, 88-89, 99, 129-130, 166-168
sobre psicopatia autista, *ver* psicopatia autista
tese de pós-doutorado, 10, 12, 65, 142, 199-200, 201
tradução, 203, 229, 243n1, 293n17
visão do nacional-socialismo, 57, 76, 83
ver também Clínica de Educação Curativa
Asperger, Johann, 24
Asperger, Karl, 24
assistência social, 29-30, 32, 34, 171-173, 231
associabilidade, 33
Associação Alemã de Escolas Especiais, 110
Associação Americana de Psiquiatria, 12, 13, 229-230
Associação de Médicos Alemães na Áustria, 43
Associação de Neurologistas e Psiquiatras Alemães, 117
Associação Internacional de Psiquiatria Infantil e Adolescente e Profissões Aliadas, 226
Associação Internacional de Psiquiatria Infantil, 76
Associação Suíça de Pais de Crianças Autistas, 226
"associais", 16, 68, 78-79, 91, 107, 130, 168, 171, 190
crianças, 33, 61, 78, 101, 105, 107, 114, 115, 116
Auschwitz, 116
Áustria
anexação, 69-70, 195-196
ver também Anschluss
antissemitismo, 53, 70-71
apoio ao Reich, 195, 198
após o colapso da Monarquia de Habsburgo, 26-27
autoritarismo na década de 1930, 41-42, 44
banimento do Partido Nazista, 41-42, 43
e Segunda Guerra Mundial, 196, 198-199
esterilizações forçadas, número de, 87
papel em operações nazistas de assassinato, 197
religião, 84
transformação da esfera profissional, 72-74
ver também Viena
austrofascismo, 29, 42

autismo, 11, 12-13, 226-227, 233-234
automatismo timogênico, 204, 286n90
"avessos ao trabalho", 15, 16

barbitúricos, overdoses de, 19, 93, 95, 137, 188
bebês prematuros, 125
Bechthold, Eduard, 111, 112
Belzec, 124
bem-estar social em Viena, 27-29, 30, 32
Berka, Christine, 139-142, 157, 160, 163
Bertha, Hans, 270n4, 277n6, 295n12
Bettelheim, Bruno, 36
Bleuler, Eugen, 11
bombardeio aliado, 142, 198, 214
Bonaparte, Marie, 73
bordéis forçados, 20
Brack, Viktor, 87, 118
Brandt, Karl, 93
British Broadcasting Service (BBC), 122
Browning, Christopher, 221
Bruck, Valerie, 47
Bühler, Charlotte, 35, 109
Bund Neuland, 24, 43, 84

Calmette-Guérin (BCG), 126
Cameron, Eugenia, 54
campo de concentração de Buchenwald, 100
Campo Juvenil de Proteção em Moringen, 61, 115-116, 206
campos de concentração, 20, 61, 196, 197, 222
campos de trabalho, número de, 20
campos juvenis de proteção, 115-116, 206

Capek, Hilde, 139
Caracteres infantis e suas anormalidades (Schröder), 67
Casa de Estudos da Criança de Maryland, 54
castelo Hartheim, 95, 121, 123, 269n3
cegueira, 87, 111, 112, 127
  e eutanásia, 93, 96, 193
Censo, 90
centro de cuidados Gugging, 133, 134, 190
Centro de Documentação da Resistência Austríaca, 174
Centros de Controle e Prevenção de Doenças (CDC), 13, 230
Certificados Arianos, 89-90
Chvostek, Franz, 38, 40
Ciano, Galeazzo, 101
CID-10, ver Classificação Internacional de Doenças, Décima Revisão (CID-10)
"ciganos", 15, 90, 91, 116
  ver também roma e sinti
Classificação Internacional de Doenças, Décima Revisão (CID-10), 12, 229, 230
Clínica de Educação Curativa, 23
  artigo de Michaels, 49
  batalha pela liderança, 39
  bombardeio aliado, 142, 214
  Christine Berka, 139-142, 157, 160, 163
  crianças encaminhadas por comportamento aberrante, 149
  Elfriede Grohmann, *ver* Grohmann, Elfriede

elogio do *Novo Diário Vienense*, 86
equipe, 45
Frankl e a tradição de inclusividade na, 47
Fritz V., *ver* Fritz V.
fundação, 31, 32, 37
Harro L., *ver* Harro L.
Margarete Schaffer, *ver* Schaffer, Margarete
no pós-guerra, 214, 215, 297n21
papel da classe no tratamento das crianças, 147-148
papel proeminente das mulheres, 45-47
reputação sob Asperger, em relação à severidade dos encaminhamentos, 215
sistema de avaliação de Lazar usado na, 51
sob diretoria de Asperger, 40, 48, 74-75, 117
sob diretoria de Lazar, 33, 37
tratamento diferenciado por gênero, 144-145, 157, 158-163
Clínica Psiquiátrica e Neurológica da Universidade de Viena, 36, 43, 73
Comício de Nuremberg (1929), 60
competência comunitária em crianças, falta de, 18, 33, 34, 205
"Completude espiritual precoce em crianças em estado terminal" (Asperger), 217
comunidade nacional, 15, 17, 20, 58
comunistas, 16, 41, 68, 70, 121, 206
Conferência da Sociedade Alemã de Psiquiatria Infantil e Educação Curativa (Viena, 1940), 97-98, 101, 117

apoio à detenção preventiva de crianças, 105-108
conceito de *Gemüt* de Isemann, 103-104
discursos de Schröder, 98-99, 117
elogio de Hamburger a Asperger, 117
oficiais do Reich presentes, 114-116
palestrantes de educação especial, 110-114
psiquiatria infantil nazista estabelecida como campo distinto, 97-99, 100, 101-109
relatório de Asperger, 99, 104, 106, 108, 114, 116
Conferência de Wannsee, 197
contato afetivo, 12, 53, 54-55
Conti, Leonardo, 92 125
crianças "associais", 33, 34, 168
criminologia, 114-115
Croácia, 200-201
Czech, Herwig, 133, 222

Dachau, 71
debilidade mental, 87, 88, 134, 137, 173, 216, 267n35
delinquência juvenil, 36, 115, 144, 170, 173
e psicopatia, 78
desnazificação, 221
detenção preventiva, 105-107, 109, 115
"Determinantes do livre-arbítrio" (Asperger), 219
Deutsch, Helene, 35, 36, 37
Dia D, 198
diagnósticos epônimos, 16, 229, 300n18
dissidentes políticos, 61-62, 73

distúrbio do déficit de atenção (DDA), 233
"Distúrbios autísticos do contato afetivo" (Kanner), 53, 54-55
Döckl, Hermine, 191
doença de Huntington, 87
Dollfuss, Engelbert, 41, 42
Draskovic, Richard, 135
DSM-IV (Manual Diagnóstico e Estatístico de Transtornos Mentais), 12, 229
DSM-V (Manual Diagnóstico e Estatístico de Transtornos Mentais), 12, 13, 230

Eder, Gretl, 139
educação curativa [Heilpädagogik], 31, 68, 112, 205
  após a anexação nazista, 74-75
  associação de Spiegelgrund com a, 119, 128-130
  Jekelius e, 119-120, 166
  papel na psiquiatria infantil nazista, 63, 79-80, 98
  práticas clínicas de Lazar, 30-33, 37, 48
  promovida por Hamburger, 39, 120
  Schröder como poderoso proponente da, 63
  tradições, 31, 74
educação especial, 110-111
educação, 57-60
  ver também escolas
Eichmann, Adolf, 71, 196
Eisenach, Marion, 193
encefalografia pneumática, 134, 184

enfermeiras da Organização para o Bem-Estar do Povo Nacional-Socialista (NSV), 81, 82
epilepsia, 87, 88, 134, 135, 173, 192, 234
Erikson, Erik, 36
Ernst K., 147, 150, 161, 164, 167
escolas
  e educação curativa, 32, 48-49, 98, 119, 202
  e educação individualizada, 158-159, 233
  e problemas comportamentais, 10, 78-79, 144-147, 172-173
  e Secretarias de Saúde Pública, 90, 91
  na Viena Vermelha, 28, 29, 30, 35
  sob o nacional-socialismo, 58-61, 71, 177
espaço vital [Lebensraum], 196
espectro autista, 12, 13, 229-230, 233
esportes, ver exercícios
Esquadrão de Proteção SS [Schutzstaffel], 54, 58, 66, 71, 86, 121, 197
esquizofrenia, 87, 88, 104, 123, 154, 155, 157
  e autismo, 11, 12
Esterilização
  apoio de Asperger à, 77, 88-89
  de crianças deficientes, 112-113
  idade mínima, 107
  número de, 87
  papel das Secretarias de Saúde Pública, 87-88, 89
  papel de Schröder, 63
  razões, 88, 267n35
  Tandler sobre a, 29

Tribunais de Saúde Hereditária, 63, 88, 106-107, 121
voluntária, idade mínima para, 107
Estudantes Errantes de Bund Neuland, 24, 43, 84
eugenia
　emoções coletivas como parte da, 17
　influência na abordagem de bem-estar social em Viena, 28
　positiva, 28, 43, 87-88
　promoção por Hamburger, 38, 125-126
　psiquiatria e, 16
　Schröder sobre, 98-99
　Secretarias de Saúde Pública e, 85, 87-88
　ver também higiene racial
eutanásia, ver programa de eutanásia adulta; programa de eutanásia infantil
exercício, 9, 28, 48-49, 59, 60, 61, 125, 164, 177
"Experiência e personalidade" (Asperger), 204

Fausto (Goethe), 23
Feldmann, dr., 156
Feldner, Josef, 33, 48, 84
Fichtinger, Marie, 82
Foucek, Berta, 135
Francke, Herbert, 114-115
Frankl, Georg, 48
　artigos publicados sobre crianças com características autistas, 50, 54-55
　defesa da educação curativa, 37
　emigração para os Estados Unidos, 53, 74
　papel no uso do termo *autismo* por Kanner, 52, 53-54
　sobre a educação curativa de Heller, 31
　sobre a tradição de inclusividade da Clínica de Educação Curativa, 47
　visitando a Clínica de Educação Curativa em 1949, 214
Frankl, George, 255n12
Frankl, Viktor, 123
Frente Alemã para o Trabalho (DAF), 58, 74, 111
Frente Patriótica, 42, 43
Freud, Anna, 35-36, 73
Freud, Sigmund, 26, 35, 37, 73, 97, 102, 109-110
Friedrich K., 133-134
Frith, Uta, 229
Fritz V.
　avaliação, 142, 146, 147, 149, 151-152, 158, 160-16273, 167
　descrição física, 164
　encaminhamento à clínica de Asperger, 145
　histórico familiar, 147-148
Fromm, Erich, 36
Fuchs, Hannelore, 188

Galen, Clemens August von, 20
　ver também resistência no Terceiro Reich
Gemüt, 17, 64-65, 103-106, 107, 108, 112, 116, 142, 171

ideias de Asperger sobre o, 147, 158-159, 203-207, 226
ver também educação curativa
gênero
   diagnóstico de autismo e, 233, 234-235
   expectativas de comportamento relacionadas ao, 60-61, 144-145, 157, 158
   psicopatia autista e, 158-163, 227, 234
   ver também mulheres
genocídio, 15-16, 196, 197, 222
germanização, 15, 196
Geyer, Hans, 191
Goebbels, Joseph, 65
Goethe, Johann Wolfgang von, 23, 64
Goll, Heribert, 81, 89, 127, 128
Göring, Matthias Heinrich, 73, 102, 110
Göring, Reichsmarschall Hermann, 73
Gottfried K., 50-52
Grã-Bretanha, batalha da, 101
Grasel, Alfred, 171, 177, 181, 211
Gratzl, Helmuth, 96-97
Grohmann, Elfriede
   avaliação, 149, 150, 151, 152, 157, 160
   capacidade de afeto, 152
   encaminhamento à Clínica de Educação Curativa, 143, 144-145, 155
   histórico familiar, 142-143, 147
   transferência para Spiegelgrund, 153, 158
Grohmann, Katharina, 143
Gross, Heinrich
   carreira e julgamento no pós-guerra, 212, 213-214
   residência em Spiegelgrund, 189
   papel nos assassinatos infantis em Spiegelgrund, 82-83, 131, 137, 184-186, 193
   Zawrel e, 206, 211-212
Gross, Jan, 221
Gross, Johann, 175, 176, 185
grupos de jovens nazistas, 60-61
Gschwandtner, Herta, 191
Gschwandtner, Luise, 191
guetos judaicos, 20, 101, 196, 197
Guilda de São Lucas, 43, 84
Gundel, Max, 86-87, 119, 122, 128, 132, 270n4
Guttmann, Adolf, 126

Hacking, Ian, 232
Hainisch, Michael, 38
Hamburger, Franz, 125, 213
   cofundador da Sociedade de Educação Curativa de Viena, 119, 120, 124, 128
   como mentor de Asperger, 39-40, 43, 77, 124, 128
   diretor do Hospital Infantil, 38-41, 45, 48-49, 74, 124-125, 215
   durante a conferência de Viena em 1940, 117
   durante a reunião da Associação Internacional de Psiquiatria Infantil (1937), 76
   médico durante o Terceiro Reich, 74-75, 83-84
   membro do Partido Nazista, 42
   programa de Aconselhamento Materno Motorizado, 81, 82-83

promotor da eugenia, 38, 88-89, 100, 125
sobre crianças deficientes, 166
supervisão de experimentos médicos em crianças, 126-128
teoria do automatismo timogênico, 204
transferência de crianças para Spiegelgrund, 96, 125-126, 132, 136, 213
Hamedler, Karl, 173, 177, 181, 210
Harms, Ernst, 55
Harro L.
  avaliação, 9, 10-11, 146-147, 149-150, 151, 158, 160, 161-162, 167
  descrição física, 164
  encaminhamento à clínica de Asperger, 10, 145-146
  histórico familiar, 147-149
Hausbrunn, 23
Hecker, Walther, 115, 116
Heilpädagogik (Asperger), 215, 225
Heilpädagogik, *ver* educação curativa
Heinze, Hans, 100
  carreira no pós-guerra, 213, 295n12
  citando a obra de Leiter, 105
  durante a reunião da Associação Internacional de Psiquiatria Infantil em 1937, 76
  influência na psiquiatria infantil nazista, 63-64
  papel na eutanásia adulta e infantil, 67, 94, 118, 131
  sobre *Gemüt*, 67-68, 203, 204, 226
  trabalho de Schröder com, 67
Heller, Theodor, 31, 74, 277n1

Hellmuth L., 147, 150, 164, 168
hemicoreia, irmãs gêmeas com, 88-89
Hereditariedade e destino (Tornow), 112-113
Heyde, Werner, 118
Heydrich, Reinhard, 115, 123
hidrocefalia, 126, 127, 173
higiene mental, 31, 109
higiene racial
  Asperger, 77, 88
  como princípio organizador do Reich, 15-16
  esterilização como parte da, 18, 63, 72, 89
  Pernkopf, 72
  promoção por Hamburger, 125-126
  Tribunais de Saúde Hereditária, 63, 88, 106-107, 121
Himmler, Heinrich, 66, 123
hiperinflação, 27
Hirschfeld, Robert, 63
histeria feminina, 234-235
histeria, 208, 234
Hitler, Adolf, 20, 41, 57, 58-59, 69, 123
Hitler, Paula, 123
Holocausto, 15, 197, 221-222, 232
homossexualidade, 10, 16, 63, 151, 208
Hospital Infantil da Universidade de Viena, 31-32
  Asperger como diretor, 215
  Clínica de Educação Curativa, *ver* Clínica de Educação Curativa
  "Departamento ao Ar Livre", 32
  experimentos médicos em crianças, 126-128

guinada na direção do autoritarismo, 37
Hamburger como diretor, 38-40, 45, 48-49, 74, 124-125, 215
transferência de crianças para Spiegelgrund, 132, 136, 214
Hospital Infantil, *ver* Hospital Infantil da Universidade de Viena
Hübsch, Margarethe, 136, 154, 155, 192, 213
Hug-Hellmuth, Hermine, 35, 252n45
Hungria, 101
Hurwitz, Rosetta, 252n45

Igreja católica, 71-72, 84-85
Illing, Ernst
   avaliação de Margarete Schaffer, 155, 157
   como diretor de Spiegelgrund, 96, 132, 134, 135-136, 169, 180, 184, 188-190, 191, 213, 270n4
   julgamento, 213
   requisições ao comitê do Reich para assassinato infantil, 134, 183-184, 187, 188, 193
   sobre crianças sem *Gemüt*, 205-206
   sobre médicos transferirem crianças deficientes para Spiegelgrund, 132
   sobre métodos de assassinato infantil, 96
   sobre Zawrel, 206, 212
   treinamento com Heinze, 131
"Imbecis unilateralmente talentosos e dotados" (Tramer), 52
Imkamp, Hubert, 193-194

"injeções de vômito", 176, 180
Innitzer, Theodor, 71-72
Instituição Municipal de Bem-Estar Juvenil de Viena, 95, 130
Instituto Estadual Görden, centro de eutanásia, 94, 100, 131
Instituto Psiquiátrico Steinhof, 41, 91, 94-95, 121, 154, 205, 213
   ver também Spiegelgrund
inteligência, gênero e, 160-163
International Council of Nurses, The, 46
Inventários Hereditários, 90-92
Isemann, Kurt, 103-104, 105, 108
Isserlin, Max, 63
Iugoslávia, 200-201

Jaensch, Erich, 65
Jakubec, Karl, 173, 178, 186
Janauschek, Felix, 190
Jekelius, Erwin, 86-87, 121-123, 125, 128
   carta aos pais após o assassinato das crianças, 97
   cofundador da Sociedade de Educação Curativa de Viena, 119, 120, 121, 128
   como diretor de Spiegelgrund, 40, 86-87, 95-96, 119, 132, 135-136, 154, 169, 187, 194, 270n4
   como estudante de pós-doutorado na Clínica de Educação Curativa, 40-41
   noivado com a irmã de Hitler, 123-124
   papel como avaliador de eutanásia do T4, 122, 123-124
   papel na Lei de Eutanásia do Reich, 122

prisão, 213
sobre crianças deficientes, 96, 120, 166
sobre *Gemüt*, 205-206
sobre o segredo em relação ao assassinato de crianças, 188
Jockl, Helene, 131, 154, 155, 183
Jones, Ernst, 73
Jornal das Pequenas Pessoas, 89, 141
Jornal de Pesquisa Infantil, 63, 68
Jornal do Povo (Áustria), 121
judaísmo, critérios nazistas para, 15-16
julgamentos de Nuremberg, 221
Jung, Carl, 36, 203
Juventude do Suingue, 61
Juventude Hitlerista, 58, 60, 111
  afiliação de Gross, 131
  Asperger como consultor da, 74, 133
  ataque e dessacralização da catedral de Innitzer, 71-77
  brigas com os *Schlurfs*, 61
  elogio de Asperger à, 24, 202
  Hamburger sobre a, 204
  Schröder sobre a, 98
  união instilada na, 66, 101

Kalmon, Hanna, 25
Kanner, Leo, 11, 12, 53, 225-227
Kant, Immanuel, 64
Karger, Rudolf, 174, 176, 177, 181-182, 185, 211
Karl K., 55
Karl Sp., 133-134
Karl W., 185
Karth, Günther, 190
Katschenka, Anna, 188, 189, 213

Kaufmann, Alois, 172, 178, 179, 185, 209, 210-211
Kimmel, Anna Theresia, 215
Kirmsse, Max, 160
Klages, Ludwig, 65, 203
Klein, Melanie, 35, 36
Klimt, Gustav, 26
König, Karl, 74
Kramer, Franz, 63, 68
Krenek, Hans, 170, 295n12
Kretschmar, Ernst, 203
Kretschmar, Gerhard, 93
Kretschmar, Lina, 93
Kretschmar, Richard, 93
Krueger, Felix, 65
Kujath, Gerhard, 205
Kursk, batalha de, 198

Landauf, Hildegard, 134
lar infantil Luisenheim, 157
Lar Infantil São José de Frischau, 134, 135, 137
Lar Pressbaum de Crianças Especiais, 134
Lazar, Erwin, 36, 45, 47
  "diagnósticos de estalo" das crianças, 33, 37
  morte, 39, 47, 52
  papel no estabelecimento da educação curativa, 30-32, 37, 48
  psicanalistas vienenses e, 37
  sistema de avaliação, 51-52
  sobre *Gemüt*, 203
Legião Austríaca, 42
Lei de Escolarização Compulsória do Reich, 111

Lei de Unificação do Sistema de Assistência Médica, 86
Leis de Nuremberg (1935), 15
Leiter, Anna, 68, 104-106, 108, 115
Lesch, Erwin, 112
Levi, Primo, 222
Liga Alemã de Médicos Nacional-Socialistas, 74
Liga das Moças Alemãs, 60, 74, 98, 105, 202
Liga dos Professores Nacional-Socialistas, 58, 110
Linden, Herbert, 118
Linden, Hermann, 190
"Linguagem e contato afetivo" (Frankl), 54-55
Lübcke, Anna Luise, 182
Luckesi, dr., 151, 154
Luminal, 96, 198
Luther, Martin, 219

Maier, Leopoldine, 175, 176, 177, 178, 184, 186, 194, 210, 212
Maller, Anton, 79
Manual Diagnóstico e Estatístico de Transtornos Mentais (DSM-IV), 12, 229
Manual Diagnóstico e Estatístico de Transtornos Mentais (DSM-V), 12, 13, 230
masturbação, psicopatia autista e, 151
Mattauschek, Emil, 41
Mauczka, Alfred, 123
Mayerhofer, Ulrike, 135-136
Meltzer, Ewald, 192

menstruação, comportamentos atribuídos à, 143-144, 153, 159
Meuten, 61
Michaels, Joseph, 48-50
Mick, Anna, 127
Mischlinge (meio-judeus), 15, 91
missa do Rosário, Viena (7 de outubro de 1938), 71-72
Monarquia de Habsburgo, 26
Movimento da Juventude Alemã, 24, 40, 60-61
Mulheres
 diagnosticadas com histeria, 234-235
 na visão eugenista nazista, 38
 papéis proeminentes na Clínica de Educação Curativa, 45-47
 ver também gênero
Müller-Küppers, Manfred, 117
Mussolini, Benito, 41, 42, 109
Mussolini, Edda, 109

nacional-socialismo, 14-15
 coletivismo fascista no cerne do, 58-59, 62
 Gemüt e, 65-66
 número de médicos que eram membros, 72-73, 84
 profissionais da área médica de Viena e, 72-73
 proibição na Áustria, 42, 43
 regime diagnóstico e, 16
 religião e, 16, 71-72, 84-85
 transformação da Áustria após a anexação, 70
nacional-socialistas austríacos, 42, 70, 198

nazismo, *ver* nacional-socialismo
Nervous Child, The, 53, 54-55
neurodiversidade, 13
Nitsche, Paul, 118
Noite dos Cristais (1938), 71
Novo Diário Vienense, 86

"O Departamento de Educação Curativa sob Lazar" (Zak), 46
"O desenvolvimento da Clínica de Educação Curativa em Viena", (Zak), 46
"O desenvolvimento de psicopatia 'sem emoção, sem *Gemüt*' na infância", (Kramer e von der Leyen), 68
O geneticista, 88-89
O neurologista, 83, 99, 114
Observador Popular (Viena), 122, 130
operação Barbarossa, 197
Orfanato Mödling, 171, 174, 182
Organização Mundial da Saúde, 12, 229
Organização para o Bem-Estar do Povo Nacional-Socialista, 74, 133
orientação infantil, 31, 34-35, 53
Ossenkamp, Ernst, 183

Pacher, Ernst, 172-173, 175, 185, 186, 209, 211
Panse, Friedrich, 205
paralisia cerebral, 173, 190
Partido Nazista, *ver* nacionalsocialismo
Partido Social Cristão, 27, 41, 42
Passaporte Ancestral, 89
Pauer, Ferdinand, 175, 176, 178
pé torto, 74, 173, 174
Pernkopf, Eduard, 72

pesquisas sobre gêmeos, 88-89
Pfandler, Meinhard, 38
Philippovic, Ilse, 192
Piratas de Edelweiss, 61
Pirquet, Clemens von, 31-32, 37-38, 40, 47, 199, 214
"Plano Geral do Leste", 196
pneumonia
  e eutanásia, 18-19, 95, 184, 189-190
  vítimas, 96, 126, 135, 136, 137, 173, 183, 191
Pollnow, Hans, 68
Polônia, 123, 196-197, 221
Pörzgen, Peter, 188
Postl, Karl, 143
Pötzl, Otto, 37, 38, 43-44, 73, 102, 155
povo judeu
  desumanização antes do assassinato em massa, 232
  discurso de Himmler sobre, 66
  e eutanásia infantil, 289n14
  emigração da Áustria entre 1938 e 1940, 196
  número de mortos durante o Holocausto, 15
  política de extermínio do Reich, 196, 197
  psicanalistas vienenses, 36
  purga realizada por Hamburger na equipe, 39
  purgas nazistas, listas usadas na, 43
  violência contra o, 70-71
Primeiro Congresso Internacional de Educação Curativa, 79, 104
prisioneiros de guerra soviéticos, 15, 197

prisioneiros de guerra, 15, 20, 197
programa de eutanásia adulta, 18, 20, 94, 108, 118, 122-123, 245n24, 269n3, 295n12
  no castelo Hartheim, 95, 121, 123, 269n3
  no Instituto Psiquiátrico Steinhof, 41, 94-95, 121-122, 154, 205, 213
  ver também programa T4
programa de eutanásia infantil, 18-19, 170, 222
  comitê autorizando assassinatos, 94
  decreto do Reich em relação ao, 93-94
  destino dos perpetradores de eutanásia no pós-guerra, 212-214
  dissidentes políticos, 62
  em Spiegelgrund, ver Spiegelgrund
  fatores na seleção de crianças, 18, 93-94, 97, 170, 173-174, 182-183, 184, 289n14
  Gemüt e, 204-206
  integração ao sistema de assistência médica do Reich, 18, 94, 188
  papel de Asperger, 14, 18, 19, 128-130, 132-136, 137, 158, 216-218, 223-224
  primeira morte registrada, 93
  programa de Aconselhamento Materno Motorizado e, 83
  segredo, 188
  taxas de mortalidade, 18
Programa T4, 18-19, 20, 94, 108, 118, 122-123, 245n24, 269n3, 295n12
  ver também eutanásia adulta

prostituição, 16, 91, 115
psicanálise vienense, 35-36, 73
psicologia holística, 65
psicopatia autista
  artigos posteriores de Asperger, 225, 226-227
  autismo do tipo Kanner vs., 226-227, 228
  como psicopatia, 78, 227, 228, 231
  definições, 13, 17, 78, 142, 148-149, 201, 203, 208, 227, 231, 233
  descoberta e publicação por Wing, 12, 228, 230
  descrições, 53-54, 77-78, 146, 148, 202, 233
  diagnóstico, 11, 75-76, 100, 104, 167
  falta de clareza sobre, 163-165
  Gemüt e, 103-104, 206-207
  gênero e, 159-163, 227, 233-234
  influência da psiquiatria infantil nazista, 56
  masturbação e, 151
  mudanças, 201-202, 204-205, 208, 226, 227, 230-231
  no pós-guerra, 225, 227-228, 230
  reconhecimento internacional, 225-226, 227
  tese de pós-doutorado de Asperger, 10, 12, 65, 68, 142, 145-151, 159, 200, 201-203, 206-208, 226
  tradução, 203, 229, 243n1, 293n17
psicopatia, diagnóstico, 78-79, 228
psicoterapia, 73-74, 109-110
Psiquiatria infantil (Kanner), 53
psiquiatria infantil nazista, 44, 232

conferência de Viena (1940) e, 97-99, 100, 102-109
eugenia e, 98-99
figuras influentes, 63, 98-99
força policial requerida pela, 114
Gemüt e, 17, 64, 66-67, 104-106, 203, 204
união da psiquiatria infantil e da educação curativa, 63-64, 79, 97-99
psiquiatria
nazista infantil, *ver* psiquiatria infantil nazista
vienense, 36, 73
Pulkert, Franz, 172, 174, 175, 177, 210

queratomalácia, 127
Quinto Congresso Psicanalítico Internacional (1918), 35

raça no currículo escolar infantil, 59
Raimund H., 206
raquitismo, 27, 28, 47, 82, 126
Razumovsky, Mascha, 60
regime diagnóstico, 11, 15-18, 44, 90-92, 231-232, 233
Reichart, Karoline, 130, 140
Reichmann, Max, 193
Reiter, Hans, 63, 99-100, 118
Repond, Andre, 108, 109
resistência durante o Terceiro Reich, 61, 71-72, 73, 84-85, 189, 221
e o programa de eutanásia, 20, 121, 190-191
Rett, Andreas, 213
Ribbentrop, Joachim von, 101
Rohracher, dra., 149, 153

Roma, 15
Romênia, 101
Rosa (enfermeira em Spiegelgrund), 180
Rosa Branca, 61
Rüdin, Ernst, 63, 76, 117-118

SA [*Sturmabteilung*] Stormtroopers 58, 71, 106, 131
Schaffer, Franz, 144
Schaffer, Margarete, 144
avaliação, 149, 150, 151, 155, 157, 160, 161
diagnósticos, 155, 157
encaminhamentos à Clínica de Educação Curativa, 144, 153-154, 155-157
histórico familiar, 144, 147
transferências para Spiegelgrund e Steinhof, 153-154, 157-158
Schaffer, Marie, 144
Schiele, Egon, 26
Schier, Paula, 97
Schimatzek, Ferdinand, 171-172, 175
Schirach, Baldur von, 101
Schlesinger, Heiman, 41
Schlurfs (adolescentes transgressores), 61
Schmitz, Alois, 115
Schneider, Kurt, 65, 78
Schnitzler, Arthur, 26
Scholl, Sophie e Hans, 61
ver também resistência durante o Terceiro Reich
Schörkhuber, Rosa, 193
Schreiber, Elisabeth, 137
Schreiber, Herta, 136, 192

Schröder, Paul, 62-63
  como presidente da Associação Internacional de Psiquiatria Infantil, 76
  como proponente da educação curativa, 63-64
  crítica de Asperger no pós-guerra, 226
  estágio de Asperger com, 57, 63, 98
  influência sobre a psiquiatria infantil nazista, 57, 63-64, 98-99
  morte, 117
  na conferência de Viena em 1940, 98-99, 117
  palestrante durante o Primeiro Congresso Internacional de Educação Curativa, 79
  papel na esterilização forçada, 63
  sobre *Gemüt*, 66-67, 68, 106, 203, 204
  trabalho de Leiter com, 104
Schultz, Heinz, 68
Schuschnigg, Kurt, 42, 69
Secretarias de Saúde Pública, 82, 85-88, 89, 91
Semana de Ciências Pediátricas, 100, 110
Seminário Clínico Vienense, 54, 75, 202
Seminário Médico de Munique, 100, 127
Serviço de Acolhimento Familiar de Viena, 34, 171-173
Seyss-Inquart, Arthur, 69
síndrome de Asperger, 12, 228-229, 230, 233
síndrome de Down, 97, 135, 173, 188, 193
sinti, 15
"sistema de Viena", 27
Sobibor, 124
"Sobre a fenomenologia do *Gemüt*" (Heinze), 67-68, 203, 226
"Sobre a terapia educacional no cuidado infantil" (Asperger), 83
social-democratas, *ver* socialistas
socialistas, 16, 26-27, 28, 35, 41, 42, 68, 70, 74
Sociedade Alemã de Pediatria, 39, 83, 100, 271n23
Sociedade Austríaca de Educação Curativa, 277n1
Sociedade de Educação Curativa de Viena, 119-120, 124, 128-129, 130, 132, 205
Sociedade Médica Geral de Psicoterapia da Alemanha, 73, 100, 110
Sociedade Psicanalítica de Viena, 38, 73
"Solução Final", 197
  ver também Holocausto
Sonderkommandos, 222
Spiegelgrund, 86, 94-95, 174-175
  Aconselhamento Materno Motorizado e, 82-83
  após a invasão soviética, 209
  associação com a educação curativa, 120, 128-129
  chegada de crianças a, 170-173, 174-175
  crueldade e violência da equipe, 176, 177-180, 181, 210, 212

diretores, 170
fatores na seleção de crianças para assassinato em, 18, 170, 173, 182-183, 184
fome, 175-176
fugas, 180-181
Illing, 95-96, 131, 134, 136, 169, 180, 184, 188-190, 191, 213, 270n4
instituições que transferiram o maior número de crianças para, 134, 171-173
Jekelius, 40-41, 86-87, 96, 97, 119, 131-132, 135, 136, 154, 169, 187, 270n4
julgamento dos médicos, 212-213
membros compassivos da equipe, 180, 185-186
memorial para as vítimas, 214
métodos de assassinato infantil, 95-96
missão declarada, 170
mudanças de nome, 270n4
negação dos assassinatos, 122
papel de Asperger no envio de crianças a, 14, 128-129, 132-136, 137-138, 153, 216-218, 223
papel de Gross no assassinato de crianças em, 82-83, 131, 137, 184-186, 193
pesquisas em crianças, 184-185
primeiras vítimas infantis, 95-97
protestos contra os assassinatos, 122
reação dos pais à morte dos filhos, 189-193
rotinas apavorantes, 177-178
sedação intensa das crianças, 177
taxas de mortalidade, 18, 95, 131, 169, 184, 290n49
transferências de crianças feitas por Hamburger, 96, 126, 127, 132, 136, 213
trauma e estigma dos sobreviventes, 210-211, 212
visitas de familiares, 181-183
Spieler, Josef, 108-109
Stahlhelm, 106
Stalingrado, batalha de, 198
Stanzl, Erika Maria, 183
Stelzer, Viktor, 96
Steyneck, Walter, 173
Stockert, Franz Günther von, 263n68
Stumpfl, Friedrich, 66
Stutte, Hermann, 117
Sukhareva, Grunya, 243n8
surdez, 87, 112, 193

Tandler, Julius, 27, 28, 29
TDAH (transtorno do déficit de atenção com hiperatividade), 68, 223
Terceiro Reich, 14-15, 17
    "Plano Geral do Leste", 196
    anexação da Áustria, 69-70
    avaliando responsabilidades durante o, 220-222
    dissensão política dos jovens, 61
    educando as crianças para a vida comunitária, 57-60
    esforços para criar uma comunidade nacional homogênea, 15-16
    Igreja católica, 71-72, 84
    invasão da Polônia, 101, 196
    invasão da União Soviética, 197

mulheres e, 61
opinião dos austríacos, 198
política de extermínio de judeus, 196, 197
queda, 209
regime diagnóstico, 11, 15-18, 44, 90-92, 230-231, 232-233
religião, 84
Testemunhas de Jeová, 16
testes de inteligência, 9-11, 37, 46, 51, 160-163, 165, 170
TGD (transtorno global do desenvolvimento), 229-230
Thaler, Erika, 215
Tintra, Bruno, 143
Tornow, Karl, 112-113, 114
Tramer, Moritz, 52, 160
Transilvânia, 101
transtorno do déficit de atenção com hiperatividade (TDAH), 68, 233
transtorno global do desenvolvimento (TGD), 229-230
transtorno maníaco-depressivo, 87, 154, 155, 157, 161
"tratamento de enxofre", 176-177
"tratamento de imersão", 181
"tratamento do embrulho", 179
Treblinka, 124
Tribunais de Saúde Hereditária, 63, 88, 106, 121
tribunais juvenis, 30-31, 32-33, 35, 48, 98, 114-115
e Asperger, 74, 133
Triplett, Donald, 54
tuberculose, 26, 28, 82, 135, 181

experimentos em crianças, 126-128, 213
Türk, Elmar, 126-127, 128, 213
Türk, Marianne, 131, 135, 182, 187, 188-189, 192-193, 213

Uckermark, 61, 115-116
Uher, Karl, 173, 174, 178-179
União Soviética, 197, 209
Universidade de Viena, 72-73

Veit, Aloisia, 123
Veronal, 96, 189
Viena Vermelha, 26-29
Viena
  bem-estar social, 27-28, 30, 32
  bombardeio aliado, 198
  deportação de judeus, 196
  durante a Primeira Guerra Mundial, 26, 209, 294n1
  governo socialista, 26-27
  grupos paramilitares, 27
  Hospital Infantil da Universidade de Viena, *ver* Hospital Infantil da Universidade de Viena
  invasão soviética, 209
  Inventário Hereditário, 91
  novas fronteiras estabelecidas pelo Reich, 195
  opiniões sobre o Reich, 198
  papel nas operações de assassinato do Reich, 197
  transformação da esfera profissional, 72-74
  violência após a anexação, 70-71, 72

Villinger, Werner, 76, 79, 106
    carreira no pós-guerra, 213
    influência sobre a psiquiatria infantil nazista, 63, 106
    morte, 108
    papel como avaliador de eutanásia do T4, 108, 118, 204-205, 295n12
    sobre a detenção preventiva, 105-106, 107, 115, 116
vitamina A, 127
vitamina D, 126
von der Leyen, Ruth, 63, 68

Wagner-Jauregg, Julius, 36-37, 102
Wehrmacht, 58, 69, 100, 197, 200
Weiss, Anni, 48, 50, 51-53, 54, 56, 74
Weygandt, Wilhelm, 160
Wilhelminenberg, 210, 215
Windhager, sra., 186
Wing, Lorna, 12, 13, 228, 229-230
Wödl, Anny, 190-191

Zak, Viktorine, 46-47, 48-49, 152, 214
Zawrel, Friedrich
    após Spiegelgrund, 210, 211-212
    em Spiegelgrund, 169, 173, 177, 179-181, 206
    na prisão Kaiserebersdorf, 181
Zwanziger, Fritz, 111-112

Este livro foi composto na tipografia
Minion Pro, em corpo 11/15, e impresso em
papel off-white no Sistema Digital Instant Duplex
da Divisão Gráfica da Distribuidora Record.